泰州历史文化丛书

主　编　李晏墅　郭宁生
名誉主编　卢佩民　潘百齐

泰州文化

凤凰出版社

图书在版编目（CIP）数据

泰州文化 / 李晏墅，郭宁生主编. -- 南京 : 凤凰出版社，2014.9
（泰州历史文化丛书）
ISBN 978-7-5506-1998-2

Ⅰ. ①泰… Ⅱ. ①李… ②郭… Ⅲ. ①文化史—泰州市 Ⅳ. ①K295.33

中国版本图书馆CIP数据核字(2014)第189811号

书　　名	泰州文化
主　　编	李晏墅　郭宁生
责任编辑	郭馨馨
出版发行	凤凰出版传媒股份有限公司 凤凰出版社(原江苏古籍出版社) 发行部电话025-83223462
出版社地址	南京市中央路165号,邮编:210009
出版社网址	http://www.fhcbs.com
经　　销	凤凰出版传媒股份有限公司
照　　排	南京凯建图文制作有限公司
印　　刷	南通印刷总厂有限公司 南通市通州经济开发区朝霞路180号,邮编:226300
开　　本	880×1230毫米　1/32
印　　张	12.25
字　　数	318千字
版　　次	2014年9月第1版　2014年9月第1次印刷
标准书号	ISBN 978-7-5506-1998-2
定　　价	68.00元

(本书凡印装错误可向承印厂调换,电话:0513-80237871)

梅兰芳

梅兰芳纪念馆

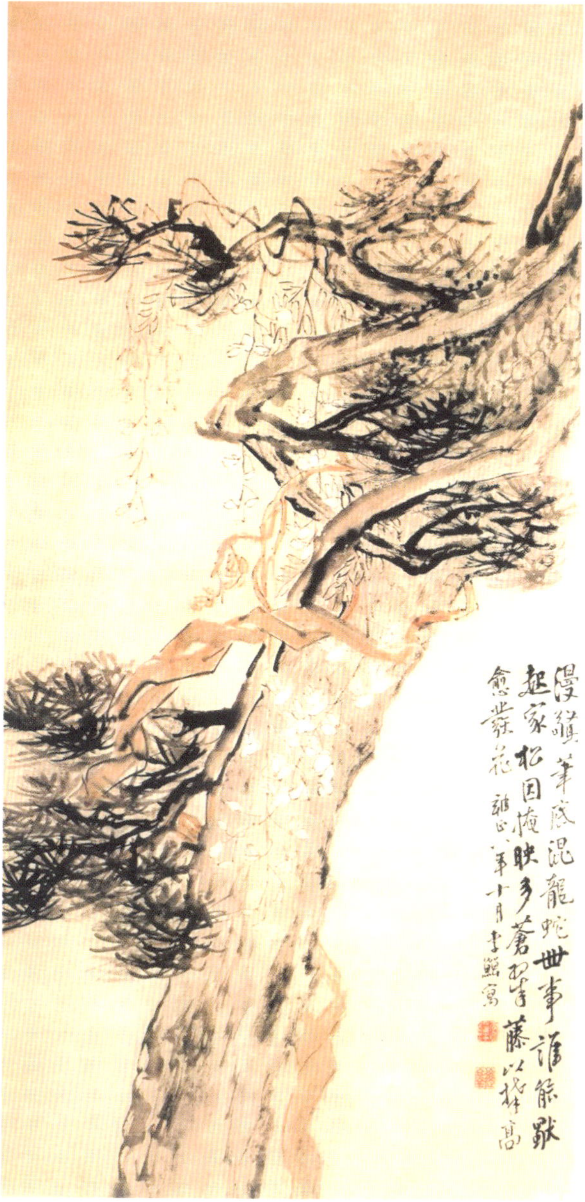

李鱓《松藤图》

郑燮《兰竹芳馨图》

分卷主编：许海燕

撰写人员：李春强　徐小兵　罗　丽　雷婷婷
吴祥军　戴亚琴　林　明　吴　胜
王星琦　徐同华　黄中梅　刘洋风
黄炳煜　戚　睿　朱学纯　徐同华
黄中梅　王　芳

序 言

泰州地处江苏东部、三水(江水、海水、淮水)交汇之处,为长三角经济区16座中心城市之一。至今有2100多年的建城史,秦称海阳,汉称海陵,州建南唐,文昌北宋。区位优越,有“水陆要津,咽喉据郡”之称;作为中国历史文化名城,有“儒风之盛,夙冠淮南”之誉。2013年,泰州成为国务院批复的国家第120个历史文化名城。发掘历史文化遗产,彰显历史文化底蕴,让丰富的历史文化助推“文化名城”新泰州的建设,这是泰州人民的历史担当和文化境界。在泰州市委、市政府大力支持和帮助下,作为泰州“文化名城”建设新成果的《泰州历史文化丛书》出版在即,这是一件可喜可贺的文化盛事。编委会的同志邀我作序,我欣然为之。

泰州作为中国历史文化名城,文物古迹众多。境内有距今4000多年的龙山文化遗址,有新石器时代晚期至商周的古文化遗址,西汉初开凿的古运盐河遗址。战国时期的昭阳墓,《水浒传》作者施耐庵墓,扬州八怪之一郑板桥的墓,南京吏部左侍郎储山藿墓等亦在泰州。此外还有始建于东晋的江淮名刹光孝寺,唐建明修的南山寺大雄宝殿和城隍庙,明建清修的庆云寺、东岳庙、胡安定祠堂、岳飞生祠、崇儒祠、胡公书院、马洲书院、襟江书院和扬郡试院。古典园林有日涉园和李园,另有郑板桥、刘熙载、刘国钧等故居。700多年前,马可·波罗游历泰州,称赞“这城不很大,但各种尘世的幸福极多”,足以让听闻者心向往之。

俄国文学家果戈理说:“城市是一本石头的大书,每个时代都留下光辉的一页。”这一页一页地叠加起来就是一部丰富厚重的历史。泰州地区范围内的众多人文景观与名胜古迹,隐藏着历史的根。我们驻足泰州大地,漫步于泰州的山山水水,都隐约能够感受到有一条源远流长的历史文脉。这条根,这支文脉,起起伏伏、忽明忽暗,有待勾勒、有待发掘。建设“文化名城”新泰州,需要我们穿越岁月的丛林,重翻页页篇章,去寻找这座城市的历史之根、去接续文化之脉。这正是编撰《泰州历史文化丛书》的动因。

《泰州历史文化丛书》由南京师范大学泰州学院泰州历史文化研究院组织编写,分为两类:《泰州文化》(一卷)、《泰州通史》(三卷)。泰州历史文化研究院成立于2010年,旨在发挥学院学科专业和人力资源优势,着力挖掘、传承、丰富和弘扬泰州历史文化。它是南京师范大学泰州学院发挥“文化传承与创新”的功能、承载服务社会的使命的重要载体。本套丛书全方位地展现泰州历史发展沿革与文化风貌演变,是泰州历史文化研究院为泰州“文化名城”建设贡献的首批成果。丛书酝酿于2010年,历时四年,主创人员钩沉史料、深入研究、精心撰写,文稿深入浅出、图文并茂、鲜活生动。

历史是一面映照现实的明镜。丛书为我们展现了泰州人民创造历史、阔步前行的足迹。数千年的历史演进中,泰州行政建制的历史沿革、鱼米之乡的发达农桑、烽火岁月的风云变幻、先贤名人的文章气节、市井民俗的千姿百态,都在书中由点及面、铺陈开来,全书引经据典、论证严谨,但又绝非书斋里的高头讲章。

文化是一座城市的灵魂,是引导社会进步的灯塔。因时代变迁与区域差异,每座城市都形成独特的地域文化,也正因不同的文化滋养,各个城市千姿百态、各具特色。自“汉唐古郡”而来的悠久历史,孕育了独特的泰州文化——儒家文化、盐税文化、宗教文化、戏曲文化、水文化,这是千百年来泰州人民勤劳与智慧的结晶。文化浸润之下，凤城泰州坚毅而灵动的品格日益显现。丛书多角度全方位把握了泰州文化的血脉和走向，传承给当代泰州人以文明、智慧和精神。当时序进入新的时代，历史的积淀与文化的积累无疑给新泰州注入无穷魅力。历史烟消云散，沧桑与荣耀远去，但泰州人民披荆斩棘、自强不息的精神却代代相传；历史的车轮滚滚，未来与梦想召唤，兼收并蓄的胸襟，会推动着泰州这座城市继往开来、再创辉煌。

《泰州历史文化丛书》策划、出版工作得到了泰州市各级领导和各界人士的关心和支持，特别是泰州市委宣传部和文化档案系统的相关人士给予的悉心指导和提供的无私的帮助。在此应向他们致以诚挚的敬意和衷心的感谢！

王羲之《兰亭序》中说："后之视今，亦犹今之视昔。"希望本套丛书为后人留下一些启示。

目 录

第一章 泰州文化概论

泰州，地处江苏省中部、长江沿岸，为长三角经济区16座中心城市之一，有“凤凰城”之美誉，素有“汉唐古郡、淮海名区”之称。泰州具有2100多年的历史，秦称海阳，汉称海陵，州建南唐，文昌北宋，兼融吴楚越之韵，汇聚江淮海之风。千百年来，先民祈盼“国泰民安，龙凤呈祥”，风调雨顺，安定祥和，被誉为祥瑞福地、祥泰之州。泰州现已进入国家卫生城市、国家环保模范城市、中国优秀旅游城市、全国双拥模范城市和中国宜居城市行列，也是江苏省历史文化名城、江苏省文明城市、江苏省园林城市。

第一节 泰州文化的范畴

“文化”一词现在被广泛使用。尽管学术界对“文化”的概念有各种不同的界定，但对“文化”的基本内涵却有大体统一的看法，即包括三个方面的内涵：第一是物质文化，包括人类所创造的各种物质的和科技的文化成果；第二是制度文化，包括人类所建立制定的各种社会制度、经济法律制度，以及道德伦理、民俗、语言文字等；第三是精神文化，包括哲学、文学、艺术、宗教等。本书所说的“文化”即包括了以上三方面的内容。

泰州，是一个行政区域的概念。西汉时，设置海陵县。《汉书·地理志》载：西汉武帝元狩六年（前117）设置临淮郡，下辖29个县，其中有海陵县。《大清一统志》卷六十七云：“以其地傍海而高故曰海陵。”汉代海陵县治所在地不详，唐以后县治位于今泰州市市区。新莽时期，海陵县改称亭间，属淮平郡。东汉时，海陵县属广陵郡。三国时，江淮之间为魏吴战场，海陵县废。西晋时，武帝太康元年(280)海陵县复立，属广陵郡。东晋时，海陵县属广陵郡。刘宋时，海陵县属广陵郡。南齐时，海陵县属广陵郡。南梁时，海陵县改属海陵郡。海陵郡设置于东晋义熙七年(411)，下辖建陵、临江、如皋、宁海、蒲涛5个县，郡治所在地不详。刘宋明帝泰豫元年(472)增辖临泽县。武帝永明元年(483)、五年(487)先后增设齐昌、海安两个县。梁时海陵郡郡治移治海陵县，下辖海陵、建陵、宁海、如皋、临江、蒲涛、临泽7个县。海陵郡属南兖州。北齐时，南兖州改称东广州，海陵郡属东广州，仍辖海陵等7个县。宣帝太建五年(573)，东广州复称南兖州，海陵郡属南兖州，仍辖海陵等7个县。北周时，南兖州改称吴州，海陵郡属吴州，辖海陵、建陵、如皋、宁海、临泽5个县。蒲涛县撤，临江县并入宁海县。隋文帝开皇三年(583)，海陵郡废。建陵县并入海陵县，如皋县并入宁海县，临泽县并入高邮县。不久，海陵县分出江浦县。海陵县属吴州。开皇九年，吴州改称扬州，海陵县属扬州。隋炀帝大业初年，扬州改为江都郡，海陵县属江都郡，江浦县又并入海陵县。唐高祖武德三年(620)，海陵县改称吴陵县，以县设置吴州。武德七年吴州废，复称海陵县，属邗州。武德九年，邗州改称扬州，海陵县属扬州。宁海县并入海陵县。唐中宗景龙二年(708)，分海陵县东境设置海安县，玄宗开元十年(722)，海安县又并入海陵县。

南唐时，烈祖升元元年(937)设置泰州。又分海陵南境5个乡设置泰兴县。泰州下辖海陵、泰兴、盐城、兴化4个县。元宗保大十年分海陵县如皋场设置如皋县，泰州增辖如皋县。同年又于海陵县东境设置静海制置院。马令《南唐书》卷一：“改元升元……以扬州海陵县为泰州。”王象之《舆地纪胜》卷四十：“相传以为取通泰之义。”海陵县为泰州州治所在地。后周，以泰州为团练州，属扬州。仍辖海陵等5个县。宋太祖乾德五年(967)，泰州由团练州降为军事州，属淮南道。太宗至道三年分全国为15路，泰州属淮南路。神宗熙宁五年淮南路分为东西两路，泰州属淮南东路。太宗太平兴国前，泰州仍辖海陵等5个县。太平兴国二年盐城改属楚州后，泰州辖海陵、兴化、泰兴、如皋4个县。南宋时，泰州为军事州，属淮南东路。高宗建炎四年，兴化县改属承州，泰州辖海陵、如皋、泰兴3个县。绍兴五年，泰兴县改属扬州，兴化县废为镇并附入海陵县，泰州辖2个县。绍兴十年，泰兴县改属泰州，泰州治所一度移至泰兴沙上。绍兴十二年，泰兴县再次改属扬州。绍兴十九年复设兴化县，仍属泰州。孝宗乾道二年，兴化县改属高邮军，不久又属泰州。淳熙四年，兴化县再次改属高邮军，泰州仅辖海陵、如皋2个县。元世祖至元十四年(1277)，设置泰州路，属淮东道，至元十九年属江淮行省。至元二十一年(1284)，泰州路改为泰州，属扬州路。泰州辖海陵、如皋2个县。明太祖洪武初年(1368)，泰州属扬州府，辖如皋县。清朝时，泰州属扬州府，辖如皋县。雍正三年(1725)，如皋县改属通州，从此泰州不再辖县，成为散州。乾隆三十三年(1768)，分泰州东北境设置东台县。

民国元年(1912)，南京临时政府裁府废州，泰州改称泰县。民国三年，江苏省分为5道，泰县属淮扬道。民国十六年道废，泰县属江苏省。民国二十一年(1932)，江苏省划为15个行政区，泰县属泰县行政区，泰县行政区辖泰县、泰兴、靖江、东台。民国二十三年(1934)，江苏省划为9个行政督察区，泰县属江都行政督察区。民国二十四年(1935)，江苏省划为10个行政督察区，泰县属第五行政督察区。1941年10月，新四军东进抗日，在泰县东部建立民主政权泰县县政府，隶属通如靖泰临时行政委员会。委员会撤销后，先后隶属苏北临时行政委员会、苏中区行政委员会第三行政区、苏皖边区第一行政区、华中行政办事处第一行政区，直到1950年1月泰县全境解放。

1950年1月，苏北泰州行政区与苏北扬州行政区合并为苏北泰州行政区，专员公署驻泰州，下辖2市9县：泰州市、扬州市、泰县、泰兴、靖江、江都、高邮、宝应、兴化、六合、仪征。原所辖如皋、海安2县划属南通行政区,东台、台北两县划属盐城行政区。泰州行政区属苏北行政区,扬州市直属苏北行政区后,泰州行政区辖1市9县。1950年5月8日,泰州市、泰县合并,称泰县,县政府驻泰州,属泰州行政区。10月7日分治,泰州市建制恢复,仍属泰州行政区。1953年1月,泰州行政区撤销。泰州市划归扬州行政区。1954年11月,泰州市改为省辖市,并受扬州专署督导。1958年7月,又改为专署辖市。1959年1月9日,泰州市、泰县再度合并,称泰州县,县政府驻泰州,属扬州专区。1962年5月24日,泰州县撤销,泰州市建制恢复,泰州市政府驻泰州,仍属扬州专区。1971年5月,扬州专区改称扬州地区,泰州市属扬州地区,为地辖市。1983年1月,江苏省实行市管县体制,泰州市属扬州市。1996年8月12日,泰州发展的历史篇章掀开新的一页,经国务院批准,扬州市进行行政区划调整,县级泰州市从扬州市划出,组建地级泰州市,下辖海陵区、靖江市、泰兴市、姜堰市、兴化市。1997年,海陵区、姜堰市、泰兴

图1-1 凤城河与望海楼

市部分行政区划进行调整，组建高港区。目前，泰州下辖四市两区和泰州经济开发区，共有 91 个镇、8 个乡、6 个街道办事处、338 个居民委员会、1578 个村民委员会，面积 5793 平方公里，人口 504 万。

泰州，既是一个行政区域，又是一个文化区域。这里江海交汇，气势磅礴，唐代诗人王维为之惊叹："浮于淮泗，浩然天波，海潮喷于乾坤，江城入于泱漭。"泰州有着特殊的区位环境——处于吴楚文化的交汇点；有一个特殊的社会变迁和积淀过程——多次接纳外地人口的迁移。事实上，泰州是一个以移民为主的城市，泰州文化是一种超越泰州地域、融会多种地域文化（吴文化、金陵文化、徐淮文化、维扬文化与苏东海洋文化）的复合性文化，它促使泰州文化在历史的进程中不断地在累积、在丰富、在提升，进而成为一个具有自己特色的历史文化区域。

第二节　泰州文化的特征

千百年来，泰州既得小桥流水、躬耕自足生态之先，又纳大江东去、追潮逐浪心态于后，逐渐孕育形成了开放包容、崇文尚德和经世致用的文化特征。

一、开放包容

要探讨泰州文化的这一基本特征，必须首先了解泰州独特的水文化。泰州没有山，只有水。水，是泰州的灵魂。古泰州地处江、淮、海三水汇聚，清、浑、咸三味交融之地。正是由于这些，古时又别称泰州为“三水”。由于地理变迁，今日的泰州已不再临海，但城内水城一体、街河并行，城外河道纵横、三水环绕的城市格局早已形成。

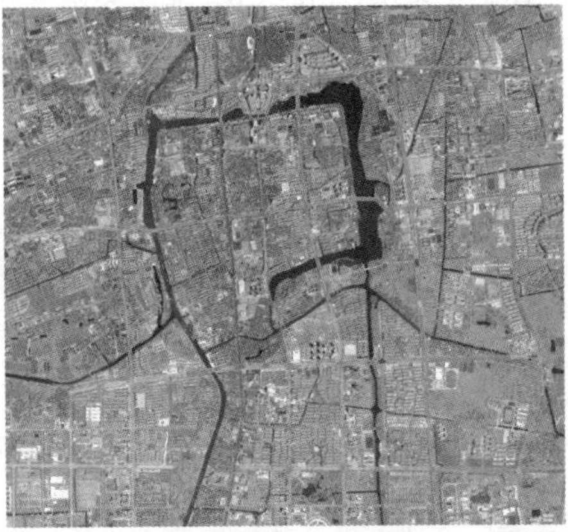

图 1-2　泰州护城河卫星照片

水文化者首推水利文化。至南宋初年开挖护城河后，基本奠定了“水城一体、街河并行、主干道十字相交、街巷排列有序”的古城格局。据《道光泰州志》记载有名称的水利工程就有：河道上河 21 条、下河 16 条、市河 6 条，桥 96 座，坝 12 座，涵洞 65 座。如今，泰州境内河网密布，纵横交织，“街、巷、河”的空间格局较为完整，“两街夹河”——稻河路和海陵路夹稻河、涵东街和涵西街夹草河的街区特色尤为明显。《荀子・宥坐》曾记载孔子的一段话："孔子观于东流之水。子贡问于孔子曰：君子之所以见大水必观焉者，是何？孔子曰：夫水，遍与诸生而无为也，似德。其流也埤下，裾拘必循其理，似义。其洸洸乎不淈尽，似道。若有决行之，其应佚若声响，其赴百仞之谷不惧，似勇。主量必平，似法。盈不求概，似正。淖约微达，似察。以出以入，以就鲜洁，似善化。其万折也必东，似志。是故君子见大水必观焉。"与孔子一样，泰州先民在认识水、治理水、开发水、保护水和欣赏水的过程中，水这种自然物质的许多特性，给予泰州先民开放、包容等等诸多的灵性启示。

例如泰州学派就是一个兼容并包的学派。其创始人王艮是一个博学多闻的人。王艮没有正宗儒学的严格观念，即使在儒学内部，他也不严守门派家法。他虽然以学习儒学为主，但也学习其他理论，所以王艮自称自己是"东西南北之人"。他学习不分派别，广览百家，充分体现了兼容并包的大家风度。泰州历史上的名人名贤中，除了"淮南三王"（王艮、王栋、王襞）同姓同宗以外，其他几乎均不同姓。这一方面说明泰州具有平等的文化环境，另一方面也说明泰州文人来源很杂。泰州区域文化的积淀首先来自于原生文化，即泰州本土的原创文化。这种原创文化既包括世世代代泰州人的创造，也包括客居泰州人士的留存。其次，泰州区域文化充满了外来文化的传播与渗透。如外来人员在泰的文化传播以及生产经营活动等等。这种文化实际上就是一种开放性文化。

事实上，泰州也确实是一个以外来移民为主的城市。众所周知，江苏文化由若干个区域文化所组成，大致包括以春秋时建都姑苏的吴国为基本型制、以"吴侬软语"为语言文化特征、以现今紧靠太湖的苏锡常地区为中心地带的吴文化，以三国时孙吴政权先建都京口后移都建业、以江淮文化与吴方言的相互并存乃至相互交融为语言文化特征、以现今南京、镇江为中心地带的金陵文化，存在于徐州、淮阴、宿迁地区的徐淮文化、以扬州为中心的维扬文化，以及南通、连云港、盐城地区的苏东海洋文化。

泰州文化正是处于这五大区域文化的彼此交融、共同作用的交汇点上。两千多年以来，泰州文化既不断积淀，不断创新，又与以上区域文化相互渗透，相互融合，渐渐养成了开放包容的文化灵性，逐步成为整个中华历史文化中一个充满个性与生机、有独特品位的区域文化系统。

图 1-3　泰州老街

二、崇文尚德

泰州自古崇文弘学，重教尚德，名贤辈出。《南人与北人》[①]一书中曾这样写道："永嘉之后，晋室东迁，衣冠违难，多行萃止，艺文儒术，斯之为晓。士好学而文，农民织衽稼穑。俗务儒雅，虽穷苍茅茨之下，微闻弘诵声。"宋、元、明、清四朝，泰州境内共出了 1000 多个举人，429 个进士。其中文、武状元 5 人，文、武会元 5 人。泰州出过众多的文化教育名人，唐代有书法评论家张怀瓘，著有《书断》、《书议》、《书估》等，擅长正、行、草书，书法"正、行可比虞、褚，草欲独步于数百年间"。宋代有著名教育家胡瑗，元末明初有文学家施耐庵创作古典文学名著《水浒传》，至明代，哲学家王艮阐发以尊身立本为内涵的"格物说"与具有社

---

① 蔡栋主编《南人与北人——各地中国人的性格和文化》大世界出版有限公司 1995 年版，第 24 页。

会改良思想的“王道论”，逐渐形成“泰州学派”。清代有著名天文历算家陈厚耀，评话宗师柳敬亭，扬州八怪之一郑板桥，“扬州学派”先驱者任大椿，著名文艺评论家刘熙载，围棋棋圣黄龙士，太谷学派集大成者黄葆年。近现代有著名地质学家丁文江，著名爱国实业家刘国钧，杰出女教育家吴贻芳，著名剧作家丁西林，京剧表演艺术家梅兰芳，著名文学史家、传记文学家朱东润等。此外，还有在泰州主政和从业的抗金英雄岳飞，政治家、文学家范仲淹等，书画大师齐白石，王安石、陆游、汤显祖、孔尚任、吴嘉纪、蒋春霖也在泰州史册上留下了他们的文字、业绩和思想。

另外，在中国古代文学史上，尽管有一些杰出的女性文人，但同浩如烟海的男性文人比较起来只能算是凤毛麟角。在一个城市、一个区域，偶尔出现一两个文学女性是可能的，但成批涌现女性文人的概率，应该说是很低。然而，清代泰州却有一群特殊的女性文人，犹如枝枝幽兰，在泰州文坛上悄然绽放，芳香四溢。关于泰州的女性文人，有三种统计数字：胡文楷所著的《历代妇女著作考》中收录了十九人；封桂荣主编的《江苏艺文志·扬州卷》中收录了二十六人；顾一平所编的《扬州历代妇女诗词》中收录得最多，为五十二人。[①] 就时代而言，以清代泰州的女性文人最多。清代泰州女性文人增多，这是因为泰州本地拥有众多的文化世族，如仲氏、宫氏、季氏等，这些世家大族家底丰厚，物质生活条件优越，家族中的女性较少为生计奔忙，有更多的时间从事学习和创作，在文化学术氛围浓厚的环境下，耳濡目染，能诗善词也就不足为怪了。出身富贵的大家闺秀在泰州女性文人中占了相当大的比重，出身小康之家的女性文人数量也不在少数，如张瑛、陆椿长、范姝等，她们的创作也从一个侧面印证了泰州文化崇文尚德的基本特征。

总而言之，文化教育的发达，读书做学问的人增多，有利于

① 韦明铧《广陵绝唱》，百花文艺出版社 2003 年版，第 58 页。

泰州区域社会风尚的代代相传，而泰州文化系统中崇文尚德的文化理念，也在这种开放型文化氛围和社会风尚中生生不息，枝繁叶茂，并成为一大基本特征。

三、经世致用

从胡瑗开始泰州就一直大力提倡经世致用，主张“明体达用”。胡瑗的学生刘彝曾这样概括胡瑗的体用思想：“圣人之道，有体有用有文。君臣、父子、礼乐，历世不可变者，其体也；诗书、史传、子集，垂法后世者，其文也；举而措之天下，能润泽斯民归于皇极者，其用也。”在胡瑗“明体达用”的教育思想体系中，“明体”居于核心地位，它是“达用”的基础和基本要求，胡瑗对现实是十分关心的，他曾积极为边防事务建言献策，“虽老于训导，在丹州实与帅府事。建议更陈法，治兵器，开废地为营田，募土人为兵，给钱使自市劲马，渐以代东兵之不任战者”。胡瑗在“明体达用”思想的指导下在湖州创立了分斋教学法，“立经义、治事二斋：经义则选择其心性疏通，有器局可任大事者，使之讲明六经。治事则一人各治一事，又兼摄一事，如治民以安其生，讲武以御其寇，堰水以利田，算历以明数是也。”①这种方法受到统治者的重视，得以在全国推广，对后世产生了深远的影响。在胡瑗思想的影响下，当时学风一反唐末五代逃避正统文化、浮华无用的空疏，变得敦厚笃实。这实际上是近代教育分系分科的一种胚胎形式，对学术的发展有其重要的作用，而这种教育方法同样说明了它是适应了社会的发展需要的。

泰州学派的王艮把“圣人经世”看作是“家常事”，他反对空谈抽象的性理，提出“即事是学，即事是道”的实学观点。王艮长期在小生产者阶层中讲学，从者云集。泰州学派的成员有上层官僚地主、知识分子、还有下层劳动者。他们大都致力于封建道

---

① 刘蔚华主编《中国儒家教育思想》(中册)，青岛出版社 2000 年版，第 447—448 页。

德的普及和宣传工作，规劝人们安分守己，息事宁人，因此泰州学派一度受到朝廷的青睐，成为晚明的显学。从本质上说，泰州学派不仅是一个平民哲学学派，也是一个平民教育学派。王艮主张“安身立本”，提出“百姓日用即道”的观点。王艮的学说与百姓生活较为贴近，在封建社会，代表了下层劳动人民的利益，泰州学派的传授对象，也以下层人民群众为主。王艮的弟子王栋、王襞、颜钧、何心隐、李贽、汤显祖、袁宏道、徐光启、林子仁、赵大洲、罗近溪、杨复所、耿定向、潘雪松、方达卿、何克斋、周海门、陶石篑、周汝登等泰州学派人物，均采取胡瑗广收天下徒众的做法，把平民作为主要教育对象。

太谷学派由清朝嘉庆、道光年间安徽池洲人周太谷创立，是以儒家思想为主，杂糅佛、道二教一些观点而形成的学派，被称为中国最后一个儒家学派，又称“新泰州学派”，其学术成果一直秘不示人。学派的宗旨在于加强自身修养，走造就“圣人”的成功之路；一生为民众做有益的事，以达到“祈天永命”之目的。太谷学派主要人物之一李光炘被周太谷确定为太谷学派的“南宗”传人，他在泰州建造龙川草堂，作为讲学之所，以释、道的某些思想作为他传授儒学的理论基础，丰富了太谷学派的内容。他先后收谢逢源、蒋文田、黄葆年（均为泰州人）等人为徒，将太谷学派的学说发扬光大。

从胡瑗的“明体达用”到王艮的“百姓日用即道”再到太谷学派，经世致用的思想贯穿始终，在历史长河中浸染着泰州人的思想性格而铸造成了经世致用的文化特征。

第二章　泰州的语言文化

第一节　泰州地区方言的历史演变

古今语言都存在着地域差异，人们也很早就认识到方言的存在，《礼记·王制》就说："五方之民，言语不通，嗜欲不同。"明代陈第指出："时有古今，地有南北，字有更革，音有转移，亦势所必至。"说明古今语言既有历时的变化又有共时的方言差异。

汉语包括七大方言，即官话、吴语、赣语、客家话、湘语、闽语、粤语，其中官话是使用人口最多的方言，属于汉语第一大方言。泰州处于官话与吴语的交汇地带，是吴语和江淮官话（淮语）的过渡方言，属于官话中的江淮方言区。

方言是语言逐渐分化的结果，而语言分化是从移民开始的，人口迁徙在促进文化发展的同时，也使语言发生很大变化。泰州地处江淮之间，长江北岸，历史上战乱、移民、行政区划的变化等使得泰州地区方言的形成和演变颇为复杂。

一、上古时期

六千多年前，在江苏大地上主要存在着两种文化系统：良渚文化和青莲岗文化。泰州境内考古发现的姜堰单塘河遗址、兴化影山头遗址，海安的清墩遗址都属于良渚文化遗址。这些说明了最早在公元前四千年，泰州境内就有先民生活。由于良渚文化属于"百越文化"系统，是由古越人创造的，泰州地区的原始居民自然也是古越人，使用的语言是古越语。

因为没有见于文献的语料，我们无法详细描述泰州地区先民使用的古越语，但可以从语言的底层中找到一点痕迹。地名较语言的其他组成部分有较强的延续性和稳定性，泰州地区就存在几个古越语地名，有表示山的“罗”（汉字记音），如罗浮山（古在渔行）；表示集镇的“场、墟”，如兴化的白驹场，高港的柴墟（今口岸镇）。此外，泰州境内的部分地区还有牙喉音 ŋ，这和现代的粤语相同，是古越语的残迹。通过这些零星的材料，我们可以认为泰州地区在春秋以前的语言是古越语。①

大约在 3000 年前的先周时代，江淮间的越族土著和南下的华夏族人融合。《史记·吴太伯世家》、《吴越春秋·吴太伯传》中都记载了周太王的长子太伯、次子仲雍为让位给季历而来到今无锡、苏州一带建立吴国的史实。中原文化与夷越文化的交融，在江南形成了勾吴族。我们可以推想中原以太伯、仲雍为首的移民大部分都到达了今无锡一带，其中有一部分在途中停下，没有过江，和长江北岸的土著融合在一起。“由于这支移民的原居地（渭水中游）文化比较发达，因此他们带来的语言便在相对比较落后的地区扎下了根，成为吴语的最初基础。”②

泰州地区当时应属于古邗国（今扬州一带），时称“干”。《诗·魏风·伐檀》：“坎坎伐檀兮，寘之河之干兮，河水清且涟猗。”毛传：“干，崖也。”顾名思义，“干”就是指海边的国家。吴国兴起以后，相继吞并了原长江下游两岸的一些部落（或小国）。约在公元前 685 年前，干被吴所灭，泰州地区也就成为吴国的版图。吴王夫差开邗沟，筑邗城，经营江北一带，使吴语开始在扬州泰州一带播迁。泰州姜堰的天目山古城就是当时吴国向中

① 黄继林：《略述扬州方言的历史演变》（上），《扬州史志》1989 年版，第 52 页。

② 周振鹤、游汝杰：《方言与中国文化》，上海人民出版社 2001 年版，第 37 页。

原、向北发展要道中的一个城堡。由此可见，当时的泰州地区语言当是渗入了雅言的夷越语——勾吴语。

《左传》中鲁哀公十二年（前483）“秋，卫侯会吴于郧，公及卫侯、宋皇瑗盟，而卒辞吴盟。吴人藩卫侯之舍……卫侯归，效夷言”。杜预注“郧，发阳也。广陵海陵县东南有发繇口”。《如皋立发桥石碑》云：“日惟立发，古称发阳，鲁卫今郧，云是斯地，春秋时有也。”郧在今海安境内，古属海陵。这句话说明，当时泰州地区所说的话系夷言，即吴语。公元前473年，地处吴国之南的越国消灭了吴国，吴国的地盘也就归越国所有。《吕氏春秋·贵直·直谏》引伍子胥的话：“夫齐之与吴也，习俗不同，言语不通，我得其地不能处，得其民不得使。夫吴之与越也，接土邻境，壤交通属，习俗同，言语通，我得其地能处之，得其民能使之，越于我亦然。”这里面“习俗同，言语通”说明当时泰州地区所操语言没有太大变化，和越语是相通的，与黄河流域的齐语、华夏语不能相通。

吴楚之间曾长期交战，越灭吴后也经常和楚发生冲突，他们之间互为敌国，但却可以通婚，如《史记·楚世家》记载，楚昭王之妾、惠王之母便是越女。王室如此，民间应更不乏其例。吴、越、楚之间经常交战，攻城夺池侵地时互相掠夺人口，百姓避兵燹而互奔，这样，吴、越、楚在人口上必有掺杂。楚灭越后，又有一些楚人东迁，公元前319年，楚怀王在邗城的基地上再次筑城，改邗为广陵。当然，也有许多越人逃避战争和兼并，向南方和西南方迁徙。不过长江北岸的土著越人无法南逃，只有和新来的少数楚人融合在一起。①

公元前206年，刘邦建立西汉王朝，分封诸侯。《史记》记载，高祖六年（前201）立刘肥为齐王时，“诸民能齐言者皆予齐王。”十二年（前195）立刘濞为吴王，王三郡五十三城。“诸民能

---

① 黄继林：《略述扬州方言的历史演变》（上），《扬州史志》1989年版，第54页。

齐言者皆予齐王”可以推论出吴王统治的区域也是操同一种语言。刘濞都广陵(今扬州),为了征收和储存海陵附近的粮食,在海陵建“海陵仓”,开邗沟通运海盐,促进盐粮运输。西汉杨雄《方言》一书中,也记载了周秦和汉代的语言情况,其中吴越扬为一个区域,又《吕氏春秋》:“东南为扬州,越也。”

由上所述,泰州所处的江淮地区从周至汉这一较长的历史内使用的都是古越语演变来的吴语。

二、中古时期

三国时期,吴、魏争夺的主要战场在淮河以南、长江以北的江淮地区。连年征战使江淮地区人口流动相当大。曹操政令江北居民内移,“江淮间十余万众皆走吴”(《三国志》卷十四《蒋济传》),“民传相惊……广陵户十万余皆东渡江”(《三国志》卷四十七《吴主传》),又《宋书》卷三十五记载:“三国时江淮为战争之地,其居不居者,各数百里,此诸县并在江北、淮南,虚其地,无复民户。吴平,民各还本,故复立焉。”可见战争使海陵地区人口骤降,但海陵在三国、晋时都被视作吴地,说的仍是吴语。

西晋末年,北方民族进据中原,“洛京倾覆,中州士女避乱江左者十六七”(《晋书·王导传》),史称“永嘉之乱”。东晋政权建立后,北方士族大规模南迁至江淮之间和江南宁镇地区,随同的还有他们的宗族、部落、宾客等等,同乡同里的人也往往随着大户南逃。为了安置移民,东晋政权设置了许多侨治州郡,南来的人口按原籍集中于侨州、侨郡、侨县。晋宋时期海陵县改为海陵郡,置侨置县,宋时的海陵郡就领六县:建陵、临江、如皋、蒲涛、宁海、临泽,这六县皆在今东台、如皋、泰兴、南通一带,可见北方移民使当时泰州地区的人口激增。南迁的士族平时讲话都得说以洛阳话为代表的“官话”,读书要作“洛生咏”,不说洛阳话的就要被耻笑,连宰相也不例外。《世说新语·排调》记载,东晋宰相王导为了联络南方士族,常常说吴语,北方士族就耻笑他:“未见他异,唯闻作吴语耳。”可见,北人南下之后,北方“官话”与南方吴语的冲突非常激烈。由于移民人数众多，而且比较聚集，所以泰州本地的吴语渐渐受中原话影响，逐渐向江淮方言过渡，但吴语并没有很快蜕变。特别沿江北岸扬州、泰州、如皋一带，直到隋炀帝游江都时，还“好为吴语”。《资治通鉴》卷一百八十五记载：“帝自晓占候卜相，好为吴语。常夜置酒，仰视天文，谓萧后曰：‘外间大有人图侬(按胡三省注云：吴人率自称为侬)，然侬不失为长城公，卿不失为沈后(胡注：长城公，陈叔宝，叔宝后沈氏)，且共乐饮耳。’”正如王导在建康时好为吴语，隋末扬泰地区尚有吴语的存在。

从晋起至唐中期，江淮地区相对于中原地区较为稳定。东晋以后，长江中下游地区已经完全开发起来，到唐代，海陵成为全国海盐的重要出产地，为全国十大盐监之首。日本国圆仁法师于唐文宗开成三年(838)来大唐求法，在《入唐求法巡礼行记》中描述：“二十一日卯时，大使以下共发去，水路左右，富贵家相连，专无阻隙。……半夜发行，盐官船积盐，或三四船，或四五船，双结续编，不绝数十里，相随而行。乍见难记，甚为大奇。”圆仁等由如皋镇往泰州，沿河见到如皋镇郊是“富贵家相连，专无阻隙”，说明当时海陵县如皋镇已很富庶。同时，看到盐船队自海陵盐场向附近如皋镇出发运盐的情景，非常壮观。由于盐业发达，社会安定，人口迁移幅度较小，泰州地区语言自身发展，既保留了较多的吴语特征，与北方话有区别，又有向北方话转变的趋势。

安史之乱时期，中原地区动荡不安，而扬泰地区较为安定，北方又有大批人口来这里避乱。唐末包括黄巢在内的几次农民起义，也都未曾兵及扬泰地区，又有不少人逃往这里“安居”。五代十国时期泰州处于杨行密建立的吴国统治之下，人口迁移虽较频繁，但也得到一定的休息，较为稳定的局势还吸引了北方战乱地区的移民。南唐升元元年(937)海陵由县上升为州——泰州，辖海陵、如皋和新增设的兴化、泰兴诸县。北来移民使用“官话”，加速了泰州地区“土语”向“官话”的转变。

三、近古时期

北宋末年，金兵南侵，宋高宗率百官、大臣逃往扬州，同时有大批百姓跟随而来。在扬州住了一年后经镇江逃往杭州。泰州地区从靖江经泰兴、口岸、泰州一线成为抗金前线和主战场。泰州地区至今还流传着许多关于岳飞抗金的故事和传说。后来，金兵北退渡淮，以淮河、秦岭为界，与南宋对峙，北方人民不愿受女真族的统治，纷纷南迁，扬泰地区有大批“流民”徙入。

元末，扬泰地区再度沦为战场，整个苏北平原人口流失严重，江淮地区“地广衍，湖荡居多而村落少，巨室小，民无盖藏”（《嘉靖维扬志》），到明初，江淮地区人口更为稀少。在这种特定的情况下，明王朝把人口密度较高地区的居民移向江淮平原，即史称的“洪武赶散”事件。《（民国）续修盐城县志》卷十四引《凌氏谱》云：“元末张士诚据有吴门，明主百计不能下，及士诚兵败身虏，明主积怒，遂驱逐苏民实淮扬两郡。”夏兆麐《泰县氏族略》认为“吾邑氏族由苏迁泰者十之八九”，并描绘说，朱元璋与张士诚作战，命常遇春攻泰州，同时决高家堰水淹，“是时泰州既遭焚杀之殃，复受沉沦之祸，居民非死则徙尔。明太祖乃下诏移苏郡之人以实泰邑。此今之泰人所为多由苏迁泰者也。”明初苏州移民以兴化和三泰地区（泰州、泰县、泰兴）为最多。

这次由南向北的大移民，使由吴语转变为北方话的泰州方言又恢复了不少吴语成分，并使一些即将消失的吴语成分得以巩固。《（民国）泰县志稿》卷二十五在解释民谣“杨家庄上失了火，大的小的跟了我”中“火”、“我”二字押韵时说：“泰县方言‘我’字读成鼻音若‘引’，则明洪武迁苏民于泰以后转变而成之音也。此‘我’字独作官音与‘火’押，则此谣谚之起必在明前。”这里所说的泰县即为泰州，今泰州话读此谚并不押韵，若按“官话”读则押韵，这不仅说明苏州移民对三泰地区的方言影响很大，而且还说明明以前的泰州方言已经是官话。因此，可以说，现今的泰州话是“洪武赶散”后形成的。

虽然历史上泰州地区很多时候隶属于扬州，但扬州城历来是一方政区的中心，明清时期为府治所在，泰州的政治地位、经济地位、交通状况都比不上扬州城。因此，这里由吴语向北方话转变也比较缓慢一些，保留的吴语成分也多一些，明初苏州移民又较为集中地居住在这一带，受吴语的影响也较大。但是，南方话向北方话靠拢，方言向通语转化是大势所趋。这里处于北方话的边缘地带，自明初大批移民徙来后，"移徙者鲜"，终究不能使这里的北方话转变为吴语，只是形成带有吴语色彩的江淮话。这样，以扬、泰两地为代表的江淮方言，在不同的条件下逐步发展成为现在的方言格局：扬州话属于江淮方言中的宁扬方言，泰州话属于江淮方言的通泰方言。[①]

泰州还有一小块地方使用的是吴语，那就是靖江的大部分地区。据《(光绪)靖江县志》记载，靖江原名马驮沙，"三国吴赤乌年间，马驮沙涨于扬子江……明洪武以马驮沙隶江阴，成化七年应天巡抚滕昭分马驮沙置靖江县，隶常州府。"这里的居民原来就和江南一体，使用的本来就是吴语，加之地处江心的特殊地理位置，又处在吴语的包围之中，受北方话影响较小。这块沙洲与北岸相连是晚近的事，行政区划所属直到清代才划归江北，因而这里一直保留了吴语。而靖江界河以北的季市镇古代一直属于泰兴，其方言则是泰兴话。不过，靖江与北岸相连后，已有向北方话靠拢的趋势，这一点突出地表现在词汇上。目前，靖江人说话往往是用吴语的语音说北方话的词汇。

1960 年出版的《江苏省和上海市方言概况》把泰州地区的泰州方言、泰县方言、泰兴方言、兴化方言，称之为第三区；1985年，贺巍在《河南山东皖北苏北的官话》一文中将上述第三区的方言列为江淮官话的一个方言片，称之为泰如片，这也就是 20 世纪 80 年代末出版的中国社会科学院和澳大利亚人文科学院

---

① 黄继林：《略述扬州方言的历史演变》(下)，《扬州史志》1989 年第 2 期，第 41 页。

合作编制的《中国语言地图集》中所说的泰如片；1988 年，鲁国尧在《泰州方音史与通泰方言史研究》中将上述泰如片称为通泰方言区。靖江方言属于第二区：吴语区。

因此，如今的泰州地区方言包含了江淮官话和吴方言，地级泰州市下辖的兴化、泰兴两个县级市和海陵、高港、姜堰三个区，还有靖江部分地区的方言，属于江淮官话。靖江界河以南的大部分地区，以老岸话为代表，属于吴语太湖片。

第二节　泰州地区的江淮官话

《左传》中鲁哀公十二年(前 483)“秋,卫侯会吴于郧,公及卫侯、宋皇瑗盟,而卒辞吴盟。吴人藩卫侯之舍……卫侯归,效夷言”。杜预注“郧,发阳地。广陵海陵县东南有发繇亭”。这说明,当时的海陵县即现在泰州以东地区说的话系仿效吴语。永嘉南渡,大批北方移民南迁,东晋在古海陵设置侨治县。由于人数比较多,而且比较聚集,所以当时本地土语渐渐被中原汉语所覆盖,由吴语向江淮方言过渡。现代客家话、赣语、徽语及泰州方言有一个共同特点,即古全浊声母今逢塞音、塞擦音不论平仄一律念送气清音,并且古全浊上声一律归阴平,如步、住、跪。它们有两个入声调,而且阳入调值高于阴入调值,如毒—秃、白—百。根据上述现象,再结合历史上的移民状况,鲁国尧提出“客、赣、通泰方言源于南朝通语”说,揭示了永嘉南渡以后,中原通语南下进入吴闽语言区,形成了对吴闽语的包围圈这一现象。这一包围圈在中古为五个相连板块:通泰方言、宁扬方言、徽语、赣语和客家话。由于隋代开凿大运河,宁扬地区在和平时期成为南北经济文化交往的枢纽,而战乱时期又成为兵家必争之地,人口变动大,致使这一地区语言发展较快,趋向于和中原汉语方言协调发展,从而对吴闽语的包围圈中出现了一个缺口。比起宁扬方言,通泰方言保存了更为古老的语言特点。由于古泰州的所辖范围较广,濒临黄海,每逢战事,这一带往往传檄而定,人口相对稳定,因此语言变化也较慢。

宋元时期,泰州方言大抵与江淮方言相同,与吴方言相差很大。明代苏州人杨循吉 (1458—1546)所著《吴中故语》“太傅收城”条,称张士诚母亲讲话操“淮音”,可见元末泰州话与苏州话明显不同。明初大批的移民涌入泰州,由于时间相对集中,人数较多,使泰州地区相对独立的方言发生了改变,这在史料中有所记述，如《泰兴县志》称“泰邑方言，因迁徙交通之递膻，一变于明际”。自明初大批移民徙来后，泰州再没有出现大规模的吴方言地区的移民，因此泰州方言没有发展成吴语，而是变为带有吴语色彩的江淮官话。

一、泰州方言特点

泰州方言[①]特色主要表现为：

声母 18 个，韵母 46 个，声调有阴平、阳平、上声、去声、阴入、阳入六个。

古全浊声毋字为清音，逢塞音、塞擦音不论平仄多数送气。如：盘、同、潮、葵、步、毒、坐、住、铜、跪等。

泰州话 n、l 声母不分，一律读 n，如：吕＝女，蓝＝南，历＝溺。

泰州话没有 tʂ、tʂ‘、ʂ 声母，普通话中的 tʂ 组声母都读 ts、ts‘、s，如：主＝祖，虫＝从，束＝粟。

泰州话 x 和 u 相拼时，都读 fu，如：呼＝夫，胡＝扶，虎＝府。

泰州话前后鼻音不分，普通话 in、iŋ，泰州话都读 iŋ；普通话 ən、əŋ，泰州话读 əŋ。

古全浊声母上去声字及次浊声母去声字，多数为阴平，如：步、稻、在、住、撞、骂、味、闹、烂、认、样、夜。清夏绍侯在《耐庵丛著》二集之二《泰县方言补(附吴陵语录)》中也谈及该现象：“吾泰土音去声字呼作阴平者极多，例如：洞、重、事、味、代、饭、饿、夏、状、病、寿、验、树、艾、顺、问、贱、断、豆、淡、垫。上声字有讹为去声因而呼作阴平者亦有之，如：动、市、件、竖、并、范、奉、丈、舅、稻。”其中所举例子基本都是古全浊声母字。

古入声字带喉塞尾，并分为阴入与阳入两类，阳入的调值高

---

① 为了便于描述，本节所指的泰州方言如无特别说明，皆指治所所在地海陵区方言。

于阴入，如：墨 mɔʔ3、木 mɔʔ4，失 səʔ3、十 səʔ4。

泰州话中表示动作完成的动词后附成分用 ə，在鼻韵尾动词之后变体为 nə，在入声韵动词之后变体为 kə。如：ə 一下子；撞 ŋə 下子；踢 kə 一下子。

表示地点的名词接在动词后作补语时，可以不用介词，如：站 ə 大门口；坐 ə 房里看书；跑 ə 街上去。

没有“VP 不 VP”式问句，只有“可 VP”式问句。“可”的语音形式是“个 kɤɯᵓ”或“格 kəʔ”，如：他今朝子个来呢？任务格曾完成啊了？

泰州地区方言与吴方言有着密切的联系，与苏州话有许多相同点

语音方面。苏州话现有 7 个声调(不包括阳去)，泰州地区方言有 6 个声调，入声跟苏州话一样，有阴入、阳入两种读法。声母方面，古微母字在今苏州话声母多读 v，如“武、文、勿”等字，一些字有文白之分，文读的声母为 v，如“万、味、物”，今泰州地区除兴化外，都有 v 声母。古疑母字在今苏州有接近一半的字读 ŋ，泰兴方言中有 ŋ 声母。古匣母字今苏州话读 ʎ，普通话读成 x、ɕ，通泰方言大多读成 x，也有一些字有文白两读，白读的声母很像苏州话，但没那么明显的浊音，如“画”，泰州、泰兴文读꜀xua，白读꜁uaŋ，“划船”中的“划”既可念꜁ua，也可念꜁ua。类似的字还有“黄”，泰兴“王”、“黄”同音，当问姓氏时，都要强调是草头꜁uaŋ(黄)还是三横一竖꜁uaŋ(王)。古喻母字“维唯潍惟”在苏州今读声母 v，泰兴、泰州一样。韵母方面，复元音和苏州方言一样，有着单元音化趋势。此外入声韵中，苏州话的缉韵、质韵、没韵、术韵、物韵、药韵、德韵、职韵、麦韵、昔韵等韵部的字和泰州方言读法完全一样，都读 əʔ、yəʔ 或 ɑʔ、iɑʔ①。

从词汇系统看，一些吴方言的代表性词语仍活跃于泰州

① 汪如东：《通泰方言的吴语底层和历史层次》，《东南大学学报》2003 年第 2 期，第 101—105 页。

地区的口语中。钱乃荣《北部吴语特征词》中列举的吴语特征词，有一半左右的词仍在泰州地区使用，如“济手(左手)，汰(洗衣服)，娅(硬塞)，掇(端)浪(衣服)(晾)，壮(人胖)，猛(密)、眼热(羡慕)、料作(布料)、推扳(差一点)、温吞(水微热)”等等。

语法方面，如泰兴方言人称代词“私家”、姜堰方言中的“自家”与苏州方言的“自家”音近，指第一人称自己；泰兴方言的近指代词“格”与苏州方言的“搿”音同，都是物称代词；泰州方言疑问句往往用谓语加疑问副词来表示，表将来时态的用“个”或“个要”，如“你个要看电影?”(你要不要看电影?)这与吴方言的苏州话“耐阿要看电影?”[①]的语法形式相同。

值得一提的是泰州有一句“上苏州”的俗语，也可称得上是泰州方言的一个特色之处。“上苏州”是泰州人常挂在嘴边的一句话，是指“睡觉”。这是有典故在其中的：思乡念土是人之常情，那些迁徙来泰的人们不能在现实中回到故乡，只可在睡梦中梦到家乡。由于政治和交通方面的原因，被赶往泰州一带的苏州人，再也没能回到故地。他们无法排遣对故乡的思念，只能寄托在梦中。

二、泰州方言的内外部差异

泰州方言属于江淮方言，由于地处苏北东南一隅，滨海临江，长期交通不变，方言的变化至“洪武赶散”之后也相对较慢，与邻近的扬州相比有着许多差异，同时泰州境内方言发展也不平衡。

夏兆麐在《吴陵野纪》中记载了泰州方言与扬州方言的差别。在《扬人讥泰音》中谈到扬泰方言差异：“扬州人语音清，讥泰州人音浊，有虚设故事以嘲泰人云‘泰州南门高桥下(南，扬呼

---

① 詹伯慧主编：《汉语方言及方言调查》，湖北教育出版社 2001 年版，第 273 页。

作‘南’，泰人胡作‘栾’），有个坛子（坛，扬呼作‘谈’，泰人呼作‘团’），坛子里有条蛇（蛇，扬呼作‘摄’平声，泰人呼‘沙’），二丈二尺二寸长（二，扬呼‘耳’去声，泰人呼作‘依’）’，未免谑而近虐。”

和扬州话相比，泰州话保留了更多的古音特征：古全浊声母遇塞音、塞擦不分平仄一律送气。扬州平声送气，仄声不送气。如在古汉语里面同音不同调的“瓶”、“病”和“同”“动”两组字，泰州话今读仍同音不同调，而扬州话今读不同音不同调。麻开三读 ɑ，如“车”、“遮”、“扯”、“写”、“斜”“姐”“蛇”等字，扬州话韵母都是 iɪ。咸山分等，覃韵全部，寒韵的牙喉字读 ʊ̃，比如：“敢”和“管”同音都读 kʊ̃ᵊ，而扬州“敢”kæ̃ᵊ 和“管”kuõ 不同音。“南”“坛”泰州方言韵母为 ʊ̃，而扬州为 æ̃。同样的例子还有“甘干安暗蚶看”等字。泰州有 6 个声调，入声调分阴阳，而扬州只有 5 个声调，入声调不分阴阳。

同是泰州人，各地的语音又有所不同，清代泰州学者赵渔亭的《海陵竹枝词》：“东路人来买稿子（东西），南路人邀过瓦家我家）。忽逢西北乡农到，醒得（晓得）连称笑语哗。”说明泰州城的东乡方言有“稿子”，而城南、城西北乡没有，各乡农民见面还相互嬉笑一番。关于称“东西”为“稿子”，现仍流行于东台、海安、如皋、姜堰、泰兴一带，而泰州没有。“稿子”当为“杲昃”。东台籍著名学者、报人戈公振针对上海人借方言嘲笑“江北人”，曾向上海人讲解过这两个字：杲，日出东方，代表东，昃，日落西方，代表西，两字分别出于《诗经》和《易经》。《诗·卫风·伯兮》中有“杲杲日出”，形容太阳的明亮；从字形结构上看，就有点会意的味道，日至木上，东方日出了，跃上树头，光照人间；昃字出于《易·半》“日中则昃”，意为太阳升到正中，便开始西斜。“杲昃”被借指为“东西”，如泰兴人常说“买杲昃”、“什呢杲昃”，骂人为“你不是个杲昃”。

泰州地区的江淮方言，由北向南，吴方言痕迹渐明显；由东向西，向普通话发展的趋势越明显。如语音方面，兴化没有 n 声母，所有 n 声母字皆读成 l 声母，泰州、姜堰没有 l 声母，所有 l 声母字皆念 n 声母，而泰兴 n 、l 分明。泰兴有 ŋ 声母，如“我、恩、饿、牛、熬、硬”等，而泰州、兴化、姜堰除我念 ŋ 外，没有 ŋ 声母字；泰兴的大部分地区存在 tʂ、tʂ′声母，而泰州市的其他地区没有，顾黔在《通泰方言音韵研究》指出“早期泰兴话也是有 ʂ 母的，即有 tʂ、tʂ′、ʂ、ʐ 全套，只是由于周围权威方言扬州话、泰州话（都没有 tʂ 组）的影响，县城和乡村分趋两道，前者只剩[ʐ]母，后者保留了 tʂ、tʂ′、ʐ。”存在 tʂ、tʂ′声母的地区应该属于早期的泰兴方言。词汇方面，同是亲属称谓“爹爹”，泰州、兴化、姜堰指祖父，泰兴指父亲，泰兴称祖父为“老爹”或“老老”；左手，泰州、兴化、姜堰称“反手”，而泰兴称“济手”；自己，泰州、兴化、姜堰称“自家儿（karᵓ）”，泰兴称“私家（ckɑ）”；泰州、兴化、姜堰的应答之词通常用“嗯啊”，而泰兴不用。

三、泰州方言的古语词

泰州方言中保留了许多古语词，俞扬在《泰州方言本字考》中列举了 140 多字，顾黔在《通泰方言本字考》中也列举了 30 多字。如：

治，音慈，治鱼，剖鱼。《广韵》之韵，直之切：“治……亦理也。”贾思勰《齐民要术・作鱼鲊》：“作长沙蒲鲊法：治大鱼，洗令净，厚盐，令鱼不见。”

勚，音衣，磨损义。袖口儿勚掉了。《广韵》祭韵，余制切：“勚，劳也。”《说文解字・力部》：“勚，劳也。从力贳声。《诗》曰：莫知我勚。”段玉裁注：“凡物久用而劳敝曰勚。……今人谓物消磨曰勚是也。”

攎，音卢，收聚义。攎花生壳。《广韵》模韵，落胡切：“攎，攎敛。”

鵮，音堪，鸟类啄物。鸡子鵮食。《广韵》咸韵，苦咸切：“鵮，鸟鵮物。”唐章孝标《鹰》诗：“可惜忍饥寒日暮，向人鵮断碧丝绦。”

隑，音凯去声，斜倚。隑在椅子上。《集韵》代韵，口溉切："隑，《博雅》：掎也。"章炳麟《隑言》："浙西谓负墙立曰隑，仰胡订而坐亦曰隑。"

悎，音燥，快义。～点跑。《集韵》号韵，先到切："～，快也。"翟灏《通俗编·杂字》："江北人催人速办事曰～点。"

㾊音就，缩、绉义。腿子～筋。纸弄～了。《集韵》宥韵，即就切："～，缩也。"《广雅·释诂》："～，缩也。"王念孙疏证："～者，《众经音义》卷下五引《通俗文》云：缩小曰～。今俗语犹谓物不伸曰～矣。"

扽，音顿，拉义。扽宣。《广雅·释诂》："扽，引也。"王念孙疏证："扽者，《玉篇》：扽，引也，撼也。古通作顿。……今江淮间犹引绳曰顿矣。"

另外还有一些双音词，如：

新妇，泰兴方言中，"新妇"指儿媳妇。"新妇"一词出现之初本指"新婚妇女"，《战国策·卫策·卫人迎新妇》："卫人迎新妇，妇上车，问：'骖马，谁马也？'御曰：'借之。'新妇谓仆曰：'拊骖，无笞服。'" 南北朝时期，"新妇"始指"儿媳"。南朝宋范晔《后汉书·窦何列传》："张让子妇，太后之妹也。让向子妇叩头曰：'老臣得罪，当与新妇俱归私门……'"前为"子妇"，后为"新妇"，所指均为张让的儿媳。在普通话里，"新妇"作为"儿媳"义已经消失，泰兴方言中仍保留了这一古义。

早晏，指时间之早晚。《仪礼·士相见礼》："凡侍坐于君子，君子欠伸，问日之早晏，以餐具告，改居，则请退可也。" "晏"本具有"晚、迟"的意义。《论语·子路》："冉子退朝。子曰：'何晏也？'" 皇侃疏："晏，晚也。" 泰兴今仍沿袭这一古老说法，言时间早晚为"早晏"。如："你不要急，他早晏会来的。""你回家耐心等消息，这件事早晏都会解决的。"

出门，出嫁。泰兴方言"出门"除有"出外"、"离家远行"意义外，还指"出嫁"。此义在东汉碑刻已见。《金广延母徐氏纪产碑》："考妣徐氏元初产，永寿元年出门托躯金掾季本。"后代南朝梁沈约有文篇名为“谢女出门宫赐绢绮烛启”，其中“出门”即出嫁。

泰州地区明清市民文学集大成者莫过于施耐庵。据考证，施耐庵是兴化人，他为泰州、苏中地区乃至中国古代市民文学的发展做出了不可磨灭的贡献。其著作《水浒传》中有许多泰州方言，如：

吃　娘子，怎地不过贫家吃茶？（第二十四回王婆语）一同和二哥去吃杯酒。（第十五回吴用语）茶和酒是液体，北方话用“喝”，而吴语和江淮方言除“喝”而外，还可用“吃”，如“吃酒”、“吃茶”，泰州人，连“烟”也“吃”。

面　（王婆）下了一箸面与那妇人吃了。（第二十四回，那妇人为潘金莲）那人也不谦让，拿起面就吃。（第五十三回）“面”在南方的一些方言中，普遍指面条，如泰州人说“吃面”就是吃面条。而在北方话中“面”往往指面粉或杂粮制成品，如小米面、棒子面等。

唱喏　拜了四拜，弓身唱了个喏。（第二回）“唱喏”即作揖，古人相见作揖时，嘴里要念些颂词所以叫做“唱喏”。现在泰州、泰兴方言中仍有此词，唱喏表示尊敬。

耍子　例：小官人若是不当村时，较量一棒耍子。（第二回）“耍子”表示玩耍。《陈州粜米》剧三折白：“克落许多钱钞到来，怎用得了，这几日只是吃酒耍子。”泰州人也常这样说。

噇　噇你是佛家弟子，如何噇得烂醉了上山来。（第四回）《集韵》：“噇，食无廉也。”“噇得烂醉”即“吃得烂醉”的意思。元无名氏《杀狗劝夫》剧二折《滚绣球》：“你妆了幺，落了钱，你吃了酒，噇了食。”兴化、泰州地区骂人吃饭曰噇。

伴当　跟柴进的伴当各自牵了马去院后休息。（第四回）“伴当”即仆从。元乔孟符《金钱记》剧一折白：“叫两个老成伴当服侍你去。”今兴化、泰州地区“伴当”指陪同人，如：“他一个人去我不放心，你跟他一起去做个伴当。”

不中　我不中，也是你的一个亲兄弟。（第十七回）“不中”

即“不中用”的简词，即“无用”。

一脚　一脚斜了担儿，便去除了帘子。（第二十四回）“一脚”是“一下子”的意思。元关汉卿《鲁斋郎》剧三折《石榴花》曲：“我一脚的出宅门，你待展汙淹姻簿，我可便负你有何辜。”兴化、泰州地区仍有此词，兼带“直接”的意思，如：“你一脚到那儿去，不要在路上玩。”

四、泰州方言的俚词俗语

泰州方言中俚词俗语也非常丰富，有些来源于古代的典故和民间传说，如五二六三，无而不轨，神气六国，波斯献宝等。

“五二六三”和“无而不轨”是两个近义的贬义词，意思是指某某与某某搞阴谋，干见不得人的坏事，更多的是指男女苟合，搞不正当的关系。相传杨玉环和安禄山之间有着不正当的关系，有一天两人又在一起厮混，适逢唐明皇驾到。当时安禄山背对唐明皇，没有发现皇帝到来，杨玉环只好喊道“吾（我）儿禄山见驾”以提醒安禄山，掩饰丑事。安禄山随即转身下跪，唐明皇说“吾儿不跪”。后来人们就把“吾（我）儿禄山”说成“五二六三”；把“吾儿不跪”说成“无而不轨”或“五二八拐”。

神气六国，是借战国时的纵横家苏秦笑傲六国的故事，形容一个人很得意的样子。苏秦（前340—前284），字季子，是战国时期著名的纵横家，提倡合纵（联合其他国家对付秦国）。苏秦从鬼谷子学成之后，出游数载，一无所成，搞得“妻不下纴，嫂不为炊，父母不与言”。乃闭室不出，出其书遍观之。苏秦苦读太公《阴符》之时，每逢困乏欲睡，便用锥自刺其股。苏秦连横说秦惠王“书十上而说不行”。凭着坚强毅力终于在燕国打动燕文侯而一举成名。促成了六国之王结盟于洹水，苏秦也成了中国历史唯一一人而佩有六国相印的风云人物。可以想象，苏秦身挂六国相印时的风光、神气。但他最终还是落得个首身异处的下场，他的合纵之计也被秦国的刀箭粉碎。所以，神气六国是含贬义的，一般用于批评人的得意忘形，或者讽刺那些一时得志的小人。

泰州方言的二字格的惯用语较多(惯用语多数是三字格的),这些惯用语多含贬义,说时短促有力。如“老相”指人老气,不热情、不恭敬。“没头”是说人丢三落四。“触气”指出小钱或小力解决不了问题,实在没劲。“格局”指过于形式化。“舞鬼”比喻乱搞。“冲魂”和“拾魂”形容四处游荡。“牢头”比喻强悍(牢头本是旧时监狱中犯人的头子,由特别蛮横好斗者充当)。“死形”,或说成“死形样子”,本义是人死时的样子,用来斥骂人形象很差。因为人死时一般痛苦万状,本地就有俗话说“来时(出生时)剥皮抽筋,去时(死时)滚油见天”,所以用“死形”说人样子难看、讨厌。还有“八怪”,本来指以书画闻名天下的“扬州八怪”,褒义词贬用,讽刺“不上像”的人是怪物。还有几个与“八怪”意思差不多的词:“活鬼”、“活宝”、“绝灯”。

不少骂人、骂物的惯用语和死亡、丧事联系在一起。“闹丧”本指死了人借机闹事,被用来比喻规模大的胡闹。“杠丧”指相互吵架。“倒头”指不好的事物。本指死人摆倒了,按本地丧葬习俗,死人摆在“停床”上应头南脚北,若倒过来就是大不吉利了,本地另有骂人的话“死错了、摆倒了”。“骨殖 gǔshi”、“尸骨”这对同义词比喻坏的、没用的东西,与“倒头”意相近,并常与“倒头”连用。“落心”本是说人要死时心“落”(停止跳动),多用来责骂小孩做无益的游戏,“做怪儿”惹麻烦。“想周年烧”,望文生义是无事瞎想“亡人”的周忌日来烧钱化纸祭奠,比喻自作主张瞎做添乱。

有少数惯用语是引进来又落地生根的。“瘪三”和“洋盘”就都来自上海。“瘪三”本指旧上海流浪的无业游民,转用来指容貌委琐、穿着不整的人,或指失去志气的穷汉。“洋盘”,本指旧上海做生意的人见了洋人所开的“盘子”(价格)比本国人开的“土盘”大得多,故买东西买贵了多花钱叫“洋盘”。

泰州方言中三字格的惯用语也有,如“乖乖肉”、“抖抖歪”(形容人骄傲浮躁稳不住)、“豌豆心”(喻易变心)等。这里要说一下的是“十三脸”，是“十三点”的讹变，麻将的两个骰子都是最大点数“六”时，也不过十二点，那么“十三点”只能出自蠢人之口了，故用“十三点”说人是蠢货、草包。

泰州方言的俗语、形容语诙谐有趣。“没婆的媳妇没娘的女”，形容不受管束、自由散漫的人。“逮着我打花脸”，是说让我“黄腔”，扮演尴尬、难堪的角色。“担着石头不觉重，担着灯草不觉轻”是说人不知轻重。“烧虾等不得红”形容心太急。“倚着草鞋戳了脚，倚着老婆赤了膊”是说倚靠不该倚靠的人，坏了事情。“要享福，鼻子朝北”是说人生本就是苦的，要享福到死了以后吧。“鼻子朝北”即头南脚北而躺，前文所说死人的卧姿也。“贪笑恰如哭，烂饭恰如粥”这“倒算盘”打得真够可以的。“锅子支到肋心骨”喻责任当头，推不掉。而“手长衣袖短”把成语“捉襟见肘”给通俗化了。说事出必有因常用问句：“家里不着火，外头就冒烟了?”也有夸张到离奇程度的，如咒人“头顶上害疮，脚底下冒脓”。

此外还有一些富有地方特色的歇后语，如：

王瞎子算命——不留情。

陆瞎子坐监——不知日夜。

巧儿妈遇上巧儿爹——巧上加巧。

一当的妈妈哭一当——一当（不问事、不着急之意）死了。

邮电局靠着公安局——格的格局。

阴天驮穰草（碎草）——越驮越重（意为问题累积，更难解决）。

吃的石灰——放的白屁（说话不算数之意）。

瘫子掉进井里——捞起来还是坐。

老狗看夜——嘴勤身子懒。

癞宝撑床脚——硬撑。

小瘌子打伞——无法（发）无天。

荞麦秆烧火——当着不着。

冻冻丁烧火——越烧越缩。

三十夜养（出生）的——黑心（星）。

第三节　泰州地区的吴方言

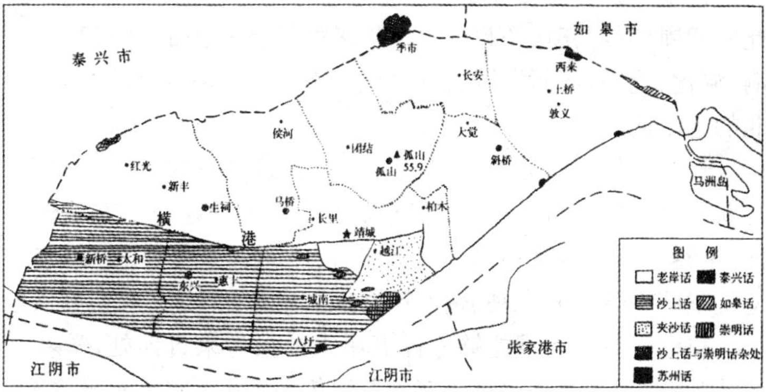

图 2－1　泰州方言分布图

泰州地区的吴方言主要分布在靖江，以老岸话为代表，属于吴语太湖片。

靖江境内的方言比较复杂，除了老岸话和沙上话两种主要方言，还有几种小方言：泰兴话、如皋话、崇明话、夹沙话。老岸话、夹沙话、崇明话属吴语，沙上话、泰兴话、如皋话属江淮方言。

一、靖江方言的来源和演变①

靖江土地原由长江冲积而成，根据成陆迟早，分为南北两

① 本节参考了刘纲《靖江方言的几个问题》，《江苏广播电视大学学报》1994 年第 3 期，第 4—5 页。

片。北片初为长江中一块沙洲,约出现于三国初年,北大江泥沙淤积,至明天启年间(1621—1627)涨连泰兴、如皋。南片,康熙年间还只是十来个或大或小的沙洲,但涨坍无常,至道光十四年(1834)才涨连成片。以横港为界,北片称"老岸",南片称"沙上","沙上"又分东沙和西沙,分界线是老八圩港。

靖江老岸人最早居住在市境北部的孤山四周,据说孤山镇北两公里左右的吴滩坪是这块土地上第一个村庄。后居民点由此向四周扩展,移民不断加入,老移民与新移民的语言互相影响、混化、统一,从而发展成这种似江南不是江南、在江北不似江北的老岸话。

光绪五年编修的《靖江县志》卷三记载:"三国吴赤乌年间,马驮沙涨于扬子江。隋唐时以马驮沙隶属海陵县。宋易名阴沙,隶泰兴。明洪武初以马驮沙隶江阴。成化七年(1471)应天巡抚滕昭奏分江阴之马驮沙置靖江县,隶常州府。"

目前尚没有文献能够考证老岸人的祖先来自何处,学者一般认为老岸人的祖先"来自江南",但佐证不足。靖江成陆之初,"吴大帝尝牧马于兹"。《常州赋》载,三国赤乌元年(238),马洲建赤乌碑和紫薇宫(元代旅居靖江的书法家赵孟頫题马洲八景有紫薇烟树诗)。可见,赤乌初年靖江这块土地上就已有人烟,但估计多为牧马军士。晋《方言注》作者郭璞,五胡乱华时,曾结亲昵十余家南逃,在靖江逗留,并葬母亲与两个哥哥在现靖江城西十公里处的生祠镇。但当时那里也只是长江中的一块沙洲,正如郭璞《祭母诗》中描写的那样:"北阜烈烈,巨海混混。"后郭璞寓居在江阴黄山下北长村。至于当时有无其他人迁来靖江,史志上均无记载。

这时靖江的语言,大概以"军语"为主;即使军语,也该属吴语,因为那些兵士,大都是祖籍吴郡的孙权从江东招募而来的。如靖江名为牧马大沙,之所以讹读为"马驮沙",就是因为吴语中"牧"、"马"谐音,"大"、"驮"同音的缘故。

靖江最早有案可稽的移民,是宋建炎四年(1130)江淮镇抚使岳飞“渡江淮流民于阴沙”。传说那批移民中的“朱、刘、陈、范、马、陆、郑、祁”八个姓氏，就是靖江人的祖先。现在靖江459个姓氏中，单“陈、刘、朱”三大姓，就几占全市人口的五分之一。

由于靖江离北岸泰兴近，在古代航行技术十分落后的情况下，移民以江北人为多。靖江初期的语言，该是郭璞时代的吴语（当时吴语分布在淮河以南，包括江南及浙江、江西、福建等广大地区）。南宋初年，江淮地区的北方话体系尚未形成，因此，岳飞渡阴沙的江淮流民的语言，基本上也是吴语。虽然以后金人南侵，北语南移，长江以北江淮方言形成，但靖江位于长江之中，交通阻隔，影响极小，以至出现象现在这样的一个吴语孤岛，而且内部差异不大，可见其相当稳定。

自元以后，靖江部分划入江阴管辖，至明洪武二年（1369），全部划归江阴县。这种行政区划上的舍近就远，恐怕不能排除方言等人文地理的因素。这时，江阴有人开始移居靖江。据光绪五年《靖江县志》记载，元末江西人刘兴，因击寇功著，“授千户，子孙遂来籍江阴及所属马洲，世为巨族。”（《兵事》）明代范姓子惠，系宋文公后裔，初居江阴，永乐壬辰（1414）其父遇盗沉江，后数年即与兄同徙马驮沙，且“田园浸广，江阴贫族有来迁者，割产以抚”。（《幸友》）

靖江于明成化七年（1471）建县，隶属常州府。自此，与江南联系日益加强。当时，为使渡江而南的人有停憩之所，在江阴黄田港建一潮音庵，令靖僧居之，以接待过往的靖江行人。在靖江建县至今的五百多年中，有近四百六十年属江南管辖，时江南移民甚多。如太平天国定都天京后，农民革命力量与满清政府和帝国主义侵略势力在江南斗争期间，常州、武进一带许多人为了避难而渡江北逃至靖江安身。靖江建县时只有36951人，至同治四年（1865）已达244360人。由于靖江与江南交往频繁和江南移民的增多，大大巩固和强化了靖江老岸话的吴语属性，并带动老岸话向现代吴语发展。尽管老岸话长期处在江淮方言包围之中，而且许多地方仅一河之隔，但始终没有改变它的吴语的基本特征。

从以上分析可以看出，老岸话的源头，应该是古吴语。但由于行政上长期属江南管辖，地理位置上又与江北为邻，因此老岸话一方面一直保持吴语的特点，如：有成套的全浊声母，单韵母占优势，入声分阴阳，且阴入高于阳入；另一方面，也掺进了不少江淮方言成分，如“山”读 sã、不读 sɛ，“打”读 ta、不读 tã，“脸”不叫“面孔”，“穿衣”不叫“着衣”，人称代词用“我(们)、你(们)、他(们)”，“哪里”也说“拉块”，都与江淮方言相似。

二、靖江方言的主要特点

靖江方言有 29 个声母，54 个韵母，7 个声调。靖江方言具有全套的浊声母，这是隶属于吴语的一个显著标志，也是区别于普通话的一个基本特征。靖江人绝不会把“照相”说成“照像”，也不会把“地”写成“的”，就是因为“像”和“地”是浊音声母，“相”和“的”是清音声母，在靖江话里读音不同。非吴语区人学说靖江活，往往会把“水稻”说成“水到”，“喜剧”说成“洗脚”。书报上常把该用“说”的地方写成“说到”，就是因为那些作者的母语里声母不分清浊的缘故。

靖江话没有翘舌音，以致“诗人”、“私人”无别，“木材”、“木柴”不分。靖江方言尖团分清，不会把“老酒”说成“老九”，“妻子”说成“欺子”，更不会以“泰星”用作“泰兴”的谐音。

靖江话 n、l 不混，不会像南京人把“脑子”说成“老子”，不会像泰州人一样，把“老子”说成“脑子”，也不会像扬州人把“买个篮子”说成“买个男子”。

靖江话“吴”、“胡”不分，“王”、“黄”不分。如果问一位先生：“您贵姓?”他说：“敝姓 uaŋ。”你定会追问一句：“三横王还是草头黄?”靖江话“蛀”与“句”、“川”与“圈”、“书”与“虚”分别同音，这既不同于苏州、无锡话，也不同于泰州、泰兴话，是靖江话的又一独特之处。

靖江方言前后鼻音不分，“人民”的“民”与“光明”的“明”同音，“树根”的“根”与“耕田”的“耕”同音。

靖江人学说普通话，往往把“丰收”说成“分收”，就是由于“əŋ”、“əŋ”不分的缘故。

靖江话韵母方面的一个显著特征是“将”、“尖”同音，“枪”、“千”同音，因此，人们说到“十年”，总要改说成“十载”，以免“年”与“娘”同音造成听觉上的粗俗。

靖江话里单韵母占优势，如说“包”、“开”、“多”、“对”等字，韵母直截了当，不必转弯。

有人有喜庆之事，亲朋好友在电视里为他点歌祝贺，往往不用“贺”字，就是因为靖江话“贺”与“祸”同音。靖江话“楼”、“头”、“偶”、“侯”等音节中间有一个介音 i，这种情况在全国各地方言中十分罕见，是靖江话韵母方面的一个特点。

靖江有几个颇具特色的常用词。疑问代词“什么”，靖江称“底高”，仅与常州的“嗲格”、丹阳的“的告”相似，与其他地方迥异。靖江话称“玩”为 “象”，这可能是江南“白相”两字用靖江音快读而成，只是其中的“白”字已虚化为与“相”的声母同声部的浊音了。

靖江话称“小孩”为“siɑŋ”，这也是一个合音现象。据光绪五年《靖江县志》记载，靖江原称“小孩”为“小囡”。“小囡”，语流音变为“小安”，现在靖江有些偏僻地方某些老年人还这么称说。“安”，靖江人发音与后鼻音“ɑŋ”相近，因而“小安”快读就成“siɑŋ”了。靖江方言里以“iɑŋ”作韵母的原来只有一个“siɑŋ”字，可见其来源之特殊！动词“下”常说成“落”，例如“落雨、落雪”，“坐地落”，“(太阳)落山”。数词“二十”常读成“廿”，如“廿七”(二十七)。

动词重叠形式常用“AAB”，例如“说说看”，“听听看”。形容词的重叠形式比较灵活，但也以“ABB”居多，例如“胖嘟嘟”、“脏稀稀”等。

在双宾语用法中，指人的宾语往往在指物的后面。例如“把本书我”，“把纸头我”等等。部分句中有宾语提前，以动词结尾的例子，日语的基本句法结构与之相似，例如"你这本书阿看过叻"。

语助词"格"用法普遍：如领格词尾，不用"的"而用"格"，例如"我格书"。形容词词尾，不用"的"而用"格"，例如"好看格衣裳"，"这靠不住格"。结尾语助词不用"得"，例如"他一定会出事体格"。副词词尾，不用"地"而用"格"，例如"好好格做"。

"勒"，句末语气词，例如"还甭到辰光勒"（还没有到时候）；"他出了事体勒"（出事情了）；"困着的勒勾"（睡着了）。

三、靖江方言与讲经①

靖江讲经是靖江民间流传的一种说唱曲艺形式，讲经的"经"称为"宝卷"，是从唐代变文而来，变文是一种佛教俗讲，即将佛具里的神变用通俗的话语表达出来。它是传播佛教教义的有效手段，也是中国最早的说唱文学。"宝卷"传入靖江约于元末明初，到了清代，经过讲唱者——"佛头"的不断口头加工，已发展到基本定型阶段。靖江讲经以纯粹的靖江地方语言流传于世，并自成体系，独具地方特色，是我国古代宝卷至今唯一还在民间以"做会讲经"形式讲唱、传承的"活化石"。

作为口头文学，靖江讲经面对的听众，大多是属于文化水平相对低下的农民，讲经用的全部是靖江地区的方言，而且多采用为下里巴人熟悉的语词来予以宣讲。

宝卷中的语词有的还可以见于吴方言区的其他区域之中，有的则为靖江地区所特有。如：

> 万岁又问："姬爱卿，你可曾攀亲求缘？""格末（发语词，犹那么），我也不曾有。"（《三茅宝卷》）

---

① 本节参考了陆永峰、车锡伦著《靖江宝卷研究》，社会科学文献出版社2008年版第195—211页。例句基本来源于《中国靖江宝卷》，江苏文艺出版社，2007年版。

饭店门口摆胡葱(即洋葱),混堂(澡堂)门口挂灯笼。(《三茅宝卷》)

太太呀,你务必不要朝思量来夜肉麻(心疼)。(《三茅宝卷》)

当家师说:"三少爷,不要信嘴里瞎嚼(胡说),瞎许菩萨。"(《三茅宝卷》)

王氏脸一青胖(脸色难看),像个五殿阎王。(《三茅宝卷》)

杨木扁担软绵绵,樵担松柴白相相(玩耍),半途之中歇一歇,担到家中才出太阳。(《三茅宝卷》)

这张世登从监牢里放出来是底高腔调(模样)?(《血汗衫记》)

啊呀,痒疮过人(传染人)格。(《九殿卖药》)

以上这些语词,在吴方言区的别处也有使用。靖江地区的文化主体上属于吴文化,讲经也主要受江南宣卷的影响,自然吴方言的一些常见的语词也见于其中。靖江讲经中另外还有一些语词,在别的属于吴方言区的地区未见使用,属于靖江地区特有的方言语词。如:

钱茅龙说:"妹妹,现在有底高(什么)办法呢?"(《三茅宝卷》)

搭粥菜是扬州酱菜共瓜丁,上茶吃的是癞宝馒头(靖江当地指圆而扁的馒头,形同癞蛤蟆)秤半斤。(《三茅宝卷》)

太师连忙欠身:"但愿乡亲把光(给面子)。"(《三茅宝卷》)

祖父祖母爱的是头生子,爹娘惯的是荡江儿(最后一个儿子)。(《三茅宝卷》)

公婆在说话,别把嘴去岔,遇事要忍耐,抵不得沿小(从小)在娘家。(《三茅宝卷》)

如果你在广南心焦(寂寞)的话，不妨请地方人士帮你为媒。(《三茅宝卷》)

(王老爷为仆人配亲)他半睁半闭。看准了，好的丑的牵搞(搭配)牵搞，配得蛮好。(《三茅宝卷》)

师傅，我是说替员外的外孙做三朝洗澡衣服，鸽子(吉利话)要说好点！(《大圣宝卷》)

再提陈良夫妇在家大行方便，好事做了数年春，还没男女后代根。要得啃(快)，上灵雀庙，到灵雀庙求子。(《梓潼宝卷》)

好哇，要不是我在家杠赖(发脾气)，还想出来？(《梓潼宝卷》)

除了方言词语外，靖江讲经与书面文学相区别的又一个标志是，作品中大量使用了流行于民间的熟语。熟语有多种，最多的是歇后语。这些歇后语大多来源于生活，简洁易懂，形象、生动，又诙谐幽默。如《三茅宝卷》中金丞相向王乾提亲：

王乾一听，吓得一惊，两手直摇，放趟子对旁边跑："恩师呀，你这样说，我是蜢子钻在盐包里——腌不死，渍就渍煞得呱。"

蜢子即蚱蜢，渍谐音"折"，折福、折寿之义。这个谐音歇后语非常准确地传达出了王乾此时诚惶诚恐的心理。

宝卷中言元阳(金福)去度被囚的妻子王氏，王氏不信：

王氏说："你这个油头光棍，在外头听见的。扁担头上套来的。你是我家三少爷末，你晓得我属底高？""王氏啊，我们是两条黄牛合张犁——同耕(庚)。"

歇后语的出现，使这一情景一下子变得饶有趣味。

下言，皇帝传旨拿金宝归京对质，金家安童慌张迎旨，金宝斥之：

奴才，大惊小怪。圣旨到我家来，是叫花子吃冷粯子粥——家常便饭。你怕底高？

这里，歇后语刻画出了权臣受宠之下自高自大、恃宠而骄的心理。

《梓潼宝卷》中，龙王化身的老人要诬告陈梓春偷盗，后者有言：

公公，你哪怕现在就去告，我又不怕。怎？说你不要着气（生气）。你这是乱坟场架炮——吓鬼。

少年人的年轻气盛和受了冤屈以后的气愤、倔强，通过其中的歇后语都得到了体现。

《九殿卖药》中，卢功茂、霍氏夫妻开药店，无人光顾：

霍氏向卢功茂说："相公，信了你的话，要霉一夏。开门七天了，真是阎罗王开店——鬼总不上门。"

"阎罗王开店——鬼总不上门"之语，诙谐而生动地道出了药店门庭冷落，霍氏内心气恼的情形。

《大圣宝卷》中，张举山要坑害来借粮的灾民：

于是对安童说："我家仓里的米麦是原干货，铜钱银子是真钢货。借给穷人如若把利息抬高，他们要说我从夹肘窝里伸刀——杀他们。不如来个馄饨不涨价——皮里抽肉。"

两个歇后语，都非常形象地刻画出了旧时财主为富不仁，盘剥、欺诈下层百姓的凶狠和奸诈，能够引起听众深深的共鸣。

除了歇后语以外，靖江宝卷中还有很多其他类型的熟语，也集中体现了口语特征。如“海水冲到龙王庙，自家人打了自家人”、“踏破铁鞋无觅处，得来全不费工夫”、“麻布洗脸初相会，烧饼不熟面又生”、“逢人只说三分话”、“画龙画虎难画骨，知人知面不知心”。

除这些之外，靖江宝卷还有着更多的民间俗语。如《三茅宝卷》中，金福向刘驸马化缘，被封入夹墙后，脱身回家：

> 两个哥哥以为三弟已经死了，是魂灵回来了。心上一急，倒哭了起来——三弟呀，你偏偏要去化皇亲，真是到老虎头上拍苍蝇。

“老虎头上拍苍蝇”一语，形象地写出了两个哥哥心中的懊恼和无奈、忧伤。

下面写两人向刘驸马讨要弟弟，刘驸马回答：“喔，蟑螂虫同灶蟀子，是一个灶头上来的。安童，替我动手！”“蟑螂虫同灶蟀子，是一个灶头上来的”应该是属于靖江当地民间俗语，浅俗易懂而生动形象。

卷中说到刘驸马害病，郑大夫来看：

> 用手一捺，驸马的牙齿一突。“啊依喂，我的牙齿又痛起来了。”牙痛不是病，痛起来痛断命。

最后的两句俗语，可以和现场听众的经验契合，让他们想见刘驸马的病痛状。

《大圣宝卷》中，如土地化身老人，劝众人不要去张举山家抢劫：

> 土地公公说："古人之言，'穷要说理，富要饶人'。这是天灾，不是人害，不要到人家去打家劫舍。"

"穷要说理，富要饶人"一语，应该是民间关于穷人、富人处世的普遍要求。

张员外被人讥讽无子，回家后哀伤：

> 水氏院君一听倒笑起来了，"员外，你对家一坐，没事找事做，怎想起儿女来了？常言道，男是冤家女是害，无男无女多自在。"

这里的两句俗话传达了民间对儿女的另外一种看法。《香山观世音宝卷》中，宝德皇后劝告妙庄王不要伤害女儿妙善公主，引用了"猛虎犹护子，蛇毒也爱亲生"两句俗语，舐犊之情溢于言表。《地藏宝卷》中，言孔氏抚养儿子，也用了俗语"只愁不养，不愁不长"。

《三茅宝卷》中，夫人钱氏不满意金丞相与王乾结亲家，金丞相向之解释王家小姐命好：

> 钱氏一听，呵呵大笑："好好好，俗话说，我只认他盘篮里米，不管他盘篮有底没有底。只要小姐命好，就不问他王乾的官职大小。"

"只认他盘篮里米，不管他盘篮有底没有底"为靖江当地的俗话，意指只看主要方面，不看次要方面，非常简捷而生动地表达了钱氏对事情的态度、看法。同卷，说到熊氏、桂氏二位大嫂劝金福放弃修道：

> 三公子说："二嫂嫂不要起劲，我再说个你们听。今朝一不过冬，二不过年，你们穿一身花花绿绿衣裳，可比鬼多

两只耳朵?”

“比鬼多两只耳朵”为靖江俗话,意为丑得出奇,活画出了二人花枝招展的模样,更传达出了金福嘲讽、挖苦的口吻。

第四节　泰州的语言学家

江苏的语言文化十分丰富，在这块土地上孕育了一代又一代语言学家，其中泰州有清以来也出现了几位著名的语言学家。

泰州地区最早的语言学家当算兴化的任大椿。任大椿（1738—1789）字幼植，一字子田。长于辞赋，少年治《文选》，学诗文，所拟古乐府，幽深崛奇，尤熟于《尔雅》、《说文》、《广韵》诸书。其辑佚之作，主要有《字林考逸》和《小学钩沈》。任大椿的《字林考逸》八卷，共15000余字，已超过原《字林》载字数的十分之一。他自序说：“今字书传世者，莫古于《说文》、《玉篇》，而《字林》实承《说文》之绪，开《玉篇》之先。《字林》不传，则自许氏以后、顾氏之前，六书相传之脉中阙弗续……爰是参核典坟，兼及二藏音义，钩沈起滞，积累岁年，遂成八卷。”《小学钩沈》十九卷，所辑极为广博，该书所辑集的小学佚书有《仓颉篇》、《三仓》、《凡将篇》、《古文官书》、《劝学篇》、《圣皇篇》、《通俗文》、《埤仓》、《古今字诂》、《杂字》、声类》、《辨释名》、《韵集》、《杂字解诂》、《周成难字》、《小学篇》、《字苑》、《字指》等。

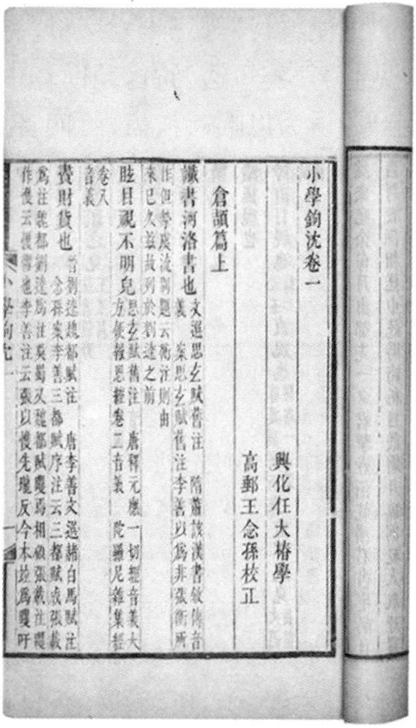
小學鉤沈卷一
興化任大椿學
高郵王念孫校正
倉頡篇上

图2-2　任大椿《小学钩沈》

何萱（1773—1841），清末音韵学家，字石间，泰兴县黄桥镇人。何萱所著内容很广，尤精于训诂之学。《韵史》78卷是何萱集毕生心血之作。它以东汉许慎的《说文解字》为本，以梁陈间顾野王(宋顾孝子昕之先祖)的《玉篇》、宋陈彭年的《广韵》以及历代其他音韵学著作佐之，先定其字，后考证各字形、音、义的历代变化。何萱根据段玉裁的古韵十七部来分部，计平声七十一韵，上声六十六韵，去声七十韵，入声七十四韵，共二百八十二韵。除去一些部的同入声者外，实为二百五十二韵。他说通行的“见溪群疑”等三十六字母“有复有漏，未为尽善”；于是改定为“见起影晓，短透乃赉，照助耳审，井净我信，谤并命匪未”二十一字母；认为以喉、舌、齿、唇四音二十一母统括众字，则声音无不能举。《韵史》每部就以这二十一字母的次第为列字的次第。此书不采等韵之说，只用四呼：一开口呼，二合口呼，三齐齿呼，四撮口呼；字的反切，也和其他韵书不同。《韵史》收字，以《说文》为本，以《玉篇》、《广韵》为辅；见于《说文》的字归正编，见于《玉篇》、《广韵》的字入副编。论字形，以篆楷形体相同的为正字，楷书稍简单而合乎篆意的也算正字；后起字和俗体字，亦附列而说明。论字义，则先列本义，次及引申义；先取《说文》，次及经传笺疏，秩序井然。著名音韵学家吴伯盉对此书评价极高，认为何萱之作“使学者真识字而无难也”。书成后未刊刻，直至1936年，才由商务印书馆将原稿影印发行。

刘熙载(1813—1881)，江苏兴化人，广学博览，治学无门户之见。六经、子、史、天文、算法、字学、韵学等无不通晓，著述丰富，著作有《艺概》、《昨非集》、《四音定切》、《说文双声》、《古桐书屋六种》、《古桐书屋续刻三种》等。其中，《四音定切》、《说文双声》、《说文叠韵》是三部关于音韵学的系列性学术著作。《四音定切》，按照开、齐、合、撮四音，把当时通用的《佩文诗韵》重加整理、分类解释。《说文双声》和《说文叠韵》，则是刘熙载有感于“六书中较难知者莫如谐声”而编辑的。双声、叠韵都是谐声。东汉许慎撰《说文解字》时，还没有反切注音法和双声、叠韵的名称，注字音只是注“某声”或“若某”。宋初，徐铉校订《说文解字》，根据唐代孙愐的《唐韵》，加注反切于每字之下。在此基础上，《说文双声》"韵借徐切，母用许声"，凡许声与徐切之母成双声的字均加辑录。《说文叠韵》则辑录部相同成叠韵的字，"切音从大徐（指徐铉校订的《说文解字》）。韵部之名从《广韵》。遇字与声古属韵者，则曰'通'；古属一部者，'并归某韵'；其非径通而由他韵可通者，曰'转通'，若不在此例，为声，曰'协用'之字亦有一定韵部，非各部俱可协也。故'协用'一类于各篇后附之。"以上刘熙载音韵学三书，蔡冠洛《清代七百名人传・刘熙载传》评为："于音韵小学确抒卓见。"

田宝臣（清咸丰时人），字少泉，泰州人。研精训诂，不断断于一言半字。撰有《小学骈支》八卷，共一百五十三条。其自序："以《说文》为主，以《尔雅》、《方言》毛氏郑氏为根柢，而波澜于孔、贾、郭、陆，旁及《荀子》、《庄子》、《淮南》、《素问》、《大戴记》、《史记》三家注、班书额注、范书李注、《释名》、《水经注》、《广雅》、《玉篇》、《广韵》、《文选》、《众经音义》，下逮二徐、《集韵》、《类篇》以及乾嘉以来名家之说。欲溯其源始，故讨论之词多；欲畅其支流，故参互之说尽。云'骈支'者，事系于《骈雅》；冠以'小学'者，因四库全书以《骈雅》隶小学类也。初写一本，意尚未已；欲取《吕氏春秋》高注、《管子》房注、《列子》张、殷两注研求而更讨之。"韩国钧于民国九年将该书刊入《海陵丛刻》中。

陈启彤（1882—1926），字管侯，泰州人，著《广新方言》二卷，自序于1911年，至1928年方在北平镜版。该书主要辑录、考证泰州方言俚语，也兼及芜湖方言，因为他曾经在芜湖住过一段时间，这本书是章太炎《新方言》一派的著作。其自序云："中国员舆广博，地势区分，风尚各异，方言庞杂。甚至同省之人觌面相语，句格不通，感情因以不洽，界限亦用此而分，各各自营，于国事之进行，窒碍实多焉，是皆言语不能统一之故也。"陈氏声明，其著书的目的在于"通俗之言，明其出处，乡僻之语，述意加强"。如卷二"寇"："扬子《方言》：'凡物盛多谓之寇。'注：'今江东有小凫，其多无数，谓之寇。'《说文》：'寇，暴也。'段注云：'暴是本部之暴，暴疾之字引申为暴乱也。'由暴乱之意引申之则有甚盛之意。泰州亦属江东旧地，故谓人之有膂力者曰寇。"卷一"蹲"："《说文》：'蹲，居也。祖尊切。'泰州谓居处，音读若登；州之乡人则读若神，皆蹲之转也。"可见这也是一部属于传统方言学范畴的著作。

马汉麟(1919—1978)，泰州市人。1944年毕业于昆明西南联合大学中国语言文学系。曾在清华大学、北京马列学院、南开大学任教。他早年专攻音韵学，对文字学、训诂学也有研究。后来因工作需要又钻研现代汉语语法和古代汉语语法，对古代汉语语法的研究尤为深入。在古文字学方面，马汉麟有两篇很有影响的文章，即《关于甲骨卜旬的问题》、《论武丁时代的祀典刻辞》。在古汉语语法方面，著有专门描述古汉语语法的《古汉语语法提要》一书和论文《古代汉语"所"字的指代作用和"所"字词组的分析》、《古代汉语三种被淘汰的句型》。马汉麟长期从事古代汉语教学工作，在教学科研和教材建设上都有建树。他主编的《古代汉语读本》和参加编写的《古代汉语》(王力主编)，都是国内很有影响的古代汉语教材。

李人鉴(1914—2004)，泰兴人。1956年后任教于扬州师范学院(原苏北师范专科学校)中文系，讲授"现代汉语"、"古汉语"、"工具书使用法"、"习作"等课程。李人鉴主要从事汉语语法的研究，他在泰兴方言语法、现代汉语语法和古汉语语法方面发表了一些值得重视的论文。《泰兴方言中动词的后附成分》论述了泰兴方言中动词后的 a、nga、ga 的分布，指出 a、nga、ga 的语法作用相当于普通话的动词词尾"了"。该文还论述了 a、riga、ga 后面的其他成分，并从 a、nga、ga 的分布特征指出动词可以分为静态动词、动态动词和兼动静态动词三类。这篇文章受到了语言学界的重视，著名语言学家吕叔湘看了以后，特地给作者写了一封信，誉为"久未遇到的好文章"。《泰兴方言里的"拿"字句》论述了泰兴方言中跟普通话的"把"字句大致相当的"拿"字句，通过对"拿"字句和"把"字句的分析比较，探讨了有关

“把”字句的几个理论问题。著作有《泰兴方言语法》、《史记语法概要》，论文有《一种比较特殊的句子成分》、《评朱德熙先生“的”字结构和判断句》、《关于句法结构分析方法问题》等。

如今，泰州方言的特殊地位引起了越来越多的泰州籍学人和本土学者的重视。南京大学鲁国尧教授致力于泰州方言和通泰方言研究，著有《泰州方音史与通泰方言史研究》、《通泰方言研究史脞述》、《客、赣、通泰方言源于南朝通语说》、《“颜之推谜题”及其半解》等论文，这些论文都收入了《鲁国尧语言学论文集》。其弟子南京大学顾黔教授也致力于通泰方言和泰兴方言研究，著有《泰兴方言同音字汇》，《泰兴方言本字考》，《泰兴方言词汇》、《通泰方言音韵研究》等论文论著。泰州文史专家俞扬，著有《泰州方言的两种述补组合》、《泰州方言本字考》、《泰州方言同音字汇》、《“洪武赶散”与泰州方言》等论文。研究靖江方言的专家刘钢，著有《靖江方言的几个问题》、《靖江老岸话的由来及声韵调辩证》等论文，参与主编了《靖江方言词典》。此外还有张建民的《泰县方言志》、张丙钊的《兴化方言志》、吕耕樵《泰兴方言熟语拾零》等，这些都是研究泰州地区方言的宝贵财富。

第三章　泰州的经济文化

第一节　泰州经济文化概述

泰州的经济发展演变过程也是泰州区域文化的形成过程，泰州经济走过的是从制盐—农耕—农工发展的道路。首先是制盐业为主导的时期，此时从有人迹存在到北宋大约仁宗天圣年间，据《宋史》记载，泰州所收盐税占全国财税总量的50%。其次是种植业为主导的时期，此时大约从北宋开始到明末清初，泰州成为著名的鱼米之乡，是全国著名的粮食生产基地。再次是工农业发展并进的时期，主要在明末清初及其以后，由于时代巨变，社会转型，泰州经济模式又一次发生了变化，农业经济所占的比例也逐渐演退为次，逐步进入工农并进时期。

一、泰州的农业文化

泰州地处淮南平原，气候宜人，河流纵横，土地肥沃，黄海之水产盐，江淮之水育粮，丰富的盐粮资源，使泰州成为全国有影响的粮盐生产与储运基地。

西汉初年，吴王刘濞已在海陵建粮仓，粮食主要是红粟，即红米稻，为古泰州特产。在刘濞起兵谋反前，郎中枚乘谏吴王书中曰："转粟西向，陆行不绝，水行满河，不如海陵之仓。"晋左思《吴都赋》中云："海陵之仓，则红粟流衍。"唐朝的国库收入主要来自江淮，除盐税外，粮食也是重要收入来源。诗人骆宾王曾曰："海陵红粟，仓储之积靡穷。"唐高祖时，每年从江淮输入关中的大米就有一二十万石，高宗以后，统治机构庞大，开支大大增加，从江淮输入关中的粮食更多。

自北宋范仲淹摄兴化知事，东筑捍海堰(人称范公堤)以挡海水，堤西逐步改为沤田。泰州里下河农民引淡水拔碱气，开始种水稻，而西部农民建圩御水造田，也开始种植水稻。到了明代，农民已经以种水稻为主了，同时在田地高处也种约十分之一二的豆麦。由此泰州进入以种植业为主导的经济发展时期。据《道光泰州志》记载，乾隆四十年泰州官民田、民灶田、官民地、官民灶地、陆地、低洼减则田等田地六则，通共征银 34814 两 6 钱 7 分 6 厘，并征收 10%的附加税，遇有闰月加征银 294 两 4 钱 6 分 8 厘，亦征 10%附加税，通共征米 32854 石 5 斗 3 升 8 合 8 勺。此外，不在丁田之内还要加征各种名目的地方税收计银 387 两 3 钱 4 分 4 厘。

图 3－1　兴化县署、范仲淹纪念馆

元末泰州张士诚率众起义，先取泰州，继攻高邮，后在苏州称吴王，其军中所需之粮，皆在泰州设砻去壳成精米，名为"仓场”。在仓场的一座桥附近，以前人们挑河，还发现在地下有砖铺的街道。据仓场人说，现在的界碑原是一条东西向党河沟，向下挖几锹，常能挖到过去张士诚部在这儿碾米倒掉的稻壳。

当代地方史学学者周志陶《海陵仓》诗称：“汉初叶甸海陵仓，刘濞于斯广积粮，元末士诚砻谷处，下河自古鱼米乡”，是其对泰州农业历史的研究心得。

如今，泰州农业资源丰富，有“鱼米之乡”、“银杏之乡”、“水产之乡”的美誉，是国家重要的商品粮、优质棉、瘦肉型猪、淡水产品、优质银杏生产基地和蔬菜生产加工出口基地。兴化市被国家环保局认定为国家级生态示范区，姜堰市被江苏省认定为省级生态农业试点县（市），姜堰市河横村被联合国环境署授予“全球环境500佳”称号。

图3-2　泰兴宣堡的古银杏森林公园

二、工商文化

古泰州受渔盐之利，居交通要冲，是我国中部各省食盐供应的基地和南漕北运的咽喉，南北商品在此集散，逐步发展成为有一定知名度的工商业城市。

早在唐代的一些诗人眼中，海陵还是一片商贸不甚发达的海滨之地。李嘉佑的《仲夏江阴官舍寄海陵裴明府》写道："万里边江次，孤城对海安。朝霞乍晴雨，湿气晓生寒。"一片潮湿空旷、荒凉的景象。张祜的《题海陵监李端公后亭十韵》则有所不同："古城连废地，规画自初心。眺出红亭址，栽成绿树林。竹欹从岸势，池满到檐阴。暗草通溪远，闲花落院深。上帘新燕入，抛叶小鱼沉。"开始在荒凉中现出红亭、绿柳、小桥、深院等景物，显出些繁荣的景象来。经历了唐朝初期的战乱后，泰州已渐渐发展起来。

北宋太祖乾德五年，泰州所辖范围扩大，一直到海边，运盐的船入运河，入长江，必经泰州，这样就带来了泰州的繁华，东西门大街是长达5里的商业街，州治内有水池，水池中有沙渚，亭台楼阁飞檐，一派江南水乡小城之景。元末泰州毁于战火。

明崇祯十一年，水旱兵荒连连，泰州粮长缪嵚以匹夫而攘臂之光，徒步三千里，至京师，请求减征，在《请停加凤米疏》中描述泰州是"裈下瘠驳之区"、"等所居之屋，所种之田，一堤之外与蛇龙争窟而处。"[①]其时荒凉可见一斑。康熙十年(1671)，泰州大水成灾，童希圣趁康熙南巡，率数十人赴江宁，伏地冒死向康熙上疏，康熙感于他们的胆量，特批泰州免交五年度贡银和贡米，

除几次灾荒，总体上来看明清五六百年间泰州社会秩序相对安定，吸引江南、安徽、苏北及苏中其他城镇的客商与资金不断涌入。特别是在咸丰三年(1853)，在江宁、扬州等地被太平军

---

① 《道光泰州志》三十二卷艺文，《中国地方志集成·道光泰州志》，江苏古籍出版社1991年版，第379页。

攻占时，藩、臬、道、运司等衙署先后移驻泰州，江南、皖南、扬州一带居民及客商也纷纷迁居泰州，刺激了泰州商业的发展。地方官员也采取了减免田税、开垦荒田、摊丁入亩、治理河道以利灌溉和通槽等一系列措施，发展经济。随着东西两坝筑成，北门的盐铺异常繁忙，商贸中心移至北门外两坝附近，盐官、差役、脚力、商贩，吆喝喧哗，甚嚣尘上。后来安徽、湖北的船都直接到泰州来运盐。一时四方商贾云集，徽调楚腔杂陈。沿稻河与草河两岸形成农贸市场，百年老店与大商号多集中于北门坡子街，并向北延伸到彩衣街、向南延伸到城内大林桥一带。乾隆时，泰州已有粮行六十多家，里下河地区的水稻和麦子经过泰州大宗销往苏南，江南、江北的粮价涨落皆以泰州为准绳，河东侧街上称粮过秤的吆喝声、搬运工人挑担抬包的号子声终日不绝，人如潮涌，道路经常堵塞。苏南及外省的绸布、南货、茶叶、中药，以及后来的五洋、百货、西药等，也经过泰州转销周围城乡。有诗曰："歌舞巷中歌舞盛，繁华应号小扬州。"

商业的兴盛带动了其他事业的发展。盐运繁忙使木作业、造船业以及过载业应运而生：北郊老渔行的造船业，明末清初已享誉苏、浙、皖、鲁；始创于乾隆二年的陈德兴糟坊，所酿枯陈药酒色如琥珀，味道非常甜美，李汝珍在小说《镜花缘》也有赞誉；早在1897年，泰州就开设了邮政局、电报局；1902年，创办了泰州学堂，成立了教育会。

抗日战争与解放战争期间，盐阜等地殷实富户流亡来泰，大量资金随之流入，促成消费行业畸形发展，一时商户多达3171家。金融业也十分活跃，银行、钱庄、银楼激增至七八十家。商业作坊民国三十八年初就达351家。油坊与米坊数量甚多，由米坊演变而成的碾米厂数目不断增加。晚清以来开辟南通至扬州客运航线，在泰州设办事处。光绪三十四年，泰来面粉股份有限公司建成投产，日产"三羊"牌面粉1100袋，远销南洋，与南通、无锡的面粉厂相鼎立。以后振泰电灯股份有限公司与华泰纺织股份有限公司又相继创办，泰州工业初显雏形。

如今,泰州工业经济基础雄厚。现有各类工业企业 3.4 万多家,其中规模以上企业 1083 家,形成以机电、化工、医药、造船、新材料等为主体的支柱行业。全市 100 多个产品的生产规模、市场占有率在全国名列前茅,涌现了春兰集团、扬子江药业集团、陵光集团、中丹集团、兴达钢帘线、新世纪造船等一批大型企业集团。其中,春兰(集团)公司是全国最大的 50 家企业集团之一,扬子江药业集团规模总量和效益指标居全国同行之首。泰州服务业发展迅猛。全市拥有各类市场 360 个,其中超亿元市场 25 个,商贸餐饮等传统产业持续增长,交通、邮电、市政服务基础产业高速发展,金融保险、信息咨询、社区服务、房地产等产业迅速崛起。

图 3-3　泰州中国医药城会展交易中心

三、泰州交通水利文化

泰州是长江、淮河、黄海激荡交汇之地,有“水陆要津、咽喉据郡”之称。明《万历泰州志》形胜篇中写道:“泰州介乎维扬崇川之间,平原爽垲,众水潆洄,东濒海,北距淮,大江映乎前,巨湖环于后，有鼓角门戟之雄实，江海门户之要至。”著名社会学家费孝通在《小城镇 新开拓》一文中说：“从历史上看，扬州与泰州可以说是长江北岸毗邻的一对孪生子，这对同胞兄弟各自在自己影响所及的地区起着商品流转中心的作用。”中国古代南北的货物交流不是由深入对方腹地而实现的，而是通过泰州、扬州这些中转地来完成的。

泰州的水陆要津地位是自然与人力共同作用的结果。历代泰州人多注重水利的兴修。汉初吴王刘濞开挖邗沟支道运盐河直达广陵，据《天下郡国利病说》记载该河“自茱萸湾通海陵仓及如皋潘溪”，致使“国用富饶，吴地繁荣”；至南宋泰州开挖护城河；范仲淹筑捍海堰，保民“波澜不惊”，百姓誉之为“范公堤”，海堤一直延用至今。

宋州守王涣虽为奸相秦桧之妻弟，却在泰州为人民办了不少好事：开市河、造桥梁、筑城墙、主持刻印建筑学术专著《营造法式》；宋知州陈垓浚“小西湖”，御史蒋诚挖跃鳞河；元至正二十五年，朱元璋手下的大将徐达开挖自长江口（今口岸）直抵泰州南门的济川河（后称南官河）；明永乐二年（1404）从泰州城东北至东台西南串场河间又开泰东河。明洪武二十五年（1392），在泰州护城河的北岸中间河、草河及成河东岸的老东河上分别筑起了西坝、东坝和鲍坝几座土坝，成了长江水系和淮河水系的分界线。明末清初，又在运盐河接通济川河的入口处，筑起“滕家坝”。诸坝的设置，虽给从泰州经过的南北货物增加了障碍，但盐官、差役、脚力、商贩，吆喝喧哗，店铺异常繁忙，增添了泰州的繁华。历史为泰州留下了众多的水利工程。仅《泰州道光志》记载的有名称的水利工程就有：河道上河 21 条、下河 16 条、市河 6 条，桥 96 座，坝 12 座，涵洞 65 座。

经过历代的水利兴修，泰州城形成一座以水为特色的城市。清道光十二年，水利学家冯道立[①]绘制过一幅《淮扬水利全图》。

---

① 冯道立（1782—1860），字务堂，号西园，江苏东台时堰人。

图上达长江，下抵淮河，左至黄海，右到邵伯湖、高邮湖、宝应湖、洪泽湖。就在这广袤的淮扬水系中，泰州城是通江达海的枢纽。在近似正方形约4个坊的城里，分布有三纵、三横的市河和玉带河。城外还有又宽又阔的护城河，护城河南接通运盐河，属长江水系，北边与老西河(又称西浦河)、中间河(又称稻河)、草河、老东河相通，这几条河均属淮河水系，泰州的护城河是长江水系和淮河水系的交汇点。环城河是省内迄今规模最大、保存最为完整的城市河道。

明清时扬州卫三帮漕运的驻地就设在泰州，有千总衙门(督运府)，共管领丁船九十五条。其中泰州所有丁船三十四条，无漕差时，分别停泊在泰州南北水关。每船有正丁(旗丁)、副丁、舵役、头工各一人，水手六人，共十人。旗丁检选一定要殷实强壮，谙练老成，不准贫疲、尖刁、土匪混入。舵役、头工、水手，则雇募而来，要求亦甚严格。

古运盐河(今老通扬运河)的盐船如织带来了古泰州的经济文化的繁华，稻河、草河两岸商贾云集，运粮贩粮一派繁忙，使泰州成为里下河的门户和闻名遐迩的商品集散地。王维、骆宾王、陆游、范仲淹、文天祥等历史名人留下了不少有关泰州水利交通的吟诗颂词，特别是两首清代竹枝词描绘当时盐船如织、商贾夹岸的热闹：“来往行船唱棹歌，淮南盐舶北门多。不知清化桥头水，近日平添几尺波。”“西来一水绕城流，远客千帆次第收；眼底烟花太寥落，淮南赖有小扬州。”

在解放战争中，泰州不仅是人民解放军渡江作战的东线指挥部，也是运送军队和战备物资的交通要道，泰州人民赶造了大批船舶，全力支援人民解放

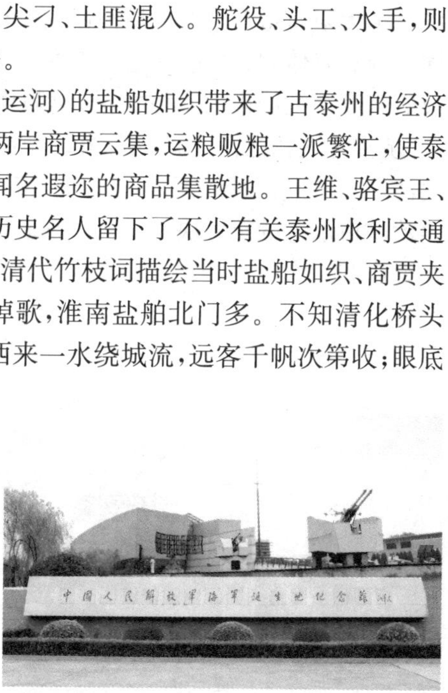

图3-4　中国人民解放军海军诞生地纪念馆

军强渡长江。1949年4月23日，中央军委选择在泰州白马庙组建人民海军，也与泰州特殊的水利交通地位不无关系。泰州被誉为“水兵母亲城”。

乐于亲水、善于治水、巧于用水，在与水相生相伴中，泰州既得小桥流水、躬耕自足生态之先，又纳大江东去、追潮逐浪心态于后，培育了兼收并蓄和崇儒弘学的文化理念。而悠久的手工业传统和众多的市镇，又形成了独具一格的市井社会，文化类型呈现出平民倾向。宋代教育家胡瑗在这里坚持“安民之道”，成为一代宗师；范仲淹在这里率民筑堤，形成了“先天下之忧而忧，后天下之乐而乐”的理想；明代思想家王艮在这里提出了“百姓日用即道”的哲学思想。

江、淮、海三水营造了泰州昨日的辉煌，也为未来城市发展注入了无限希望。现在的城河已由最初的交通、防卫设施，逐步演变为具有休闲、文化、生态等功能的凤城河风景区。市委、市政府高度重视城市的水体整治，建鲍坝闸，修大浦头、草河头涵洞，疏浚老通扬运河、南城河，组织开挖了江苏省第一条现代化的河道——泰州引江河。2001年，市委、市政府又作出了全面整治城市水系的重大决策，全面提高城市环境质量，保护人民生命财产和工农业生产。

第二节　泰州的盐税文化

泰州南靠长江，东临黄海，水运畅通，盐税资源十分丰富，盐业历史悠久，是古代中国的重要产盐区。可以说，泰州的经济史就是一部盐业资源丰富、盐税文化多彩的历史。

一、泰州盐税制度文化

我国古代盐业管理有时实行征税制，有时实行专卖制，有时两种制度交替实行，总的发展趋势是国家逐渐强化对盐业的生产、运输和销售等各个方面的管理。夏商周三代实行以“贡”代税，盐的生产和运销都由百姓自由地经营，统治者在盐产地设立虞衡之官，督促及时采煮，不与其争利。春秋战国时期齐桓公采纳管仲之策实行食盐专卖政策，食盐必须由官府统一收购，统一发售，寓租税于专卖之中。

西汉初年“与民休息”，“弛山泽之禁”，食盐的产销处于相对自由状态，国家收取一定的税。汉高祖十二年(前195)，吴王刘濞开邗沟，通运海陵，“东煮海水为盐”，由于盐税得利极厚，海陵繁荣，“富有红粟、鱼盐之利，驰名远近”。至武帝立《榷盐法》，政府垄断食盐的烧制与营销，东汉又多实行盐业开放政策，国家不再经营食盐的产销，只是在产盐较多的郡县设置盐官，负责征收盐税。南朝宋文帝元嘉二年(425)，泰州开始征收盐税，唐玄宗开元元年(713)，在海陵设置盐税官，这是目前可寻到的历史上第一次记载在泰州设置盐税官员。唐代中后期实行“民制官收”，在全国设盐业生产管理机构共有十监，海陵监号称诸监之首：“岁煮盐六十万石”，时人称“鱼盐之殷，舳舻之富，海陵所人也”。据《两淮盐法志》记载：唐代全国的税收，盐赋占50%，而泰州的盐赋又占到全国盐赋总量的50%。公元838年，日本国园仁法师在《人唐求法巡礼行记》中描述说：“盐官船积盐，或三四船，或四五船，双结续编，不绝数十里。相随而行，乍见难记，甚为大奇。”所见正是盐船队首尾相连，成群结队，连绵数十里，自海陵盐场向外发运盐的情景。

宋元两代实行“盐引制”①，商人输纳现钱买引，再凭引到盐场领盐运销。宋代在全国设有 11 个提举盐事司，淮南东路提举盐事司设于泰州（约在今税务桥东街）。绍兴末年（1163），泰州所收的盐税高达六七百万缗，比唐朝时全国盐税总数还多。《宋史·食货志》记载：“隆兴元年以来，泰州海陵一监，支盐三十余万席，为钱六七百万缗，则是一州之数，过唐聚天下之数矣。”宋代的官收盐利在中央财政岁入中占居一半。南宋人甚至说：“天下大计仰东南，而东南大计仰淮盐。”《中国盐业史》载，泰州盐仓场一年内支发“客请盐，及四十万袋”，创一仓支盐一亿两千万斤的全国最高记录。明代对盐业实行专卖政策，朱元璋的大将徐达开挖南官河，引长江之水直达泰州南门城下，一时百谷汇聚，鱼盐荟萃，商贾云集。明洪武元年（1368），两淮都转运盐使司设在泰州，司署设于州治东，与税课局毗邻，辖泰州、通州、淮安三个分司和泰州、淮安两个盐引批验所。明万历年间泰州岁额盐引，过两淮盐引之半。

清代泰州仍以盐课为主。朝廷在泰州设立泰坝监掣署，泰州分司所属 11 个盐场盐产量于乾嘉年间达到顶峰，盐税亦过两淮盐税之半。咸丰年间泰州设立厘金总局，作为江北里下河厘金征收的最高机关，两淮盐运使驻扎泰坝署，严禁开设私厂，开办“泰州官盐总栈”，首任总办为泰州盐运分司杜文澜，泰州官盐总栈的地点在城西小香岩。泰州本城设有三个分栈，曰盐栈，一在北门彩衣街上，一在南门外大街附近，另一“森茂盐栈”设在沈家庄。同时在姜堰、海安、周庄、小纪设立分栈。规定无论大小贩户盐引过坝，查明场束引票和盐斤包数，就栈补税。

清末至民国初年，由于票盐改革，时代的演变，社会迅速转

① 引，盐的特有衡量单位，每引所含重量，各时期各地区不等。

型，淮南沿海陆续废灶兴垦，盐商们的家业逐渐衰落，嘉道间扬州能运销四五万引的盐商只剩十余家，销盐量不及乾隆时的十分之一，总资产也只有五六百万两。道咸间继续下滑，只有十余家能运二三万引，几乎失去了销售市场。泰州盐业随之衰落。曾经作为历史繁荣现象的盐税文化，已化为泰州地域文化母体中的一个部分。

二、泰州盐税物态文化

泰州有古老的"盐宗庙"，还有我国古代唯一以"税务"二字命名的桥梁，地名还保留着"四灶"、"八灶"、"灶里"、"灶陈"等历史痕迹，还有用"税"字命名的街巷、居委会、商店等，如税务烧饼店、税务鞋帽店、税务超市、税务小吃等等。泰州这一独特的盐税文化，在我国经济文化的天宇中，闪耀着独特的光辉。

盐宗庙。祭祀"盐宗"，在中国已有上千年历史。赵宋以前，河东解州就有一座专祀"盐宗"的庙宇。所谓"盐宗"，《太平寰宇记》释："宿沙氏煮海，谓之'盐宗'，尊之也。"相传远古时候，在山东半岛胶州湾一带，住着一个原始的部落，部落里有个人名叫夙沙氏，他聪明能干，膂力过人，善使一条用绳子结的网，每次外出打猎，都能捕获很多的禽兽鱼鳖。有一天夙沙在海边煮鱼吃，他和往常一样提着陶罐从海里打半罐水回来，刚放在火上煮，突然一头大野猪从眼前飞奔而过，夙沙氏见了岂能放过，拔腿就追，等他扛着死猪回来，罐里的水已经熬干了，缶底留下了一层白白的细末。他用手指沾点放到嘴里尝尝，味道又咸又鲜。夙沙用它就着烤熟的野猪肉吃起来，味道好极了。那白白的细末便是从海水中熬出来的盐。因为夙沙氏发明了海水制盐，后世尊崇其为"盐宗"，解州盐宗庙就专为祭祀其而修。后来，商周之际运输卤盐的胶鬲和春秋时在齐国实行"盐政官营"的管仲也因各自在盐业发展上的贡献被人们尊为"盐宗"，逐渐就形成了夙沙氏为首的三大"盐宗"。

同治元年(1862)，两淮盐运使乔松年在泰州修盐宗庙崇祀盐宗。据《两淮盐法志》记载,泰州盐宗庙就在今光孝寺与泰州行宫之间,由原明珠禅院改建,前后共两进,大门三楹,左右翼墙各一门,乔松年亲撰《新建盐宗庙记》文,碑嵌大门壁间。大殿主位上供奉着夙沙氏,胶鬲、管仲陪祭于左右,三"盐宗"庄严肃穆。偏殿以木塑彩身供奉范仲淹、文天祥。两侧有小关厢房,整座庙宇占地面积不大,但非常精巧别致。后来随着泰州盐税地位的衰落,盐宗庙也逐渐破败湮没。

税务桥。古往今来,桥梁众多,而以"税务"二字命名的,至今还未见第二座。一般大桥桥面平坦,在桥上建筑庙宇的,也惟有泰州的"税务桥"。此桥始建于宋孝宗淳熙十年(1183),初名太平桥,又称崇明桥,为砖砌单拱弧形,跨度为 5.6 米,高为 2.3 米,横跨在泰州繁华的古城中心河流。明太祖朱元璋洪武三年(1370)重建,因相邻当时的课税局和淮盐运使司分司,是完税者到税务衙门的必经之地,久而久之,人们便以"税务桥"相称,而原名则渐为人们所遗忘,明朝《泰州地方志》即以"税务桥"记载。多少年来古"税务桥"上的陈年往事被众多贤臣雅士及文人墨客所追崇。明朝御史凌儒《吟税务桥》诗云:"岁课垂名旧,中城路不赊。总戎司马弟,簪笔夕郎家。东海迎朝日,西山送晚霞。从来冠盖里,时过七香车。"全诗盛赞当时泰州税务桥之繁华。清人金长福曾作《海陵竹枝词》:"商贾如云市井嚣,诘奸禁暴又轻徭。原知估榷关生计,记否前朝税务桥。"

税务桥紧靠桥顶北栏杆建有一个"吉祥庵",坐北朝南,从东到西共有两间小五架梁房,庵前为人行过道,再往南有一块影壁约有 2.5 米见方,正对吉祥庵的门以避邪,平时市民家中有个红白喜事,都要到桥上的吉祥庵烧香拜佛,以求神灵保佑。

古"税务桥" 因河道淤塞、旧城改造,早已被废而埋入地下。1986 年泰州市人民政府将"古税务桥遗址"公布为泰州市文物保护单位,并在原址竖起了文物保护标志牌。

税务街。据《泰州志》记载,清道光三十六年(1846),州城内就有了税务桥大街。税务街虽然只有三至五米宽,因税务桥而派生出税东街、税西街和税务桥南小街。税东街从海陵南路到鼓楼路长 550 米，税西街从海陵南路到青年南路长 420 米。宋代曾在税东街北建有课税局及淮东路泰州盐运司署，后来，因泰州的海岸线东移，区域建制有所调整，盐运管理机构的变迁，致使古税务街逐渐萧条，税东街也成了一条以居家为主的街道，狭窄得像条巷子。今日“古税务街”仍有很多明清建筑，像宫氏住宅（今泰州书画院、东方红画廊）、明蒋科进士第（今市文化馆、市文艺学校）、古课税局（今海陵区政协、梅乡京剧园、京剧票友社）。宫氏住宅是保存比较完好的明代建筑，据宫氏的后人介绍，这座住宅书写过“两朝三御史，五代七进士”的辉煌历史。日涉园建于明朝万历年间，后为两淮盐运使乔松年所占有，成为他的私家园林，故清末民众俗称日涉园为乔园，被称为苏北最古老、最有特色的园林。乔园的斜对面就是明蒋科进士第，白墙黑瓦，从大门朝里望去，深不可测。

为弘扬泰州文化，泰州市 2001 年改造“古税务街”，在税务东街的两头各建起一个具有明清风格的牌坊，牌坊横跨整个街面，用米灰色的石柱和石板制作而成，4 根方形石柱边长约有 60 厘米，中间的 2 根石柱高约 10 米，两侧的 2 根高约 6 米，大额枋是用石板制成的，上面雕有双龙戏珠、梅花、莲花等具有象征意义的图案，4 根石柱上刻有两副对联：中间的一副对联写着“溯唐宋赋源盐税曾居天下半，抚明清史迹民居堪称国中先”；外侧的一副对联写着“此间易访明清宅，世上难寻税务桥”。牌坊的正中刻着四个行楷大字“古税务街”。

税务告示碑。清代民族英雄林则徐任江苏巡抚时，曾两度亲临泰州查察税赋情况。约在道光十三年至十四年间，泰州府逆朝廷法令，在滕坝、鲍坝等地滥征货物税，商民为了反抗苛捐杂税，绕道避过滕坝、鲍坝一带的官兵检查，偷逃税款，造成了征纳关系的紧张，基于这种情况，道光十五年（1835），林则徐饬令在各集镇关卡张贴告示，规范及查补偷漏关税，经过整顿，滕坝、鲍坝的税收秩序明显好转。为警示和纪念这次事件，林则徐在

图 3-5　古税务街牌坊

泰州滕坝立了一块"税务告示碑"，既告诫运司衙门、课税局规范征稽盐税、不准欺压商民，又警示盐商照章纳税。碑为白矾石质，长方形，高 147 厘米，宽 70 厘米，碑文 22 行，计 1239 字。这块告示碑为我国清代税史提供了文字和实物史料，如今作为珍贵的税收历史文物，泰州市人民政府和泰州市原税务局于 1992 年在该"税务告示碑"所在地滕坝遗址建造了"税碑亭"，国家税务总局原党组书记、副局长金鑫题写了"税碑亭"匾额。

税务烧饼。税务桥的烧饼又叫税务大炉烧饼。所谓大炉烧饼是指烧饼的制作是用一只大砂缸，把缸底去掉，然后用砖砌成一个土灶，把去掉缸底的砂缸卧在上面，周围用砖砌好。做烧饼的师傅中，专门有一个人负责往缸上贴制作好的饼，然后再把小麦草放入炉中燃火烘烤。贴烧饼的师傅赤着上身，把烧饼在手上左右颠两下，然后把上身伸进缸里，一手高高地举起，然后把手上的面饼贴到缸壁上。经过大约三到五分钟，一个个圆圆的、黄灿灿的烧饼，散发着芝麻烤过后的特有香味扑鼻而来。眼下，“税务烧饼”共有 6 个传统品种，分别称为“龙虎斗”、“插酥”、“葱油”、“甜水晶”等，工艺传统，用料讲究，风味独特，做出的烧饼香软酥脆，久放而不变质。

图 3-6　林则徐的税务告示牌

三、泰州的盐商和盐官

泰州盐商的发迹，大约在清乾嘉年间，盐商为巩固社会地位，砌建了盐宗庙，成立了“盐业公所”（以协调行业内部与外部关系，维护自身权益的需要）；有的还筑建了专姓祠堂。泰州盐商发财之后又大都迁往府地（即扬州城内），当年乾隆六下江南，盐商们捐输巨资迎驾，以布衣交结天子，政治地位提升，财势通天，致使扬、泰两地的历任官吏也不得不礼让三分。

盐商们贾而好儒，以自己的才智和价值取向影响士人的学术文化，把文化作为商业竞争的辅助力量。通过建书院、筑园林、贮图书、行善举等方式支持士人读书，通过组戏班、开诗局、收字画、办文会等方式开辟文化市场。吴、皖、浙诸派巨子多得其惠助，培育出巨大的文化市场。许多文人到扬州卖字画，盐商是他们最大的买主。郑板桥在穷困潦倒之时得大盐商马秋玉资助，从而在扬州立足。

盐商们除培育造型艺术外，又培育声乐表演艺术。出巨资收藏曲谱、剧本延请大家创作，招募苏州等地名优，养于家中组成戏班。一些名演员，如魏三儿、杨八官、郝大秀等被扬州盐商延请而来，出场费达一千两白银，折合当时地价，可购数百亩良田。今扬州城内的苏唱街就是当年苏州名优的聚居之地。一些大戏,用蜡烛万千,又用当时最高级的饰品玻璃布景,场面非常壮观。为庆祝清高宗八十寿辰,大盐商江春组织了“四大徽班晋京”,从此产生了中国的国剧——京剧。“四喜班”就是四大徽班之一,班主梅巧玲名列“同光十三绝”,其孙梅兰芳是我国京剧艺术大师。盐商延请艺术家住于自己的家中,艺术家为他们设计出精美的园林,在中国建筑史上有独特地位。盐商又资助兴办书院,给教育以很大投入,提高了市民的总体文化素质。安定、敬亭、维扬等书院都得到盐商的支持。商人在经济上支持文人,文人也在品质上支持商人,强化商人的竞争能力。书院将盐商子弟培养成一批经世致用之才,有的成为儒商,有的进入仕途。扬州八怪的书画创作、叠石造山美化了盐商的居住环境,提高了他们的文化品位、社会地位。他们的学说,在理论上支持了盐业经济的发展。

盐商和盐官在社会经济的重要角色在文学作品中也有反映,明清小说中盐商成为富商和富有的代名词。《三言二拍》中总计有12篇反映两淮盐商生活的小说,《金瓶梅》、《二十年目睹之怪现状》、《儒林外史》中都有富可敌国的盐商形象,《红楼梦》中也写林黛玉父亲林如海如今在扬州,“本贯姑苏人氏,今钦点出为巡盐御史”。

相比较而言,泰州本地特别富庶的人家并不多,但书香门第却比比皆是,稍具远识的盐商,即便那些平民家庭,也都十分崇尚文化,皆愿倾全家之力供孩子读书。文风之盛,民风乃正。一些暴富的盐商们因自惭于文化浅陋,为了改变自身的社会形象,不惜资财赞助社会公益,参与修桥铺路,兴学堂,捐资建设;管束教导子弟读书致仕,以期光宗耀祖;附庸风雅,结识知识阶层,仿效当地的文士,争相建造各自的别墅宅地,为其嬉戏宴饮和招揽结纳四方名士之所;从而也招引来各地名家、富贾,或留寓泰州,或移居泰州,这些人也在盐商们的簇拥下,与本地的文人们诗酒酬唱,切磋弦歌画赋,活跃了泰州的艺苑文坛,就在这样的社会环境中，形成了“早上皮包水，晚上水包皮”，“饭后听评话，入夜赏闲戏”叠加起来的泰州“盐商文化”。

繁荣的泰州盐税文化历史长河中还另一类重要的人物——盐官。中国佛教协会主席赵朴初曾赞美古泰州：“名城名宦交相重，月华如练旧亭台。”

泰州西溪曾是历史上盐税的主要征集地，宋代的吕夷简、晏殊、范仲淹三位宰相都曾在泰州的西溪做过盐税官。相传范仲淹初到西溪上任之际，友人为其扼腕叹息，劝他不要在这个小地方做官，范公不以为然，笑而答道：“谁道西溪小，西溪出大才。参知两丞相，曾向此间来”，以表自己在逆境中的沉着和卓达。范仲淹带领泰州百姓为防海水之患，修建了百里捍海堤堰，百姓称之为范公堤，解除了这一带的潮水灾害，造福泰州百姓。不难想象，后来范仲淹、吕夷简、晏殊之所以能在仕途上飞黄腾达，成为一代名相，与他们在泰州任盐税官时作出过突出贡献不无关系。

第四章　泰州的教育与学术

泰州教育的初步繁荣从北宋开始。南唐至北宋期间，泰州农业与盐业得到了很大的发展，特别是海边盐场的海盐生产，使泰州兴旺发达起来。经济的发展，也带来了泰州文化教育的繁荣昌盛。在北宋，泰州出现了人称“北宋中兴教育第一人”的晏殊；理学先驱、著名教育家胡瑗；政治改革家、教育家范仲淹。明代出现了开创“泰州学派”的著名哲学家王艮。古代泰州大地上留下了这些大师们热心从教的印迹，也诞生了最具有代表性的文化教育场所——安定书院和学政试院。

第一节　安定书院及泰州古代的教育

一、安定书院与胡瑗的“分斋教学”思想

安定书院得名于宋代教育大师胡瑗。胡瑗(993—1059)，字翼之，北宋泰州如皋人，祖籍陕西安定堡，因此世人称之为安定先生。安定先生一生以兴学育才为己任，他认为“致天下之治者在人才，成天下之才者在教化，教化之所本者在学校”，提倡“以仁义礼乐为学”，讲求“明体达用”。他制定了严格的学规，以身示范，首次在学校内将学员分为“经义”和“治事”两科，是我国高等教育分科分系的第一人。他的办学规章被取为太学法推行全国。他前后执教二十余年，从学的弟子达数千人，名臣学者多出其门。胡瑗还著有《尚书全解》、《春秋要义》等书籍 14 种。

胡瑗出生在泰州的一个小官宦家庭。他天资聪颖，勤奋好学，七岁能文，十三岁通晓五经，乡邻视为奇才，对其父胡纳说："此子乃伟器，非常儿也。"青年时期的胡瑗为了实现成为一代圣贤的伟大抱负，于二十岁时辞别父母乡邻，前往泰山南麓的栖真观求学深造，先后与孙复、石介一起潜心钻研儒家经典，十年未归。每逢家书捎来，见有"平安"二字即投入山涧不再展读，唯恐分心影响学习。

图 4－1　胡瑗先生像

历经十年苦读，学有所成的胡瑗回到家乡泰州，在城西华佗庙旁的经武祠内讲学，四海闻其名而至泰州求学者甚多。宋景祐二年(1035)，苏州郡守范仲淹聘请当时已四十三岁的胡瑗出任郡学教授。在主持苏州郡学期间，他严立学规。不久经范仲淹推荐，胡瑗赴开封、山西等地任职。庆历二年，应湖州知州滕子京之邀，又赴湖州主持州学。庆历四年，朝廷建立太学，取胡瑗之"苏湖教法"为太学令，召胡瑗往朝廷主持太学讲坛。胡瑗学识渊博，教学得法，深受学生欢迎。后胡瑗升任太子中允、天章阁侍讲等官职，虽年事已高，但仍坚持刻苦读书，勤奋教学。胡瑗因病离京回乡时，满朝文武官员及子弟都聚集到京师东门外为胡瑗送行。嘉祐五年(1060)，胡瑗在杭州病逝，终年六十六岁。

南宋宝庆二年(1226)，泰州知州陈垓在泰山南麓胡瑗的旧日讲学之处创建安定书院，也称胡公书院或安定讲堂，是江苏省内最古老的书院之一。书院选收生徒二十人肄业，聘博学者讲学，定期会讲。每逢会讲期，陈垓都亲临讲堂，主持讲学行礼方式。自此海陵城书气文风，渐冠淮南。有元一代，斯文不兴，书院也因房屋年久失修停止讲学。到了明朝，嘉靖皇帝对这位前朝的夫子十分崇敬，诏令以胡瑗从孔祀，尊称为"先儒胡子"，不久巡盐御史雷应龙改泰山南麓云女祠为书院，增建经义、治事两讲堂，恢复讲学活动。王臣为知州时，特两度请王心斋主持书院教事。明嘉靖十七年(1538)，巡按直隶监察御史杨瞻来泰州，在书院中辟修祠专祀安定先生，同年十月在祠中立《宋安定胡先生讲学故址碑》，在《谒安定祠》一诗中他写道：

再拜瞻遗像，荒祠古树阴。苏湖体用学，朝野圣贤心。
随铸匡时器，分方振铎音。至今薄海内，在在重儒林。

明万历四年(1576)，知州萧景训聘请心斋先生族弟王栋主持书院教事。万历三十三年(1605)，兵备副使张去鄂捐款修建，一度改书院名为"泰山书院"。明末兵火，书院祠屋在战乱中荒废殆尽。

到了清朝康熙年间，书院又得以两度重修，复显规模。清乾隆五年(1740)知州段元文将书院改名"胡公书院"，又两度修葺。嘉庆二年(1797)，两淮盐运使曾燠倡捐款数千金重修，建牌坊两座，东西斋各两进十数间，另辟种蕉别馆、快亭诸景，院内广植花木，面貌焕然一新。咸丰年间，太平军占领南京时，书院停课，房屋荒废。清末废科举，书院停办，光绪二十九年(1903)，知州侯瀛等在书院兴办泰州学堂，修葺旧屋，增建新房，建大门三间及左右八字墙、东西过街辕门，辕门上分别嵌"振兴文教"、"乐育英才"砖刻金字额。大门上悬"泰州学堂"门匾，左右有朱漆对联与石鼓。二门东西新建厢屋各一进。东腰门外古银杏东，建东执事厅及客厅各一进，有回廊相连，因四角飞翘，形似蝴蝶，又称蝴蝶厅。客厅后建环碧亭，辟荷池，架板桥，具园林之胜。西腰门外建西执事厅一进。又于书院北部建东西斋舍三进、藏书楼一座，规模初具。嗣于民国六年(1917)又重修一次。辛亥革命以后，在泰州学堂旧址上开办私立时敏中学，后又合乐真观、西山寺、华佗庙等土地建成江苏省泰州中学。新中国成立后，这座历史悠久、人才辈出的省泰中曾被国家教委评定为“中国名校”之一。

如今这里是泰州中学附属初中的所在。古色古香的蝴蝶厅位于校园甬道的东侧，蝴蝶厅南门正中悬有作家李进手书“安定书院”匾额，旁有板联，为书法家叶大根所书，联云：“精忠上仰将军岳，正学前瞻教授胡”。后厅门前悬“明体达用”匾。厅西大门两侧各有一块石碑。一块为明嘉靖十七年所立“宋安定胡先生讲学故址”碑，另一块碑为明嘉靖乙丑年朱炳如所书“谒安定心斋二先生祠”诗碑。两碑历四百多年风雨，部分石质已有斑驳，但文字仍基本完整，字迹可辨。《谒安定心斋二先生祠》碑文如下：

大道元来只共由，莫将洒落易烦愁；
天机悟处防思鹄，夜气清时戒牧牛。
两字良知非外致，一圈太极岂旁求；
先贤倡道今犹昔，笑向濂溪问正流。

蝴蝶厅右前方，还有传为胡瑗手植古银杏一株，枝繁叶茂，在老树当中长出一枝新干，人称怀中抱子，别有情趣。泰州安定书院是扬州安定书院的前身，较扬州安定书院早436年。泰州诸多古迹中，安定书院最具有育人教化的魅力，是泰州文昌北宋的重要象征。

胡瑗最为后人所称颂的是其创立的“分斋教学”制度。它是胡瑗在主持苏州、湖州州学时创立的一种新的教学制度。《宋史·选举志》载：“安定胡瑗设教苏、湖间二十余年，世方尚辞赋，湖学独立经义治事斋，以敦实学。”分斋教学的目的在于推行实学。其主要内容是在学校内分设经义斋与治事斋。经义斋选择“心性疏通，有器局，可任大事者”，专以学习、研究儒家经典为主

图 4-2　安定书院旧址

要内容。治事斋又称治道斋，斋内分设治兵、治民、水利、算数等不同学科。学生可选择其中一科为主修，另选一科为副修。即所谓“治事则一人各治一事，又兼摄一事”。两斋的培养目标不同，经义斋以培养比较高级的统治人才为目标，即所谓“可任大事者”；治事斋是为了造就在某一方面学有专长的技术、管理型人才。

自汉代以后至宋初，学校教育内容均集中在经书的讲解和文词的琢磨修饰上，凡与生产、生活有关的实用知识，一律视为庸俗之学而置之不理。胡瑗“分斋教学”的创造，打破陈规旧习，第一次在同一学校分设经义、治事二斋，把治兵、治民、水利、算数等实用知识、自然学科正式纳入官学的教学体系之中，与儒家经典取得了同等的地位。并且治事斋学生治一事，又兼摄一事，开主修和选修制度的先河。这种依据学生志向、兴趣和才能，施以不同教育的制度，是一种大胆的教育改革尝试。使学生既能领悟圣人经典义理，又能学到实际应用的本领，胜任行政、军事、水利等专门性工作。实践证明，这种改革是非常有效的，也是非常成功的。如胡瑗的学生中，有长于经义之学的孙觉、朱临、程颐、倪天隐等；有长于政事的范纯仁、汪致一、钱公辅等；有长于文艺的钱藻、腾元发、林晟等；有长于古乐钟律之艺，究天文、地理、历史之学的欧阳发等；有长于军事的苗授、卢秉等；还有长于水利的刘彝等人。

这次中国古代教学制度发展史上的改革对后世影响甚大。明末清初著名学者、教育家颜元晚年直接借鉴胡瑗分斋教学制度，规划漳南书院时分设文事、武备、经史、艺能、理学、帖括六斋。他说："五季之世，武臣司政，诗书高阁；至宋而周、程诸儒出，掀精抉奥，鼓动一时，自谓快事。惟安定胡先生独知救弊之道在实学不在空言，其主教太学也，立经义、治事斋，可谓深契孔子之心矣。"清末易甲南在《经义治事两斋论》中对分斋教学的意义作了更为精辟的论述："夫隋唐以来，仕进多尚文词，苟趋功利，实学之不明久矣。安定先生起而正之，鄙词章记诵之功，而以经义之讨论善其德；薄寻行数墨之士，而以治事之干济扩其才。既有以深之于根柢，使其学切而不浮，复有以练之于材，能使其学实而可用。"清光绪二十二年(1896)，刑部左侍郎李端棻在著名的《请推广学校折》中，提出自京师以及各省府州皆设学堂，"其省学大学所课，门目繁多，可仿宋胡瑗经义治事之例，分斋讲习"。可以说，胡瑗在北宋初期所创立的分斋教学制度是近代教育中实行的文理分科和必修、选修相结合制度的先声，与西方高校十七、十八世纪实行分系科教育相比，要早七八百年。分斋教学制度是胡瑗"明体达用"教育理论在教育实践上的具体应用。无论是中国教育史上，还是在世界教育史上都具有其重要意义。

二、范仲淹与泰州古代的教育

范仲淹(989—1052)，吴县(今苏州)人，字希文，谥号文正。北宋大中祥符八年(1015)中进士后，先任广德军司理参军，后改任集庆军(今江苏南京)节度推官。天禧五年(1021)任泰州西溪盐税监。天圣三年(1025)迁任大理寺丞摄兴化县知事,主管兴化政务。天圣五年(1027)秋,范仲淹冲破阻力,率领四万多民工于第二年建成长达一百五十多华里的拦海大堤,发挥着“束内水不致伤盐,隔外潮不致伤稼”的功用,被广大百姓称为“范公堤”。

图 4-3 范仲淹像

范仲淹认为,“国家之忧患,莫大于缺乏人材”,他十分赞同胡瑗所说的“致天下之治者在人材,成天下之材者在教化”、“教化之所本者在学校”。因而他十分重视教化和办学。天圣四年(1026),范仲淹在兴化沧浪河畔创建兴化文庙,祭祀大教育家孔子,并在庙内设立第一所官办学校——兴化学宫,以儒兴学。兴化学宫是全国最早的官办学宫之一,比他日后在家乡创建的苏州州学还要早十年。

范仲淹一生都重视学习和教育。他自幼孤贫,“断齑画粥”、“芦管书沙”的故事激励了许多后人。他宰令兴化时,建学宫、施教育;离开兴化后,又曾随晏殊专门办学。兴化学宫,培育了许多人才。自宋以来,兴化学风盛炽,人才辈出。历史上仅进士就出了一百多位,其中文武状元各一人,这在全国县级城市中是不多见的。更何况,还出了如施耐庵、陆西星、宗臣、郑板桥、李鱼单、任大椿、刘熙载等众多文学艺术巨星。更有李详、李继侗、喻兆琦、钮经义、李德平、朱亚杰、王振义等大批近现代学者和院士。

范仲淹采取科举教育与书院讲学相结合的教育方法,开启了一代文风,为后来兴化南宋兴办涵江书院、明代崛起文明书院、石麓书院和各种设学,清代涌现昭阳书院、文正书院、景范书院、正心书院、明性书院等大批书院奠定了基础。

三、学政试院与泰州的科举业绩

在泰州城区的中心地带,五一路与鼓楼路交会路口,一个颇具规模的古建筑群显现出其古朴深厚的历史文化风貌,吸引着过往行人和广大市民的关注。这座古建筑群就是泰州学政试院,是科举考试年代江苏省学政进行考试的考场。

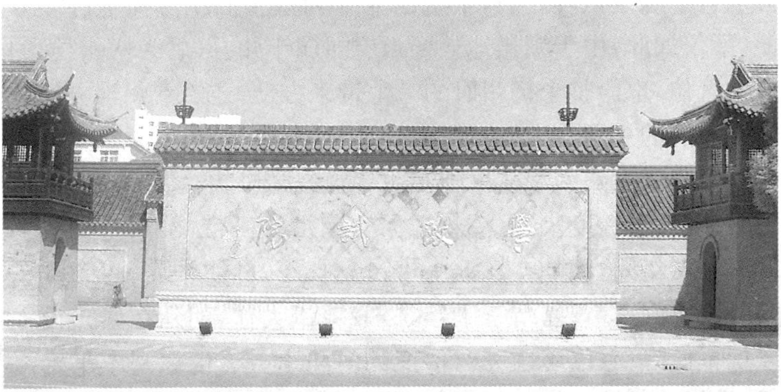

图 4-4　学政试院

科举是中国封建王朝选拔官员的一种制度,秀才考试是科举制度中的基础一环,江苏省学政是负责全省秀才的考录、惩处、评等、选拔参加上一级的科举乡试、选拔秀才进入国子监学习等的官员，还受理有关科举方面问题的案件，全称叫做提督江苏学政。因为秀才考试是科举考试的最基本的一级考试，是选拔官员的开始一步，学政的地位因此也十分重要，由朝廷直接委派，地位与一省的巡抚平级。

学政三年为一个任期，为了避免长期在一地任职形成关系网，一般不连任。江苏学政的官署设在江阴，但在三年任期当中，学政要到全省各个府进行两轮巡考，一轮叫做岁考，一轮叫做科考。每轮考试少则七八天，十来天，多则二十来天，加上路程，甚至要一个月。全省各府转下来，加上春节这一个月要好好休息，刚好需要一年。因此各府一般都设有学政巡考的考场，有的府没有设学政考场的，应试的童生和秀才们就只有舟车劳顿，增加时间和经济上的耗费，直接到江阴去考试。

泰州民风重教兴文，有着成为科举考场的文化教育基础；另外，水陆交通堪称便利，经济基础相对发达；有了文化和经济两方面的基础，泰州自明代起就成为学政考试所选之地。扬州府所属各州县考生不是在扬州参加学政考试，而是到泰州来考。自从有了学政试院之后，本地的秀才和童生们就得到了许多方便，不仅如此，由于泰州地处扬州府所属十州县(后为八州县)的适中区位，也给整个扬州府的考生带来方便，还给泰州地方经济带来发展的机遇。

泰州五一路的学政试院在明代曾经是凤抚军使衙门。明代中后期，倭寇一度猖獗，滋扰我国东南沿海一带，泰州是抗倭要冲。景泰年间，朝廷在江淮一带设立抚军，驻防淮安，总领淮扬等几个府的军事；嘉靖三十年，倭寇警讯大作，朝廷在泰州设立凤抚军使院，专门统领针对倭寇的海防事务。倭寇基本平定之后，泰州的凤抚军使衙门撤并回淮安，房子就空了下来。清康熙年间，凤抚军使衙门的房子已被用作学政试院，有清一代，一直沿用不变。这中间，泰州士人捐资维修试院一直没有停止过，所以，学政试院能够沿用到清末科举停止。据《泰州入学全案》等有关资料记载，从明万历四十年起，扬州府的学政考试就在泰州进行，到清末科举结束为止，扬州府的院试一共只有三次院试是在其他地方进行的。

据《道光泰州志》记载，学政试院曾经是一处规模宏大的建筑群，很有气势。大门前有照壁，东西辕门，东西吹鼓亭，围合成一个广场。从大门开始，依次沿中轴线排列六进建筑，大门五间、仪门五间、大堂五间、二堂（思补堂）五间、内正门五间、正房五间（原为楼房，毁于火灾，嘉庆年间改建为平房），此外还有东西楼、巡房、福神祠、幕舍、厨舍、其他辅助用房等等，仪门和大堂之间的院子两侧还有考棚。

现在保存的古建筑只有大门和思补堂两进房屋。大门梁架保存有清代重修的彩绘图案，斗拱精巧，彩绘华丽，令人赞叹。思补堂是二堂，是官员会客和处理内部事务的地方，东西有书房，建筑比之大堂更为高耸，远观二堂，体量宏阔，高屋建瓴，气势非凡。思补堂又名四教堂，"思补""四教"二语均出自孔子的《论语》，"思补"是取"退思补过"之义，官员在大堂处理对外的公务，回到二堂，要考量自己的行为，思考有没有过失，寻找补救办法，才能提高从政水平，故取此名以自勉。"四教"是指"文、行、忠、信"四方面的教育，取名"四教堂"，对于学政官署来说，当然十分恰当。清代废科举后，学政试院曾改作学堂，民国后，曾设泰县教育会、劝学所，这也跟"四教"宗旨十分贴近。值得一提的是，清代乾隆年间学政曹秀先题写的"四教堂"蓝底金字匾，一直挂在二堂的二桁条上，后来为了防止漏雨损坏，才取下来保存在泰州博物馆。

学政试院的考试由省学政主持，具体时间却并不固定，随学政官到任和巡考的情况变化而定。学政官一般每逢大比之年的考试之后委任。大比之年就是考举人即乡试的年份。乡试在八月九日到十五日进行，一届学政的任期也到此结束，新的一任学政官员随后在八、九、十月份由皇帝亲自任命到职。一般情况下，学政官三年任期中要进行两轮巡考，即岁考和科考各一个轮次，但实际执行的过程，也有不少岁科并考或补考的情况。泰州作为扬州府的院试场所，所经历的院试大约有三四百场，根据记载，无论是岁考或是科考，除了正月没有考试，其他月份都曾有过考试。

学政的岁考有两件任务，一是录取新的生员（秀才），泰州一般录取十五名到三十名不等，二是对原生员进行考核定等，以决定其能否获得或保持“廪生”的资格，对成绩太差的，甚至要给予“青衣”或“发社”的处罚，就是不准其再穿秀才的“襕衫”而穿一种“青色”边栏的衣服，或不让其再在原来的州、县、府学读书而下送到“社学”去读书。科考也有两项任务，一项与岁考相同，录取新的生员，另一项是为本科的乡试选拔参加考试的人员。方法是能在科考中取得一、二等的生员和三等的前五名（有时为前十名）才可参加乡试。

学政每到一地考试，叫做“宗师按临”，照例由地方的府、州、县官作提调，负责学政办公的一切费用和供给，还要送给学政银钱若干，叫做“棚规”，这大概是尊师之道的延伸。泰州的学政试院共有一百余位学政“按临”过，其中也不乏大名鼎鼎的人物。如大学士张廷玉之弟张廷璐，两次任江苏学政，五次到泰州进行考试，是担任江苏学政时间最长的一位，也是唯一的连任的学政。还有如治水名臣张鹏翮，官至大学士，康熙年间也曾到泰州进行过岁科两试。再有如家喻户晓的名臣刘墉，也是两任江苏学政，在乾隆二十六和四十三年、四十四年分别四次到泰州进行岁考和科考。从泰州学政试院考出来的秀才当中后来成了名人的那就更多，如著名的学者阮元，王念孙、王引之父子，著名画家郑板桥等等。

学政试院对泰州及其周边地区的科举教育事业具有推动和功能辐射作用。据《道光泰州志》与《民国续纂泰州志》记载，古海陵 、姜堰及清雍正三年（1725）以前的如皋、清乾隆三十三年（1768）以前的东台等地，在宋元明清四朝，境内共出文、武进士二百四十二人，将这二百四十二个文、武进士按朝代统计依次是：宋，文一百零三人；元，文一人；明，文五十人、武三人；清，文六十人、武二十五人。在这二百四十二个文武进士中，有文武状元三人。他们分别是：宋代泰州如皋籍文状元王俊 、清代泰州姜堰籍武状元刘荣庆、刘国庆兄弟俩。有文武会元五人。他们分别是：储巏（明）、林春（明）、宫梦仁（清）、缪祖培（清）、刘国庆（清，武）。有文武解元十一人。他们分别是：张文（明）、储巏（明）、吴铤（明）、王晋原（清）、仲鹤庆（清）、程应佐（清）、单锦（清，武）、程宇光（清）、夏寅（清，武）、颜驯（清）、曹锦标（清，武）。另有文武举人五百四十人。这五百四十位文武举人按朝代统计依次是：明，文一百一十九人、武二十六人；清，文二百三十七人、武一百五十八人。另有各类贡生五百五十人。这五百五十位贡生按朝代统计依次是：明，一百六十二人；清，三百八十八人。

我国隋唐以后的封建教育是以科举考试为主要考核方式的。上述科举统计资料表明，泰州的文化教育自北宋走向繁荣，到明清达到高潮。明清时期泰州地区科举人才辈出，从一个方面反映了本地官学、私学教育的发展和地方文化的繁荣。

第二节　泰州近现代的教育

一、刘熙载的书院讲学

晚清著名学者刘熙载(1814—1881),字伯简,号融斋,晚年自号寤崖子,也曾自字熙哉。嘉庆十八年(1813)正月,刘熙载出生于兴化城内一个“世以耕读传家”的清寒知识分子家庭。

刘熙载自幼孤贫,但有志于学。道光十九年(1839)赴南京参加乡试,一试中举。道光二十四年(1844)春,刘熙载赴北京参加会试,又一举高中进士,因其文章与书法均优,被选为翰林院庶吉士。咸丰三年(1853),奉命值上书房。咸丰皇帝见其体气充溢,早晚无倦容,问其所养,刘熙载对以“闭门读书”。咸丰皇帝为嘉奖他,手书“性静情逸”四大字赐之。咸丰六年年终,朝廷考察群吏,刘熙载名列一等,记名以道、府用。刘熙载不愿做地方官,宁可到山东禹城开馆授徒为生。两年后回京,仍为翰林院编修。咸丰十年,湖北巡抚胡林翼延请刘熙载到湖北武昌任江汉书院主讲。同治年间,授予他国子监司业。后被任命为广东学政,补左春坊左中允。因不习惯官场生活,三年任期未满,即请长假回故里,从此脱离官场。

同治六年,刘熙载应敏斋聘请,主讲上海龙门书院,直至光绪六年(1880),历时十四年。“与诸生讲习,终日不倦。每日必一一问其所读何书,所学何事,讲去其非而趋于是。丙夜,或周视斋舍,察诸生在否。”时人誉之为“以正学教弟子,有胡安定风。”刘熙载主讲上海龙门书院时,著名学者俞樾主讲于杭州沾经精舍,两人过从甚密,齐名当世。光绪六年夏,刘熙载因寒疾久不愈,思回兴化,由友人萧穆等护送经苏州回故里。光绪七年二月乙未,刘熙载卒于故居古桐书屋,享年69岁。

刘熙载毕生事业,主要在治学与教学两方面,两者相辅相成，身兼学者与导师。他博学多能，治经，无汉、宋门户之见，不好考据，熟于周秦诸子书。“自六经、子、史外，凡天文、算术、字学、韵学及仙释家言，靡不通晓。而尤以躬行为重。”在龙门书院讲学期间，整理教学随笔成《持志塾言》，总结治学必得成《艺概》、《四音定切》、《说文双声》、《说文叠韵》，删订文稿诗作成《昨非集》，自同治六年至光绪五年先后刊行，辛苦汇刻为《古桐书屋续刻三种》，于光绪十三年刊行。

图 4－5 刘熙载文集

《持志塾言》是刘熙载的教学随笔。“持志”为其课徒书斋名，取《孟子·公孙丑上》“持其志，无暴其气”句意。“塾言”为其塾中讲贯，“有不及举古人之辞，但自言之，以取易明者，则随笔而存之，盖以便学者之复习也。”全书以“格物致知”、“明心见性”为纲，格言式地阐示立志、为学、洁身、修行以至立事处世等方面的经验教训、目标要求、方法途径。其所论述，既宗程、朱，兼取陆、王，一以慎独主敬为重。

《读书朴记》与《持志塾言》相类，为刘熙载教学笔记的姐妹篇，其中也广泛涉及教育思想、教学经验。

二、清末、民国时期泰州的学制变革

（一）清末泰州地区创建的学堂

清末教育史上发生了两件大事：一是废除科举制度，二是兴办新式学堂。在这样的教育改革与发展的大背景下，清代光绪年间，泰州地区开始创建学堂。光绪二十七年（1901），泰兴知县龙璋改襟江书院为泰兴学堂；光绪二十八年（1902），在胡公书院旧址创建具有高等小学堂性质的泰州学堂（后改为泰州中学堂），它就是江苏省泰州中学和泰州市第二中学的前身；光绪二十九年(1903),兴化人成占春等将昭阳书院改为昭阳学堂;光绪二十九年创建的泰州第一高等小学堂,是泰州市城东小学的前身;光绪三十年(1904),原靖江马洲学院改建为靖江第一所高等小学堂。

当时朝廷学部规定各新办学堂教授内容应"诵《四书》、《通鉴》、《小学》及经史子诸书为主,辅以各国语言文学,算学、天文、地理之粗浅者,万国古史近事之简明者,格致理科之平易者"。故府学堂开修身,读经讲经、国文,外国语(开英日语两种)、算学、中外历史、中外地理、格致、生物、体育、兵操、音乐、图画诸课。读经讲经课主要是讲解《春秋左传》及《周礼》。每周授课三十六钟点。

当时学制,初等小学五年,高等小学四年。后改初高等合为六年。按学部规定,开设课程为:修身、读经、作文、习字、史学、舆地、算学、体操八科,后增开图画及理科(即动植物)。清末小学一度曾定十天为一周。各科教学内容,按年级逐步加深,如修身课,开始教《曲礼》及朱子《小学》中之所谓平近切实者,到高年级则授以情理通论,伦常大义,即所谓先哲言行的平近切实者。又如算学,开始时教加减乘除,然后教加减乘除的繁数、度量衡及时刻的计算、分数小数和比例。再如史学,第一年教上古三代之大略,第二年教秦汉之大略,第三年教两晋南北朝之大略,第四年教唐五代之大略,第五年教宋辽元金之大略,第六年教明之大略。又如高年级的理科,第一年教动植物的常识,第二年教器具制造的浅理,第三年教初级物理的普通知识。当时每年以阴历正月二十日开学,至小暑节放学为第一学期,暑期休息,立秋后第六日开学,再至阴历十二月十五日放学为第二学期。总计每一学年中,放暑假年假七十日,另每逢皇太后,皇帝生日,皇后生日,孔子生日、仲春仲秋,端午中秋,各停课一天,平时每上十二天课休息一天。每天上课六节,每班设教习(班主任)一人,另配副教习一人,他们除上课外,要负责掌握全班各个学生的学习和品德情况,并每隔数日向总理(校长)汇报、要按月将各生情况出榜公布、以资鼓励督促。

(二) 近现代泰州的学校教育体系

1. 民国期间泰州的初等教育

民国期间进行学制改革,近代的学堂进一步改建或新建为现代意义上的学校。在这样的大背景下,一个包括幼儿教育、私塾教育和新式小学在内的近现代泰州初等学校教育体系开始建立。1912 年 11 月,泰州改为泰县。

(1) 学前教育

民国十七年(1928),泰县县立实验小学附设幼稚园一所,幼儿园三十人,教师两人。抗日战争期间,泰县县立实验小学附属幼稚园停办。民国十八年(1929),靖江首建幼儿园,由袁陆氏捐田十亩充当办园经费,园址在公园西南隅,与女子师范毗邻,有房屋八间。民国十九年(1930),该幼稚园有幼儿四十一人,分为大小两班。民国二十一年(1932),该幼稚园因无固定经费而停办。

(2) 私塾教育

民国时期,江苏省教育厅规定,塾师必须经检定合格方准设塾。民国十七年(1928),泰县城乡有私塾三千余所,每塾学生五六人至一二十人不等。经检定,应试塾师三百余人,合格一百余人。以后相继成立县区两级私塾研究改良会与管理私塾委员会。至泰州解放前夕,全县有私塾一百二十多所,学童二千六百人。

民国期间,私塾遍及泰州城乡。大部分为私人设馆授徒,也有少数私塾是由乡村大户人家聘请塾师任教。像姜堰地主兼工商业家王尚文,就专聘知名秀才李颖泉以及丁许成、王萱、朱美成等任教他所开办的王氏义学。此外,还有富绅以高薪延聘宿儒专为其子弟授课的家塾。如梁徐乡陆氏大地主,就特聘饱学秀才高尔耕任家塾教师。私塾以习文为主,兼学珠算。且有蒙馆、经馆之分。蒙馆以识字教学为主,教材以《三字经》、《百家姓》、《千字文》、《神童诗》、《治家格言》、《龙文鞭影》等为主,女童加授《女儿经》;经馆教授的对象为粗通文墨、要求深造的青少年,教材是四书五经、《幼学琼林》、《古文观止》、《左传》、《唐宋诗词》等。

民国二十九年(1940),泰(州)县抗日民主政府建立后,着手对根据地私塾进行管理和改造。重在团结教育塾师,废除封建教育内容,改进落后教学方法,为抗日救国服务。与此同时,有计划、有步骤地撤并私塾,改建学校。解放战争期间,大部分学校被迫停办,私塾重新回潮。泰县姜南区因学校停办,一下子出现二百多所私塾。民国三十六年(1947)秋,根据地逐步恢复,私塾改造又继续进行。中共姜南区委首先从恢复塾师联合会活动入手,将私塾全部改称民办小学,发给新教材。每乡确定一中心民校,由进步塾师任校长,团结和带动其余塾师改进教学。

(3) 新式小学

民国以后,学堂改称学校。民国元年(1912),泰(州)县全县有小学二十九所。次年增至四十二所。其中,高等小学四所,初高等小学七所,初等小学二十八所,女子小学三所。民国五年(1916),全县设六个学区,共有小学八十八所。其中,县立小学校十二所,均有高等小学。其余城镇、乡村立小学校,绝大多数为初等小学,称国民学校。当时,全县共有小学教职员二百四十六人,学生三千六百七十五人。其中,女生一百五十人。民国十七年(1928),添设初小二十九所,扩充完小十七所,设实验小学一所。至此,全县共有小学一百四十一所。其中,完全小学三十所。另有佛教、天主教、基督教办的学校各一所。

抗日战争初期,推行新国民教育制度。泰县重新划分为四个学区,乡、镇设中心国民学校,保设保国民学校。民国二十九年(1940),泰县共有小学一百九十四所,学生一万七千三百五十二人。民国三十年(1941),泰县县城被日军侵占后,城区学校大部分仍以原国民小学为基础办学。抗日民主根据地小学蓬勃发展,由抗日战争前的四十八所发展为二百零九所。抗日战争胜利后，泰县城镇小学改称。其中，完全小学改为中心国民学校，初级小学改为国民学校，私立小学名称不变。以后，城区私立学校增加较多，县立学校也有增加和扩充。

小学学制，清末规定初等小学五年，高等小学四年，共为九年。民国二年(1913)教育部又改为七年。民国二十一年(1932)一律定为六年，即初小四年，高小二年，一直延至一九四九年泰州解放。开设课程，清末民初设有修身及读经课，后废，逐步统一为国语、算术(包括珠算)、常识、体育、音乐、图画、手工七课。民国二十一年后，在高小增开公民、童子军课，有些小学又按其学校特点，增开其他课程。

民国时期的小学教材由国民政府教育部颁布各科教学大纲，由个人或数人遵照部颁大纲编写，经教育部核准后印刷发行，供各校选用。

2. 近现代泰州的中等教育

在近代泰州初等教育体系逐步建立和发展的基础上，泰州中等教育体制也开始建立和发展起来。

光绪三十二年(1906)，知州张浍改泰州学堂为泰州中学堂，校址设于胡公书院。民国元年(1912)，泰州中学堂停办。民国六年(1917)，基督教南长老会创建明德中学，校址初设乌巷，后迁大校场。民国七年(1918)，马锡纯等人发起，在泰州中学原址创办泰(州)县私立淮东中学，杭斌任校长。民国十年(1921)起，该校得到省拨款补助。民国十二年(1923)，该校改为江苏省代用第一中学校，分高中、初中，成为完全中学。

民国十四年(1925)，泰县县立师范学校设立，附有初中部。民国十八年(1929)，该校改称泰县县立初级中学。民国十六年(1927)四月六日，国民政府军与军阀孙传芳所属五省联军激战于泰州东门外，联军攻入城内烧杀抢掠。当时的代用第一中学校长袁康侯遇害，校舍、仪器、书籍等遭到极大破坏，学校停办。同年十月，国民政府实行大学区制，取消“代用”学校字样，并开始筹办私立时敏中学。第二年，经中央大学核准，泰县私立时敏中学正式成立，仍分高、初中两部。

民国二十九年(1940)，已进入抗日战争时期，泰县城区增设私立新苏临时中学、王氏私立乡贤祠中学、私立组成临时初级中学，另有私立邗江临时初级中学。民国三十年(1941)，泰县县城被日军侵占后，新苏、乡贤祠、组成、邗江等四校解散，时敏中学仍留在县城。泰县县立初级中学分为县立第一初级中学与县立第二初级中学，另一部分留县城，被改组为汪伪泰(州)县县立中学，迁至于美德小学内。汪伪南京政府于民国三十年(1941)办苏北公立泰州模范中学，校址大校场东新安会馆，有高、初中六级。民国三十一年(1942)，鲁苏皖边区游击队总指挥李明扬办苏北中学，校址北乡叶甸与横家庄。第二年，该校更名为泰(州)县私立扬子江中学。民国三十四年，该校迁至城北老鱼行。

抗日战争胜利后，泰县县立初级中学三处合并，恢复原校名，学校设于扬郡试院旧址。扬子江中学于民国三十四年(1945)八月迁入城内泓园。同年九月，泰州模范中学改组更名为泰县私立淮南中学。民国三十六年(1947)，时敏中学迁至工艺厂旧址，在时敏中学原址另建省立泰州中学。民国三十七年(1948)，明德中学迁至美德女校楼上复课。此外，在抗日战争期间，泰县抗日民主根据地内先后建中学九所，抗日战争胜利后合并为三所。

泰州解放前夕，泰州城区有中学九所：省立泰州中学、县立初级中学、私立时敏中学、私立扬子江中学、私立淮南中学、私立明远中学、明德中学、省盐城中学二院、私立荣汉中学。

各中学的办学宗旨、年限、课程基本上都按国民政府教育部所订各项规定办理。教材由各学校自选，由个人或数人共同编写，由国民政府教育部审定印行。

3. 近现代泰州的师范教育、职业教育、民众教育

清光绪三十一年(1905)，泰州境内已有海安高、初两等小学堂附设简师科。民国二年，高炳华等在泰州中学堂旧址创办泰县县立师范讲习所，开办乙种师范和甲种师范，前后共四年。民

国十四年(1925),在学宫旧址建立泰县县立师范学校。民国十八年,该校改为县立初级中学,附设高师科。民国三十六年,该校改为附设简易师范,称县简师。泰州解放后,县简师改名泰州师范学校,并入泰州中学,为附设师范科。民国三十八年八月后,师范科并入如皋师范分部。省立如皋师范学校于民国三十四年寄驻泰州,次年迁回如皋时留下六个班的泰县籍学生,设分部于原贫民工艺厂。民国三十六年上半年,分部学生全部迁去如皋。民国三十七年上半年,学校应泰县籍学生家长的要求,复设分部于泰州大校场武庙,直至泰州解放。

在近代实业教育思想的影响下,泰州的职业教育兴起。民国三年,席德馨创办泰县县立乙种农业学校,次年改为第五高等小学。民国七年,泰(州)县县立乙种商业学校成立,校长韩棣,招商科学生二十六名,设簿记、珠算等课程。民国十三年停办商科,改为第一区公立第二小学校。民国二十年前后,陆续办有县立女子初级职业中学、县立初级商科职业学校、公立职业补习学校、县立中学附设妇女职业补习学校,职业教育呈一时之盛。

在近代平民教育思想的推动下,泰州一带的民众教育兴起。民国六年,泰县民众教育馆成立。设博物、图书、讲演等室,并举办民众夜校,在城镇组织民众识字游戏活动。民国十年,办民众夜校二十八处,多方位推行平民教育。民国十六年,大安乡知识青年李朗庵、钱炳之,利用庙宇办平民学校,义务教农民识字,并实行四包:包识千字,包能看简单书报,包能记简单账册,包会写普通书信。民国十八年,成立泰县农民教育馆,并办起八所农民学校,推动农村民众识字的热潮。民国二十九年,泰县抗日民主政府利用农闲举办各种形式的冬学。举办冬学的指导思想是:"由识字而明理,明理重于识字。"各小学教师兼任冬学教师,部分高小学生及知识青年也充当"小先生"。教材由县、区结合抗日斗争实际随时编印。民国三十年,根据地办冬学九十多处,学员近万人。民国三十三年,出现冬学高潮,县政府从各区选调一百多名优秀教师参加集训,除逐课试讲外,每课还配以群众喜闻乐见的民歌小调进行演唱。各区也纷纷举办冬师短训班，由区长、区委书记做宣传动员，激发冬师的教学热情。

新中国成立后，泰州和国内其他地区一样，教育的发展经历了建国初期接管旧学校、改革旧体制、制定新课程标准到大跃进时期的“教育大跃进”，再到“文革”时期教育陷入混乱的过程。直至1978年中共十一届三中全会后，泰州教育迎来了发展的春天。1983年10月以后，泰州地区的教育工作者认真学习邓小平关于“教育要面向现代化，面向世界，面向未来”的题词，并按“三个面向”指示加快了改革的步伐，使中小学结构趋向合理，教育教学质量不断提高。在当年省教育厅第一次检查验收中，泰州市、泰兴县、泰县、靖江县、兴化县全部基本实现普及初等教育，每个县市都有实验小学，许多中学在此时得到了长足的发展。

20世纪80年代末到90年代初，“三泰地区”的基础教育发展到较高的水平，这里有着良好的教育土壤，有着浓厚的教育传统，这里林立了泰州中学、姜堰中学、泰兴中学、兴化中学、靖江高级中学等众多江苏省重点中学，这里汇聚了诸如洪宗礼、蔡林森、连万能、陈凯等一大批名师名校长，这里不仅满足了社会上各行各业劳动后备力量的需求，也为高等学校输送了大批优秀的新生。

1996年8月，泰州市地级组建时，全市已完成了基本普及九年义务教育和基本扫除青壮年文盲的历史性任务。1997年全市中小学布局调整后，泰州启动了教育现代化工程，一栋栋充满现代气息的教学楼、实验楼、图书楼拔地而起，多媒体教室、语音室、电脑室相继建成，校园网向青少年学生展现出五彩缤纷的网络世界。

到2008年，泰州已基本普及15年教育，学前三年幼儿入园率达90%以上，九年义务教育入学率达100%，初中毕业生升学率达95%以上，全市高等教育毛入学率达到50%以上，人均预期受教育年限达11.8年。

职业教育近年来坚持以服务为宗旨，以就业为导向，初步形成了与泰州市主要产业相适应的结构合理、形式多样、校企合作、学历教育和职业培训并举、具有泰州特色的职业教育体系。到 2008 年，全市拥有 3 个国家级技能型紧缺人才培养培训基地，13 个省职业教育实训基地、37 个省职业教育示范专业、6 个省级农科教示范基地，为社会输送了大量的中高级技能型实用人才。

近年来，泰州高等教育的规模和层次实现了历史性跨越。经过十几年的奋斗，先后建成泰州职业技术学院、江苏牧医学院、泰州师范高等专科学校、南京理工大学泰州科技学院、南京师范大学泰州学院、南京中医药大学翰林学院六所高校。其中，三所本科层次独立学院的建成使得泰州教育实现了本科教育零的突破。“十一五”期间是泰州高等教育快速发展的时期，形成了三所本科、三所专科高校，在校学生 5 万人、专任教师 3000 余人，理、工、农、医、文、经、管、艺、教育等多个学科门类，208 个学科专业的办学规模，基本形成了多层次、多元化、特色鲜明的高等教育新格局。

第三节　泰州学派

泰州学派是中国思想史上一个重要的学术流派，它通常被看做是宋明理学的一个分支，而归属于明代的阳明学。它是阳明后学的王门八派之一，也是王门中唯一由下层人士开创，而将阳明思想传播天下的学派。

泰州学派诞生于明代中后期，据季芳桐教授在《泰州学派新论》中考证，泰州学派成为一个学术流派大概在明嘉靖七年左右，而到明万历三十二年前后，东林党人兴起，泰州学派渐趋消亡。[①] 因创始人王艮与学派中的部分主要成员为泰州人，这个学派被后人称为泰州学派。泰州学派创始人王艮和后继者提出了“淮南格物论”、“学即乐”、“大成学”、“百姓日用即道”等一系列的学术思想，其中“百姓日用即道”常常被视为该学派学术思想的核心。

泰州学派的成员组成比较复杂，据袁承业《明儒王心斋先生弟子师承表》记载，学派成员遍及江苏、安徽、江西、湖北等十多个省份，有明确记载的成员就多达四百八十多人，而且学派成员的身份遍及各个社会阶层，用《师承表序》的话来说就是：“上自师保公卿，中及疆吏司道牧令，下逮士庶樵陶农吏，几无辈无之”。因而关于泰州学派各成员的思想，我们不可能都详细的一一评述，只能就其中比较重要的人物略作讨论。一般说来，除学派创始人王艮之外，泰州学派的主要代表人物还应包括王襞、王栋、罗汝芳、颜钧、何心隐和李贽。古人云：“载之空言，不如见之行事之深切着明”[②]，泰州学派的具体思想也就在对泰州学派主

① 季芳桐《泰州学派新论》，巴蜀书社 2005 年版，第 7—8 页。

② 司马迁《史记 · 太史公自序》中说：余闻董生曰：“……子曰：‘我欲载之空言，不如见之于行事之深切著明也。’”

要人物的评述中见出。[①] 下面我们就从学派的创始人王艮开始，对泰州学派的几个主要人物生平和思想进行简要的评述。

王艮(1483—1541)，字汝止，号心斋，泰州安丰场人，泰州学派的创始者。王艮的一生充满了传奇色彩，他早年曾为盐丁，二十五岁经商路过曲阜，在“过阙里，谒孔圣及颜、曾、思、孟诸庙”时，叹曰：“夫子亦人也，我亦人也。”于是“瞻拜感激，奋然有任道之志”。从此“日诵《孝经》、《论语》、《大学》，置其书袖中，逢人质义”。在经过三年的“默坐体道，有所未悟则闭关静思，夜以继日、寒暑无间、务期有得”的刻苦学习之后，二十七岁的王艮产生了“必为圣贤之志”。并在二十九岁的时候做了一个“托天之梦”：

> 六年辛未，先生二十九岁。先生一夕，梦天坠压身，万人奔号求救，先生独奋臂托天而起，见日月列宿失序，又手自整布如故，万人欢呼拜谢。醒则汗溢如雨，顿觉心体洞彻，万物一体、宇宙在我之念益真切不容已。自此行住语默，皆在觉中。题记壁间曰：正德六年间，居仁三月半。
>
> ——《明儒王心斋先生遗集·年谱》

在《论语·雍也》中，孔子曾经称赞颜回“其心三月不违仁”，王艮自己题记“居仁三月半”，言下之意，自己已经超过颜回，足可以圣贤自居了。俗话说“日有所思，夜有所梦”，王艮的“托天之梦”当然也不是凭空而来，而是他从“奋然有任道之志”到“必为圣贤之志”的一个自然演化的结果。

---

① 关于泰州学派的主要成员有哪些，学界有争议。比如李贽虽自称为王襞的私淑弟子，而《泰州学案》中并无其名。但李贽思想与泰州学派事实上存在着一定的关联性，而且李贽在《续焚书》卷三中曾明确说“心斋之子东崖公，贽之师”，所以本文依旧将之列入泰州学派的主要代表人物中。

王艮三十八岁时讲学于江苏东台，因东台私塾先生黄文刚认为他所讲与王阳明所论相似，王艮便买舟前往豫章拜访王阳明，据传王艮拜访王阳明的时候“头戴五常帽，身着深色衣，手执笏板”造成了“观者环绕市道”的轰动。

图 4-6　王艮画像

在经过与王阳明多次辩论后，王艮认为王阳明的“致良知”之学“真是简易直截，我所不及也”，便拜阳明为师。然而即便是王阳明也为王艮“有疑则疑，有信便信，一点也不苟且”的精神所感动，他说：“吾擒宸濠，一无所动，今天却为这人所动。”

为了济世救民，使阳明之学传播天下，王艮做了一件惊世骇俗的事情。从王阳明处访学归家后，他自己设计制造了一辆蒲轮车，车上写着：“天下一个，万物一体。入山林求会隐逸，过市井启发愚蒙。尊圣道天地弗违，致良知鬼神莫测。”驾着这辆蒲轮车，他一路招摇，直上北京。但是由于王艮此行过于惊世骇俗，使“人情大异，惊动廊庙”，在被迫回到浙江，又遭到了王阳明“三日不见”的裁抑后，王艮的行事作风有所转变，不再“意气太高，行事太奇”，但济世救民的念头仍一如既往。

嘉靖三年，王艮根据自己的体悟提出了“百姓日用以发明良知”的思想，开始独立讲学。此后，王艮相继在绍兴的书院，广德的复初书院，泰州的安定书院以及南京的新泉书院讲学，并撰写了《天理良知论》、《复初说》、《明哲保身论》、《乐学歌》等文章，提出了“百姓日用即道”的观点。这是王艮思想基本形成的重要标志，也是泰州学派核心思想形成的标志。

在《天理良知论》中，王艮阐明了王阳明的致良知之学和宋儒的天理之学的相通之处，他认为天理是“天然自有之理”，良知是“不虑而知，不学而能”之知，所指的意思本质上都是一样的，他说：

天理者，天然自有之理也。良知者，不虑而知，不学而能者也。惟其不虑而知，不学而能，所以为天然自有之理。惟其天然自有之理，所以不虑而知，不学而能也。

——王艮《天理良知论》

在《复初说》中，王艮将阳明致良知阐释为“复不善之动”，也就是“复其初”。他说：

治天下有本，身之谓也。本必端，端本，诚其心而已矣。诚心，复其不善之动而已矣。不善之动，妄也。妄复，则无妄矣。无妄，则诚矣。诚，则无事矣。故诚者，圣人之本。圣，诚而已矣。是学至圣人，只复其不善之动而已矣。知不善之动者，良知也。知不善之动而复之，乃所谓“致良知”，以复其初也。东廓子构成书院，因名曰“复初”，故述之以此。

——王艮《复初说》

《复初说》可以说是王艮把他的格物说与王守仁的良知说结合起来的成果，他继承了王守仁“良知”说的部分理论内容，将“致良知”解释为“以复其初”的“复初说”，并将东郭子的书院命名为复初书院，虽然只是对王阳明“致良知”的解释和发挥，但已经见出了王艮对阳明学的独到见解。

王艮对阳明致良知之学的更大发挥是在《明哲保身论》中，在这篇文章中王艮将明哲保身解释为明哲保身是“不虑而知，不学而能”的“人皆有之”的“良知良能”，保身是“仁”，是“万物一体之道”，是可以“修身、齐家、治国、平天下”的“一贯之道”，他说：

明哲者，良知也。明哲保身者，良知良能也，所谓不虑而知，不学而能者也，人皆有之，圣人与我同也。知保身者，则必爱身如宝。能爱身，则不敢不爱人。能爱人，则人必爱我。人爱我，则吾身保矣。……此仁也，万物一体之道也。以之齐家，则能爱一家矣。……以之治国，则能爱一国矣。……以之平天下，则能爱天下矣。能爱天下，则天下凡有血气者，莫不尊亲。莫不尊亲，则吾身保矣。吾身保，然后能保天下矣。此仁也，所谓至诚不息也，一贯之道也。

——王艮《明哲保身论》

王艮认为人的心情本来是快乐的，是因为私欲的束缚，所以遏制了人心自然的快乐，只要自觉良知，人便依旧是快乐的，而学习就是使良知自觉，因而学习便理应是快乐的，如果不是快乐的就不是真正的"学"：

人心本自乐，自将私欲缚。私欲一萌时，良知还自觉。一觉便消除，人心依旧乐。乐是乐此学，学是学此乐，不乐不是学，不学不是乐。乐便然后学，学便然后乐。乐是学，学是乐。于戏！天下之乐，何如此学！天下之学，何如此乐！

——王艮《乐学歌》

乐学思想是王艮所开创的泰州学派的一个十分重要的思想，他上承宋儒所致力的"求孔颜乐处"，而以阳明良知之学诠释，使得学与乐贯通起来，而反对拘束的、缺乏生气的"学"，他说：

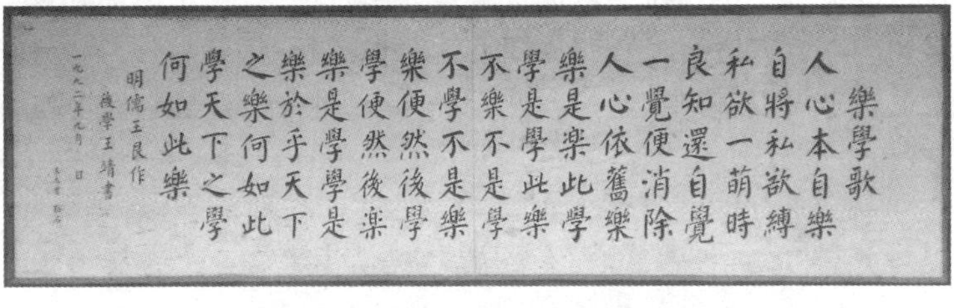

图 4-7　崇儒祠里的《乐学歌》

天下之学，惟有圣人之学好学，不费些子力气，有无边快乐。若费些子气力，便不是圣人之学，便不乐。

——《王心斋全集·语录》

一友持功太严，先生觉之曰："是学为子累矣。"因指斲木者示之曰："彼却不曾用功，然亦何尝废学。"

——《王心斋全集·语录》

王艮将他大部分精力全用在研究和讲学上，到他五十岁左右的时候，已经声名鹊起，投奔其门的弟子也越来越多。由于他的讲学面向社会各个阶层，所以他的学生身份也比较复杂，几乎遍及农民、商人、士人、官吏等各个社会阶层。后来，王艮的学生御史洪垣出面为他在东台盖了几十间房子用于讲学，这就是著名的"东淘精舍"。

在这一时期中，王艮撰写了《勉仁方》、《大成歌》。在《勉仁方》中王艮明确提出了自己的志向是使"人人君子，比屋可封，天地位而万物育"，不但自己要"自修而仁，自修而信"，还要"为天地立心，为生民立命"，使"天下归仁"，他说：

夫仁者，以天地万物为一体，一物不获其所，即己之不获其所也，务使获所而后已。故人人君子，比屋可封，天地位而万物育，此予之志也。

——王艮《勉仁方》

在《大成歌》和相关的著作中，王艮则较为系统地阐述了他的"大成之学"：

始终感应如一日，与人为善谁同之？尧舜之为乃如此，刍荛询及复奚疑？我将大成学印证，随言随悟随时跻。只此心中便是圣，说此与人便是师。至易至简至快乐，至尊至宝至清奇。随大随小随我学，随时随处随人师。掌握乾坤大主宰，包罗天地真良知。自古英雄谁能此？开辟以来惟仲尼。仲尼之后微孟子，孟子之后又谁知？广居正路致知学，随语斯人随知觉。自此以往又如何？吾侪同乐同高歌。随得斯人继斯道，太平万世还多多。我说道心中和，原来个个都中和。我说道心中正，原来个个心中自中正。常将中正觉斯人，便是当时大成圣。自此以往又如何？清风明月同高歌。同得斯人说斯道，大明万世还多多。

——王艮《大成歌》

王艮的“大成之学”是经过他自己印证的学说，它既简易快乐，又尊贵清奇，可以随时随地传授给别人，是由孔子开创，孟子继承的绝学，它可以使每个人都能体会到自心本具的良知，可以主宰乾坤，包罗天地。一旦人们明晓了大成之学的道理，并随时随地去实行它，那么便可以成为大成圣人，然后太平盛世指日可待，大明江山也可以“万世还多多”的永远延续下去。

一般认为王艮的大成学在泰州学派的理论体系中属于“服务社会”的“外王”之学，是与“百姓日用即道”、“淮南格物论”等修己的“内圣”之学相辅相成的。王艮非常重视大成之学，将其视为自己学说的精髓，后来郑重地将之传于弟子徐樾。

从这个时期到他五十六岁患病，王艮一直在孜孜不倦地讲学和著述。即便是在病重期间，王艮还鼓励来看望自己的亲友与他一起唱歌，表现出对待生病和死亡的超然和达观态度。在弥留之际，王艮仍与诸弟子谈论自己的体悟，告诫大家应在一起相互切磋学问。王艮这位泰州学派的创始人就这样在讲学中离开了人世。

由于王艮的杰出贡献和泰州学派的巨大影响，后人给予王艮非常高的评价。海陵唐珊说：“身未六旬，道通万世；掌握乾坤，包罗天地；仁以勉仁，乐以乐学；允以师模，启我先觉。”（《三水王氏家乘》）王栋说：“天生我师，崛起海滨，慨然独悟直超孔孟……先师之功，可谓天高地厚矣。”（《心斋先生学谱》）一直到天启三年(1623),还有人为王艮请谥。万历四年(1576),经时任泰州督学的耿定向提议,由当时的海宁兵备副使程学博主持兴建了专门祭祀王艮的祠堂——崇儒祠,户部尚书兴化人李春芳专门为祠堂写了一篇《崇儒祠记》,后来,凌儒又写了《心斋先生祠堂记》,崇儒祠经历了四百多年的风风雨雨,如今已经复建于泰州市五一路 92 号,崇儒祠内还建立了“泰州学派纪念馆”,以纪念王艮和他所开创的泰州学派。

图 4-8　崇儒祠、泰州学派纪念馆

王艮去世后,他的学说在王襞、王栋、徐樾、罗汝芳、颜钧、何心隐、李贽等弟子和后学的推广之下,影响越来越大,成为阳明后学中势力极大的一个流派。《明史》卷二八三《王畿传》和《王畿传附王艮传》中写道:“泰州王艮亦受业守仁,门徒之盛,与畿相埒,学者称心斋先生。阳明学派,以龙溪、心斋为得其宗……王氏弟子遍天下,率都爵位有气势,艮以布衣抗其间,声名反出诸弟子上。”

王艮之后,泰州学派的领导者是王襞。王襞(1511—1587),字宗顺,号东厓,自称“天南老子”,又称“天南逸叟”,他是泰州学派的创始人王艮的次子,也是泰州学派思想的传播和发扬光大者。

据《明儒王东厓先生遗集》记载,王襞幼年时就“器宇不凡”,九岁随王艮“游学江浙”,在数百人的大会上,能够“高歌自如”,甚至引起了王阳明的重视,并予以“此子器宇不凡,吾道当有寄也”的高度评价。自此在浙江学习九年。王艮晚年回到泰州讲学,王襞是其得力的助手,据《年谱记略》记载,当时“四方来学之士，集安丰者百余人，皆先生应酬之，内外上下贴然也。”王艮去世后，他承继父亲遗业，“开门授徒，毅然以师道自任，凡月三会，聚讲精舍书院”，王襞的讲学不仅仅是对父亲学术的简单继承，而且“大有所发明，无论后进者，倾诚悦服，即先公群弟子无不事先生若先公也。”①

王襞的思想主要涉及德性之知与见闻之知、率性修道和学与乐的问题，从理论渊源上来讲，基本上是对王艮和王畿等王门学者思想的继承和延续，不过王襞对这些问题进行了更进一步的发挥，比如学与乐的问题，王艮曾在《乐学歌》中将孔孟之学的“学”与孔颜乐处的“乐”贯通起来，王襞则更进了一步：

> 问：“学何以乎？”曰：“乐。”再问之，则曰：“乐者，心之本体也。有不乐焉，非心之初也。吾求以复其初而已矣。”“然则必如何而后乐乎？”曰：“本体未尝不乐。今曰必如何而后能是，欲有加於本体之外也。”“则然遂无事於学乎？”曰：“何为其然也？莫非学也，而皆所以求此乐也。乐者，乐此学；学者，学此乐。吾先子盖常言之也。”“如是则乐亦有辨乎？”曰：“有所倚而后乐者，乐以人者也。一失其所倚，则慊然若不足也。无所倚而自乐者，乐以天者也。舒惨欣戚，荣悴得丧，无适而不可也。”“既无所倚，则乐者果何物乎？道乎？心乎？”曰：“无物故乐，有物则否矣。且乐即道，乐即心也。而曰所乐者道，所乐者心，是上之也。”“学止於是而已乎？”曰：“昔孔子之称颜回，但曰‘不改其乐’，而其自名也，亦曰‘乐在其中’。其所以喟然而与点者，亦以此也。二程夫子之闻学於茂叔也於此。盖终身焉，而岂复有所加也。”
>
> ——黄宗羲《明儒学案》

---

① 《新镌东厓王先生遗集·东厓先生行状》明万历间刻明崇祯至清嘉庆间递修本，第52页。

王襞认为“乐”是心的本然状态，是“心之本体”，“学”就是通过修养使丧失了本然状态的心恢复到心性最初的本然状态。这种最初的“乐”是内在的，无所依的，是真正的“乐”，他的发挥在于他将“学”即“乐”发展到“乐即道”、“乐即心”的层次，这样就将乐与“道”和“心”结合起来了。

王襞恪守“不仕举子业”的父训，多次推辞做官，而以宣扬“圣人之学”和“导民化俗”为己任，坚持讲学传道，他经常会讲于泰州崇儒祠，由于声名远扬，慕名来学者源源不断，在他七十二岁的时候，“仪真县尹樊公遣庠士王兆鸾、刘崇正具币聘先生于别署，率郡士执弟子礼，十日一会，尹释政便服受教。”他的讲学竟能让一个县尹把政事放到一边便服来听讲，可见影响之大。因为影响大，所以他的弟子也很多，据袁承业《心斋弟子师承表》，王襞的弟子有二百多人，这其中还不包括私淑弟子李贽。

王襞临终前，“危坐定气养神，时命门人梅圣辈雅歌取乐，顾门人曰：‘尔等惟有讲学一事付托之。’复顾诸嗣曰：‘汝曹只亲君子，远小人，一生受用不尽。’无一言及家事。”可见王襞对继承和传播王艮学说，扩大泰州学派思想影响的不遗余力。也正是因为王襞的努力，泰州学派才能成为与王畿并驾齐驱而“风行天下”的王门后学中最显赫的流派之一。

焦竑在《明儒王东厓先生遗集》中称“心斋子五人，东厓为其仲，学尤邃。”又称：“余观两湖自得之味深，东厓弘道之力大。今东南人传王氏之书，家有安丰之学，非东厓羽翼而充拓之，何以至此?”耿定向也说：“斋无东厓不能成其圣”，可见王襞对王艮思想和泰州学派发展的重要作用。

泰州学派另一位著名的代表人物是与王艮、王襞并列为淮南王氏三贤的王栋。王栋(1503－1581)，字隆吉，号一庵，泰州姜堰人，是王艮的族弟。

王栋一生都以教学为业，曾做过南城训导、南丰教谕等小官，致仕后，又主讲白鹿洞、正学等书院。王栋对泰州学派学术思想的贡献，黄宗羲认为主要有两点：“一则禀师门格物之旨而洗发之”，“一则不以意为心之所发”。其实王栋更多的贡献还是在于对王艮思想的补充和诠释，对于王艮的“出为帝者师，处为天下万世师”的“学为人师”思想，王栋认为只有具备盛德、言行足以取信于人的人，才可以为人师。而且为师并不是要“耘人之田，自挠自累”，而是要为人师表，用自己的道德去感化人。这就与王艮所提出的“必修身为本，然后师道立”的思想统一起来，而避免陷入“道德不足而好为人师”所造成的“急于开讲立教”的弊病。对于时人把“明哲保身”误解为长生之道，王栋解释说：

> 同志有喜究长生之术者，或问曰：“斯亦保身之道否？”曰：“非也。此正所谓真志不定，信道不笃。吾儒保身，只要战战兢兢以全归，为免尽道而死，顺受其正。今长生之术，大都怕死。朱子一诗曰：‘我欲往从之，脱踪谅非难，但恐逆天理，偷生讵能安。’夫逆理偷生之事，岂君子之所为乎。先师论明哲保身，不出爱人敬人而止，安有此等异端作用。”
>
> ——《明儒王一庵先生遗集·会语续集》

他认为喜欢长生之术是真志不定，信道不笃的表现，王艮所说的明哲保身只是爱人、敬人，之所以“战战兢兢”是为了避免“尽道而死”，所以保身不是长生之道，也没有长生的异端作用。对于王艮《乐学歌》中所论的“乐与学”的关系问题王栋补充说：

> 一友谓某之教人，只反省、乐学两件功夫为要旨。曰：“此亦只是一事。”“何谓一事？”曰：“事事反身以自诚，则障疑不生而真乐在我，所谓‘学便然后乐’也。时时寻乐以为学，则天机不滞，而反己益精，所谓‘乐便然后学’。故孟子曰：‘反身而诚，乐莫大焉。’又曰：‘乐则生矣，生则恶可已。’故曰：‘一也，二之则不是。’”
>
> ——《明儒王一庵先生遗集·会语续集》

王栋认为，反省、乐学是一件事。如果事事反省自诚，那么障疑就不会产生，就会得到真乐，这就是“学便然后乐”，如果时时以乐为学，那就会天机流行，反己益精，这就是“乐便然后学”。王栋对王艮学术思想的广泛传播也起了非常大的作用，《明儒王心斋先生遗集》序中说：“先生（王艮）之学，自一庵（王栋）翼之而始畅通，至东厓（王襞）继之而更纯。”可见王栋在泰州学派思想传播中的巨大贡献。

除了“淮南王氏三贤”之外，泰州学派中出生于泰州籍而比较有名的还有被称为“东海贤人”的韩贞。韩贞（1509—1585），号乐吾，兴化戴窑人。出身于社会下层，祖辈以烧窑为业，他曾先后跟随王艮和王襞学习，因笃学力行，王艮曾称赞说：“继吾道者，韩子一人而已”。也许是因为自己出身于社会下层，韩贞尤其重视在社会下层民众中传道讲学。对此，耿定向在《陶人传》中说：

> 先生学有得，毅然以倡道化俗为己任，无问工商佣隶，咸从之游，随机因质诱之，化而善良者以千数。每秋获毕，群弟子班荆趺坐，论学数日，兴尽则拿舟偕之，赓歌互咏。如别林聚所，与讲如前。逾数日，又移舟如所欲往，盖编所交居村乃还。翱翔清江，观闻者欣赏若群仙子嬉游于瀛阆间也。

黄宗羲在《明儒学案·泰州学案·韩贞传》中也描述了韩贞讲学的情形：“秋成农隙，则聚徒讲学，一村既毕，又之一村，前歌后答，弦诵之声洋洋然也。”由于韩贞所讲贴近百姓日常生活，所以前去听讲的人很多，“农工商贾从之游者千余”。

韩贞一生倡导泰州学派的道德教化思想，对于王艮提出的“百姓日用之学”在泰州地区的发展和传播起了重大的作用，而且他虽家境贫寒，但同情普通民众疾苦，乐善好施，所以他去世后得到了后人的高度推崇和深切缅怀。有人作祭文称赞说韩贞是“岂独一乡之善士，可谓盛世之逸民”。明崇祯年间，有一位兵部侍郎作了一个韩善士楹联说：“不怨不尤学唯乐其在我，欲立欲达心每存于爱人。”后世尊韩贞为“东海贤人”，有《韩乐吾遗集》存世。如今，在韩贞的家乡戴窑有一条路，被命名为乐吾路，就是为了纪念明代泰州学派的这位杰出的平民学者。

泰州学派既风行天下，其影响当然不仅仅局限于泰州一地，论及泰州学派的代表人物自然也不能局限于泰州一域，泰州之外，受泰州学派思想影响最大，而人物足以代表泰州学派风貌的，首先当推江西。而江西泰州学派的杰出人物，则有：颜钧、罗汝芳、何心隐。

颜钧(1504—1596)，字子和，号山农，江西吉安府永新县人。他先是师事王艮的学生徐樾，后来又直接到泰州王艮处求教，从而“得泰州之传”。他三十七岁的时候，从泰州学成返回江西，在归途中，他给王艮写信说：“千古正卯，昨日东海传将来；四方公凭，今朝西江发出去。”得到泰州学派真传的喜悦心情和传道天下的使命意识跃然纸上。

王艮去世，颜钧为王艮守墓三年。同时一边守墓，一边开展讲学活动，力倡泰州学派导民化俗的教旨。为了宣传泰州学派思想，颜钧四十多岁时曾前往北京讲学，后来又以泰州安丰场为中心，在泰州、如皋、江都、扬州、仪征等地开展讲学，宣传泰州学派的“大成之学”，经过三年左右的努力，颜钧的讲学影响渐大，不但泰州周边的士人聚集，山东、陕西和江浙一带士人也来赴会听讲。据称，当时慕名来听讲而未录姓名的人，就有“几千百众”。

颜钧通常和何心隐、李贽一起被看成是泰州学派的越轨人物，他的很多行为往往越过通常的社会规范，而“遂复非名教之所能羁络矣”。如他从泰州学成回到江西作的《急救心火榜文》，神道设教的教学手段，以及收葬徐樾的独立特出的举动无不体现出不为世俗所羁络的卓颖精神。

颜钧的学术思想相当丰富，尤其是他的“制欲非体仁”论思想，一扫宋明理学的迂腐习气，甚至有些许西方文艺复兴思潮的气度，在中国思想史上颇为值得关注。当然，颜钧最大的贡献还是在于他对泰州学派的发扬光大，他不但上承“淮南王氏三贤”将泰州学派的思想扩大到山东、陕西和江浙，而且通过自己不遗余力的讲学，使得自己的家乡江西成为继泰州之后的另一个泰州学派思想的核心之地，泰州学派后学中特出人物罗汝芳、何心隐皆出自颜钧门下。

罗汝芳(1515—1588)，字惟德，号近溪。江西南城人。自幼聪明好学，博览群书，在青年时代，曾受程、朱学派理学家薛垣的影响而无所得，至于“病心火”，后来接触到王阳明“致良知”的学说，便对阳明学产生了兴趣。在遇到颜钧之后，开始接触泰州学派的思想，他吸收了颜钧“制欲非体仁”的理论，提出了影响深远的“赤子之心说”：

> 赤子出胎，最初啼叫一声。想其叫时，只是爱恋母亲怀抱。却指着这个爱根而名为仁，推充这个爱根以来做人。合而言之曰：仁者人也，亲亲为大。若做人的常是亲亲，则爱深而其气自和，气和而其容自婉，一些不忍恶人，一些不敢慢人，所以时时中庸，其气象出之自然，其功化成之浑然也。
>
> ——黄宗羲《明儒学案》卷三十四

罗汝芳非常重视“赤子之心”，在他的著作中对此作了大量的论述，他认为“赤子之心”也就是孩童的心是至善，是“出之自然”的仁心的体现。他还认为“大道只在自身”，人的视、听、饮、食等一切活动无不是“道”的作用和表现，不学不虑，便可以造就“良知良能”，人的良知是永不泯灭的，不以修炼而增，也不以不修炼而减，圣愚的差别只在于觉悟与否，他说：“古今学者晓得去做圣人，而不晓得圣人就是自己”。黄宗羲在《明儒学案》中概括罗汝芳的学术宗旨时说：

> 先生之学，以赤子良心，不学不虑为的，以天地万物同体，彻形骸，忘物我为大。此理生生不息，不须把持，不须接续，当下浑沦顺道。功夫难得凑泊，即以不屑凑泊为功夫；胸次茫无畔岸，便以不依畔岸为胸次。
>
> ——《泰州学案·罗汝芳传》

罗汝芳不仅发展了泰州学派的思想，提出了“赤子之心”说，他还是泰州学派学术活动的重要组织者，为泰州学派理学思想的传播作出了重要的贡献。他先是在从姑山创办“从姑山房”，接纳四方学子，从事讲学活动。进士及第后任太湖知县，又立乡约，访讲规，召集诸生讲学，甚至公事也多在讲席上办理。后来出守宁国，不但与诸生会文讲学，还兴建了志学书院、水西书院等一批讲学场所。甚至回京城述职间隙，还应礼部尚书徐阶聘请，集两司郡县候选吏人，大会济灵宫讲习。年逾花甲，讲学热情依然不减，率弟子游金陵、福建、浙江、湖广等地，频频讲学集会，阐扬泰州学派的思想。可以说，罗汝芳自从接受了泰州学派思想以后，几乎全部的精力都放在讲学上，对泰州学派思想后期的发展起了举足轻重的作用。黄宗羲说他“一洗理学肤浅套括之气”，牟宗三称他为“泰州派中唯一特出者”，都是对他杰出成就的肯定。

泰州学派江西的代表人物中值得一提的还有何心隐。何心隐(1517－1579)，本名梁汝元，字柱乾，号天山，江西吉州永丰县人。何心隐一生经历颇为复杂，但除了讲学之外，最富有传奇色彩的是他以布衣身份参与了铲除奸臣严嵩的事件，后来又与宰相张居正发生矛盾，并为张居正所不容，被承张居正旨意的地方官罗织罪名杀害。

何心隐与泰州学派的其他代表人物一样，也好讲学，但是他的讲学与泰州学派其他人物略有不同，那就是他的讲学往往介入政治，成为参政、议政的一种手段，已经体现出些许向东林党人过渡的趋向。另外他的思想上和行为上带有很深的侠义气和英雄气，往往走上与当政者对立的立场。从严格的意义上来说，何心隐的思想与泰州学派淮南王氏三贤的思想已经没有太多共同之处，带有泰州学派特色的"淮南格物"、"明哲保身"、"百姓日用即道"、"乐学"乃至"大成学"思想他都没有涉及，但他的顺本性而行，无所依托的行事风格以及他的"意气"说、"会"论、"大道主"的思想观点，还是与泰州学派的精神有一些相通之处，也可以说是泰州学派精神在新的时局中的新变化吧。

谈到泰州学派一般即以上述人物为代表，但往往又不得不提及一个特立独行的人物——李贽。李贽(1527—1602)，字宏甫，号卓吾，别号温陵居士、百泉居士等。李贽与前述泰州学派代表人物颇有不同，他虽自称"心斋之子东厓公，贽之师"，但泰州学派的师承名录中却并无李贽之名，要认真算起来，李贽只能说是王襞的私淑弟子，但李贽思想无疑受泰州学派思想影响非常巨大。

作为明代最有特色的思想家，李贽的思想熔铸了儒释道各家思想，他的思想深度和名声甚至远在泰州学派诸人之上，他的思想常常被归结为三个方面：

第一个方面是"穿衣吃饭即是人伦物理"，这个方面的思想往往被理解为李贽对泰州学派"百姓日用即道"思想的继承和发展，但根据李贽《答邓石阳》原文和季芳桐教授的考证，李贽在该文中"穿衣吃饭即是人伦物理"的论述只是逻辑推理当中的一个例子而已，是为了说明"达本而识真源"、"明察而识真空"的道理，虽然我们可以有理由认为这个例子是李贽受泰州学派思想影响的证据，但若据此断章取义认为"穿衣吃饭即是人伦物理"乃是李贽思想核心之一，则有所不妥。

第二个方面是李贽提出了"童心说"。童心说一般认为是李贽思想中最核心的部分，他在《焚书·童心说》中论述说：

夫童心者，真心也。若以童心为不可，是以真心为不可也。夫童心者，绝假纯真，最初一念之本心也。若失却童心，便失却真心；失却真心，便失却真人。人而非真，全不复有初矣。

从李贽这段对童心说的论述当中，我们可以看到童心说明显的有对罗近溪“赤子之心”说的吸收和发挥，而从引文最后一句“人而非真，全不复有初”我们也很容易可以发现，童心说毫无疑问的和王艮的“复初说”有理论的渊源关系。当然，李贽的“童心说”已经形成一个比较成熟的理论体系，远较此处所引、所论复杂，但仅由此处所引的内容，我们已可以看出李贽童心说与泰州学派的深层的理论渊源。

第三个方面是李贽离经叛道的思想。具体表现为“不以孔子之是非为是非”和对众多历史人物的重新评价以及行为上的“不敬圣贤”和“肆行不简”。也主要是因为这一点，李贽与颜均、何心隐一向被看做是泰州学派的越轨人物，而不能为当时政权所容，也受到了许多士大夫的指责。如刘宗周认为他们“浸为小人之无忌惮”，黄宗羲认为“遂复非名教之所能羁络矣”，顾炎武也在《日知录》中说：“自古以来，小人之无忌惮而敢于叛圣人者，莫甚于李贽。”王夫之甚至说“李贽、钟惺之流，导天下于邪淫……岂非逾于洪水，烈于猛兽乎”。

泰州学派创派之初，原是根源于儒学，具体的说就是宋明理学，这从王艮的师承和借以发明学问的四书五经以及对“天理”与“良知”学说进行沟通阐释的努力就可以看出，但王艮本身既已有“行事太奇”的特点，至颜钧、何心隐一脉已经渐渐“复非名教之所能羁络”，最终李贽遂走向离经叛道，和理学思想渐行渐远，最终不可调和，而李贽思想自成一家，虽被目为泰州派，但事实上早已越轨，游离在似是而非的边缘。

泰州学派的主要人物和主要思想大概如上面所述，但泰州学派既为一个影响几乎遍及全国的学术流派，它的人物组成当然远远不止于上面所论述，泰州学派作为一个整体学术流派来看的话，它的思想当然也远远比上面的论述更为复杂，但上面所论述的泰州学派的主要人物和思想，可以代表泰州学派最主要和最核心的特征，则应当是没有疑问的。

如今，随着现代学术研究的日益发展，对泰州学派的认识和研究也引起了越来越多的关注和重视，不但泰州学派的重要人物的著作多有新的出版，研究泰州学派的著作和论文也日益增多。泰州学派作为发源于泰州的一个学术流派，它的思想已经成为泰州历史文化的一个典型的象征，而且在某种程度上，它也是中国思想史乃至世界思想史上一个不可忽略的文化坐标，历久而弥芳。

第五章　泰州的文学

泰州素有“汉唐故郡，淮海名区”的美誉，从西汉武帝元狩六年，也就是公元前 117 年海陵县建制以来，有明确记载的泰州历史已经有两千一百多年。在这漫长的历史长河中，泰州这片热土孕育了无数的杰出人物、创造了无法计数的光辉灿烂的物质和精神财富。在这些财富当中，作为“经国之大业，不朽之盛事”的财富——文学，尤其值得我们重视、继承和发扬，下面就让我们沿着泰州文学发展的长河，步入泰州文学的历史画廊。

第一节　泰州的古代文学

泰州的文学具体起源于何时，因为文献不足的缘故，已经无法确考。袁行霈先生曾在他主编的《中国文学史》中将中国的文学史比拟为一条长河，他说：“如果将中国文学史比作一条长河，我们从下游向上追溯，它的源头是一片浑茫的云天，不可详辨”[①]，如果我们借用袁先生的比拟来形容泰州的文学史的话，那么我们可以说，泰州文学的源头也是“一片浑茫的云天，不可详辨”。

世事变迁，沧海桑田，毋庸置疑，大量的早期文学作品，甚至是十分优秀的文学作品已经淹没在漫长的岁月之中。今天我们

① 袁行霈《中国文学史》第一卷，高等教育出版社 1999 年版，第 11 页。

所能看到最早的描写泰州的著名作品是晋代左思的《三都赋·吴都赋》，在赋中左思说："窥东山之府，则瑰宝溢目。覼海陵之仓，则红粟流衍"。海陵，是古泰州的一个常用名称，左思此文乃是借汉代的吴王刘濞所建的海陵之仓的典故，极写吴都仓储的蓄积饶多。

从晋到唐，泰州传世的文学作品不多，但偶有经典之作，如唐代王维《送从弟惟祥宰海陵序》中曾经以"海潮喷于乾坤，江城入于泱漭"写古泰州通江贯海、澎湃磅礴的水势，十分传神的展现出了一幅江海汇通的恢弘画面，可谓是"诗佛"王维"诗中有画"艺术的典范之作。另外张祜的《题海陵监李端公后亭十韵》也颇为清新。

尤其值得重视的是在唐代出现了一位泰州籍的著名书法家和书学理论家张怀瓘。他的《书断》"述十体书源流，评书家三品等第"，不但在书法品评史上占有十分重要的地位，也是不可多得的文章妙品，尤其是其卷二所载王羲之等人学书的逸事，文字优美、情节富有传奇性和故事性，直有魏晋"志人小说"之风度，如：

> 羲之性好鹅，山阴昙禳村有一道士，养好者十余。王清旦乘小船故往看之，意大愿乐。乃告求市易，道士不与，百方譬说不能得之。道士言："性好道，久欲写河上公老子，缣素早办，而无人能书。府君若能自屈，书《道德经》各两章，使合群以奉。"羲之停半日，为写毕，笼鹅而归，大以为乐。又尝诣一门生家，设佳馔供给，意甚感之，欲以书相报。见有一新榧几至滑净，王便书之，草正相半。门生送王归郡，比还家，其父已刮削都尽，儿还失书，惊懊累日。

然而，正如韩国钧[①]在《海陵文征附录序》中所说的那样：

---

① 韩国钧(1857—1942)，江苏海安人，民国时曾任江苏巡按使、江苏省民政长、省长、督军等职。

"吾邑自隋以前，声明文物，载籍罕传。唐及五代，文章间出，而如张鄂州《书断》，何寥寥也。有宋而后……儒林、文苑项背相望……故以海隅一州，而文风之胜比于通都名壤。"泰州的文学在宋代以前虽"文章间出"，但韩国钧已经感叹"如张鄂州《书断》，何寥寥也"，泰州文学真正兴盛还要等到宋代。

赵朴初先生曾经在一九九三年作《踏莎行·咏泰州》一词，起首两句即云："州建南唐，文昌北宋"，文昌北宋正可说明泰州文学在宋代的昌明和兴盛。泰州在有宋一代，究竟曾有过多少文学作品，当然我们无法确考，但就现在所能见到的《万历泰州志》、《崇祯泰州志》、《雍正泰州志》、《道光泰州志》等方志所载而言，已经足以当得"文昌北宋"之说，这至少体现在两个方面，第一个方面是有宋一代泰州文学所关涉的名家、大家非常多。其中尤为著名的有：范仲淹、欧阳修、王安石、苏轼、陆游、文天祥等，而如王禹偁、秦观、贺铸、陈师道、李纲等在文学史上颇有影响的文学家也都曾笔涉泰州，至于名气不如上述大家的文人墨客就更是数不胜数了。第二个方面是有宋一代泰州文学所涉及到的文体非常全面，除诗、词之外，序、颂、状、书、记等众体悉备，而"记"尤其昌盛，如欧阳修《海陵许氏南园记》、刘攽《玩芳亭记》、陆游《泰州报恩光孝禅寺最吉祥殿碑记》、陈垓《泰堂记》等等。下面就让我们从诗、文两个角度来体味异彩纷呈、琳琅满目的泰州宋代文学。

在宋代的泰州文学中，诗歌是比较兴盛的文体之一，而且诗的作者往往是中国文学史上享有盛名的大文学家。这其中在时间上较早的是徐铉。徐铉（916—991），字鼎臣，扬州人，宋太宗淳化初（990），被贬谪到泰州任司户掾，在此期间他有两首诗比较有名，现分录如下：

风紧雨凄凄，川回岸渐低。吴州林外近，隋苑雾中迷。
聚散纷如此，悲欢岂易齐。料君残酒醒，还听子规啼。

——徐铉《泰州道中却寄东京故人》

暮春桥下手封书，寄向江南问越姑。不道诸郎少欢笑，经年相别忆侬无。

——徐铉《暮春桥下》

徐铉的这两首诗皆为赠答诗，第一首五律是赴泰州任上道中写给东京故人的，第二首七绝是在泰州"暮春桥"下写给"越姑"的，两首诗的诗风都比较平易浅切，真率自然，具有宋初白体诗人的风格特点，值得注意的是写给越宾的第二首诗，得到了越宾的回复，而且由钟谟代越宾回答的这一首诗也流传到了今天：

一幅轻绡寄海滨，越姑长感旧时恩。欲知别后情多少，点点凭君看泪痕。

——钟谟《代越宾答徐铉》

这两首赠答诗虽然思想内容上和艺术手法上没有什么杰出的成就，但此等诗歌赠答足以让我们窥见宋人诗意生活的点滴，也不失为一段文史佳话。

同是赠答诗，王禹偁的《书怀送田二舍人自吏部郎中出典泰州》、欧阳修的《寄子春发运待制》和陈师道的《寄泰州曾侍郎》思想格调则要高得多：

共叹蹉跎两鬓苍，立朝为郡是寻常。重归谢客中书省，又送山涛吏部郎。三入承明身最忝，十年兄事分偏长。喜闻辞日留前席，莫算多时住水乡。

——王禹偁《书怀送田二舍人自吏部郎中出典泰州》

广陵花月尝同醉，睢苑风霜暂破颜。但喜交情久弥重，休嗟人事老多艰。壮心未忍悲华发，强饮犹能倒玉山。留滞江湖应不久，多为春酒待君还。

——欧阳修《寄子春发运待制》

八年门户故违离，千里河山费梦思。淮海风涛真有道，麒麟图画岂无时？今朝有客传何尹，到处逢人说项思。三径未成心已具，世间唯有白鸥知。

——陈师道《寄泰州曾侍郎》

这三首诗中虽然都有对岁月蹉跎、人世艰难的感慨，即便是面对"蹉跎两鬓苍"、"人事老多艰"和"淮海风涛"等困境，但在低回之中总是透出希望的亮色，在"留滞江湖应不久"、"莫算多时住水乡"和"麒麟图画岂无时"的慰勉中得到消解。

赠答诗虽关涉泰州，但多为迁客骚人赠答之辞，往往带着被贬士人的贬谪心态，缺乏对水乡泰州的心理认同，虽属于泰州文学的总体范畴，但并不能成为宋代泰州诗歌的代表，真正能代表宋代泰州诗歌成就的是写景咏物诗。

写景咏物诗属于山水田园诗中的一类，往往借景抒情，情景交融，但宋代诗人往往以议论为诗，写景抒情之后常常继之以议论，如曾致尧《山堂》六韵、吕夷简《西溪牡丹》、刘攽《海陵》等诗：

高高积翠亭，积翠不虚名。路小莓苔合，墙低薜荔生。当轩攒竹柏，绕槛列杉柽。公退时来此，吟情转觉轻。

——曾致尧《积翠亭》①

异香浓艳压群葩，何事栽培近海涯。开向东风应有恨，凭谁移入五侯家。

——吕夷简《西溪牡丹》②

楚江霞苇带青枫，小市鱼盐一水通。度日冥芒吹冻雨，欲晴撩乱起凉风。秋花舞蝶苍烟里，古木啼鸦返照中。扶

① 曾致尧，宋咸平六年(1003)以户部员外郎知泰州。

② 西溪，宋代泰州盐监官署所在地，吕夷简曾在此任盐监，据《崇祯泰州志》载，吕夷简曾在西溪镇东塔院种植牡丹，并有后人建思贤亭，原亭今已不存。

杖街头搔白首，可怜卑湿负衰翁。

——刘攽《海陵》

宋代泰州写景咏物诗中最为出色的当属范仲淹的《濯缨亭》①，范仲淹（989—1052），字希文，宋苏州吴县（今江苏苏州）人。真宗大中祥符八年（1015）进士。官至枢密副使，参知政事。卒谥文正。天禧五年（1021）任泰州西溪盐监。仁宗天圣三年（1025）。任兴化（今江苏兴化）县令，主修捍海堰，直贯通、泰、楚三州，长达一百五十里，人称范公堤，著有《范文正公集》。他的《濯缨亭》诗“素心爱云水，此日东南行。笑解尘缨处，沧浪无限清”可以说是宋诗“平淡而山高水深”风格的典范。范仲淹又有《书海陵滕从事文会堂》诗：

东南沧海郡，幕府清风堂。诗书对周孔，琴瑟亲羲黄。君子不独乐，我朋来远方。言兰一相接，岂特十步香。德星一相聚，直有千载光。道味清可挹，文思高若翔。笙磬得同声，精色皆激扬。栽培尽桃李，栖止皆鸾皇。琢玉作镇圭，铸金为干将。猗哉滕子京，此意久而芳。

此诗为范仲淹应滕子京之邀，为他所建的文会堂所书，宋仁宗天圣年间，范仲淹与滕子京都曾在泰州为官，文会堂当是他们为以文会友而建。诗中高唱诗书琴瑟之乐，以周公、孔子、伏羲、黄帝等古圣先王之道互相勉励，文会堂作为一个“以文会友”的场所，不但起到了“君子不独乐”的“以文会友”的作用，而且还推动了“道味清可挹，文思高若翔”的“文以载道”思想的激扬，不但有“笙磬得同声”的志同道合下的“精色皆激扬”，而且还以栽培荐举人才为己任“栽培尽桃李，栖止皆鸾皇”，可见文会堂在当时特

① 此诗宋刻本《范文正公集》题为《出守桐庐道中十绝》，为其中第八首。《兴化县志》记载：“濯缨亭在兴化南门外，为范仲淹所建。”

殊的政治文化地位。当年，滕子京、范仲淹、胡瑗、富弼等都曾在此诗文雅会，也正因此，文会堂是泰州“文昌北宋”的典型标志和历史见证。这首诗所记载的文会堂的盛况，足以引起我们对当年群英雅集的企慕和向往。文会堂今已复建于泰州市凤城河风景区内。

图 5-1　文会堂与范仲淹塑像

当然宋代泰州的诗歌远远不止上述作品，但“尝一脔肉，而知一镬之味，一鼎之调”，从上面列举的这些例子我们已可以看出宋代泰州诗歌的杰出成就。

泰州以“文昌北宋”知名，当然泰州宋代文学的成就不仅仅限于诗歌，成就更为突出或者说更能代表宋代泰州文学水平的还应当说是“文”，北宋时期，泰州经济极其繁荣，可以说是处在泰州经济史上的巅峰时期，在当时，仅盐税一项，就占全国总量的一半。古人说“仓廪实则知礼节，衣食足则知荣辱”，经济的空前繁荣，也带来了泰州文学的高度发展。大量的泰州“文”的出现就是泰州文学高度发展的一个重要标志，尤其是记载泰州风土名物的颂、记文章最能代表泰州宋代文学的特色。

在宋代泰州的文章当中，比较早而又为名家所作的当推范仲淹所作的《泰州张侯祠堂颂》，此文是范仲淹为张伦生祠所作之颂，文首以“生祠，民报德也”盘空硬语直道作文本意，压住全文，可谓笔力千钧。接着介绍张伦出身事业，以及所以立祠作颂的缘故，尤其是文末之颂词，十分精妙：

> 颂曰：我公雄杰，经制楚越。鉴洞毛发，诚揭日月。建利除孽，代天公发。海陵嗷嗷，古防弗牢，万顷良膏，岁汹于涛。民焉呼号，不粒而逃。公闻�怛，乃按乃察。草奏屡陈，狂议四遏。心过金铁，对天不夺，宸听既聪，宰谋既同。展矣胡公，协力谐忠。兵民交充，兴防之功。盘盘偃偃，百里而远。云矗不散，山亘不断。如天作限，奠万家产。朝以公贤，兼于藩宣，伤者我全，疾者我痊。逋亡几千，岁复于田。公义不爽，欲报弥广。建牙裂壤，将有攸往。众画图像，以永瞻仰。列星之精，列岳之灵。仪焉停停，神焉荧荧。居千百年，此邦镇宁。既宁既聚，涛莫我苦。比比牖户，鳞鳞场圃。而公而竖，于歌于舞。天子穆清，诸侯经营。民兮乐从，谷兮丰盈。作为颂声，告于神明。

颂词全用四言成文，格式整饬而又不流于板滞，如“兵民交充，兴防之功。盘盘偃偃，百里而远。云矗不散，山亘不断。如天作限，奠万家产”。虽然仍为四言，但笔力劲逸，隐隐有破颂体而出之意。而“鉴洞毛发，诚揭日月”等语，不光能让我们见出张侯的竭忠为民，也是范文正公“先天下之忧而忧，后天下之乐而乐”精神的间接寄托，甚至从此颂中我们还可以窥得些许宋儒“为天地立心，为生民立命”的心声。

相比于颂来说，宋代泰州的文章中更多的还是记，其中尤为著名的当属欧阳修的《海陵许氏南园记》、刘攽的《玩芳亭记》、陆游的《泰州报恩光孝禅寺最吉祥殿碑记》、韩元吉《泰州水门鼓角楼记》和陈垓的《泰堂记》、《起云楼祠记》等。

图 5-2　海陵南路千年古柏

欧阳文忠公为唐宋古文八大家宋六家之首，其所作《醉翁亭记》、《秋声赋》、《朋党论》等经典之作向来为世人所传颂，他的散文大都内容充实，理达辞畅，深入浅出，叙事说理，委婉曲折，抒情写景，辞气清新，寓奇于平。然而欧阳公《海陵许氏南园记》虽名为许氏南园之记，却一反山水田园游记之格套，于许氏南园的具体景色了无所及，而着重于许元[①]的品德和为人行事，名为写园，实是传人，亦不仅仅是传人写园，又于传人写园之外，隐见德行之化及人物、草木、禽兽，阐述儒家"刑于寡妻，至于兄弟，以御于家帮"的道理。现引其片段如下：

君之美众矣，予特书其一节可以示海陵之人者。君本歙人，世有孝德，其先君司封，丧其父母，事其兄如父，戒其妻事其嫂如姑。衣虽弊，兄未易衣不敢易；食虽具，兄未食，不敢先食。司封之亡，一子当得官，其兄弟相让。久之，诸兄卒以让君，今君遂显于朝以大其门。

君抚兄弟诸子犹己子，岁当上计京师，而弟之子病，君留不忍去，其子亦不忍舍君而留，遂以俱行。君素清贫，罄其家赀走四方而求医，而药必亲调，饮食必亲视，至其矢溲

① 许元(989—1057)，字子春，原为宣州宣城人，后徙居泰州海陵，遂为海陵望族。曾任江浙荆淮制置发运使，天章阁待制。现泰州市海陵南路有千年古柏一株，据传即为许元南园中所植。

亦亲候其时，节颜色，所疾如可理则喜，或变动逆节，则忧戚之色不自胜。其子卒，君哭泣悲哀，行路之人皆叹。

鸣呼！予见许氏孝悌著于三世矣。凡海陵之人过其园者，望其竹树，登其台榭，思其宗族少长相从，愉愉而乐于此也。爱其人，化其善，自一家而刑一乡，由一乡而推之无远迩，使许氏之子孙世久而愈笃，则不独化及其人，将见园间之草木有骈枝而连理也，禽鸟之翔集于其间者，不争巢而栖，不择子而哺也。鸣呼！事患不为与夫怠而止尔，惟力行而不怠以止，然后知予言之可信也。

欧阳修与许元过往颇密，除了此文之外，还有诗歌《寄子春发运待制》、《答许发运见寄》；书信《与许发运启〈庆历六年春滁州〉》、《又与许发运启〈庆历六年春滁州〉》，许元去世后，欧阳修特地为他作了《尚书工部郎中充天章阁待制许公墓志铭》，后来又专门写了《许元传》。

如果说欧阳修的《泰州许氏南园记》对泰州的风土人情着墨不多而着重写许元的品德的话，那么刘攽的《玩芳亭记》则全然不同，文章虽不长，只有不到三百字，但绝大部分文字都用来描写《玩芳亭》所在的乔木、花草，其文如下：

楚辞曰："惜吾不及古之人兮，吾谁与玩此芳草。"自诗人比兴，皆以芳草、嘉卉为君子美德，无与玩者。犹《易》"井渫不食"云尔。海陵郡城西偏多乔木，大者六七寻，杂花、桃李、山樱、丁香、椒棣、数十种，萱菊、薜荔、莎芦、芭蕉丛植稆生。负城地尤良，朱氏居之，益种修竹、梅杏、山茶、橙梨，异方奇卉，往往而在；清池潆洄，多菱、莲、苹、藻。于是筑室城隅，下临众卉，名曰"玩芳"。于是乎乔木森耸，百岁之积也；众卉行列，十岁之植也；杂英粉糅，终岁之力也。俄而索之，不易得也，天施地生，非为已设也，能者取玩焉，能主客也，惠而不费，莫相德也。非《易》所叹"渫而不食，为心恻也"。

于是刻石亭右，以记岁月云。

整段文字，除了首尾数句之外，中间不惮其烦写玩芳亭所在的“海陵郡城西”的各种花草树木，从城西原有的各种花草树木“偏多乔木，大者六七寻，杂花、桃李、山樱、丁香、椒棣、数十种，萱菊、薜荔、莎芦、芭蕉丛植稆生”写到朱氏在所居的负城地“益种修竹、梅杏、山茶、橙梨，异方奇卉”又写水中景色“清池潆洄，多菱、莲、苹、藻”，在交代了“下临众卉”的“玩芳”所在之后，又得意的用“于是乎”对景色进行了“百岁之积”、“十岁之植”和“终岁之力”的归类和总结，至此作者欣欣然、飘飘然的陶醉之意可掬，文章达到高潮。文章末尾，作者又以此等“天施地生”的风景能为人所赏，不至于“井渫不食”而感激为之作记，最后“刻石亭右，以记岁月”一句，余音袅袅。“天地悠悠，岁月渺渺”此一短文又完全超脱了简单的记写风景，而近乎达到了苏子瞻在《赤壁赋》中所描写的“寄蜉蝣与天地，渺沧海之一粟。哀吾生之须臾，羡长江之无穷”的境界，当不失为一篇虽短小而不可多得的卓异之作。

又有韩元吉《泰州水门鼓角楼记》，其首段摹写宋代泰州之风土极为精到，“淮甸之郊，介江而濒海，曰海陵郡。其地富鱼盐，骈商贾，河流贯城中，舟行若夷路”，真可谓是“落笔天成，不事雕镌。如先秦书，气充力全”，韩元吉此文颇类似于欧阳修所作《许氏南园记》，于鼓楼形制规模无所多及，而着大力气写钱塘万钟任郡守修鼓楼之始末，尤其是文章最后一大段全是议论为政之道，可谓是宋儒“文以载道、文以明道”思想的典型体现，与北宋古文运动一脉相承，无怪乎《四库全书总目》称之为“诗体文格，均有欧、苏之遗”了。

陆游《泰州报恩光孝禅寺最吉祥殿碑记》在宋代泰州的文学当中，可以说是不可回避的重镇。光孝寺始建于东晋义熙年间(405—418)，宋高宗绍兴年间(1131—1162)毁于战火，至南宋庆元六年重修。大殿落成后，取《华严经》语，名为“最吉祥殿”，放翁此文即应光孝寺书记僧祖兴所请而作。文章以“天下无不可举之事，亦无不可成之功”开头，可谓是气势磅礴、健笔凌云，与最吉祥殿的雄伟壮观气势相应，又隐含了此殿落成过程中所体现的事在人为的道理，此两句后陆游接着解释说“始以果，终以不倦”乃是“事之所以举，而功之所以成”的最重要原因，可谓一语中的，这不禁让我们想起清人彭端淑的《为学一首示子侄》中“天下事有难易乎？为之，则难者亦易矣；不为，则易者亦难矣”的话来，宋人文章力避空言，虽记山水楼阁园囿无不以理贯之，陆游此文虽是为佛殿作碑记，也绝不例外，先申之以理，然后从地理到时事，大段文字之后才开始着墨光孝禅寺，然而又不径写光孝禅寺，而是从寺庙的沿革着手，先介绍寺庙前身，历代主持，然后开始写光孝寺的修复，文章虽名为“最吉祥殿碑记”却从钟楼开始，写完最吉祥殿之后又不即止，而以碧云阁殿后，又继之以别峰之法在江淮间的盛行，再继之以作碑记的缘起，最后以七言之长铭终章，可谓是陆放翁碑记文中不可多得之佳作，今录其铭文如下：

海陵奥区名寰中，长淮大江为提封。于皇徽祖御飞龙，臣民荐福遐迩同。是邦巍然千柱宫，中有广殿奉大雄。环材蔽江西徂东，波神呵护是云从。璇题藻井翔空虚，丹碧髹垩无遗工。劫火不能坏鸿钟，雷震鲸吼声隆隆。层阁閟奉龙鸾踪，荣光夜起腾长虹。徽祖圣德齐天崇，泽覃草木函昆虫。咨尔梵众极严恭，熙运共庆千载逢。余福渐被兼华戎，长佑农扈消兵锋。

光孝寺迭经劫火，现在山门殿、天王殿、大雄宝殿、藏经楼已全部修复建成。

论到宋代的泰州文学，还有一个人不能不提及，他就是知军陈垓。陈垓，字漫翁，闽人，宋理宗宝庆二年知泰州兼权淮东提举，在泰州任内，他建泰堂，凿东西北外濠，浚南濠，修建起云楼、清风阁、六咏亭等，且由于在泰州任职时间相当长，对泰州历史、名物、古迹多所兴复，其《泰堂记》、《起云楼祠记》中对此多有记述，尤其是泰堂记，对于考证古泰州的历史和风土人物具有相当重要的历史和文献价值，现录其尤关切者如下：

> 海陵实天赐幸，仓于汉，祠于晋，郡于宋，州于唐，而有开必先，泰其名于再开辟之始，非天乎？是以九圣百六十年之间，四海晏然，而泰独盛。生于斯：查道、许元、胡瑗、周孟阳、王觌、俊乂。官于斯：吕夷简、范仲淹、富弼、刘攽、孔道辅、陈瓘。卓卓乎师儒之魁伦，奕奕乎公辅之杰特，一善一能不与也。牡丹之什相业显，清风之堂文会伟。山亭有咏，玩芳有记，梅花而秦苏诗之，仙源而徐翁官焉。耳目所睹，记承平盛观，称其州名矣。

此段文字简明扼要的追溯了泰州从汉到北宋的建制沿革，并从“生于斯”和“官于斯”两个角度呈现出了北宋以来泰州一地的人物之盛，可谓是：“卓卓乎师儒之魁伦，奕奕乎公辅之杰特”，并历记吕夷简、王安石、范仲淹、刘颁等前贤遗文遗迹，以证成泰州之泰名副其实，“称其州名矣！”后文又历数自己在泰州的施政措施和对名物古迹的兴建和修复，全文以《易》意贯穿始终，文虽颇零落繁琐，犹能见出宋代文风之一鳞半爪。

以上对宋代的泰州文学从诗和文两个方面进行了简单的介绍和论述，虽不免挂一漏万，但就所论而言，当已无愧于“文昌北宋”之称了，当然宋代的泰州文学远不止诗、文两个方面，即便诗文两个方面也远远不只上述这些作品，甚至于所列作品也未必是传世作品中最好的，还有待于来贤更进一步的发掘和研究。

泰州的文学虽然以宋代为特盛，但成就杰出者远远不止于宋代，正如韩国钧《海陵文征附录序》中所说：“吾邑……有宋而后……儒林、文苑项背相望……故以海隅一州，而文风之胜比于通都名壤。”宋代以后泰州的文学虽不像宋代那样群贤毕集、名家辈出，但流风余韵不绝，而大家往往不期而至。到了元明之际[①]，便有有一位影响深远的大作家问世，他就是《水浒传》的作者施耐庵。

施耐庵(1296－1371)，名子安，字彦端，又字肇端，号耐庵，原籍苏州，后迁居泰州兴化。[②] 相传为元至顺二年(1331年)进士，曾为官钱塘，后因与当道权贵不合，弃官还乡，迁居至泰州兴化白驹镇，闭门著书。

图 5-3　施耐庵像

关于施耐庵的资料流传下来的很少，所以对他的很多情况甚至他曾经写过哪些作品都难以定论，除了后来定名为《水浒传》的小说外，据说他还与小说家罗贯中合作，共同进行了《三国演义》、《隋唐志传》、《三遂平妖传》等的创作，他还精于诗曲，但流传极少。除《新水令秋江送别》套曲以外，还有《答顾逖》、《赠刘亮》等诗作传世。

《水浒传》原名《江湖豪客传》，又名《忠义水浒传》，是中国历史上第一部用白话文写成的章回小说。小说以宋元以来广泛流传的宋江起义的民间故事、话本和戏曲为蓝本，通过生动的艺术描写，“成功地塑造了一系列的超伦绝群而又神态各异的英雄形

---

① 此处元明之际主要指元朝，因为元代时间短，很多元代文人，事实上后来进入明朝，所以此处以元明之际来指称元代为主的文学家，并不是仅指元明易代之际的那个短暂年代。

② 施耐庵生平籍贯等问题争议颇多，其一说为泰州兴化人，本文即从此说。

象”。[1]《水浒传》的人物塑造取得了非常杰出的成就，它不但将几十个主要人物刻画得活灵活现，而且特别善于将性格相近的同一类人物写得各有特色，人人不同。明代批评家叶昼对此评论说：“《水浒传》文字，妙绝千古，全在同而不同处有辨。如鲁智深、李逵、武松、阮小七、石秀、呼延灼、刘唐等众人，都是急性的，渠形容刻画来，各有派头，各有光景，各有家教，各有身份，一毫不差，半些不混，读去自有分辨，不必见其姓名，一睹事实，就知某人某人也。”《水浒传》这种在“同而不同”中刻画人物个性特点的手法，不但为历代批评家所重视，而且还标志着“中国古代长篇小说在塑造人物时从注重特征化走向个性化迈出了坚实的一步”，[2]可见《水浒传》的艺术成就之高。

《水浒传》问世后产生了广泛而又深远的影响，封建统治阶级视其为“诲盗”的“贼书”，予以禁毁，而造反起义者则视其为教科书，甚至袭用《水浒传》中的人名和诨号，这在中国小说史乃至整个中国文学史上都是无与伦比的。除了无与伦比的社会影响，《水浒传》在文学史上的地位和影响也不容忽视，它刊行后不久，就被誉为“委曲详尽，血脉贯通，《史记》而下，便是此书”。[3]金圣叹将它与《离骚》、《庄子》、《史记》、《杜诗》、《西厢记》合称为“六才子书”，冯梦龙将它与《三国演义》、《西游记》、《金瓶梅》定为“四大奇书”，它还与《三国演义》、《西游记》、《红楼梦》并称“中国古典四大名著”。在《水浒传》的影响下，还产生了一大批的仿作、续作和补作作品，如陈忱的《水浒后传》、俞万春的《荡寇志》等，甚至于同列于“四大奇书”之一的世情小说《金瓶梅》，也是“从《水浒传》演出一支”。进入现代社会以后，《水浒传》更是多

---

① 袁行霈《中国文学史》第四卷，高等教育出版社 2005 年版，第 44 页。

② 袁行霈《中国文学史》第四卷，高等教育出版社 2005 年版，第 45 页。

③ 李开先《词谑》引嘉靖间著名文人唐顺之、王慎中语。

次被拍摄成为影视作品，已经成为一部家喻户晓、童叟皆知的古典名著。仅从《水浒传》一书我们已经可以看出元明之际泰州文学的杰出成就，甚至于《水浒传》的这种成就已经不仅仅代表着元明之际泰州文学的杰出成就，而且成为那个时代中国文学乃至世界文学的杰出成就的代表。

除了《水浒传》这部杰出的小说之外，施耐庵的诗也写得很好，如《答顾逖》："年荒世乱走天涯，寻得阳山好住家。愿辟草莱多种树，莫教李子结如瓜。"顾逖曾经是施耐庵的同僚，字均仁，号思邈，江苏兴化人。他有一首《赠施耐庵》诗："君自江南来问津，相逢一笑旧同寅。此间不是桃源境，何处桃源好避秦？"施耐庵《答顾逖》诗就是对顾逖此诗的回答。施耐庵和顾逖诗歌往还，互道衷肠，相比于顾逖的"此间不是桃源境，何处桃源好避秦"所表达出的面对乱世的消极迷茫，施耐庵的诗体现出了一种不同的精神，虽然处于世道不好的"年荒世乱"而不得不"走天涯"，但却能够"寻得阳山好住家"，在乱世中并没有得过且过的潦倒落魄，反而有一种勤勉图存的精神，"愿辟草莱多种树，莫教李子结如瓜"两句分明道出一种别有追求的生机勃勃来，既然身处乱世，更应好好活着，这也许就是施耐庵在这首答诗中所要表达的精神吧。可惜施耐庵流传下来的诗并不多，我们只能从遗留下的这一鳞半爪中窥得施公诗的面貌，以及在其诗歌中所体现出的洒脱飘逸的精神。

如今在泰州兴化有施耐庵陵园和施耐庵纪念馆，以纪念这位伟大的文学家。

当然在元明之际泰州的文学家并非只有施耐庵一个人，泰州的文学也不仅仅只有小说一家，诗歌同样是一个文学重镇。除了上述施耐庵、顾逖的往返赠答之外，还有一些关涉泰州的诗歌，同样代表了当时泰州文学的水平。例如陈基的《泰州》[①]诗：

---

① ［清］顾肆立《元诗选》初集卷五十三，第1046页。

图 5-4　施耐庵墓

吴陵古名邦，利尽扬州域。旧城虽丘墟，新城如铁石。昔为鱼盐聚，今为用武国。地经百战余，士耻一夫敌。征人还旧乡，下马问亲戚。踯躅慨蒿藜，徘徊认阡陌。桓桓霍将军，出入光百辟。位重言益卑，功高志弥抑。誓欲报仇雠，不肯怀第宅。人羡过家荣，惊喜争太息。白日照旌旗，闾里有颜色。皓首太玄经，虽勤竟何益。

全诗风格古朴悲壮，“旧城丘虚”、“地经百战”真实的反映了元末战争对社会生活的巨大破坏，可谓不让老杜史诗之名专美于前，至如“踯躅慨蒿藜，徘徊认阡陌”两句则颇有汉乐府诗《十五从军征》的流风遗韵。

到了明代，泰州的文学诗、文两方面都有较高的成就，而诗的成就尤其高。明代的泰州诗歌，总体上表现出更加浓厚的泰州地域特色，对于泰州历史名物的歌咏日渐增多，从这些歌咏当中我们已经看不到唐宋时期诗人的贬谪心态。这一方面是因为随着时代的变迁和社会的发展，泰州已经不再是贬谪之地，另一方面也可以看出随着历史的变迁，泰州的文化更多的体现出一种文明的积淀，出身泰州的文人和来到泰州的文人，对于泰州的历史和文化有了更多和更深层次的了解与认同。

在众多的泰州明代诗歌之中，咏史怀古类的诗歌占据了最重要的地位，如高谷的《景范明堂》、《蒿坡庙》；杨果的《得胜湖怀四义士》；刘乾的《马洲遗碣》；汤显祖的《海陵观徐神翁像》；凌登瀛的《沧浪亭馆》以及刘宪的《海陵怀古》等。这些诗歌往往以历史人物逸事、遗迹起兴，发思古之幽情。高谷的诗就是如此：

> 翼翼高堂昼不扃，洞开窗户见云屏。前修可是称人杰，后学徒知仰地灵。政若春阳敷厚泽，文如秋月带华星。不须古鉴须今鉴，请看庭前戒石盟。
>
> ——高谷《景范明堂》
>
> 尘埃一识真龙面，遗庙于今几百春。大业自宜归圣哲，芳声未许易沉沦。屋头红树村鸦乱，坡上青蒿野雉驯。欲问当年何处是，清风彻夜水粼粼。
>
> ——高谷《蒿坡庙》

景范明堂又名景范堂，原是南宋绍兴年间(1131－1162)兴化知县黄万顷按照曾担任兴化知县的著名的北宋政治家范仲淹“退而省其私”的县衙署二堂格局建成的一座厅堂，为了勉励后任官员以范公为榜样，弘扬“先天下之忧而忧，后天下之乐而乐”的先忧后乐、清正廉明的为官之道，将之命名为“景范堂”。到明洪熙年间，时任翰林侍讲的高谷，根据儒家的“明堂之制”将“景范堂”定名为“景范明堂”，并将其列入“昭阳十景”之中，高谷此诗即是为此堂所赋。全诗以对“景范明堂”描写起笔：“翼翼高堂昼不扃，洞开窗户见云屏”，通过门窗洞开的厅堂透射出明堂的“明”，接着写前贤范仲淹乃是“政若春阳敷厚泽，文如秋月带华星”的人杰，令后学仰慕不已，最后通过“亭前戒石铭”勉励后来者要以史为鉴，以现实为戒。《蒿坡庙》则通过南朝宋刘裕遗庙的传说起兴，抒发一种历史的时空感，“遗庙于今几百春”一句，似乎是问句，但叩问的却不是别的，而是悠悠苍天和沧桑的历史。时光如白驹过隙，忽然而已，一句不是问句的问句凭空道出了许多感慨。而诗的结尾“欲问当年何处是，清波彻夜水粼粼”，语入道境，颇有唐人王维“君问穷通理，渔歌入浦深”的韵味，欲问“当年何处是”，却“欲辨已忘言”，在“清波彻夜水粼粼”的夜色中，恍然物我泯一，余音袅袅，禅韵十足。

汤显祖的《海陵观徐神翁像》则以宋代著名道士徐守信画像为描写对象，通过观像来写人，引发对于历史和人生的感悟，“千秋泪迹神光里，愁看人间罗刹人”，一语破空道来，虽是观画像而发，但却如暮鼓晨钟，发人深省。

至如刘宪的《海陵怀古》，则直接以怀古名题，其诗中“勾吴通江淮”、“兹地古发阳”等直接写泰州地理位置和古地名，通过春秋时期吴国的兴衰成败的历史故事，抒发思古之幽情，其诗结尾数句颇有风力，现引之如下：

茫茫三千年，时代多迁移。吴沼既已平，越宫亦已隳。日暮步荒原，吊古怀幽思。

吴越争霸已经成为遥远的历史，茫茫三千年的时光，无数次的改朝换代，冲刷了所有的历史遗迹，“吴沼既已平，越宫亦已隳”，辉煌和灿烂，荣耀和惨淡都已不复存在，诗歌最后两句，“日暮步荒原，吊古怀幽思”，真切的传达出了数百年前一个漫步在苍茫泰州大地上的诗人，由这片土地的历史而感发出的深沉的思索。

除了咏史怀古类的诗歌，明代的泰州诗歌中还有一些是即物抒情的写景诗。如郑梦赉的《登望海楼》①：

蜃楼缥缈倚天开，仙客凌空驾鹤来。气夺湖光吞五岭，剑横秋影薄三台。

---

① 望海楼建于宋理宗绍定二年(1229)，初名海阳楼。明嘉靖二十八年(1549)重建，改称望海楼，亦称靖海楼，今已复建于泰州市凤城河风景区内。

图 5-5　望海楼

之罘翔雁随旌旆，树窟芳香入酒杯。海内交游真不偶，登临况是孟嘉才。

郑梦赉是广东番禺人，明万历六年任泰州知州。他的这首诗名为"登望海楼"，但细观文意，分明是神游天外，所写的登上望海楼看到的"蜃楼飘渺"、"仙客驾鹤"等等景色分明已经超出了眼前景的范畴，虽非实写，但从登上望海楼能让作者产生这样的深思，已经可以想见当年作者登楼时的心旷神怡、飘飘欲飞。不写眼前之景，而眼前之景自在言外，此诗虽不名于诗史，而自有一番境界在，也可以代表明代泰州诗歌的些许风貌。此类诗歌还有凌儒的《望天目山》、《凤池笔颖》等也较有名。

当然，明代的泰州诗人多，诗歌多，朋友之间诗歌往返的赠答诗就更常见了，除了上面所述的施耐庵和顾逖的赠答诗外，明嘉靖丁未科状元李春芳的《送李曲江庶常省亲》、申时行的《送刘翼斋学博返海陵》和王艮的《赠韩贞》等也写得较好，但限于篇幅，此处就不再一一列举了。

相比于诗歌方面的成就，明代泰州的文章也毫不逊色，冒政、张文、徐嵩、李春芳、凌儒等都有佳文传世。在明代的文章中有很大一部分是对历史名物修建或重建的"记"，如张文的《三贤堂记》、冒政的《重修西溪三贤祠碑记》、徐嵩的《重建望海楼记》等，还有一些文章是当时官员的往来文书，如凌儒的《上张道尊治水书》等。

张文的《三贤堂记》所记之三贤堂是为了纪念修筑了捍海堰的宋代先贤范仲淹、胡令仪、张纶所建，现在在江苏东台市的西溪镇，历史上这里曾经属于泰州海陵。张文这篇文章开篇点题，以"贤"为题眼，文意层层推进，气势磅礴："大贤君子出为世用也，未尝不以膏泽斯民、勋业当代为己任。然志有在焉，而力或不逮，则能相其力而成其志者，斯亦大贤君子之徒与？"然后自然引出范文正公，却又不径写范公的功业，而先写"宋有天下三百年"，文章凭空多出三分气势。下文不厌其详的交代范仲淹与张纶、胡令仪建成此堰的艰难，突出三贤的"先天下之忧而忧，后天下之乐而乐"的崇高精神，然后三贤堂的修建就是顺理成章的了，由三贤堂的重新修建自然过渡到三贤堂记所作的缘由，文章一路写来，正如"风行水上，自然成文"，实为一篇不可多得的妙文。

李春芳的《崇儒祠记》和凌儒的《王心斋先生祠堂记》都是以泰州学派创始人王艮的事迹为核心。前者以"心斋王先生崛起海滨，毅然以希圣为学"发端，发语好像平淡无奇，但接着叙述王心斋早年的奇言异行，以及王心斋回到泰州以后所造成的"彬彬多知学之士"的局面，到此却又岔开一笔，写自己从"初不知学"到从心斋就学的历程，中间还穿插了一个关于"逊坐"的细节：

> 见乡中人，若农若贾，暮必群来论学。时有逊坐者，先生曰："坐！坐！勿过逊费时。"

通过这样一个对于让座的态度，传神的刻画出了王艮"诲人不倦"，乃至"诲人唯恐不及"的学者形象，至此自然引发作者胸中对王心斋澎湃的敬仰之情，文势遂如长江大河直泻千里：

> 嗟乎！非实有诸已，乌能诲人吃紧如此耶？予惟天下之治忽系人心，人心之邪正系学术。学术不明，人心不正，欲望天下治安，难矣！故学之不讲，孔子恒以为忧。当其时，问学洙泗之滨者踵相接也，然孔子虽忧学之不讲，尤耻躬之不逮。教人以文行忠信，于谨言慎行三致意焉。至于性与天道，子贡犹叹其不可得闻，况其下者乎？先生之学，始于笃行，终于心悟，非徒滋口说者。所著述如《乐学歌》、《大成学歌》诸作，天趣洒然，悉出胸中所自得，至评论夷齐、三仁，武王伐纣等事，皆精微至论，罔有蹈袭，足垂千古君臣之鉴！

然后却又用“嗟乎！若先生者岂非一代大儒哉”猛力收住，转而写王艮天生异象：“先生修躯古貌，两掌心肉珠微起，左一右二，有握乾把坤之相。”从而过渡到“天之生德，夫岂偶然？俎豆于乡，诚非过也”的结论，下面论到崇儒祠的修建也便是水到渠成的必行之事了。文章的结尾又束之以四言短诗，可谓是曲终奏雅，诚为明代泰州文章中的典范之作。

当然明代的文学成就并不仅仅表现在诗、文和小说这三个方面，泰州的文章也并不是只有上面所列举的几篇，但是从这几篇文章中，足可以看到明代泰州地域文学的高度成就则是毫无疑问的。

清代的泰州文学是继宋代之后的又一高峰，不但传统的诗文有数量众多的优秀作品传世，而且还有闻名天下的评书大师柳敬亭和相传创作于泰州的戏曲杰作《桃花扇》。所以谈到清代的泰州文学我们首先要提到的就是柳敬亭的评书和孔尚任的《桃花扇》。

柳敬亭(1587—1670?)，祖籍南通余西场，生于泰州。原姓曹，名永昌，字葵宇，后改姓柳，改名逢春，号敬亭，明末清初著名的评书艺术大师。据说他的评书艺术达到了“言未发而哀乐具乎其前，使人之性情不能自主”的神奇境界。

柳敬亭说书的内容，据有关资料的零星记载，多为长篇中的选段，如《水浒传》、《隋唐演义》等。柳敬亭说书的内容虽然取自现成的小说话本，但他的说书却不是简简单单地照本宣科，而是对原文作出了很大发挥，形成了自己的特色。清初诗文家阎尔梅在《柳麻子小说行》里面描述柳敬亭说书的情况是："科头抵掌说英雄，段落不与稗官同。"可见柳敬亭所说的评书与原来的话本内容是有着比较大的差异的。张岱在《陶庵梦忆·柳敬亭说书》中也证实了这一点，他说："余听其说《景阳冈武松打虎》白文，与本传大异。"柳敬亭对于原作的改动当然不是随意的，而是从说书艺术的特点出发，对原作情节进行增删，对此，张岱是这样评价的，他说："其（柳敬亭）描写刻画，微入毫发，然又找截干净，并不唠叨。"可见柳敬亭对说书的内容是进行了精心的艺术加工的。

同样，在语言运用上，柳敬亭也不满足于平说，他特别注重用声音的轻重缓急制造气氛，以形象化的手法写人状物。阎尔梅说他说书时"始也叙事略平常，继而摇曳加低昂"，"说至筋节处，叱咤叫喊，汹汹崩屋"。明朱一是《听柳生敬亭词话》也说他说书的情况是"突兀一声震云霄，明珠万斛错落摇，似断忽续势缥缈，才歌转泣气萧条，檐下猝听风雨人，眼前又睹鬼神立，荡荡波涛瀚海回，林林兵甲昆阳集，座客惊闻色无主，欲为赞叹词莫吐"。

到了后期，柳敬亭说书时还把自己的经历、见闻、爱憎融于书中。把说书技艺发展到了一种登峰造极的境界。对此，黄宗羲在《柳敬亭传》写道："敬亭既在军中久，其豪滑大侠、杀人亡命、流离遇合、破家失国之事，无不身亲见之。且五方土音，乡俗好尚，习见习闻。每发一声，使人闻之，或如刀剑铁骑，飒然浮空；或如风号雨泣，鸟悲兽骇。亡国之恨顿生，檀板之声无色，有非莫生之言可尽者矣。"

柳敬亭所达到的高度的艺术水平，受到无数后人的向往和景仰，他所开创的评话风格也不断的为后世评话艺人所仿效。

如今，为了纪念这位伟大的评话艺术家，在泰州市海陵区南门外的东打渔湾以中国传统庭园的手法重建了柳敬亭的故居，并修建了柳敬亭的塑像和纪念馆。

图 5-6　柳园

孔尚任(1648—1718)，字聘之，又字季重，号东塘，别号岸堂，自称云亭山人。山东曲阜人，孔子六十四代孙，清初诗人、戏曲作家，与《长生殿》作者洪升并称“南洪北孔”。

图 5-7　孔尚任画像

孔尚任最著名的作品是《桃花扇》传奇，戏曲以明末复社名士侯方域与秦淮歌妓李香君的悲欢离合为主要线索，以复社文人与魏党余孽的斗争为主要冲突，展现了一幅南明小朝廷兴亡的广阔历史画面，用作者的话说是“借离合之情，写兴亡之感”。

《桃花扇》的创作历时十余年之久，其中康熙二十五年至康熙二十八年孔尚任奉命协助工部侍郎孙在丰治理淮扬水患，而当时的衙署设在泰州，据孔尚任自己说“予出使三年，居海陵者强半”，所以泰州海陵就和孔尚任结下了不解之缘。而据孔尚任作于康熙二十六年的诗《元夕前一日集署中踏月观剧》：“箫管吹开月倍明，灯桥踏遍漏三更。今宵又见桃花扇，引起扬州杜牧情”可知，在出使期间，孔尚任的《桃花扇》已经陆续创作和试演，所以我们可以说，泰州海陵和孔尚任以及他的《桃花扇》是有着相当的渊源的。

为了纪念孔尚任和伟大的戏曲作品《桃花扇》，如今泰州市在东城河畔，毗邻老街修建了桃园，与梅兰芳纪念馆“梅园”和柳敬亭纪念馆“柳园”三足鼎立，成了历史文化名城泰州的一道亮丽的文化风景线。

清代的诗文同样是名家辈出，吴嘉纪、邓汉仪、王士禛、郑燮、陈维崧、侯方域、魏源、翁同龢等都曾笔涉泰州，而且清代的泰州文学不光名家多，作品多，作品的艺术水平也非常之高。

吴嘉纪(1618—1684)，字宾贤，号野人，是泰州清代文学中一位特出的人物，现存诗歌1000多首。他是明末诸生，出身盐民，因为他的诗歌内容多反映百姓贫苦，被称为“盐场今乐府”。现选录二首以观其风貌：

白头灶户低草房，六月煎盐烈火旁。走出门前炎日里，偷闲一刻是乘凉。

——吴嘉纪《绝句》

飓风激潮潮怒来，高如云山声似雷。沿海人家数千里，鸡犬草木同时死。南场尸漂北场路，一半先随落潮去。产业荡尽水烟深，阴雨飒飒鬼号呼。堤边几人魂乍醒，只愁徵课促残生。敛钱堕泪送总催，代往运司陈此情。总催醉饱入官舍，身作难民泣阶下。述异告灾谁见怜，体肥反遭官长骂。

——吴嘉纪《海潮叹》

上引两首诗充分体现了吴嘉纪与盐民农夫患难相处，呼吸与共的情况，特别《绝句》中“走出门前炎日里，偷闲一刻是乘凉”，非亲身经历，有切身感受是根本无法写出的，可以说，这些诗句都是作者与盐民农夫声息相通的心音。

在艺术上，吴嘉纪擅长使用白描手法，不事雕饰，但状景抒情，刻画入微，惟妙惟肖。沈德潜称赞说："以性情胜，不须典实，而胸无渣滓，语语真朴，而益见空灵。"

吴嘉纪在清初遗老诗群中，享有崇高的声誉和重要的地位，他的《陋轩诗》数百年来一直备受推崇，朱彝尊将其列入《明诗综》，沈德潜将其选入《清诗别裁》，可见吴嘉纪在清代诗歌史上的成就和地位。

吴嘉纪之外，清代泰州诗文名家中另一位名闻遐迩的大家是郑燮。郑燮(1693—1765)，字克柔，号板桥，泰州兴化人，"扬州八怪"的主要代表，以诗、书、画"三绝"闻名于世。

郑燮以诗、书、画"三绝"闻名于世，他的诗富有独特个性和魅力，尤其是题画诗，往往与画面内容相辅相成，使得诗和画都得到了艺术的升华。如他任山东潍县知县时曾作过一幅画《潍县署中画竹呈年伯包大中丞括》，画中题画诗云：

衙斋卧听萧萧竹，疑是民间疾苦声。些小吾曹州县吏，一枝一叶总关情。

这画中的竹子不再是自然竹子的"再现"，这诗题，不再是无感而发的诗题，透过画和诗，使人们联想到了板桥的人品，他身为知县，从衙斋萧萧的竹声，联想到百姓困苦疾声，说明他心中装着百姓，情感链系在百姓身上。寥寥几笔竹叶，简练几句题诗，让人倍感作品中蕴藏着的深刻的思想、浓浓的情意。又如郑板桥被贬官后离开潍县，三头毛驴一车书，两袖清风而去，临行前后所作一画竹图，题云：

乌纱掷去不为官，囊囊萧萧两袖寒。写取一枝清瘦竹，秋风江上作渔竿。

借竹抒发了他弃官为民、淡泊名利、享受人生的平静心态。

再如《竹石图》中，郑板桥画了三两枝瘦劲的竹子，从石缝中挺然后立，坚韧不拔，遇风不倒，他的题诗是：

咬定青山不放松，立根原在破岩中。千磨万击还坚劲，任尔东西南北风。

郑板桥借竹抒发了自己洒脱、豁达的胸臆，表达了勇敢面对现实，绝不屈服于挫折的人品，在郑板桥的诗和画中竹子被人格化了，可谓是“诗是无形画，画是有形诗”。类似的还有题《墨竹图》诗：

宦海归来两鬓星，春风高卧竹西亭。而今再种扬州竹，依旧江南一片青。

郑板桥还有一些诗是对家乡景物和风土人情的描写，如《藕花居》、《别梅鉴上人》：

菱丝荇叶藕花居，帘外清风槛外渠。老屋挂藤连豆架，破瓢舀水带鲦鱼。

农歌远浦种残后，渔唱三更月上初。最是真僧无一物，拈来活泼总成虚。

——郑燮《藕花居》

海陵南郭居人少，古树斜阳破佛楼。一径晚烟篱菊瘦，几家黄叶豆棚秋。

云山有约怜狂客，钟鼓无情老比丘。回首旧房留宿处，暗窗寒纸飒飕飕。

——郑燮《别梅鉴上人》

为了纪念这位关心民生疾苦的伟大的艺术家，如今在泰州兴化兴建了郑板桥纪念馆，修复了郑板桥故居。

图 5-8　郑板桥故居

当然，清代泰州文学的名家名作还有很多很多，可谓不胜枚举，但“梧桐一叶，而知天下之秋”，从吴嘉纪和郑板桥两位诗人、柳敬亭的评书和孔尚任的《桃花扇》传奇，我们已经可以看出清代泰州文学的杰出成就，清代的其他名家名作虽多，已不烦更举了。

在上面的论述当中，我们沿着泰州文学发展的历史长河顺流而下，我们领略到了泰州古代文学所取得的一系列的光辉灿烂的卓异成就，这些成就都是泰州历史文化的瑰宝，值得我们去继承和发扬。

第二节　泰州的现代文学

在我国现代文学的发展中，泰州出现了一批相当优秀的作家。泰州地处长江以北，其文化昌盛程度是远疏于江南地区的，“五四”前后泰州籍的作家主要靠走出小城去接受教育并走上文坛，他们大多有将文学创作作为副业的共同特征，但创作成果却不容小觑。泰州曾先后涌现出著名的喜剧文学大师丁西林，传记文学大家朱东润，小巷文学家陆文夫，著名杂文家陈笑雨，当代著名小说家毕飞宇等等，他们的作品风格各异，很大程度地丰富了现代文坛的创作。

丁西林(1893－1974)，原名燮林，字巽甫，出生于泰兴黄桥一个富裕家庭。黄桥是千年古镇，崇儒重教，读书蔚然成风，丁西林的父亲受“新学”思潮影响颇深，他延请能写一手漂亮文章的何卓甫为丁西林的塾师。丁西林后又往南通中学继续学习，1910 年考入上海邮传部高等实业学堂(上海交通大学前身)，1914 年受黄桥大户人家子弟留学风气影响赴英国入伯明翰大学攻读物理学和数学获理科学士学位，1919 年获伯明翰大学理科硕士学位，1920 年应蔡元培先生邀请回国到北大任教，历任北大物理系教授、国立中央研究院物理研究所所长。1949 年后曾担任文化部副部长、中国文字改革委员会副主任等职务。

图 5－9　丁西林

丁西林幼承庭训，古文根基相当深厚且非常喜爱古典小说，尤其喜欢金圣叹的批语，在国外留学期间为过语言关广泛阅读萧伯纳、易卜生等剧作家的作品，身为物理学家，却创作了相当数量的喜剧作品，由于长期从事高校教学和科研工作的限制，丁西林的喜剧创作比较单一，大多表现知识分子和市民阶层的日常生活及“五四”之后新旧礼教的矛盾，反对封建专制，嘲笑虚伪的社会风气，但其风格妙想天成、谐趣横生，在当时气氛比较沉重的新文坛显得别出机杼、独树一帜，尤其他的独幕话剧，语言生动布局机巧，被称为“中国喜剧的里程碑”。

《一只马蜂》是丁西林紧跟“五四”时代步伐而创作的一部独幕剧，这部戏通过一个半新半旧的人物吉老太太对儿子婚姻恋爱的干涉，揭露当时虚伪的社会空气，歌颂青年男女争取婚姻自主的斗争，结构精巧语言机智幽默，奠定了丁西林此后戏剧创作的一个基本格局。《压迫》描写两个无房的租客联合起来对抗顽固的房东太太，鼓励无产者彼此联合起来，虽不够深刻，但机智幽默，被洪深誉为大革命时期“创作喜剧中的惟一杰作”。《三块钱国币》以精巧的布局机智的对话尖锐讽刺刻薄自私蛮不讲理的女主人和趋炎附势的警察，歌颂富有正义感和同情心的学生，有类似于作者家乡民间传说中“徐文长”系列故事中“贫贱的智者和愚蠢的上等人”的故事格局，在反映生活的深度和社会意义方面均超出前期的作品。1940 年春为纪念蔡元培先生，丁西林创作了四幕喜剧《妙峰山》，揭露国民党当局摧残抗战力量的阴谋和国统区政治腐败的黑暗现实，表现人民群众尤其是青年学生的爱国热忱，作家的创作思想有了新的发展。新中国成立之后丁西林还将多部民间传说如“白蛇传”、“女驸马”、“牛郎织女”等整理改编成现代歌舞剧，对传统文学的整理做出了相当的贡献。

图 5 - 10　《三块钱国币》剧照

丁西林天资聪颖而极富探索精神，在物

理学专业方面取得了很大成就。另外还对中国传统乐器竖笛进行革新,将原来的六孔七声音阶改为十一孔十二律,扩大了乐器的音域。在汉字改革方面提出"笔形查字法",被"计算机中文信息笔形编码法"吸收。尤其在戏剧创作方面更以别具一格的独幕喜剧被誉为"独幕剧圣手"、"东方的莫里哀"。

朱东润(1896—1988),原名世溱,因《论语》里有"东里子产润色之"句,取字东润,出生于泰兴城南贫寒之家。1907 年春以第一名考入泰兴襟江小学,后受族兄资助于上海南洋公学附小就读。读书期间,深得时任南洋公学校长的古文大家唐文治赏识,亲聆唐文治先生授课,打下扎实的古文基础。1912 年因生计辍学,入文明书局做校对,年底入商务印书馆任《小说月报》编辑助理,1913 年在上海法租界留英俭学会从事《公论报》编辑工作,同年秋赴英国伦敦私立西南学院读书,并从事翻译工作,1916 年回国在上海办报提倡民主自由,1917 年赴广西梧州省立第二中学任教,1919 年"五四"之后赴南通师范任教,1927 年短期担任南京中央政治会议秘书处秘书,后因不满官场腐败辞职返回南通师范,此后终身从教。1929 年应邀前往武汉大学教授中国文学批评史课程,抗战爆发后入川在重庆中央大学任教,抗战胜利后先后在无锡国专、江南大学、上海沪江大学等多所大学任教,1952 年由沪江大学并入复旦大学中文系任教直至晚年。其间朱东润还先后与北京人民文学出版社、上海中华书局等多级出版机构合作,参与重要历史辞书典籍的编撰。

图 5-11　朱东润

朱东润是我国著名的文学史家,教育家和书法家,也是我国现代传记文学的奠基人之一。

20世纪30年代末，中国现代文学在小说诗歌戏剧各方面都取得了相当的成绩，但传记文学的研究与创作并无太大起色，朱东润正是在这样的背景下开始传记文学的研究与创作，他将此看做是"替中国文学界做一番斩伐荆棘的工作"，在深入研读《史记》、魏晋杂传、佛家传记并写出《八代传叙文学述论》的同时朱东润大量阅读西方传记文学作品，在武汉大学任教时几乎读遍了武大图书馆所藏的全部英文版传记藏书，结合中国古代传记文学的优秀传统与西方近代传记文学的宝贵经验，先后创作了《张居正大传》、《王阳明大传》、《陆游传》、《梅尧臣传》、《杜甫叙传》、《元好问传》等作品。朱东润的一系列历史人物传记作品，以人物的生平为基点，展示人物所生活过的历史时代的变迁，刻画并再现人物一生变化而一贯的性格，反映历史的本来面貌，兼顾爱国之情的抒发，为后人树立了优秀传记文学的蓝本，被称为中国现代传记文学第一人。而朱东润最为家乡读者所亲近的作品是一部《朱东润自传》和一部并不是以历史名人为题的《李方舟传》。

《朱东润自传》是作者自己在1896年到1976年八十年间人生苦旅的回顾和审视，作者以犀利的笔触描绘了一幅反映世事沉浮、"儒林"百态和普通人生活的历史长卷，浓缩了20世纪中国历史舞台上的种种正剧、杂剧甚至闹剧，其中更有对家乡包括泰兴、泰州及南通地区地理人文风情的如实记载，如20年代作者在南通师范任教时对南通经济文化及政治情况的认识，以及1927年前后江浙军阀混战对泰兴这座不设防的小城造成的惨痛伤害。《李方舟传》的传主李方舟史上并无其人，是作者朱东润的妻子邹莲舫的化名。朱东润与邹莲舫结发四十九年，抗战时期分离八年，危难中虽远隔重山而不离不弃，相濡以沫，携手走过近半个世纪的人世沧桑，"文革"期间邹莲舫为受批斗的朱东润喊冤受尽折磨，最后不堪受辱上吊自尽。朱东润在这部作品中以史家之笔悲愤之情塑造了李方舟这样一位为丈夫为子女奉献一生、努力在社会尽个人本分却在不正常的岁月里含冤离开人世的普通女性，字里行间融入了作者深沉的爱与忧患，是中国传记文学里少有的为普通人物作传而能描写出一个时代跌宕多灾的优秀作品。

朱东润以传记文学作品被读者永久缅怀，也为现代传记文学的书写树立了一个典范，“百年万从事，词气浩纵横”，这是后人对朱东润作品的高度评价。

陈笑雨(1917—1966)，原名陈荫恩，笔名司马龙、马铁丁，靖江新港镇人。自幼生活富足但立志投身革命，无锡师范学校毕业后在上海从事革命宣传，在美国著名记者斯诺介绍下奔赴延安，后加入新华社任记者，写过许多战地通讯报道，是当时的知名记者，陈笑雨不但善写新闻，而且长于写评论和杂文随笔，1952年和郭小川、张铁夫以“马铁丁”的笔名合作轮流撰写《思想杂谈》发表在《长江日报》，合作结束后，陈笑雨仍以马铁丁的笔名继续创作，写出了一系列关注社会关注民生针砭时弊的犀利杂文。任《人民日报》文艺部主任时期在《人民日报》开辟“长短录”专栏，发表了许多名家的不少针砭时弊、有思想深度的杂文，成为当时报纸的一个亮点，在当时社会生活中产生很大影响。

陈笑雨先后以“马铁丁”的笔名出版了《杂文集》(4卷)、《马铁丁杂文集》、《杂文杂思集》、《思想杂文选集》、《说东道西集》、《革命风格集》、《张弛集》、《不登堂集》、《残照录》等。这些杂文善于从日常生活中，尤其是集体生活、公共事务中选择人们关注的话题进行剖析，充分说理，针砭时弊，鼓励先进，在平凡中显示出深刻和敏锐。他也经常写短小精粹、富有哲理性、借物喻人的随感录。有时短短几百个字，写出了作者深切、正确和新颖的感受，抒发了作者的激情。他的杂文随笔在当时产生了深刻的影响，与极左谬论针锋相对，在当时很需要勇气和胆识。

“文革”初期陈笑雨备受屈辱遭受批斗，1966年8月在北京投河自杀，但他那些在特定时代而能坚持独立思考，从实际出发敢于顶风不趋时附向的文章无不显示了他的真知灼见，他的确是一位刚正不阿,胸怀坦荡的优秀文艺战士。

陆文夫(1928－2005),原名陆起贵,因自幼酷爱读书,老师为他起名“文夫”。出生于泰兴江滨四圩村,后迁居靖江,抗战期间回泰兴读完小学与初中,抗战胜利后考入苏州中学,中学毕业后因家境贫困无力升学而参加革命,解放后到苏州一条名为“铁瓶巷”的石板小巷定居,成为我国现代文学史上有名的“小巷文学家”。晚年曾担任全国作协副主席和江苏省作协主席。

图 5－12 陆文夫

陆文夫早年任新华社苏州支社采访员,走街串巷寻觅素材反映解放后苏州老百姓的喜悦之情,探求生活的真谛,以《小巷深处》为代表的短篇小说作品紧密联系苏州的小巷及“凡人小事”,显露出独特的“小巷风格”。1957年因参加筹办《探求者》刊物接受审查,停止创作。20 世纪 60 年代中期曾因《介绍》、《二遇周泰》等“工厂系列”作品短暂回归文坛,但旋即遭遇更长时间的下放改造,在黄海之滨度过了将近十年的艰苦岁月。1978 年重返苏州继续从事创作,此后陆文夫创作出了《小贩世家》、《美食家》等一系列脍炙人口的佳作,为他在新时期文坛赢得了重要的地位。

50 年代初创作的《小巷深处》描写曾在旧时代做过妓女的善良女孩徐文霞被过去的时代阴影如鬼魅般的纠缠折磨着,渴望爱情而不敢接受,即将获得爱情时过去“不洁”的历史又被揭开,小人物的命运在时代和历史中交织演绎,这在当时多写农村和工厂等一派“红色”题材的作品中显得独具一格,小说最后徐文霞的爱人突破传统观念的局限,毅然接受她“不洁”的过去,这对中国的传统“贞洁”观念更是一个极大的挑战。《美食家》写于“文革”之后,曾家财万贯的旧资本家朱自治散尽家产以吃为乐以吃为生，在波谲云诡的政治风暴和沧海桑田的时事变幻中，依凭对美食的执着追求完成人生的自我陶冶自我迷醉，小说借鉴传统话本和评弹的艺术手法，突破当时流行的伤痕和反思文学的套路，呈现生活的曲折离奇和历史的难以理喻，凸显小人物的人生内涵，充满市井民俗气息。

陆文夫擅写在政治运动打击和压迫下沉沦到民间小巷的普通人、小人物，既负担诠释社会历史的重任，又演绎着平凡人生的悲欢，同时还展示着浓重的地方色彩和人文气质。其中对小巷人物心态的贴切描摹，与他对苏州普通人的熟悉是分不开的，是在苏州普通人生活领域中拓展而来的。如《美食家》是作者在以美食著称的苏州城长期生活的结晶，仿佛信手拈来，妙手偶得；《牌坊的故事》，也是从姑苏城内常见的牌坊入手的。陆文夫把苏州文化、风俗有机的组织在作品的故事情节里，无疑地增添了“苏州味”的特色，包括苏州的乡镇习俗、大桥小桥、城河城墙、幽深曲折的石块小巷、黑白分明的围墙、进深无比的宅院、优美绝伦的园林，千年遗存的吴越古迹、美味佳食风味小吃等。作家方之曾作过这样的评价：陆文夫的“现实主义是糖醋的现实主义，有点甜，还有点酸溜溜的”。陆文夫的小说常写闾巷中的凡人小事，深蕴着时代和历史的内涵，清隽秀逸，含蓄幽深，淳朴自然，展现了浓郁的姑苏地方色彩。

陆文夫生长于苏北，却能将苏州的小巷文化描绘得精致纤巧，他的小说为中外读者所熟知，写出了吴文化的底蕴和鲜活气氛，在一个时期内成为苏州的一张“城市名片”。他笔下的山水人物，诸般风情，无不熨帖有致，被人赞为“陆苏州”。

图 5 - 13　毕飞宇

毕飞宇，生于 1964 年，兴化人，

1983年考入扬州师范学院中文系，毕业后于南京特殊教育师范学校任教五年，1992年辞职进入《南京日报》社当过六年记者，现任南京《雨花》杂志编辑，江苏省作家协会副主席。曾以《哺乳期的女人》、《玉米》两度获得“鲁迅文学奖”，2011年以长篇小说《推拿》获得第八届“茅盾文学奖”。

毕飞宇早年的小说如《孤岛》、《叙事》、《是谁在深夜说话》、《楚水》、《雨天的棉花糖》等以其对终极意义的思索，对历史本质的追寻，对人性的嗑问和对文明的思考，以及极具诗意而质朴机智的文风被冠以“先锋派”、“新生代”、“新写实”、“晚生代”等诸多头衔。1994年以后，毕飞宇放弃之前先锋文学的影响，刻意避免对写作技巧的追求，转向对现实人生的关怀，以一篇《哺乳期的女人》被读者广为认可并获得“鲁迅文学奖”。2000年以后，毕飞宇的创作又上一个新台阶，以《青衣》和《玉米》、《玉秀》、《玉秧》等几篇中篇小说赢得广泛好评，二度斩获“鲁迅文学奖”，引发学界的“毕飞宇研究热”，近年来又以两部长篇小说《平原》和《推拿》获得广泛的社会关注，前者注重对“文革”时期乡村社会人性的探索，后者则极具庄严感地带领读者走进盲人世界，写出一群令人尊敬而倍觉温暖的盲人按摩师的鲜活生活。

《青衣》是毕飞宇风格转变的一部重要著作，以中篇小说的篇幅而引起广泛的社会反响，甚至被改编拍成二十多集的电视连续剧，小说描写了一位在执着追求中迷失了自己的女性筱燕秋，为了舞台上光鲜照人的假象放弃生活中做人的道德和尊严，最后一切丧失殆尽，为着一个所谓“人在人上”的虚妄念头葬送了自己。《玉米》延续了《青衣》女性意识挖掘的主题，以作者的故乡兴化大营乡陆王庄为原型演变出一个地理位置亦即“地球上的王家庄”为背景，和《玉秀》、《玉秧》共同构成一个中篇三部曲，用批判和悲悯的眼光生动的探索了“文革”时期中国农村和小城镇的社会家庭生活，通过环环入扣的家庭冲突和爱的故事，展现了个体和社会的面貌，呈现性格各异的王家三姊妹玉米玉秀玉秧在“文革”背景下各异的人生，表现政治话语对世俗生活的影响，权力对人性的扭曲，将底层女性在权力与政治的“异化”下牺牲爱情与理想的惨淡人生描画得格外惊心动魄，被誉为“写女性心理最好的男作家”。

《平原》被作者自认为是一尝夙愿的作品，作家说这是对上个世纪七十年代的一次回忆和致敬，小说以“文革”时期生活在苏北平原上的一代青年端方、三丫、吴曼玲之间的情爱纠葛为主线。年轻美貌的乡村姑娘三丫因为地主后代的身份受歧视却义无反顾地爱上了根红苗正的青年端方，两人于平原野地媾合挥发出原始的生命热力，情投意合而多受阻挠，三丫誓死捍卫自己的爱情却以极其荒诞的方式死去，被政治路线异化成男人般的城市姑娘吴曼玲扎根乡村，与端方几经误会而未能结合，能抓住这个乡村社会的权力而抓不住自己的命运，端方更是在要求进步的使命催促下越挣扎越沉沦，凸显宏大的政治话语对一代人心灵的“异化”，深层挖掘在特定年代里人对于命运无法控制的主题。在年轻人的情感纠葛之外，作家用唯美的笔触刻画出苏北大地上收获季节的辽阔景象，引人入胜。

毕飞宇经历过前期先锋风格的创作，又曾以都市题材创作过相当数量的优秀小说，而最获好评的则是一系列以家乡江苏兴化为背景的作品，这些作品中大量的“世态人情”和“权力政治”的纠缠，加以对乡土大地和生活于其上的普通民众的朴实姿态的书写既深邃又安宁舒展，将笔下“王家庄”这个地理位置营造成一个具有特定原型意义的人文版图，用写实的方法透视荒诞，比起一般意义上的乡土小说更有所超越。

顾坚，1964 年出生，兴化人，高中毕业后曾在兴化陶庄镇仲家小学、大顾小学和大顾中学任教，1991 年去扬州经商，2005 年出版的长篇小说《元红》，获得相当大的社会反响，被评为年度最佳长篇小说，姊妹篇《青果》于 2009 年出版，现为江苏作家协会会员。

《元红》故事植根于泰州本地，描写自上世纪 70 年代始的苏北水乡里下河地区，主人公丁存扣从九岁到三十五岁的人生历程。存扣一个从懵懂无知的孩童成长为情窦初开的少年、意气风发的青年，其间庆芸、秀平、阿香、爱香、春妮等美丽善良的女子与他相恋，有的于时间的流逝里远走，有的为生计他嫁，有的为命运播弄早早离世，最后存扣为爱情而弃教经商，由此演绎出人间男女情爱过程中的美好与苦涩并存、快乐与悲怆交替的一幕幕人间悲喜剧。小说以美丽、感伤、隐喻、感性的文字向读者展开了辽阔的充满生活真味的通俗画卷，一大批个性迥异而鲜明的人物群像被描绘得生动、鲜活，呼之欲出。对女性美、性启蒙的正面描写贯穿整个作品始终，但绝不刻意和滥用，坦率得近乎天真，干净而唯美。故事情节如行云流水又跌宕起伏，意外连连，令人目不暇接，心醉情迷而又摧心荡魄。

顾坚在文学道路上起步较晚，作品虽然不多，但质量上乘，尤其是对“文革”之后兴化地方风情的描写，使他的家乡兴化成为文学地理上一个相当引人注目的坐标。

当代文坛上还有相当一批泰州籍的作家，在不同的文体上有相当卓越的表现。

邓海南，1955年出生，泰兴人。在写作上涉猎广泛，著有诗歌、报告文学、长篇和中短篇小说、歌剧、话剧、音乐剧、舞剧等，曾担任多部优秀电视剧的编剧。著有诗集《机器与雕像》，话剧《“厄尔尼诺”报告》，长篇小说《垓下悲歌》、《戏人》、《上海上海》等，《上海上海》曾被改编为电视剧，颇获好评。

蒋泥，1971年生，泰兴人。著有多部比较有影响力的文学批评专著，另有小说《北京女儿》、《玉色》等。曾获文艺争鸣奖、老舍散文奖等。

庞余亮，1967年出生，兴化人，著有诗集《开始》、长篇小说《薄荷》、童话集《银镯子的秘密》等。

现代中国文坛上，活跃着一批泰州籍的作家，他们既能立足于本土描写家乡风物，亦能以独特的风格引起广泛的社会关注，影响远远超出了一个地方一座城市的范围。

第六章　泰州的艺术

第一节　泰州的绘画

泰州人文荟萃、名贤辈出，“儒风之盛、夙冠淮南”。泰州文化中的书画艺术是中国历史文化大背景下特定历史、地理环境的产物，是泰州人民辛勤劳动和智慧的结晶。在这里有对明清以来的山水画坛起承上启下作用的唐志契，有清代著名画家禹之鼎，有“扬州八怪”代表人物郑板桥、李鱓，有影响近现代画坛的金野樵，金德辉，真然，也有与齐白石、陈半丁、陈师曾齐名，时称“京师四大画家”之一的凌文渊……

唐志契(1579—1651)，明末清初山水画家、美术理论家，字敷五，又字玄生，泰州姜堰人。唐志契在绘画中经历了摹古这一过程，但他由摹古夯实了基础，在坚实的基础上发现了不足，他悟出了尽可泥古、更师自然的画家心得，并明确提出了画家“要看真山水”，“要得山水性情”。(《绘事微言》)

“山水性情”说，是唐志契为人乐道的一个重要话题。他所说的山水的性情，与人的性情有相通之处，都是于虚处得见的，但又与人的性情不尽相同，表现为具体生动的情态与情状。这种具体生动的情态与情状，不能得之于“旧本描画”，而只能得之于“真山真水”，只有真山真水才有真面目、真性情。所谓山水的性情，说到底，又是人所体会感受得到的，也是人用生花妙笔加以描画表现的，因此只有达到“山性即我性，山情即我情”、“水性即我性，水情即我情”的境界，才能实现气韵生动的理想。换句话说，所谓山水性情，本身就融会着画家的性情，如刘勰《文心雕龙·神思》所说的：“登山则情满于山，观海则意溢于海。”气韵生动的山水画，既包含着山水自身的性情，也流注着画家自身的性情，是物我合一的结晶。

清顺治八年（1651），唐志契去世。他的弟弟唐志尹，字相五、聘三，得吕纪之传，工翎毛花卉。所居姜堰之地称“万竹园”，名流画士冒襄、蓝瑛等都曾过访。清康熙初年80多岁时去世。传世作品《平安戬图》轴，图录于《中国历代名画集》；《戴胜图》册页，现藏故宫博物院。唐志契的侄子唐日昌，画花鸟得唐志尹亲传，叔侄驰名画苑，时称“三唐”。

禹之鼎（1647—1716），字尚吉，一字尚基，一作尚稽，号慎斋。江苏兴化人，后寄籍江都。因扬州、江都古称广陵，故常自署“广陵”人。禹之鼎是清代康熙年间著名画家，擅山水、人物、花鸟、走兽，尤精肖像。初师蓝瑛，后取法宋元诸家，转益各师，精于临摹，功底扎实。肖像画名重一时，有白描、设色两种面貌，皆能曲尽其妙。他的画形象逼真，生动传神。有《骑牛南还图》、《王世祯放鹇图》、《王原祁艺菊图》等传世。

图6-1 《王世祯放鹇图》。清代。绢本设色，纵26.1厘米，横110.7厘米，北京故宫博物院藏。

郑板桥（1693－1766），原名郑燮，字克柔，号理庵，又号板桥，人称板桥先生。江苏兴化人。“扬州八怪”的主要代表，以三绝“诗、书、画”闻名于世。代表作品有：《修竹新篁图》、《清光留照图》、《兰竹芳馨图》、《甘谷菊泉图》、《拄石干霄图》、《丛兰荆棘图》、《画竹留赠图》等。

郑板桥出生于书香门第，康熙末年中秀才，雍正十年中举人，乾隆元年中进士，五十岁起先后任山东范县、潍县知县计十二年。做官期间，不肯逢迎上司，颇能关心人民疾苦，饥荒年岁，曾因擅自开仓赈济，拔款救灾，获罪罢官。

郑板桥在绘画上受石涛、八大山人影响较深，但又发挥了自己的独创精神，主张“不泥古法”，重视艺术的独创性和风格的多样化。他的画以竹、石、兰蕙为最工，用笔秀劲潇洒，多而不乱，少而不疏，芳兰数丛，浓墨画花，秀逸多姿；浓淡疏密，墨色淋漓，天趣横溢，神理俱足。他认为兰四时不谢，竹百节长青，石万古不败。这正好与他倔强不驯的性格相合。借兰竹石与现实生活中的各类现象发生紧密联系，有感而发的创作画，也正是将“文人画”，“脱离现实，逃避现实”，引向“关心现实，注意现实”做出的贡献。

图 6-2　郑燮《兰竹芳馨图》。清代。立轴，纸本，墨笔；纵 189.8 厘米，横 49.4 厘米；南京博物院藏。

李鱓(1686—1762)，字宗扬，号复堂，别号懊道人、墨磨人，扬州八怪之一，江苏省兴化县人，其宫廷工笔画造诣颇深，中年开始画风变化，转入粗笔写意，大胆泼辣，挥洒自如，感情充沛，富有气势。其作品对晚清花鸟画有较大的影响。传世作品有《五松图》、《芭蕉萱石图》、《墨荷图》、《浴凫图》等。

李鱓的画风“来之不易”。早年曾从同乡魏凌苍学画山水，继承黄公望一路，供奉内廷时曾随蒋廷学画，画法工致。后又向

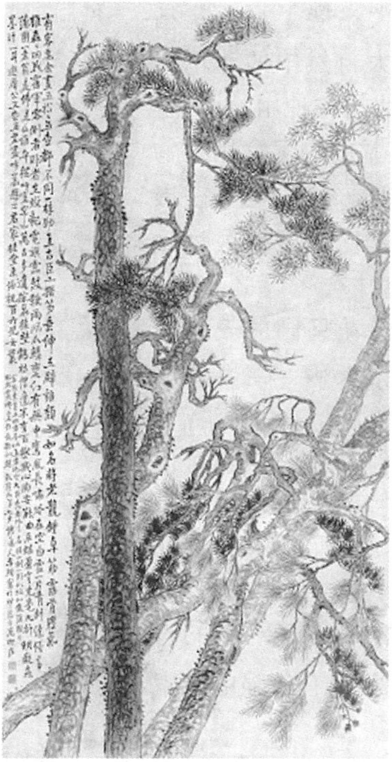

图 6-3　李鱓《五松图》。1744 年。纵 180 厘米，横 96 厘米。

指头画大师高其佩求教，进而崇尚写意。在扬州又从石涛笔法中得到启发，遂以破笔泼墨作画，风格为之大变，形成自己任意挥洒、“水墨融成奇趣”的独特风格。在扬州八怪中，李鱓是受到清末批评家猛烈批评的一位，主要指责他脱离传统，笔墨缺乏蕴藉含蓄，有“霸悍之气”、“失之于犷”等。

李鱓的书法古朴，具颜、柳筋骨。作画时喜欢在画幅上长题满跋，有时甚至于把参差错落的题字，写满画面，于质实中见空灵，使整幅画面气韵更加淋漓酣畅。为此秦祖咏说他“书法古朴，款题随意布置，另有别致，殆亦摆脱俗格，自立门庭者也”。

纵观李鱓一生创作，他是一位富有独创才能的画家。他的绘画艺术成就主要体现在以下两方面：

首先，他大大拓展了写意花鸟画的表现领域，大自然中的花草树木，人们日常生活的各种用具，乃至向来不登大雅之堂的农家食用之物如桑、蚕、破芭蕉扇之类，也一一摄入画中，其题材之广泛多样远远超过了前人。

第二，在写意花鸟画的表现技巧上，他亦有新的突破。他努力学习石涛破笔泼墨的画法，酣畅淋漓，笔墨奔放，富有动感，充分表达了创作的激情。同时，他又吸取了没骨花卉的表现方法，工细严谨，色墨淡雅，变化丰富，形体富于立体感，在作画时，他经常能做到二者并用，自然浑融，灵活多变，具有较强的艺术表现力。

图6-4　李鱓《梅兰竹图》。清代。立轴，纸本，墨笔，纵189.7厘米，横63.4厘米，上海博物馆藏。

真然(1816—1884)，字痉溪(一作莲溪)，一号野航，又称黄山樵子，江苏兴化人。在泰州历史上，他是一位承上启下的重要画家，身为佛门子弟，却是多才多艺，颇具他人难以企及之处。他仕女画得工致，山水画得雅丽，花鸟画得清新，无一幅不是精心打造的上乘之作。

凌文渊(1866—1944)，原名渊，号植之。曾任知县、知州、布政使。江苏泰县人。清季两江优级师范出身，清宣统元年(1909)为江苏省谘议院议员。民国成立后，历任南京临时政府临时参议院议员、财政部参事、代理财政部次长、暂代财政部总长等。辛亥革命后官至财政部组长。

凌文渊善书、画，尤长花鸟，笔劲墨湛，气势磅礴，颇似陈道复、徐渭。与齐白石、陈半丁、陈师曾齐名，时称京师四大画家。作为“京师四大家”之一，他的画与他内在的气质、性格并无二致。高蹈华贵的堂皇气象，清峻刚健的潇洒风神，绝无萧条、艰涩之味。浑厚外溢、格调清新。凌文渊在徐青藤、八怪、赵之谦一路得法，形成了其阔笔写意的风格。

金野樵（1878—1958年），名渠，字野樵，号野桥。因出生时右手拇处多有一枝指，故号枝指道人，斋名为枝指山馆。他学养深厚，精诗文，工书法，尤擅绘山水，所绘山水浓淡相宜，水墨技法上有独到之处，传略被著名美术理论家俞剑华先生收录于《中国美术家人名辞典》一书。

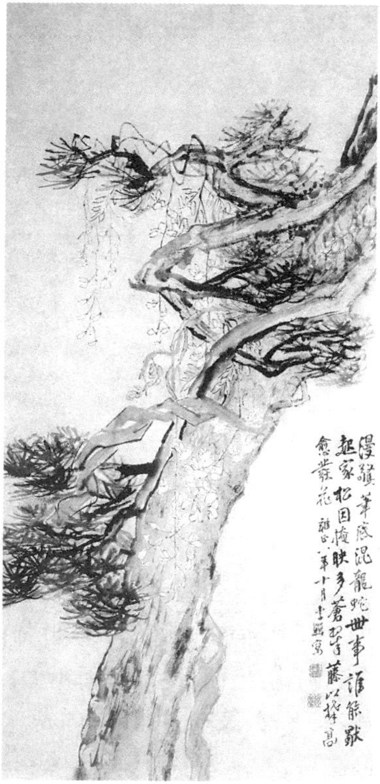

图 6－5　李鱓《松藤图》。清代。纸本设色，纵 126 厘米，横 62.6 厘米，北京故宫博物院藏。

王均(1906－2003)，字治平，退休后号退斋，江苏泰州人。王均先生一生作诗词万首，绘画千幅，他的画初学工笔人物，后学任伯年，画面风格清秀细腻，委婉动人；人物表现兼取西洋画法的人物结构和明暗表现方法，肖像形象准确生动，栩栩如生。他为纪念梅兰芳诞辰九十周年而画的梅兰芳先生肖像，至今还作为珍品收藏在梅兰芳纪念馆。

支振声(1913－1987)，又名道震，晚年自号梅癖，生于泰州支公馆。六岁始读私塾，十六岁师从泰州画师朱仲宣学习国画。

图 6－6　金野樵《山水》。近代。尺寸 50.5 厘米×18.5 厘米。

支老工写意花鸟。其画在继承吴昌硕画风的基础上，创出了自己的风格。其特色在于，画枝干用中锋行笔，厚重苍劲。画花、叶，中、偏锋兼施，使花、叶掩映多姿。设色上多用浓墨画叶，重彩画花，艳而不俗，厚而不僵。支老擅长格律诗，几乎每画必题，加上书、篆功力深厚，自成一格，故而诗书画印浑然一体，相得益彰。

潘觐缋(1917—1996)，字野贤，别署江淮画鱼人，生于泰县俞垛(今泰州姜堰市俞垛镇)。潘公生前性喜钓鱼、养鱼、观鱼，深谙鱼类的生活习性。其绘画生涯发轫于上世纪四十年代，早年师从画鱼名家汪亚尘先生，与鱼画结下了不解之缘。毕业后回家乡从教，兼画花鸟。新中国成立前夕旅居泰州，以卖画兼职教书维生。后进文化馆从事美术工作，直至退休。

为直观地体察、采集金鱼的外形风貌，潘公浸沉于缸盆之间，或清缸、净盆；或换水、捞虫，闲观鱼趣，乐此不疲。其创作达到“非鱼而知鱼之乐”的境界，终以画鱼名世。潘公笔下以鱼类为主要题材的花鸟画，五十年代初即为北京、上海、长安人民美术出版社出版。后应邀在南京、扬州、厦门、武汉、青岛等地举办个人画展。数百幅画作被国内报刊选用，在美国、西德、加拿大、新加坡以及香港地区深得各界人士好评，并有《国画鱼类画法》等专著存世。一九七五年，著名篆刻家、书法家钱君陶为潘公治印两方，“江淮画鱼人”自此闻名。

图 6-7　潘觐缋《金鱼》。当代。纵 34.5 厘米，横 47.7 厘米。

第二节　泰州的书法

泰州的历史上产生了为数众多的书法家与书法理论家。其中的杰出代表有唐代书论大家张怀瓘、清代书论家刘熙载、清代著名书画家郑燮、当代“草圣”高二适等。他们的成就已经成为中国书法发展史的一个重要组成部分，具有广泛而深远的影响。

张怀瓘，海陵人，唐代书家、书画理论家。其活动时间大约在唐玄宗、肃宗年间。官至翰林供奉、右率府兵曹参军等。明陶宗仪《书史会要》称其“善真行、小篆、八分”。[①] 其自称：“正、行可比虞（世南）、褚（遂良），草欲独步于数百年间。”[②]而张怀瓘在书史上的伟大贡献则在于其前无古人的理论建树。

张怀瓘的书论专著，传世有《书断》三卷、《书估》一卷、《书议》一卷、《文字论》一卷、《六体书论》一卷、《论用笔十法》一卷、《玉堂禁经》一卷、《评书药石论》一卷、《二王等书录》一卷等。

张怀瓘的书论对书法的起源与发展、书法的本质、书法在社会生活中的地位、学书方法、书法技法理论、书法鉴赏、书法批评等方面都有深入的认识和独到的阐释。他的书论著述涉及到中国书法理论几乎所有的方面，为后世的书法理论构建了完备的基本框架。

在我国书学史上，他开创性地以“神”、“妙”、“能”三品来品评书法作品的艺术造诣。故《四库全书提要》称“书家有三品之目，自此书始。”此前的诸多书评著作，多以九品论书，而往往众说纷纭，人云亦云，没有一个明确的标准。张怀瓘著《书断》，其目的就是要“芟夷浮议，扬榷古今。拔狐疑之根，解纷挐之结。

---

① 马宗霍辑：《书林藻鉴》卷八《书林纪事》，文物出版社 1984 年版，第 92 页。

② 同上。

考穷乖谬，敢无隐于昔贤；探索幽微，庶不欺于玄匠。”[①]并且以其前无古人的勇气与深厚的理论素养，建立起这一全新的评书体系。而且这一品评方式对此后的各个艺术门类都产生了重要而深远的影响。

张怀瓘的书论有着宏大而缜密的品评体系，这一点以其《书断》最有代表性。此篇首先对十种书体加以严格界定。其次，按照“神”、“妙”、“能”三品划分大类。再次，每类之中，按照书体，以时间先后为序，分列书家。同一书家的不同书体，则可能分列于不同的品级之中。这样的划分，较之此前庾肩吾《书品》、李嗣真《书后品》忽略不同书体的成就差异，简单地将书家分为九品、十品，更具合理性。同时，这一划分体系，也为其书论提供了科学的依据。

张怀瓘的书论贯穿着极其严谨的学说精神，这在唐代以前的书论中是从未有过的。其所著《书断》，对于古文、大篆、小篆等十种书体的名实、产生、源流、代表书家等一一加以论述。对于历史上存在纷争的重大论题，如“八分”的名实问题，以其严密的逻辑思维，详加考证，观点鲜明，令人折服。尤其是对于早有定论的钟张、二王的历史地位与书法成就，《书断》从科学分析的角度出发，较其优劣，绝不盲从。如“若真书古雅，道合神明，则元常第一；若真行妍美，粉黛无施，则逸少第一；若章草古逸，极致高深，则伯度第一；若章则劲骨，天纵草则，变化无方，则伯英第一；其间备精诸体，唯独右军。次至大令。然子敬可谓《武》，尽美矣，未尽善也；逸少可谓《韶》，尽美矣，又尽善也。”[②]突破了前人所谓“古质今妍”的笼统评价，更为深入具体。

由于唐太宗的褒扬，代表着温雅萧散书风的王羲之在唐代

---

① 《历代书法论文选・书断》，上海书画出版社 1979 年版，第 156 页。

② 《历代书法论文选・书断》，第 206 页。

被置于“书圣”的崇高地位。但到了玄宗以后，雄浑开阔的盛唐气象推动了书法风气的转变，呼唤书风的变革。张怀瓘紧紧抓住时代的审美脉搏，从唐人全新的审美趣尚出发，针对王羲之草书“有女郎材，无丈夫气，不足贵也”①，大胆的提出了“抑羲扬献”的观点，崇尚王献之“遒拔”风范，所谓“宏逸遒健，过于家尊。”②从理论上为盛唐书风的形成推波助澜，开风气之先，居功至伟。同时，张怀瓘敏锐地看到时风“肥钝之弊，于斯为甚”③的弊端，从其宏观的历史视野与使命感出发，提出“岂可许钟、张、二王独高于往日也！”④表现出其作为书法史学家特有的勇气与胆识。

泰州书法史上第二位重要的理论家是清代刘熙载。其《书概》一文已成为古代书论的经典之作。

刘熙载(1813—1881)，字融斋，晚号寤崖子，兴化人。道光进士，官至国子监司业、左春坊左中允。曾督学广东，晚年主讲龙门书院。文学家、文艺批评家、书法理论家。著有《古桐书屋六种》，其中《艺概・书概》为其书法理论的代表之作。

《书概》是一部体系完备，论述精深的书法史论著作。全篇大致可以分为书史与书论两个部分。书史部分，以书法发展的历史为序，论及书体演变与书法发展。对于书法史上的各种书体，诸如大篆、小篆、隶书、八分、正书、楷书、章草、草书、行书等，从其产生、发展及书体特点等各个方面进行深刻论述与总结。尤其是对于“八分”概念的名实剖析，极具学术价值。基于其宏观的书史视野，论述历代代表书家，多从纵横两条线索出发，探讨其风格特点与传承源流，论证严密而新意迭出。如论及南北书派，主张各有所长而相互融通，其“北书以骨胜，南书以韵胜；

---

① 《历代书法论文选・书议》，第149页。

② 《历代书法论文选・六体书论》，第213页。

③ 《历代书法论文选・评书药石论》，第231页。

④ 《历代书法论文选・六体书论》，第215页。

然北自有北之韵，南自有南之骨也”[①]之论，在当时帖学衰微、碑学渐隆之时，不随流俗而慧眼独具。晚清以后，书法发展兼取碑、帖，也有力的印证了他的前瞻性。

《书概》中的书论部分更体现了刘熙载学术研究的系统性。举凡书法的本体论、学书的方法论、技巧论、创作论及人品与书品的关系等，都作出了深入浅出的阐述。其行文往往要言不烦，一语中的。尤其可贵的是，他能在继承前人书论精髓的基础上，提出自己独到的见解。如“贤哲之书温醇，骏雄之书沈毅，畸士之书历落，才子之书秀颖。”[②]的书如其人说。“学书通于学仙，炼神最上，炼气次之，炼形又次之”[③]的形神说；“论书者曰‘苍’，曰‘雄’，曰‘秀’，余谓更当益一‘深’字。凡苍而涉于老秃，雄而失于粗疏，秀而入于轻靡者，不深故也”[④]的书意说等等。特别是他提出的“士气说”，成为了中国古代书法文人书风特征的经典论断。

刘熙载论书，一以“中和”的审美观为旨归，其书史、书论，都贯穿着辩证的思想。这一特点在浩如烟海的古代书论著作中显得尤为突出。从辩证的思维方式出发，他往往能在前人陈说的基础上，进一步深入挖掘，发前人所未发。如“蔡中郎云‘笔软则奇怪生焉’。余按此一‘软’字，有独而无对。盖有刚有柔之谓软，非有柔无刚之谓软也。”[⑤]再如“或问颜鲁公书何似？曰：似司马迁。怀素书何似？曰：似庄子。曰：不以一沈著一飘逸乎？曰：必若此言，是谓马不飘逸，庄不沈著也。”[⑥]诸如此类的论述，在其《书概》一篇中比比皆是，无不闪烁着其辩证思想的光辉。

---

① 《历代书法论文选·艺概》，第697页。
② 同上，第715页。
③ 同上，第715页。
④ 同上，第713页。
⑤ 同上，第709页。
⑥ 同上，第705页。

清代乾嘉时期,繁华富庶的扬州地区聚集了一大批富有创造精神的书画家,他们各各以其个性鲜明的画风、书风领异标新于当时艺坛,时人以“扬州八怪”目之。郑板桥就是其中的领袖人物。

郑燮(1693—1765),字克柔,号板桥、板桥道人,泰州兴化人。郑板桥留名青史,缘于两个方面。一是其为官,一是其为艺。《清史稿》称其“官山东潍县知县,有惠政”。当年“值岁荒,人相食。燮开仓赈贷”以至于其去官之时,“潍人戴德,为立祠。”

郑板桥书法少时从欧阳询入手,得其清竣之气。这从其康熙六十一年所书《楷书立轴》可以明显看出,是年他29岁。这可能是受到科考的影响。但郑板桥写欧去其方板而得其俊逸。中年以后,转师黄山谷,得其聚散开合之神髓,笔势鼓荡。晚年更是大胆地引篆隶意趣入行楷体势,创造出所谓的“六分半书”[①]。

郑板桥书法风格的形成,既是其天才的创造,同时也顺应了书法发展的潮流。清代中期正是帖学衰落,碑学渐至兴盛的时期。帖学由于翻刻的拙劣与赵董温婉风气的笼罩,而渐趋媚俗,意味淡薄。引篆隶救帖学之失,已成为明末以来书家共识。同时,身处经济发达的扬州地区,市民文化的繁荣,促成了板桥风格的形成。《广陵诗钞》称其:“自谓世人好奇,因以正书杂篆隶,又间以画法。故波磔之中,往往有石文兰叶。”[②]板桥的功绩在于,他以自己的实践,创造性的将书画加以融合,可谓筚路蓝缕,开风气之先。正如向燊所云:“在帖学盛行时代,能独辟蹊径,可谓豪杰之士矣。”尽管后来的康有为对其书法颇有微词,但也无损其在书史的崇高地位。诚如《国朝诗钞小传》所云:“燮雅善书法,真行俱带篆籀意,如雪柏风松,挺然而秀出于风尘之表,诗内

① 马宗霍辑:《书林藻鉴》卷十二《书林纪事》,文物出版社1984年版,第212页。

② 同上。

所云:时时作字,古与媚偕者是已。”①

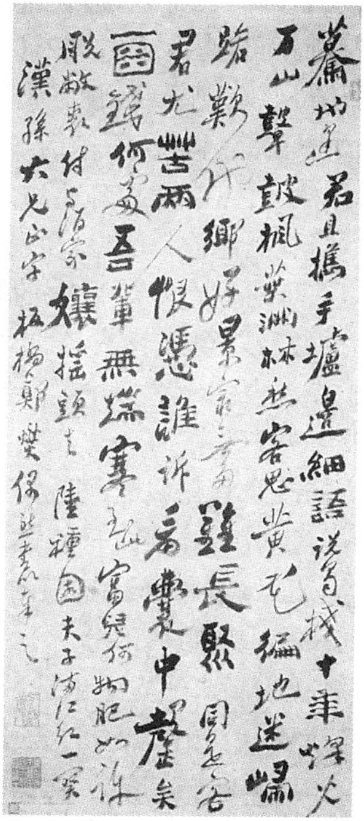

图 6-8 郑燮《满江红》轴

板桥书法传世以行楷书为主,笔法、结字多以黄庭坚为根基。同时,由于其特殊的画家身份,往往以画法融入笔法之中。清何绍基云:“板桥字仿山谷,间以兰竹意致,尤为别趣。”②其中最具特征的是撇画收锋的写法,与画兰无异,极有生动气韵。其引篆隶入真行,但并不遵循篆隶逆入平出笔法,一以楷书笔法出之,以善用“蹲法”,破其尖薄,既显得灵秀,又能得篆隶浑厚

---

① 马宗霍辑:《书林藻鉴》卷十二《书林纪事》,文物出版社 1984 年版,第 212 页。

② 同上。

旨趣。

板桥其书结字大小、斜正、长短、阔狭，俱能因字结形，随意所适，而妙在上下呼应。同时，由于引隶书横势入于真行，很好地调节了节奏，真所谓“导之则泉注，顿之则山安”，清空灵动而意蕴悠悠。章法上最具画意，得“乱石铺街”之趣。行列之间，互相穿插，牝牡相得，浑然一体，杂然相陈而错落有致，体现出高超的驾驭章法的能力，与其画意浑然交融。

板桥创立新体，在当时就产生了巨大的影响。不仅其晚年在扬州鬻书画，行情很好，以至于有著名的“板桥润格”。从《画舫录》的记载：“今山东潍县人多效其体”①，亦可见其书法之风行，其影响甚至流及海外。

今天，在郑板桥的故乡兴化城内，建立了郑板桥纪念馆。馆中珍藏郑板桥书画墨迹 33 幅，金农、闵贞、郑銮、刘熙载等人的书画 348 件，当代名人为纪念郑板桥、施耐庵而作的书画 833 件，成为泰州文化的一个重要组成部分。

有当代“草圣”之誉的高二适先生也是泰州籍书家。高二适(1903—1977)，原名锡璜，后更名二适。字适父，号舒凫、麻铁道人等。当代著名学者、诗人、书法家，生前为江苏省文史研究馆馆员。江苏东台人(他的出生地兴泰乡解放后划归姜堰)。

高二适先生一生精研文史，学识宏博。尤以“兰亭论辩”和个性彰显的草书而闻名书坛。1965 年，郭沫若发表《由王谢墓志的出土论到兰亭序的真伪》一文，对《兰亭序》从文字内容到书法风格都提出了质疑，断定《兰亭序》并非王羲之真迹。高二适先生以不畏权威的勇气和严谨的学术精神，著文《〈兰亭序〉真伪驳议》，与郭氏展开论辩。由于此事得到了毛泽东主席的关注并批示“笔墨官司，有比无好”，从而掀起了一场全国性的关于《兰亭序》真伪的大辩论。这场辩论的意义不仅在于廓清《兰亭序》之真伪，更推动了当时健康的学术氛围的形成，同时也使得高二

① ［清］李斗撰：《扬州画舫录》卷十，中华书局 1960 年版，第 233 页。

适先生名噪一时。

取法乎上，是高二适书法格调高古的活水源头。他对于汉碑的临习，自少至老未尝停息。常临者有《熹平石经》、《石门颂》、《西狭颂》、《杨淮表》、《封龙山》、《武梁祠》等。高氏临汉碑不规规于形似模拟，在抓住原帖神韵的基础上，常常出以己意。正如其跋《孔羡碑》云："稍变字法，力避方板。"故其临作与原帖在似与不似之间，尤其耐人寻味。足见其善学、见识与胆气。

高二适先生真、行、隶、草诸体兼善。其真书早年师法大小欧阳父子，转习唐虞世南。稍后则专攻隋《龙藏寺碑》，前后达十数年之久。五十岁以后，他尤其致力于钟王小楷及明初宋克楷书的学习，其原因在于他深刻地认识到钟王及宋克楷书中所蕴含的浓厚的隶书古拙意趣。由于取法高古，故其真书拙朴生动，不落唐人板滞轻弱窠臼，别具神采。特别是他对于宋克"四体书"的创造性发挥，对于其草书风格的形成产生了重大影响。相对于宋克"四体书"的生强与拼凑，高二适先生将真、行、草、章巧妙糅合，一以其清狂草意贯穿之，从而妙合无垠而意象万千。

高二适先生的草书最为世人称道，也最能代表其书法成就。他生前也以"草圣平生"自诩。高氏草书以章草为根基，而以杨凝式狂草为旨归。其跋《怀素自叙帖》云："我本主草出于章，张芝皇象皆典常。余之自信有如此，持此教汝休皇皇。"[①]明确提出章草为草书的源头，并以此批评唐人狂草之失，可谓独具慧眼。其所著《新定急就章及考证》一文，对于章草的研究具有极高的学术价值。五代时期的杨凝式书法，承唐启宋，被后人誉为"五代中坚"，其作品对于高二适产生了极大的影响。高氏在致友人费在山的信中说："我近从事五代人杨风子(名景度，唐诸书家草书，均不逮此人)书，过此一关，则应无敌于天下矣。"[②]观高二适先生的草书，熔章、今、狂草于一炉，笔势凌厉，酣畅淋漓。其结字奇正相生，险

① 《高二适纪念馆》，高二适纪念馆《舒凫》编辑部，第 33 页。

② 同上，第 43 页。

夷相成。章法上或清朗流利，或飘风骤雨。无不展示出其高洁的人品、深厚的学养、过人的胆识与豪迈的激情。正如其《题怀素千文》所云："舒凫草书应有山岳震动，江河奔放之势。"①当代书家熊秉明先生称赞其"书风激荡，人品峥嵘"，可谓确评。

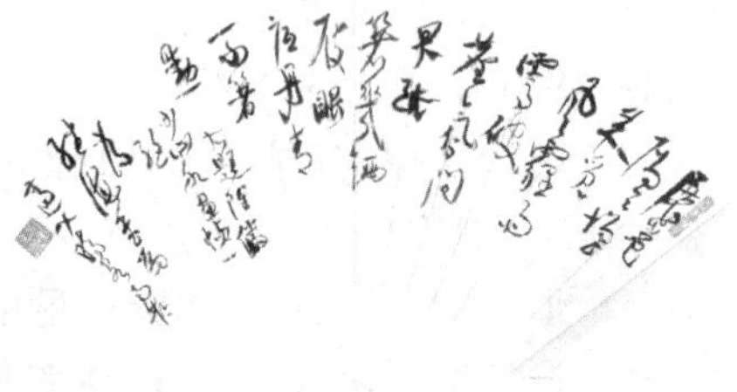

图 6－9　高二适草书扇面《题陆俨少山水诗》

今天，在高二适先生的故乡姜堰，当地政府为先生建立了纪念馆。馆藏高二适先生遗墨、遗物 235 件，各类碑帖和书籍近 600 册，海内外名家题赠 100 多件，供后学瞻仰、学习。

当代书坛，有不少知名的泰州籍书家。其中的佼佼者有：周志高、张森、王冬龄等。周志高，兴化人。曾任《书法》杂志执行主编，中国书协第一、二届常务理事，第三届理事，中国书协编辑出版委员会副主任。张森，姜堰人，中国书法家协会理事，上海市书法家协会副主席。王冬龄，中国美术学院教授，博士生导师，中国书协理事，浙江省书协副主席。他们各以自己的成就为当今的泰州书坛书写出新的华章。

如今，在泰州的各个市县博物馆及私人藏家手中，珍藏有为数众多的历代书画作品。其作者或为泰州籍的书法家，或曾经在泰州生活。他们的作品已成为泰州文化的重要组成部分，散发着历久弥新的艺术魅力。

---

① 《高二适纪念馆》，高二适纪念馆《舒凫》编辑部，第 25 页。

第三节 泰州的戏曲与曲艺

源远流长的中国戏曲艺术，至宋元时期方始步入其金声玉振的高潮阶段，元杂剧黄金时代的到来，标志着中国戏曲的成熟。入明，特别是明中叶后，中国戏曲进入了第二个黄金时代，以汤显祖《牡丹亭还魂记》为代表的传奇创作蔚为大国，迭彩纷呈，与北曲杂剧的繁盛后先呼应，成就了中国戏曲史上的又一次辉煌。而这第二个黄金时代的到来，实与泰州学派以及王学左派思想的流布，有着密切的关联。以汤显祖为例，其发蒙老师正是王学左派的再传弟子罗汝芳。汤氏及长，王学左派的另一位思想家李卓吾（贽），对其影响至为深刻，直可视为未谋面的精神导师。此外，以禅宗为武器反对宋明理学的紫柏大师，亦可视为汤显祖亦师亦友的同道。这位名振东南的紫柏大师，其思想与王学左派是同气相求的。仅从这一点上看，泰州与中国古代戏曲的传播与发展，是有着千丝万缕的关联的。

汉唐名郡，淮海名区。泰州有着深厚的历史文化传统，历代不乏历史文化名人。因此，思想史上泰州学派的横空出世，并能卓然独立，绝非偶然。从地理位置上看，泰州地区滨海临江，地处平原，向来物产丰饶，经济繁荣。特别是沿海盐业经济迅猛发展，促进了扬泰地区商品经济的活跃。以宋仁宗朝为例，当时的盐课岁入为 400 万缗，差不多是中唐时全国盐利的三分之二。到了南宋高宗末年，仅泰州海陵监就支盐三十余万席，为钱七百余万缗，超过了唐代全国岁额的总和。经济的繁荣必然带来文化的活跃，所谓"东南财赋地，江左人文薮"。远的不必赘述，仅以宋元以来，即近古中国戏曲艺术正式形成前后而言，我们即可以举出一系列的泰州地区历史文化名人：海陵人胡瑗，为宋代教育的奠基人，他的"苏湖教法"在中国教育史上影响极为深刻。其所倡导的书院制度亦开风气之先，后来王艮主持"安定书院"

讲学，其间自有一种渊源传承。成书于元末明初的著名通俗小说《水浒传》，相传其最后的集撰者施耐庵，世居扬(州)之兴化，后徙居海陵之白驹。至于创立泰州学派的王艮(1483—1541)，字汝止，号心斋，则为泰州安丰场(今属东台)人。其“百姓日用即道”的一声呐喊，骇世惊俗，直接开启了晚明的人道主义思潮，对明中叶后的戏曲与小说创作产生了振聋发聩的作用。明末清初泰州说书艺人柳敬亭，为城南打渔湾(曹家庄)人，他承袭宋元说话艺术并锐意创新，成为说书艺人的祖师，是中国曲艺史上独步评书艺坛的卓然大家。此外，明中叶散文大家，“后七子”之一的宗臣(1525—1560)，字子相，亦为兴化人。兴化尚有郑燮(1693—1765)，字克柔，号板桥，其艺术成就更是多方面的；刘熙载(1813—1881)，字伯简，号融斋，他的《艺概》是一部分体文学史，其中的《词曲概》，又是一部创获颇多的词曲史。戏曲史上著名的理论家李渔(1611—1680)，字笠翁，也是戏曲家、小说家，虽祖籍为浙江兰溪，但他却出生于江苏雉皋(今如皋)，成年后才由如皋回兰溪。说到如皋，人们不能不想到明末清初的大名士冒襄(1611—1693)，其艺术成就也是多方面的，因其与泰州戏曲创作演出活动关联甚多，我们留待后文再叙。以上所举，荦荦大端而已，难免挂一漏万。例如唐代著名书法家、书法理论家张怀瓘，亦海陵人。宋代写《清波杂志》等的周辉，也是海陵人等。前已说明，所列以宋元后为主，旨在说明泰州戏曲流布发展的背后，有着明显的精神气候与文化土壤的内涵，即文化传统的作用。因为，任何一种文学艺术的体式与形态，都不是孤立的存在。

一、泰州古代戏曲

在中国戏曲正式形成之前，江苏境内形成戏剧的诸因子就已经相当发达，如乐舞、乐器等可谓丰富多彩，绚烂多姿。民间演出活动已是日趋频繁，岁时社火日，更是异常活跃。泰州地区的庙会、社戏等民间演出活动遍及城乡村墟。唐宋以来的江苏乐舞、杂戏等，在继承汉唐乐舞、百戏传统的同时，也有一些创造性的发展，音乐品类的增广及其形式构成上的细密，也与汉魏时有着很大的不同。比如散乐（百戏）的称谓，就包含了诸多民间表演性技艺在内。江淮大地上属于“散乐”的诸般技艺，在民间相当发达。王安石写于金陵的《后元丰行》有句云：“吴儿蹋歌女起舞，但道快乐无所苦。”宁、扬乃至吴中地区对泰州的辐射，民间演出活动的交流渗透，是可想而知的，因为无论陆路还是水路，苏中苏南之间都便利通畅。宋人周辉《清波别志》中曾有“世说州郡交符燕集，次伶官呈口号”的记载，可知泰州其时已有伶人佐酒劝觞之风。既是筵宴有优伶在场，当场演出助兴恐亦在情理之中。再如至今姜堰、泰兴等地尚能表演十番锣鼓（又称十样锦、十不闲、十番鼓等，简称十番），这是一种很古老的器乐合奏，它几乎将所有的民族乐器都用上了。但“十番”又以鼓、钲、木鱼等打击乐器为主，故又称“打番”。演奏时气势磅礴、雄肆热烈，节奏也变化多端，极富特色。这种形式后来融入了扬昆之中，想来早期在扬、泰地区它是可以独立演出的。

宋元以降，北曲杂剧、南曲戏文先后勃兴，南戏在江浙一带日趋繁盛，民间演出活动随即更加频繁。昆腔形成以后，南京、扬州均为昆剧演出重镇，扬州甚至被称作昆曲的第二故乡，泰州地区自然受到其影响。泰州昆曲流传大约差不多与宁、扬地区同步，明中叶后渐入鼎盛时期，缙绅商贾皆以欣赏昆曲为时尚，昆曲的一些常见曲牌也在民间广为流传，为民众所耳熟能详，传唱不衰。清代，随着江苏两淮盐业经济的进一步发展，特别是康熙、乾隆的多次南巡，对扬泰地区昆曲的繁荣起到了极大的推动作用。经济的繁荣以及迎驾的娱乐需求，刺激了昆曲艺术的蓬勃发展，也激发起市民阶层文化娱乐热情，于是，巨商富贾以及官宦人家蓄家班随之蔚然成风。我们知道，明清家乐作为明清时期特殊的戏剧文化现象，在中国戏曲史上有着特殊重要的意义。泰州地区在明万历间，就有靖江人朱正初家乐、如皋人马凤毛家乐等。朱正初字在明，嘉隆间曾授光禄监事。休官家居后，富而好客,沉醉于歌舞戏曲筵宴。其家乐为女乐,且多为其侍姬。朱家后人至清康熙间仍蓄家乐,即朱凤台家乐。说到康乾间泰州地区蓄家乐者,就更多了。如李渔(如皋)家乐、冒襄(如皋)家乐、俞锦泉(泰州)家乐、季振宜(泰兴)家乐、陈端(泰州)家乐、朱光岩(泰州)家乐、黄振(如皋)家乐等。此外,孔尚任《湖海集》卷六有《同黄仙裳过李卢西幕府看蔷薇夜听家乐》诗一首,黄仙裳,即泰州姜堰人黄云(1621—1702),仙裳为其字。黄氏出身海陵诗礼世家,有《桐引楼诗》(北京图书馆存善本)行世,并参与编纂《江南通志》。他交游甚广,与著名画家石涛交厚三十余年。按孔尚任随孙在丰南行勘察河工是在康熙二十五年丙寅(1686),曾设署泰州,黄云与孔尚任交往,当在此年后。孔往扬州,黄曾与之同行,二人"同眠同食,异常缱绻"(孔尚任《与黄仙裳》),可见他们是至交。仙裳之子黄交三亦与孔交善。至于这个李卢西,则难考索其生平。从诗中"戟门深处景如河,拉友乘涧信步过"以及"将军只合老笙歌"等句来看,他应该是武职高官,蓄家乐,蔷薇绕宅,来头不小。总之,黄、李与孔尚任交往,共赏家乐演出,足可见出当时海陵戏曲演出活动之活跃。

以上所列诸家乐之中,家乐主人兼为剧作家的是李渔与冒襄。李渔的戏剧创作相当丰富,"予作传奇数十种"以及"所传十种之外,别有新词"的说法是可信的。"十种曲"只是付梓传世的作品罢了。李渔更是以他的戏曲理论(《闲情偶记》中的"词曲部"与"演出部",后人辑为《李笠翁曲话》)著称于世的。他也亲自教习女乐,集编剧、导演于一身。他带着自己的家庭戏班"游燕适楚,之秦之晋之闽,泛江之左右,浙之东西",当时剧坛无人不知"李十郎"。陆萼庭先生对李渔的评价是,他"毕竟是懂得戏曲艺术的内行",提倡戏曲艺术通俗化,"很有群众观点","也是值得赞许的"[①]。冒襄家班重视搬演新创剧目,如吴梅村的《秣陵春》、阮大铖的《燕子笺》、万红友的《空青石》等。冒氏本人也

① 陆萼庭:《昆剧演出史稿》上海文艺出版社 1980 年版,第 115 页。

创作了《山花锦》、《朴巢记》等传奇剧本。与李渔家班略有不同，冒氏作为"明末四公子"之一，其交游均为当时名士，如陈维崧、王世禛、侯方域等，故其偏重雅致。他"自制词曲，教家部引商刻羽"，常在其"水绘园"中迎送四方宾客，于"得闲堂"里搬演新剧。他还延请著名曲家苏昆生、陈九在冒家班教习多年，培养了徐紫云、杨枝、陈灵雏、秦箫、金菊、徐雏等许多名伶。

图 6－10　如皋水绘园

明清时期，泰州的家庭戏班，除却李渔、冒襄家乐之外，影响较大的要数俞锦泉家乐和季振宜家乐。俞锦泉，名瀫，号水文，以廪生膺荐候选中书。俞家为海陵望族，世代簪缨，为泰之"四大乡绅"之一。故门庭显赫而雄于赀，园林声伎之美，冠绝一时。俞锦泉之子俞楷精通理学，康熙南巡时曾召见之，后为内庭供奉。锦泉亦曾为康熙召见，并获御笔"耆年贻瀫"折扇赠赐。如此声家，蓄家班女乐，规模自是不同。为了演技一流，俞氏家乐聘南昆名师沈恂如任教习。从当时名流在俞家观剧后所作大量诗文，即可见俞家女乐表演水平极高。如孔尚任《与俞水文》云："金屋佳丽，来自天际，一时词赋声歌，占断南国。"曹溶《同冒辟疆过俞水文宅观剧十首》其五云："吐玉量珠曲度明，春纤堪入掌中轻。展开一队珊珊影，不信黄金教得成。"概见其对俞家女乐演技之赞赏与折服。俞锦泉本人亦通音律，精于乐器，"拨四弦和曲，精妙入神”。康熙二十一年(1682)冬，冒辟疆等名流四十余人同赴俞锦泉宅宴集，夜观女乐并赋诗唱和，此类盛会，足见俞氏交游之广，戏剧演出活动之频繁，正所谓“昭阳一水，群贤毕集”；流香小阁，清音叠起。俞家演出活动，主要在“流香阁”中，此阁当在俞家园林“渔壮园”内。综合相关戏曲史料，俞锦泉家乐称得上明清两代规模最大、演技最高的昆曲家班之一。孔尚任“俞君声伎甲天下”之誉，诚非虚言。值得注意的是，俞氏家班的演出活动，并不限于一般堂会宴集之间，家班主人还常携以赴扬州、兴化等扬泰周遭地区去演出，虽说这种演出活动往往与交游访友联系在一起，但无疑也是对民间戏曲演出活动直接间接的促进与推动，在戏曲史上有着重要的意义。

泰兴季振宜家乐，在戏曲史上亦有特殊的地位，其规模之大在当时是数一数二的。钮琇《觚剩续编》卷三《事觚》“季氏之富”条云：“江南泰兴季氏，与山西平阳亢氏，俱以富闻于天下。季自沧苇(振宜字诜兮，号沧苇)以御史回籍后，尤称豪侈，其居绕墙数里，中有复道周巡，健儿执铃柝者，共六十人。”更夫、仆役竟有六十人，其家业之大可想而知。又云：“家有女乐三部，悉称音姿妙选。阁宴宾筵，更番佐酒，珠冠象笏，绣袍锦靴，一妓之饰，千金具焉。”其排场奢华，令人咋舌。三部女乐，其规模是寻常戏班所无法比拟的。又据香谷氏《残簏故事》所载，季家“后房数百，皆姝丽，善歌舞”。沧苇出行，乘两艘大船，所载女侍，“从行小舟十余”。这数百“后房”，虽说未必全是“女乐”，即便是半数左右，也抵得上时下一个大型专业演出院团了。香谷氏又谓季氏“午后堂设小宴，南向坐，群美罗列随意，命女伎演院本三四出”。而“至夜张灯设大宴，歌舞尽欢，二鼓就寝。”(详见冯舒《虞阳说苑乙编》)当时名流如陈维崧、董文骥、胡文学、王思令等，皆是季家常客，宴饮观剧，通宵达旦。从这些文人墨客诗文中，亦可概见季氏家乐演出之盛况。如胡文学有诗云：

梅花柏酒夜沉沉，合座行觞兴转深。

华月摇灯催曲度，绛云隔汉听歌临。
三冬豪兴频开席，七子狂歌亦在林。
卷漫紫云天万里，可堪醉后有横参。

（《适可轩诗集》卷三《夜集沧苇同王思令、李来园、严灏亭、周文夏、施研山剧饮达旦》二首其一）

季氏家乐始于沧苇之父季寓庸时，可谓是有家族传统的。沧苇本人曾任监察御史巡按山西盐课，而上文提及的平阳（今临汾）亢氏，也是盐商世家，亢氏家乐演出洪昇的《长生殿》时，一应演出费用竟有四十余万两之巨。[①] 不难想象，季氏家乐日日宴筵，夜夜笙歌，其费用当不在亢氏家乐之下，只是由于资料的匮乏，季氏家乐演出的剧目尚无法确考。

家乐的繁盛与民间演出活动的活跃相辅相成，构成了明清时期泰州地区戏曲流布与发展的双翼，尤其是昆曲，其“完整的表演艺术体系和独特的艺术风格，在相当程度上是在家庭戏班，特别是在家班女乐发展过程中形成的。”[②]

因此，泰州地区家乐的繁夥与活跃，在中国戏曲发展史上亦自占有一席不可忽略的重要地位。至于泰州地区民间演出活动的频繁与闹热，宋元以降，自是有迹可循。《马可·波罗游记》中所言“这个城市不大，但尘世幸福极多”，悄然透露出一点消息。所谓“尘世幸福”，当不止是物质上的，精神上的要求与享受（如文化娱乐）理所当然的不可偏废。清道光间人朱宝善的《海陵竹枝词》有云：“演戏当年谢火神，挨河架木戏台新。偶然一挤台倾倒，笑煞莫从学滚尘。”明清时期海陵演剧活动之闹热红火，于此可略见一斑。此外，演出场所之遗址，亦可依稀见出当年弦管之

① ［清］王友亮：《双佩斋文集》卷三《记季亢二家事》，转引自胡忌，刘致中：《昆剧发展史》，中国戏剧出版社 1989 年版，第 378—379 页。

② 胡忌、刘致中：《昆剧发展史》，中国戏剧出版社 1989 年版，第 202 页。

急，演出之盛。除了如皋冒氏水绘园、得闲堂和海陵俞氏渔壮园流香阁（舫亭）之外，兴化宗臣府戏楼、泰州城皇庙戏台、都天庙戏台、姜堰东岳行宫戏台、观音阁戏楼、泰兴玄坛庙戏台、兴化城皇庙戏楼等，遗址尚存。里下河地区徽班演出的流动舞台、戏船等，今亦依稀可辨。

泰州地区古代戏曲作家及其作品，限于文献资料不足，很难得其全貌。据零星记载可知，第一个将《红楼梦》改变成戏曲的是泰州人仲振奎。这就是署名红豆村樵的《红楼梦传奇》。仲振奎（1749—1811），字春龙，号云涧，别署红豆村樵、花史氏等，平生作有传奇15部。《红楼梦传奇》脱稿于嘉庆三年（1798），《今乐考证》著录。今存嘉庆四年己未绿云红雨山房刊本（藏北京图书馆）。阿英编《红楼梦戏曲集》曾选刊其前三十二出。振奎之弟振履（字临候，号云江），嘉庆十三年（1808）进士，有《双鸳祠传奇》和《水绡帕传奇》。前者有嘉庆庚辰咬得菜根堂刻本，藏法国巴黎图书馆（见郑振铎《中国文学论集》），国内只有抄本，藏泰州图书馆；后者初未付梓，手稿为私家所藏，上世纪三十年代始刊入《珊瑚月刊》中。据孙建国、钱成编著《泰州戏曲》所载，仲振奎妻赵笺霞在《辟尘轩诗钞》中有一首诗，题作《红梨梦传奇题辞》，推断《红梨梦传奇》或为仲氏族人所作，或为仲振奎所作，也有可能就是赵笺霞本人的作品。[①] 看来仲氏家族擅为戏曲创作者不止振奎、振履兄弟二人。

言及泰州地区的古代戏曲创作，人们自然会想到戏曲史上的杰作《桃花扇》。孔尚任创作《桃花扇》传奇，虽说构思于早年，但与他在泰州的经历关系至为密切。康熙二十五年丙寅（1686），孔尚任奉命随孙在丰南行勘察河工，先是设署泰州，旋至扬州。三年之中，孔尚任足迹遍及宁、扬、泰及周遭地区，他遍访名胜古迹，广交入清不仕的前明遗老名流，体察江左风土人

---

① 孙建国、钱成编著：《泰州戏曲》，江苏文艺出版社2007年版，第135页。

情，积累了大量创作《桃花扇》的素材。有的学者甚至认为，《桃花扇》的初稿或是部分出目即写于泰州。后经十年三易其稿，终于在康熙三十八年(1699)夏秋之交时完成了这部传奇杰作。

图 6－11　孔尚任旧居

二、泰州近现代戏曲

清中叶后，随着昆曲艺术的衰微，“花部”戏的兴起，扬泰地区的民间演出活动更加活跃，这从扬州焦循(1763—1820)的《花部农谭》以及李斗《扬州画舫录》中不难感受得到。当时徽班影响最大[①]，民间戏曲演出，亦往往以“花部”戏为主。正如焦循在《花部农谭》中所说的那样，花部戏更通俗化，更贴近中下层广大群众，因而在“花雅之争”中更能赢得观众。乾隆八十大寿时，各地方剧种应召入京朝贺，徽班“三庆班”领班者为宝应人高朗亭。徽班乘戏船沿大运河北上，一路上在里下河地区演出不辍，同时

① “徽班”是一个历史的概念，它并非指单纯搬演徽调剧目的戏班，而是指徽人(徽商或徽籍官员)负责组织起来得以进京的戏班，徽班演徽调戏，亦演皮黄、梆子腔，甚至昆曲，亦即雅部戏的综合演出团体。演员也不管是来自苏州、扬州还是安庆，统称为“徽班”。详可参阅么书仪《晚清戏曲的变革》，人民文学出版社，2006 年。

吸纳了不少扬泰地区的戏曲演员。1790年四大徽班陆续进京，属于皮黄系统的徽调大盛；十九世纪初，汉剧（楚调）入京，继而徽汉合流，于1840年前后形成京剧。京剧形成后，遂占压倒优势，以至夺昆腔之席，取而代之，成为正宗大戏。京剧大师梅兰芳（1894—1961）的祖父梅巧玲（1842—1882）主要活动即在这一时期。他十一岁从家乡泰州到苏州福成班学艺，后辗转到北京，在名师教习下中终成京剧名旦，嗣领四喜班。因其在《雁门关》扮演萧太后，唱念俱佳，一时轰动梨园界，被誉为“活萧太后”，名列“同光十三绝”之一。其子梅雨田（1865—1912），则是著名京昆戏曲音乐家，也是与谭鑫培长期合作的著名琴师，与谭鑫培、单皮鼓手李五并称“三绝”。梅巧玲的另一子梅竹芬（1874—1897），就是梅兰芳的父亲，亦为京昆名旦，擅书画，精音律，具有多方面的艺术才能。梅兰芳的母亲杨长玉（1876—1908），是著名武生杨隆寿之女。梅兰芳家族可谓典型的梨园世家。由于梅兰芳父母早逝，他是由伯父梅雨田抚养成人的。

图6-12　梅兰芳

梅兰芳八岁开始学戏，开蒙戏目是《三娘教子》，九岁从名旦吴菱仙学唱青衣，十岁登台。1913年，二十岁的梅兰芳首次应邀到上海，当时已是南北驰名的王凤卿热心提携后进，让梅兰芳挂头牌，自己为二牌。梅兰芳在《穆柯寨》中扮演穆桂英，一举轰动，受到上海观众的普遍欢迎和热烈追捧。1915年之后，梅兰芳排演大量新戏，其中有古装新编剧目，如《嫦娥奔月》、《黛玉葬花》等；也有时装新戏，如《宦海潮》、《一缕麻》等。同时，还演出了许多昆曲传统折子戏《思凡》、《牡丹亭·闹学》以及《西厢记·

佳期》等。这一时期梅兰芳排演的古装新戏，有代表性的戏目有《霸王别姬》、《天女散花》、《洛神》、《宇宙锋》、《贵妃醉酒》、《断桥》、《审头刺汤》等。梅兰芳在继承传统的基础上，在京剧艺术的唱、念、作、打诸多方面，都有创造性的突破，特别是在舞蹈方面的天才发挥，极大地丰富和发展了京剧艺术的艺术表现力。

梅兰芳卓越的艺术成就逐渐引起了国内外戏剧艺术领域著名戏剧家的高度重视。1919 年和 1924 年，曾两次应邀赴日本演出，1930 年初，应邀赴美国演出，1935 年应邀赴当时的苏联演出。所到之处，均反响强烈，受到国际友人的盛情赞赏和高度评价。届时，也结识了许许多多的著名演员和杰出的戏剧家。特别是在苏联演出期间，结识了高尔基、托尔斯泰、斯坦尼斯拉夫斯基、爱森斯坦、丹钦科以及萧伯纳、布莱希特等，他们对梅兰芳的表演艺术备加推崇，甚至以为给了他们极其有益的借鉴和启示。正是在看了梅兰芳的表演之后，德国马克思主义戏剧家布莱希特吸收了中国戏曲艺术的营养，逐渐形成了其区别于欧洲传统戏剧艺术的独特表演体系——布莱希特体系，以至后来学者们一致认为，其与梅兰芳体系、斯坦尼体系合起来构成了世界表演艺术的三大体系。

1931 年“九一八”东北沦陷之后，梅兰芳离开北平移居上海，他排演了《抗金兵》、《生死恨》等剧，倾注了他强烈的民族意识与爱国热情。1937 年抗战爆发后，身居沦陷区的梅兰芳，不为敌、伪的威胁利诱所屈服，蓄须明志，拒绝演出，一直坚持到抗战胜利，表现出崇高的民族气节。1949 年全国解放以后，党和人民给了梅兰芳这位艺术大师一系列崇高的荣誉，先后当选为全国人大代表、政协常委、中国文学艺术界联合会副主席与中国戏剧家协会副主席；并任中国戏曲研究院、中国戏曲学院、中国京剧院院长。1952 年以后，梅兰芳多次应邀出国访问演出，增进了中国人民与世界各国人民的友谊。1959 年 3 月，梅兰芳加入了中国共产党。从 1951 年到 1955 年，梅兰芳组织了梅剧团，到全国各地巡回演出，共演出 500 多场，观众超过百万。从这个意义上看，梅兰芳大师不愧为真正意义上的人民艺术家。

梅兰芳集京剧旦角艺术之大成，将旦行的青衣、花旦、刀马旦等熔于一炉，创造出独特的表演形式和唱腔艺术，世称“梅派”，与尚小云、程砚秋、荀慧生合称“四大名旦”，并被推为首席。梅兰芳在京剧表演、音乐、舞蹈等方面均有杰出的创造与独特的贡献。尤其是大师晚年的艺术风格，更趋清雅含蓄，神融气畅，也更富有内蕴，标志着这位艺术大师在艺术上达到了炉火纯青的极高境界。1955年4月，文化部、中国文联、中国戏剧家协会联合为梅兰芳和周信芳举行舞台生涯五十周年纪念活动，在纪念大会上，周信芳先生这样评价梅派艺术：

> 一个真正的艺术家，一个真正具有群众基础的艺术流派，必须和时代的脉搏相一致，必须在他的创作活动中反映出时代的精神，不管这种反映是直接的，还是间接的，是鲜明的，还是曲折的。只有这样，艺术才能具有生命力，永远保持青春。梅兰芳同志的全部创作实践，证明他是一个真正的艺术家，证明梅派决不是一个脱离群众的孤芳自赏的流派。他在“九一八”事变以后编演的《抗金兵》、《生死恨》，表现了爱国主义思想，鼓舞了人民抵抗日本帝国主义侵略的斗志。他在《宇宙锋》、《金山寺》、《游园惊梦》里，揭露了封建制度的黑暗、残酷，歌颂了古代人民的反抗精神和对幸福生活的向往，具有强烈的人民性。其他如《霸王别姬》、《奇双会》、《穆柯寨》、《木兰从军》等等，也都从各个方面刻画了我国古代妇女的典型形象，表现了人民的传统美德：忠厚、善良、勤劳、勇敢。尤其是他晚年的新作《穆桂英挂帅》里，运用新的观点，在传统的基础上，出色地再现了穆桂英的英雄形象。

在谈到梅兰芳大师对京剧艺术的革新与创造时，周信芳先生指出：

> 在剧目上他不但赋予一些传统剧目以新的意义，还创造了一系列梅派新剧目。在表演上，他熔青衣、花旦、刀马旦的表演方法于一炉，为旦角的表演开创了新的广阔的道路；他还结合剧情，创造了许多优美的古典舞蹈，如《麻姑献寿》中的盘舞，《霸王别姬》的剑舞，《天女散花》的绸舞，《西施》的翎舞，《千金一笑》的扇舞以及其他戏里的水袖工夫等等。在化装上，他参考了古代的仕女画，创造了著名的"古装"，以表现《嫦娥奔月》、《黛玉葬花》这些梅派戏里的特定的人物。他创造这种"古装"，是为了解决京剧原有化装（包括服装，内行叫行头）所不能解决的问题……①

周信芳先生对梅兰芳大师艺术成就的概括，言简意赅，既全面又精辟，非同行知音是难以做到的。周先生对梅先生的品德情操，也是赞赏有加的："首先是他品德的美好，然后才是艺术上的光辉的成就。"

1956年3月，梅兰芳返回阔别已久的家乡泰州祭祖，并在泰州、扬州作访问演出，受到故乡人民热烈欢迎，其精湛的表演艺术，给家乡人民留下深刻印象，同时激发了泰州京剧票友及戏曲爱好者学唱京剧、普及戏曲知识的极大热情。

梅兰芳的夫人福芝芳，是"崇雅社"女科班青衣演员，1921年与梅兰芳结婚后即告别舞台，专心照顾梅兰芳的生活。梅兰芳有三子一女，小儿子梅葆玖是梅派艺术嫡传的名旦，女儿梅葆玥则工须生，承袭了京剧世家的演艺事业。而长子梅葆琛和次子梅葆珍（即梅绍武），则分别是工程师和作家。梅兰芳一生共收了109名弟子，可谓桃李满天下。这些弟子遍布海内外，对京剧艺术的传承发展，特别是梅派艺术的薪火相传，都具有重要的意义。

---

① 周信芳：《悼念梅兰芳同志》，《周信芳文集》，中国戏剧出版社1982年版，第400页。

1961年夏,梅兰芳因心脏病发作而不幸辞世,享年68岁。大师的离去,是我国文化界和戏剧届重大的、无法弥补的损失。当时由周恩来总理亲任治丧委员会主任,于8月11日在首都剧场举行了隆重的悼念活动,由陈毅副总理主持追悼会。届时国家邮电部发行了八种纪念梅兰芳邮票,中国戏剧出版社出版了《梅兰芳文集》、《梅兰芳的舞台艺术》等一系列著作。周恩来总理还指示,要筹建梅兰芳纪念馆。如今梅兰芳纪念馆及梅兰芳史迹纪念馆早已在大师的故乡泰州建成。上世纪五十年代以来,在梅兰芳大师的祖籍泰州,京剧艺术有着广泛的深厚的群众基础,许多全国著名的京剧演员陆陆续续到泰州演出,泰州本地几个专业京剧团演出活动也很频繁。特别是京剧票友活动,异常活跃,他们或聚会清唱,或登台票戏,极大地丰富了群众性的业余文化生活。近年来,在泰州城区以及兴化、姜堰等地的京剧票友还组织了梅兰芳京剧艺术研究会和京剧票友联谊会,举办了全国高校京剧票友演唱会,接待新加坡平社京剧团来泰州演出等活动。此外,还编辑出版了《京剧票界》报和《梅兰芳》杂志,在海内外京剧票友界影响颇大。

淮剧(又称江淮剧)也是泰州地区广大人民群众喜闻乐见的剧种。清代中叶,江苏盐城、阜宁一带,流行着一种由民间号子和田歌"儴儴腔"、"栽秧调"发展而来的说唱形式"门叹调",由一人单唱或二人对唱,仅以竹板击节。后与苏北民间祭神的"香火戏"相结合,被称作"江北小戏"。唱腔主要是在"门叹调"和"香火调"以及民间小调的基础上发展而成的淮调(后来称老淮调)。之后,受徽戏和京剧影响,特别是在唱腔上吸收了徽调并加以变化,创造了"靠把调"(亦称老徽调),在表演和剧目等方面逐渐丰富,形成了淮剧。其传统剧目主要有生活小戏《对舌》、《赶脚》、《巧奶奶骂猫》等,大戏《九莲十三英》(即秦香莲等九本带"莲"字的戏和《王二英》等十三本带"英"字的戏)和《岳飞》、《千里送京娘》、《状元袍》、《官禁民灯》等。抗战时期淮剧编演了一批现代戏,如《照减不误》、《翻身》等。中华人民共和国成立后编创、整理的影响较大的剧目有：传统戏《三女抢板》、《探寒窑》；现代戏《海港的早晨》、《打碗记》。此外还有摄制成电影戏曲片的《女审》、《蓝桥会》和《金色的教鞭》等。

泰州地区的淮剧演出早期主要是堂会戏，民间则是戏班子会串，演出场所不定。1956 年泰州市有了淮剧团，先后涌现出王少春、陈德林、黄素萍、陈澄、韦建锋等一批有成就的淮剧艺术家，排演了不少影响较大的剧目，如《板桥应试》、《买官传奇》、《祥林嫂》、《信访局长》等。王少春出生于梨园世家，八岁时即随其父王恒和学艺并登台演出。十二岁时师从京剧武生石常根，打下了扎实的戏曲基本功。十六岁时，王少春就成了上海滩淮剧界各家班主争抢的名角。解放后，他担纲组建了合义淮剧团（即泰州市淮剧团的前身），并亲任团长。退休后，他以提携后进、培养青年演员为己任，同时在省剧协兼任理事与咨询委员，并任淮剧研究会顾问。王少春兼擅文武生行，小、须、老生行行皆精，是有成就的淮剧表演艺术家。陈德林可以说是泰州土生土长的淮剧表演艺术家。新中国成立后，在淮剧声腔与表演方面形成独特的风格，并为专家和观众所认可，陈德林是第一人。他也是泰州籍戏剧家继梅兰芳大师之后创立流派的又一人。在三十年舞台生涯中，陈德林创造性地将淮剧旦行唱腔巧妙地融入生行唱腔之中，形成“陈派”的“小悲调”和“大悲调”唱腔，所谓“十声九陈”，丰富和发展了淮剧的唱腔与表演。他在新编淮剧《板桥应试》中所塑造的郑板桥形象，儒雅、脱俗且带几分癫狂，极饶个性，给观众留下了深刻的印象。因此剧，陈德林获第十二届“白玉兰”奖和江苏省“德艺双馨”演员称号。陈德林妻子黄素萍也是淮剧演员，这对淮剧名家伉俪是公认的淮剧最佳搭档，二人合作演戏已逾四十个春秋，共同创造了一百多个舞台形象，为淮剧艺术的流播与发展做出了卓越的贡献。上世纪 80 年代初，淮剧《卖油郎与花魁女》曾红遍大江南北。陈、黄伉俪均为国家一级演员，一生一旦，夫唱妇随，配合默契。他们在《赵五娘》、《玉蜻蜓》等淮剧的合作中，不知倾倒了多少淮剧迷。这些剧中的许多唱段，被多家电视台、音像出版社制成音像制品，有的被戏曲学校作为教学范本，同时也为淮剧迷们争相收藏。特别值得人们关注的是，陈、黄两位淮剧艺术家的女儿陈澄，也成长为淮剧新秀。陈澄自幼为淮剧艺术所熏陶，天资又极聪颖，故能继承父母衣钵，在淮剧演唱中脱颖而出，迅速成长为优秀戏曲演员。她多次在全国和全省的戏剧演唱大赛中获奖。2001 年，由陈德林和陈澄父女二人联袂主演的大型新编淮剧《马前泼水》引起轰动，至今已演出一百多场。2003 年，该剧获江苏省"五个一工程奖"。同年，泰州淮剧团的《祥林嫂》作为江苏省唯一一台推荐剧目参加上海中国艺术节，陈澄扮演祥林嫂，作为年轻的戏曲演员第一次登上国际性大舞台，她不负众望，以出色的表演征服了专家和观众。著名越剧表演艺术家袁雪芬称赞她是"戏曲与歌曲演唱发声完美结合的典范"。因此剧，陈澄获第十四届"白玉兰"奖。于是她与父亲陈德林、母亲黄素萍一起，成为全国戏剧界绝无仅有的一门三朵"白玉兰"。2003 年 11 月，陈澄以《祥林嫂》参加江苏省戏剧节展演，获优秀剧目奖并五个单项奖，名列榜首。中国文联和中国剧协还专门召集全国著名戏剧家举行《祥林嫂》专题研讨会，与会专家高度评价此剧，认为编创和演出均为戏曲现代化作出了成功的尝试。这年年底，陈澄获江苏戏曲红梅奖之后，又参加全国红梅杯决赛，获特等奖和"红梅之星"称号，12 月 4 日陈澄携《祥林嫂》进京演出，获全国第二十一届戏剧"梅花奖"。

淮剧是在泰州拥有最多观众的剧种，它通俗晓畅，接近平民观众，极饶地方特色，深受泰州地区群众喜爱。人们甚至认为，淮剧虽然不以"泰州"命名，它实实在在就是泰州的地方戏。

在近现代泰州戏曲中，泰州木偶戏是极饶特色的一种演出形式。木偶戏班一般是在农村岁时节日或村赛神社上应召演出的，演出场所不受限制，场屋宅院、麦场草坪、村口田头，随处都可搭台演出。农家婚庆嫁娶，亦可邀木偶戏班演出。泰兴杖头木偶戏细腻传神，灵活生动，在国内外颇有名气，与福建泉州的提线木偶、漳州的布袋木偶齐名。据有关资料记载，泰兴杖头木偶戏大约在清道光之前由安徽传入泰州地区，有差不多近二百年的历史了。

木偶戏是一种古老的艺术形式，有的学者甚至认为它与中国戏曲的起源关系密切。由于它搭台较小，演出灵活，在广大农村曾颇为群众所喜闻乐见。泰兴杖头木偶也被称作“托偶”或“托戏”，俗称“三根棒”。演出时一根木棍撑木偶头部，木棍上端又横一短棒，谓之“肩板”。木偶肩部以上全靠此棍操纵，故此棍又称作“主棒”或“面棒”。表演时，操纵木偶的演员以娴熟的技巧，灵活准确地使木偶做出各种动作表情。另两根木棍操纵木偶双手，俗称“手挑子”或“手扦子”。三根棍协调动作，木偶便能做出各种动作。当然，操偶演员要讲究技巧方法，其难度可想而知。

木偶动作时，演员要在后面配唱。初期唱的是徽调，后又从昆曲、京剧吸收唱腔精华，逐步发展到以唱京剧为主。演出剧目也不断丰富，除了传统京剧剧目外，也整理改编了如《火焰山》、《三打白骨精》以及现代京剧《智取威虎山》等。解放以前，泰兴零散的小木偶戏班有一百多个。上世纪 50 年代，经政府批准，整合成 11 个木偶剧团。1959 年又合并为 3 个团。其演出范围遍及全国各地。1973 年，泰兴县木偶剧团改名为扬州木偶剧团，不仅在国内演出，还代表国家和省市远赴美国、澳大利亚、法国、意大利、西班牙、德国等国家以及台湾、香港等地区演出。该团赴日本的演出交流更是频繁，多次赴日本，在 400 多个城市累计演出逾千场。1989 年，还与日本影法师剧团联合创作演出了木偶剧《三国志》。此外，还多次为党和国家领导人以及来我国访问的外国国家元首演出，获得一致的好评与赞赏。

三、泰州曲艺

我国古代曲艺是丰富多彩的，它与戏曲几乎是同步相伴随发展的，有些品种甚至在戏曲艺术正式形成之前就已经相当成熟了，并且为戏曲提供了必要的营养。如唐宋时期的说话艺术，不仅为戏曲艺术准备了题材和本事，同时散韵结合叙述故事、塑造人物形象的基本表现形式，也为后世戏曲所取法。特别是宋金诸宫调，与戏曲之间的关系就更为密切。金章宗时董解元根据唐代大诗人元稹的传奇文《莺莺传》改编创作而成的《西厢记诸宫调》，就是明显的例子。它不仅成为元人王实甫《西厢记》杂剧再创造的基础，而且也为后世弹词与鼓书确立了典范，故人们又称其为《西厢搊弹词》或《弦索西厢》。"董西厢"是典型的古代曲艺作品，而"王西厢"则是戏曲杰作。

泰州地区的曲艺和戏曲一样，形式多样，异彩纷呈，有着深厚的历史文化意蕴和广泛的群众基础。如评话（说书）艺术，显然是承袭宋元说话艺术的"讲史"而来，明末清初泰州柳敬亭被称为"说书祖师"。又如靖江讲经，则无疑是从宋"说话四家"中的"说经"而来。至于道情，直可溯源于唐代道观内所唱之"经韵"，后吸收词调和曲牌，演变为民间布道时演唱的"新经韵"，也称作"道歌"。一般认为，至迟在南宋时已有曲白相间以说唱故事为主的道情存在了。在泰州地区，由于郑燮、金农等人染指道情创作，清代以来或创新曲，或循旧调，道情在民间传唱颇为广泛，特别是"板桥道情"，至今仍传唱不衰。此外，弹词与评话之间渊源有自，柳敬亭也被称作"弹词柳敬亭"，因而弹词在扬泰地区流布也相当广泛。

扬泰地区处于两淮、长江和大运河枢纽地带，为盐商、茶商等商人集聚之地，商品经济活跃、发达。特别是到了明末清初，资本主义生产关系的萌芽在江浙地区依稀见出端倪，市民阶层和新兴工商业者不断壮大；加之扬泰地区去南京不远，水路陆路交通均很便捷。所有这些，都为戏曲、曲艺的繁盛提供了条件。当时，各种戏曲形式在这里流布、交融，异常活跃，这对评话以及诸种说唱艺术也起到了催发与促进作用。评话是在古老的说话艺术基础上发展起来的，而扬州评话（或称扬泰评话）则明显是在泰州柳敬亭（1587—1670?）所走过的艺术道路上发展起来的。

因此，称柳敬亭为评话宗师、说书泰斗，并非过誉之词。

柳敬亭，本性曹，名逢春，泰州城南曹家庄人。[①] 十五岁时，因犯法获罪被缉捕。泰州府尹李三才念其年少，为其开脱罪名，得以免死，乃出走泰兴。后又辗转到了盱眙，开始学说书，以求生计。初无师从，只以读稗官野史和听别人说书，揣摸领会，即是所谓"挟稗官"和"耳剽"。不料竟能轰动一时，"倾其市人"。不久，他南下过江，经安徽宁国，到了杭州。在宁国时，他曾醉卧柳阴下，于是改姓柳，号敬亭，从此柳敬亭之名传遍市肆书场，真实姓名反不为人知。又因其脸色黧黑，"满面疤瘤"，人称"柳麻子"。

图 6－13　柳敬亭画像

柳敬亭赴松江说书，幸遇说书名家莫后光，遂拜莫为师。莫氏儒学出身，一旦下海从艺，自是不同凡响。他不仅着眼于技巧方法，而是晓之以理，动之以情，艺术上起点就很高。黄宗羲《柳敬亭传》描写了莫后光教授柳敬亭说书的方法与过程，耐人寻味不已：

云间有儒生莫后光见之曰："此子机变，可使以其技。"于是谓之曰："说书虽小技，然必勾性情，习方俗，如优孟摇

① 或为泰县人。《中国大百科全书·戏曲曲艺卷》、薛宝琨《中国的曲艺》均称柳为泰县人，未知何据。兹据宫伟镠《微尚录存》卷六《艺事柳逢春列传》。又据胡士莹《话本小说概论》，谓柳敬亭原名永昌，字葵宇，祖居通州余西场，至父应登（字文楼）始迁居泰州北门之便民坊。见上海古籍出版社 1980 年版，第 374 页。

头而歌，而后可以得志。”敬亭退而凝神定气，简练揣摩，期月而诣莫生。生曰：“子之说能使人欢咍嗢噱矣。”又期月，生曰：“子之说能使人慷慨涕泣矣。”又期月，生喟然曰：“子言未发而哀乐具乎其前，使人之性情不能自主，盖近乎技矣。”

三月之间，三种不同境界，连上三个台阶，敬亭天资可见；而莫生授业传技，自是高人一筹。此可略见中国古典美学精神之要义，不唯说书，各种传统技艺皆然也。由此三进，亦可见出明末清初我国说书艺术已相当成熟，其最终可抵达所谓“神韵”、“无我”的极致。

此后不久，柳敬亭说书声名鹊起，一时名震东南。他来到六朝都会南京，秦淮河边，桃叶渡口，夫子庙前，孙楚楼上，上自官绅富贾，文人骚客，下至贩夫走卒，寻常百姓，士庶皆知说书柳麻子，“无不当于心称善也。”张岱《陶庵梦忆》卷五描写柳敬亭于南京说书时的盛况，谓“一日说书一回，定价一两。十日前先送书帕下定，常不得空。”张岱听了柳敬亭说书后的感受是：

余听其说“景阳冈武松打虎”白文，与本传大异。其描写刻画，微入毫发；然又找截干净，并不唠叨。哱夬声如巨钟，说至筋节处，叱咤叫喊，汹汹崩屋。武松到店沽酒，店内无人，謈地一吼，店中空缸空甓皆瓮瓮有声。闲中着色，细微至此。……每至丙夜，拭桌剪灯，素瓷静递，款款言之。其疾徐轻重，吞吐抑扬，入情入理，入筋入骨，摘世上说书之耳而使之谛听，不怕其不齰舌死也。

柳敬亭绝妙的说书艺术，于此可见一斑。他不仅说《水浒》出神入化，也擅长说《西汉》、《三国》、《隋唐》、《岳传》等。余怀《板桥杂记》卷下曾记载柳敬亭在其家中说《秦叔宝见姑娘》，便是《隋唐》中的故事。有趣的是孔尚任在其《桃花扇》传奇中，竟描写了柳敬亭说《论语》，虽多半是虚构，但亦非空穴来风。柳氏长于“讲史”类，亦擅小说类。按张岱听柳说“白文”的说法，柳当亦能演弹词。所谓白文，即只说不唱。有说有唱，则是弹词了。“武松打虎”是用“白文”演说，若说其他书，或许有唱亦未可知。按，孔尚任在《桃花扇》第一出《听稗》中，不仅高度评价了柳敬亭的书品，谓“泰州柳敬亭，说书最妙”，“真绝技也”！而且，对柳敬亭的人品亦格外推崇。剧中借侯方域之口赞叹道：“俺看柳敬亭人品高绝，胸襟洒脱，是我辈中人，说书乃其余技耳。”当侯得知柳断然拒绝阉党余孽阮大铖的延揽后，不禁感慨地称赞柳为豪杰之士。

崇祯十六年(1643)八月，宁南侯左良玉奉召驻守武昌，延揽四方之士。柳敬亭被延至军中说书，并做幕宾，参与军机事宜。在军中，他自然也少不了说书。黄宗羲在《柳敬亭传》中是如此描写的：

> 每发一声，使人闻之，或如刀剑铁骑，飘然浮空；或如风号雨泣，鸟悲兽骇。亡国之恨顿生，檀板之声无色，有非莫生之言可尽者也。

柳敬亭在左良玉军中究竟说了些什么书，已无法考索，从“亡国之恨顿生”等语来看，无非是鼓舞将士抗清斗志，激发人们民族气节的故事，因左良玉算得上抗清名将，当时沿长江设防，目的就是阻止清兵南下。柳敬亭还作为左良玉特使，前往南京体察弘光小朝廷动静。南明弘光元年(清顺治二年，1645)，左良玉以“清君侧”为名，讨伐奸佞马士英、阮大铖，列舟二百里，发兵直下南京，不幸于行至九江时发病，死于舟中。

清廷平定江南之后，柳敬亭照例重操旧业，回到南京说书。在经历了江山易主、舆图换稿的大动荡、大忧患之后，他的评话艺术达到了一个崭新的境界。吴伟业谓其书艺“晚年尤进”，张潮则称其“风声四座”。七十岁以后，柳敬亭在松江、苏州、扬州一带说书。且不顾清廷早已颁布的剃发禁令，须发皓然，一袭长衫，依旧明代衣冠。如今，我们仍可以看到这帧画像。这个时期，柳敬亭还两次应邀到北京、天津说书，并在北京滞留多年，其精湛绝伦、儒雅脱俗的艺术风范，深得京城文人雅士和各界名流的赞赏。一直到晚年，始返回南方，仍以说书为业，过着凄凉的暮年生涯。柳敬亭从十七岁登台，直到八十岁以后，艺术生涯长达六十多年。其享年当在八十五岁左右。

柳敬亭上承宋元说话艺术，下启近代评话艺术，洵为一代宗师。由于他表演时主要采取下江官话，又走南闯北，熟悉五方异域之方言和习俗好尚，因而既能在江南一带演出，又能往京津地区献艺。后来流行不衰的扬州评话，当与柳敬亭的说书艺术一脉相承。柳敬亭晚年收了不少门徒，其中绝大多数是扬泰地区人。清嘉庆以降，扬州评话进入繁盛时期，说书艺人有二三百人，仅说《三国》、《水浒》两部书的，艺人就不少于两百人。出现了所谓“八大红伞”和“八骏马”的说书名家，其中最著名的是“王水浒”和“康三国”。“王水浒”指晚清至民国期间的王少堂；“康三国”则源于道光至光绪间的说书名家、泰州人李国辉。李是秀才出身，曾在衙门当过差，因屡试不第而改行说书。又因其通文墨，故能自创说书词句。他是“文三国”的代表人物。演出时，他吐语文雅隽秀，声情并茂，描摹细腻真切，生动传神，为“李门三国”的始祖。其弟子有康国华等八人，被时人誉为“八骏马”。其中康重华在“李派”基础上，又吸收了“蓝派”（时称“武三国”，创始人为蓝玉春）的长处，逐渐形成了讲究口锋，快而不乱，所谓“如银瓶倒水”的“康派三国”。可见“康三国”的祖师正是泰州人李国华。他的生平事迹记载很少，生卒年亦不详。他是当时扬州书坛“八大红伞”之一，为柳敬亭之后，又一泰州籍杰出的评书艺术家。他光绪间尚在世，约卒于民初。

值得注意的是，柳敬亭、李国辉两位评话大师又都与弹词艺术有关联。说来弹词原本与评话是姊妹艺术，弹词的形成较评话略晚。或谓弹词源于宋代的“陶真”，元明两代的“词话”。一般认为大约始于明末清初。早期为一人说唱，自弹三弦伴奏，故称之谓“弦词”。到了清中叶，弦词盛行，始由两人演出，称作对白弦词，且增加了琵琶伴奏。其特点是说多唱少，唱词部分只有叙述性表唱，没有人物抒发情感的对唱。扬州弹词传统书目，有文字流传下来的只有《珍珠塔》、《玉蜻蜓》、《白蛇传》等八部。“弦词”的提法最早见于李斗的《扬州画舫录》，是书成于乾隆六十年(1795)，此前是否有弹词这种曲艺形式呢？由于资料的匮乏，难以确证。不过有一点是可以肯定的，即柳敬亭除了评书表演，当亦兼擅弹词。证据之一是左良玉死后，钱谦益曾写诗敦促柳敬亭将左良玉事写成弹词演唱，所谓“千载沉埋国史传，院本弹词万人羡”(《左宁南画像歌为柳敬亭作》)。如果说这里只是取比，以金元院本和新兴的弹词譬如柳之评话，那末道光间诗人王汝玉“尽识弹词柳敬亭，十年浪迹等浮萍”(《读余淡心〈板桥杂记〉偶咏其事》)的诗句，则是径直称柳为弹词艺人了。此外，孔尚任《桃花扇》传奇最后一出《余韵》中，柳敬亭对苏昆生说：“既然《汉书》太长，有我新编的一首弹词《秣陵秋》，唱来下酒罢。”按，《桃花扇》传奇为严格意义上的历史剧，作者自称其剧中之事，皆“确考时地，全无假借”(《桃花扇凡例》)，可知孔氏所写，不无根据。

晚清以降，扬州弹词有三个流派最负盛名：即张敬轩一派的张门弹词，孔宪书一派的孔门弹词和周庭栋一派的周门弹词。三家数之中，孔宪书、周庭栋均为泰州人。孔宪书、孔家元父子又是最早将扬州评话名家李国辉改编的《双剪发》弹词搬上舞台的。由此可知，李国辉与柳敬亭一样，也是评话、弹词的兼擅的说书大家。二人对扬泰评话、弹词艺术贡献多多，均为说书艺术的一代宗师。据说扬州弹词第二代传人张丽夫，也曾师从李国辉学艺。又据《扬州曲艺志》可知，现存扬州弹词的十几部主要书目中，主要由泰州艺人演出而盛极一时的就有一半以上，即孔、周二派的《双剪发》、《双风珠》、《玉蜻蜓》、《双金锭》、《白蛇传》等。孔氏父子风格泼辣，豪放，对以武场故事居多的《双剪发》弹词驾轻就熟，在里下河一带演出时曾引起轰动，广受群众的欢迎和好评。后来周氏弹词第二代传人周少庭，以家传《白蛇传》与孔氏交换，得《双剪发》弹词底本，加以丰富，主要是强化了“小书”成分，在唱的部分上发挥周派所长，竟能连续演出一百二十场。而孔庆元的弟子董干元，未承师传，转而从周少庭学得《双剪发》，亦能连续演出两个月六十场，生前留下一百多万字的口述记录稿，至今收藏完好。周庭栋一派则长于《白蛇传》，其在扬泰地区演出更是风靡一时，所到之处，观听者为之动容。总之，泰州地区显然是明清时期弹词艺术的主要发祥地和流布区域，扬州弹词从某种意义上实可称之谓“扬泰弹词”。

泰州地区的“道情”，也是曲艺史上值得探讨的一种说唱艺术形式。道情源出于唐代道教在道观中所唱的“经韵”，是一种“诗赞体”的说唱。入宋以后，吸收词调和曲牌的音乐，逐渐变为民间布道时演唱的“新经韵”，亦称“道歌”。据南宋周密《武林旧事》记载，淳熙间宫中所唱道情，与鼓子词颇为相似，所用乐器为渔鼓、简板，故民间亦称道情为“渔鼓”。元明时期道教音乐中的“道歌”、“道曲”又与民间歌谣相融合，说唱故事也不限于道教思想，渐多世俗内容，或仍称“道情”，或称“渔鼓”，四川则称“琴书”，也有的地方称“道筒”。由于它表演灵活方便，随处都可以演唱，如歌楼饭店，茶馆酒肆，船舱广场，寺观戏台，街巷里弄等，不择场合，皆可作场。更因道情唱腔丰富，除了吸收《耍孩儿》、《皂罗袍》、《清江引》等曲牌外，也融入民间歌曲小调，兼收并蓄，雅俗共赏，故其流传广泛，深受广大群众的喜爱。元人杂剧《岳阳楼》、《竹叶舟》等，均有道情穿插其间。如《竹叶舟》杂剧第四折，列御寇等执愚(鱼)鼓简板上，说要“唱些道情曲儿，好警醒世人咱。”所唱《村里迓鼓》等四曲皆为仙家自道，超脱出尘之语。因道情与戏曲之间联系紧密，随着曲牌体的日趋丰富，在北方黄河流域诸省逐渐形成了戏曲道情(道情戏)，而道情中诗赞体的一支则主要流布于南方，即说唱道情。

说唱道情在扬泰地区流行大约始于明代，至清代，南方诗赞体道情在泰州地区与当地方言结合，逐渐独立于道教歌曲之外，而成为泰州地方说唱曲种。因它介于雅俗之间，受众面广，一些文人开始染指道情创作，如郑燮、徐大椿、金农等，都写过道情歌词。其中“板桥道情”尤为有名，在泰州地区传唱最为广泛。

图 6-14　道情表演

郑燮(1693—1766)，号板桥，兴化人。康熙秀才，雍正举人，乾隆进士。授山东范县知县，徙潍县，兼善诗词书画，是“扬州八怪”中有代表性的人物。幼即颖悟，读书饶别解，早年即有文名。因家境贫寒，在四十岁中举之前，饱尝疾苦。他的《七歌》诗，写尽了生活的百般困顿与倍极艰辛。除了在县太爷任上，他一生都在卖画，清贫使他深知民间疾苦，一旦为官，遂生爱民如子、关心民瘼的情愫。“衙斋卧听萧萧竹，疑以是民间疾苦声”。这是他在潍县知县任上时的一首题画竹诗，常被人们称引以说明板桥的思想感情。在他的诗文、词曲中，随处可见那种所谓“民胞物与”的强烈、真挚的情感。《潍县竹枝词》四十首和《道情》十首，即是明显的例子。《道情》十首作于板桥为官之前，具体写作时间作者自己写道：“是曲作于雍正七年，屡抹屡更。至乾隆八年乃付诸梓。"雍正七年是公元1729年,乾隆八年是1743年,其间经历十多年,有足够时间删改润色,便是所谓"屡抹屡更"。一说《道情》曲作于雍正三年(1725),根据也是板桥夫子自道:"予落拓京师,不得志而归,因作《道情》十首以遣兴。"(见裴景福藏《道情》卷跋语)其实并不矛盾,向来草稿当写于雍正三年,不断涂涂抹抹,大约在雍正七年板桥初步定稿,或许这时已在民间传唱,亦或许有不少抄本在流传,于是板桥继续精益求精,"屡抹屡更",直到乾隆八年付梓行世。如此,也就很容易解释何以稿本与刻本文字上多有不同,特别是"开场白"与"结尾语"不同处更多。同时这个过程也可见出,板桥对《道情》十首的创作态度是极为认真的。前前后后竟长达十八年之久。这样看来,《道情》十首流传广远,脍炙人口,人们唱了二百多年,就不足为怪了。

《道情》十首前有小序,俗称开场白:

枫叶芦花并客舟,烟波江上使人愁;劝君更尽一杯酒,昨日少年今白头。自家板桥道人是也。我先世元和公公,流落人间,教歌度曲。我如今也谱得《道情》十首,无非唤醒痴聋,销除烦恼,每到青山绿水之处,聊以自遣自歌。若遇争名夺利之场,正好觉人觉世。这也是风流世业,措大生涯。不免将来请教诸公,以当一笑。

贫儒出身的板桥愤世嫉俗,对名利场上的争夺深恶痛绝,自己又无法改变现实社会,于是转向了道家的清静无为,在曲中流露出超拔红尘,自觉觉人的思想。他自称"板桥道人",也是耐人寻味的。我们不可简单化的将其视为消极,就中的牢骚愤懑以及对黑暗现实曲折的揭露与批判,实可见出板桥内在的芒角峥嵘,这正是《道情》十首广泛传唱的思想基础。不妨看看第一、二首:

老渔翁,一钓竿,靠山崖,傍水湾;扁舟来往无牵绊。

沙鸥点点轻波远，荻港萧萧白昼寒，高歌一曲斜阳晚。一霎时波摇金影，蓦抬头月上东山。

老樵夫，自砍柴，捆青松，夹绿槐；茫茫野草秋山外。丰碑是处成荒冢，华表千寻卧碧苔，坟前石马磨刀坏。倒不如闲钱沽酒，醉醺醺山径归来。

此二曲令人想起孔尚任《桃花扇》传奇的末出《余韵》：一渔一樵，潇洒出尘；清风明月，醉中忘忧。就里寄寓的却是对陵替兴衰的一种深沉的历史沧桑感。耐人寻味不已。

傅抱石先生曾说过："今天五十岁上下年纪的人，小学时期，大概不少唱过'老渔翁，一钓竿，靠山崖，傍水湾……'这首《道情》曲的。谁的曲谱，早忘记了，但我还依稀会唱几首，尤其是'老樵夫'、'老头陀'、'老书生'几首。"又说他在扬州听老艺人唱道情，所唱曲调，基本上与他小时候所唱的板桥道情相仿佛。[①]傅先生此文写于上世纪六十年代初，所言五十岁左右的人应生于二十世纪初，可见板桥《道情》传唱之久远，而且是不光艺人能唱，普通人也能唱，真可谓家喻户晓了。

《道情》十首付梓在乾隆八年，查板桥中举乃在雍正十年。即是说他为官后第二年依然很重视这十首曲子，精心校勘后将其付印行世。这说明他身份地位改变之后，思想却没有变，即使是踏上了仕途，他早年儒道互济互补的思想依然是根深蒂固的。总之，《道情》十首对我们分析研究板桥的思想体系具有特殊重要的意义。

道情这种曲艺形式，于乾隆间逐渐摆脱道教教义，独立为说唱民间故事的新形态，逮至道光时，扬泰一带出现了三位杨姓说唱道情艺人，时人号为"三杨开泰"。他们在泰州地区演出并传

① 见傅抱石为《郑板桥集》所写《前言》，上海古籍出版社 1979 年版，第 10—11 页。

授技艺，声名大震，红极一时。后遂以泰州为中心，向周遭江淮地区特别是广大农村流布，并与淮北的"渔鼓"相区别，被称作"苏中道情"或"泰州道情"。此后渔鼓、简板，说唱道情越来越受到民众的喜爱，播在民间，布在人口，人人几乎能哼几句，一直流传不衰。

在泰州诸曲艺品类中，靖江讲经是颇具地域特色的一种。讲经源远流长，早在"宋说话四家"中，就有"说经"一家。在中国曲艺史上，有一种民间说唱，被称为"宝卷"，它是"宣卷"亦即讲经的底本。宝卷可直接溯源于唐、五代的变文，大体与变文一样分为讲唱经文和演唱佛经故事两种基本形态。早期的宝卷受到唐、五代变文，宋代说话艺术中的说经，以及鼓子词、诸宫调、南戏、北曲杂剧等形式的影响，同时杂糅着佛教经典与佛教故事，至明代始称作宝卷。靖江的讲经与吴语地区的"宣卷"一样，同属宝卷类。至迟到清代，靖江讲经逐渐形成了自己的地域风格，在民间传承着。

靖江讲经分"圣卷"（正卷）与"草卷"（小卷）两类。所谓圣卷，主要是讲神佛身世及其修成正果的经过，其中《三茅卷》、《大圣卷》、《观音卷》等是有代表性的；而所谓草卷则是以小说、民间传说和历史演义改变的世俗故事，如《三国》、《水浒》、《残唐五代》及《万花楼》等。圣卷流传下来的约有二十余部，草卷则多达七十多部。明末清初以来，经过讲经艺人们长期的积累、琢磨和不断改进与创新，靖江讲经在说唱艺术上日趋精致细腻，艺人们无论说唱圣卷还是草卷，悬想揣摩，将普通民众的思想感情和生活经验融入其中，同时巧妙地将靖江地区的风土人情和人文景观糅合进讲唱过程，加之说的部分以靖江方言为主，因而为群众所喜闻乐见。当地人称讲经艺人为"佛头"，讲唱时一位佛头，两位客师，间有问答，有说有唱。叙事抒情，细致入微，丝丝入扣；人物行动，历历传神。至关紧要之处，听众与讲唱者多有互动，甚至一起唱和。如此连演数日，通宵达旦，人们乐此不疲，代代传承，成为几百年来靖江特有的文化景观。

泰州曲艺有着古老而深厚的历史传统。在评话、弹词领域可谓名家辈出，代有传人。从柳敬亭到李国辉、顾玉田、李佩章、朱德春，还有周少庭、徐伯良、黄少章等，皆师承有自而又能卓然独立，成为一代说书名家。晚清以来，扬、泰两地书坛繁盛，书场红火，说书家竞争亦很激烈。这就要求艺人不断提高自己的技艺。说书人的底本便是话本，一般是比较简单的提纲要领，表演时说书艺人要做细致的二度创作，包括口语化提炼，细节描写的生动传神，以及表演者动作表情的精心设计。特别是即兴表演的精妙之处，要做定格保留。这就决定了师承传授时的口传身教，会心会意。艺人们在长期演出中，对一部书不断丰富、发展，更须随机性的灵性创造，显而易见，一部好书是一代甚至是几代人共同创造的。故而说书艺人们既有竞争，更有互相学习切磋。激烈竞争与学习切磋，均能促进说书艺术的精进。美国著名的文化人类学家莱斯利·怀特（LeslieA·White 1900—1975）说："符号表达的最重要的形式是语言表达能力，语言表达意味着思想的交流；交流意味着保存，即传统；而保存意味着积累和进步。"[①]保存与传统，是地域文化赖以生存和发展的基础。然而传统又在变与不变的辩证关系中递嬗、传承。泰州籍评话艺人李佩章，就是一位既尊重传统又敢于创新的卓然大家。他大胆采取泰州方言说书，同时善于汲取各家流派之长，逐渐形成了自成一家的独特风格，在里下河地区赢得广大群众的热烈欢迎，时人有"上河王少堂，下河李佩章"之美誉。他主要长于说《水浒》，从"武十回"、"宋十回"、"卢十回"，一直说到《水浒后传》。他能在一家书场连演八个多月，天天爆满，场场叫座，创当时连续演出时间最长纪录。另一位泰州籍说书名家周少庭（1900—1963），擅扬州弹词，他以说表生动自然，细腻真切和行腔温婉、说唱俱佳而驰誉书坛，人称"周氏弹词"。他也是评弹界说唱书

① ［美］L·A·怀特，沈原等译：《文化的科学》，山东人民出版社1988年版，第39页。

目最多的艺人，有《双剪发》、《珍珠塔》、《白蛇传》、《玉蜻蜓》等十多部。周少庭为周庭栋之子，庭栋于光绪间由丹阳迁居泰州，遂由演唱苏州评弹改演扬州弹词，并受李国辉指点。少庭自幼随父习艺，既得真传又能光大门楣，卓而不群，自成书坛翘楚。据传他擅以代言体扮演女性，维妙维肖，时人号为“青衣弦词”。一部《双剪发》，洋洋洒洒，他竟能连续演唱四个多月；一部《玉蜻蜓》，迤逦演绎，也可连续表演四十八天。此外，孔庆元等的《飞龙传》，在当时也久负盛名，自成家数流派。

清末民初以来，泰籍评话、弹词艺人中有名望的还有胡德田（生卒年不详）、顾朝祯（生卒年不详）、朱德春（1884—1935）、徐伯良（1901—1970）、谭凤庭（1908—1977）、黄少章（1913—1963）、孙宪书（生卒年不详）等。

胡德田师承任（德成）派《三国》第二代传人顾玉田，以说《三国》故事见长。其特点是引而不发，善于制造蓄势，娓娓道来，渐入佳境，人称“慢《三国》”。因其泰州方音较重，故常在里下河一带书场中演出。

顾朝祯是顾玉田之子。他习艺略迟，出道较晚，三十岁始登场说书。初时有些怯场，经反复磨练，终究登堂入室，技艺大进，允称大家。

朱德春少年时代曾加入京剧草台班子，演短打武生行，后拜吴荫春为师，改行学说评话。由于他有京剧武生的功底，说书时常将武打身段融合在动作中；又兼其聪颖好学，能将各地码头方言、江湖技艺等吸纳进说书艺术之中，因此能很快走红。他二十一岁到扬州教场登台说书，不久即声名鹊起。德春只上过几天私塾，文化水平不高，但他肯学习钻研，靠长期的艺术积累和丰富的阅历，说书技艺日臻纯熟，中年以后，红遍大江南北。他上场前总是一个人躲在后台帐子里静静“悟书”，任何人都不许打扰。抗战前他在浙江说《八窍珠》，因老板无意间惊动了其“悟书”，问何时转场，德春负气称书要说到过大年。其时，《八窍珠》已说到尾声，离过年还有小半年时间。话已出口，德春只得继续登台。于是，他一边说一边创作，连演四个多月，硬是编了一部一百八十万字的《续八窍珠》。他这种边编边演、即兴创作的惊人才干，一时传为佳话，在评话界受到广泛赞誉。朱德春说书技艺好，人的品德亦佳。他在江浙两地经常参与各种义演活动，向同行和后辈传授说书技艺，也往往毫不保留，在当时说书界有极好的口碑。

徐伯良本贯浙江，生于泰县。他十三岁时拜吴国良为师学说《三国》，二十岁时独挑大梁，登台献艺。他天资好，亦肯下苦工，加上先天一副好嗓子，说表机锋泼辣，书艺圈中人称之谓“泼口”。说起书来，他姿态潇洒，气势逼人。快而不乱，口若悬河，细微之处，筋节明晰；至关紧要之处，声情并茂，令人屏息忘我。赞许者谓其如“净瓶倒水”。他尤善说金戈铁马故事，即所谓“刀马书”，能以口技模拟马嘶声、马蹄声和銮铃声，或马在行走时由近及远，从小路踏上大路，过泥路再到石路，种种声响，清晰可辨，尽皆维妙维肖，栩栩如生。他堂木一拍，发声伊始，不必通报姓名，人们便知是泰人徐伯良。如他讲蒋干故事，专门设计了一系列特有的姿态动作和语调笑声等。把一个蒋干形象塑造得鲜明生动，活脱脱如在眼前，因有“活蒋干”的雅号。上世纪60年代初，徐伯良加入镇江曲艺团，其精湛的技艺得到广泛赞誉。

谭凤庭，本名谭臻，字德润。幼而丧父，由其伯父抚养成人。因伯父清末中过武举，凤庭自幼即受到熏陶，颇知一些武功。他十六岁时，伯父病故，遂往南通去投奔伯父习武时的师兄金长海。先是在金的滩黄戏班子里演丑角，改艺名为金美芳，并结识了唱青衣的女演员金凤霞，继而一起回到金凤霞家乡苏州，结为夫妻，又从其岳父学演苏州评话。由于凤庭不精通吴语，演出时难免门庭冷落，生活日渐艰辛。不得已，又转而回南通投靠金长海，继续唱戏。在海门，他偶遇评话艺人张寿松，张听说凤庭能说《岳传》，就将自己的《说唐》与之换书，后凤庭开始说扬州评话。1940年其妻金凤霞病故，凤庭辗转回到海安，挂在周少庭名下，又从凤章学说《水浒》。解放后，复归宗谭姓，艺名凤庭。

因其转移多个行当,说书自有特色。他善于代言体表演,手式身段亦佳,故在里下河一带颇有些名气。

黄少章,泰县人,后移居扬州。自幼随其父学说《八窍珠》,出道后在里下河一带演出。上世纪30年代,少章到镇江演出,因其姐夫王少卿的关系,得识说《八窍珠》名家朱德春,遂一直悉心听朱氏说书,潜心揣摩,虚心请益,不久书艺精进,渐成"响档"名家。

泰州籍说书名家不止以上所述,兹不过择其要者罢了。

近现代以来,泰州人书场听书曾是一种主要的娱乐活动。到新中国成立初期,扬泰地区的说书艺人仍保持在百人以上。仅泰州城区,就有书场十数家。书场往往是由茶园、饭庄和酒楼兼营的。解放前,书场收费以茶杯为数,听者进场后,跑堂的便为每位泡上一杯茶,且不停加开水。说书艺人每天大约说三段书,两小时多一点。一般在说到第二段书快结束时,跑堂的开始到每位听书者面前收费。试想,在没有电视,看电影已是少数阔人光顾的时代,中下层民众岂能不选择书场来满足自己的娱乐要求呢,而听书的收费不过是两个烧饼钱。据《吴陵野记》卷二《茶园演剧》载:

> 朝为茶社,入暮则作戏园,近悦远来,颇极一时之盛。其后戏停而茶社犹存,迄今未改旧观也。闻半亩轩为县役郭景建,其初兼有夜戏,后惟作茶社,亦市人娱乐之场所。旋以地僻而生涯淡泊,遂不复营业。

戏园如此,书场亦然。自然,戏园须在大一些的茶社,而小一些的茶室作书场也是绰绰有余的。倘若半亩轩不是因为处于偏僻之地,无论经营茶馆还是充作书场,都是不会停业的。

解放以后党和政府重视文化建设,对评话、弹词这种人民群众喜闻乐见的通俗文艺形式多有扶持。一方面将说书艺人组织起来,组成专业或业余的演出单位,一方面整理出版传统书目。

演出场所除了海陵春、斌园以及大东酒楼等一些茶园、酒楼之外，还有文化馆书场、工人文化宫书场以及一些文化站、老年活动中心等。近年来，惟因蓬勃发展的电影电视的普及，各种音像制品和歌舞厅等的出现，书场逐渐萎缩，人们文化娱乐的消费观念日趋多元化了。然而，戏曲曲艺不会消亡，作为传统艺术形式，其文化意义和艺术价值犹在。况且作为曾经在历史上辉煌过的民族民间艺术，对其进行学术性研究的意义也是显而易见的。

说到泰州道情在近现代的流传发展，不能不提到道情创作、演唱名家陈少堂。他是少数以演唱道情为业的有代表性的人物。清光绪间，东台安丰镇人陈少堂自创《二度梅》、《白鹤传》等道情曲目，奔走于大江南北的书场中。他的演唱既遵循传统道情的曲牌格式，又广泛汲取民间歌谣、小唱的精华，形成了自己一唱三叹，娓娓动人的风格，极受听众的赞许与推崇。他也授徒传艺，弘扬道情艺术。其子陈少吉以及后来在道情演唱上各有成就的扬州洪小平、盐城钟干泉、镇江潘玉璋等，皆出其门墙之下。他所编创的《三国》、《水浒》等长篇书目片断，以道情形式演唱传统书目，有如戏曲中的折子戏，不仅扩大了道情演唱的题材范围，也突破了道情重在抒情，不尚铺排、叙事的局限，在道情流布发展过程中，具有重要意义。后来陈门传人洪小平演唱“青白二仙”（即白蛇青蛇故事），就兼有评话和清曲的韵味，在扬州演出时颇为人们所称道。这种巧妙融合姊妹艺术之精华，又不失道情家风的演唱，无疑是具有开创之功的。特别是抗战期间东台袁贯一，镇江潘玉璋，积极配合抗日宣传，创作了许多新曲目。潘玉璋编创的《十二月骂东洋》，涉及到“卢沟桥事变”后许多重大历史事件，演唱时义正辞严，慷慨激昂，充满民族正义感和爱国主义精神，听众为其演唱所感染，无不义愤填膺。为此，他被日本宪兵所缉捕。由此可见，道情这种曲艺形式简朴便捷，渔鼓、简板，站着演唱，灵活机动，可长可短，特别适合配合不同历史时期的中心工作，宣传群众，称得上是文艺领域的轻骑兵。全国解放以后，道情艺人们除了演唱传统曲目外，还不断推陈出新，编演了一系列有生气的反映现实生活的新曲目，如《大军过长江》、《赞十大元帅》以及《江姐》、《焦裕禄》等。据泰州文联1951年统计，当时分布在苏北城乡的职业道情艺人，总数在六百人以上。这是个相当惊人的数字。如果再加上业余和半职业化演唱道情的人，就更是令人惊叹不已了。这说明道情演唱深得苏中、苏北广大群众的喜爱，同时也说明了传统民族民间艺术，特别是地域性很强的艺术形式，既有着广泛的群众基础，又具有蓬勃的生命力。当时泰州的道情艺人还成立了"道情协会"，泰县(姜堰)则成立了专业的道情表演艺术团。这种情况在全国范围里几乎是绝无仅有的。

道情演唱，自陈少堂、洪小平开始，与评话、弹词一样，进书场固定演出，被称为"内档"；更多的是流动性的，内河船舶之上，过江轮渡之中，街巷空场，桥头水畔，随处撂地可唱，便是行话中的"踩街"；也有相对固定于街市一隅或酒店茶馆内作场的，则谓之"地摊"了。"内档"多演唱长篇故事，如《珍珠塔》、《白蛇传》、《封神榜》等；"踩街"则多以短制为主。总之，道情曲调贴近民歌，内容亦贴近民众生活，尤其是"踩街"，有时即兴编词，看到什么唱什么，往往夹杂方言土语，其地域性特征浓厚，因此，它受到民众的普遍青睐。

靖江讲经的传承与保留，从全国范围来看，也是绝无仅有的。有的学者甚至认为它是"活的宝卷。"

自明末清初宣卷从浙江、苏南地区传人靖江后，靖江说经从未中断，一直到今天仍在传承。靖江讲经艺人对早期宣卷有传承，也有创造性的发展，他们大量汲取民间传说、故事，不断丰富讲经内容，逐渐摆脱了古老宣卷照本宣科的原始程式，形成了自己的一套说唱方式。靖江人称讲经艺人为"佛头"。民族民间文化工作者和学者们都称赞讲经艺人们为"活的图书馆"，因为他们脑子里记的东西太多了。清末民初是靖江讲经发展的全盛时期，其时佛头总数超过一百人。新中国成立以后，党和政府并没有简单地将靖江讲经视作糟粕，而是采取了剔除其中的迷信成份，对这种民间说唱艺术进行了审慎的挖掘整理工作。1958 年以后，为了抢救民间文学遗产，改革靖江宝卷，靖江的文化工作者曾将《大圣宝卷》中的“张员外逼租”整理成文。1960 年由靖江著名讲经艺人钱如山（1902—1965）试讲，群众反应热烈，录音播放时，行人伫立街道旁，从高音喇叭里收听，据说当时交通竟为之阻塞。1965 年春，当时的靖江县文化馆将本县历史上一个恶霸地主杀媳惨案，编成宝卷《臧五姐之死》，仍由讲经名家钱如山在孤山地区讲唱，在群众中反响强烈。钱如山从事讲经活动近半个世纪，传徒六人，均为当地著名讲经艺人。

然而，真正意义上的、较大规模地考察、挖掘、整理靖江宝卷工作，是 20 世纪 80 年代改革开放之后，一些文化工作者与北京有关的专家一道，对靖江讲经的文化意义重新审视、研究、发掘、整理这种民族民间说唱艺术的精华部分。1988 年，经吴根元、缪炳林等整理，第一部靖江宝卷《三茅宝卷》正式出版。同年，上海《民间文艺季刊》发表了《江苏靖江“讲经”调查报告》。1991 年，由吴根元、姚富培所搜集整理的《大圣宝卷》出版。如今，这方面的工作仍在继续。

靖江宝卷内容丰富多彩。剥开仙佛故事的外壳，中有大量靖江风土人情和地域民俗文化的细致描述，直可视为一部靖江民俗宝典。时下靖江讲经仍时有演唱，岁时节日的宣卷活动仍吸引着当地群众。现有“佛头”七十余人左右，年纪大的有八十岁以上的，年纪轻的不过二十几岁。女佛头的出现，是近年来才有的事，现有女佛头近十人，年龄多在四五十岁。靖江讲经这种古老的说唱艺术形式，已是代有传人。

靖江讲经不仅为当地民众所喜闻乐见，也倍受海内外许多专家学者的关注。一些研究戏曲曲艺史以及民俗学的专家学者，多次到靖江城乡实地考察，观听讲经艺人宣卷，一致认为，在靖江地区古老的宝卷能传承至今，是一种值得重视和研究的文化现象，从全国范围来看实属罕见。不少经卷得以保存下来，弥足珍贵。所有这些,都是文化研究和说唱艺术史研究活的材料,应引起各有关方面的重视。

泰州戏曲曲艺异彩纷呈,资源丰赡,称得上是全国戏曲曲艺的重镇。我们这里只是拉出了一个大致的轮廓,突出了主要的线索,以为进一步做深入的专题研究提供参考。戏曲方面,诸如锡剧、扬剧以及泰州扇戏等均未涉及;曲艺方面,未被提及的就更多了,如泰兴锣鼓书、泰兴唱书、泰州滚灯、泰县小曲等。至于扬州清曲、香火、莲花落、快板等,非泰州所独有,故不阑入。

第七章 泰州的宗教

第一节 泰州的道教

一、泰州道教的沿革

道教传至泰州的确切时间不详,但不迟于东晋。泰州道教,宋代鼎盛,元代衰微,明代又稍有发展,清代以来日趋没落。

泰州道士大部分属正一道清微派;也有部分道士,如城隍庙、南斗宫、北斗宫、三官殿、斗姥宫、和合财神庙、火星店的道士属全真道龙门派。自清代以来,泰州的全真道实际上已向正一道转化。据旧志记载,晋代乐子长、王冶及宋代徐守信等属炼养派,其他均属符箓派。明清以来,修炼的方法在泰州道教中已大半失传。民国时期,不少道观已不再做早晚功课,但每年农历二月十五日老子诞辰,全城道士须集中摆设道场,正月初九玉皇诞辰与九月初一斗姥诞辰,各奉祀道观也做斋醮礼拜。民国三十五年以后,多数道士陆续经商、行医,宗教活动反成副业。1951年以后,泰州道教活动基本停止。改革开放以后及至泰州城隍庙恢复成道教活动场所,泰州的道教又恢复了活动。

兴化境内道教的传播应追溯到唐代以前,最早应为茅山“三茅宫”。相传为茅氏三人“初炼道之地”(清任大椿碑记),设立祠祀早于隋唐。唐代大历年间筑常丰堰,农耕渐兴,人烟始稠。五代设县,便相继创立道观。自元代以来,北方全真和南方正一都在兴化有所传承。如元代名道柴元皋(四圣观主持)、明代名道姜可常(五道士)皆为全真。姜可常于明永乐年间自泰山"刘长春真人府中来住东岳庙"(咸丰兴化县志卷十二)。明代中期,陆西星(1520—1606)结北海草堂,修道于兴化方壶岛,撰述《方壶外史》、《南华副墨》等,成为这一历史时期道家最重要的经典,至清代,被收入《四库全书》。陆西星在王重阳内丹北宗和张百端内丹南宗的基础上,创立了中国道教内丹东派,成为内丹东派的始祖,影响遍及国内外,主要流传于国内苏、浙、皖、赣及日本、朝鲜和韩国。清代至民国间,各道观多为火居道士,娶妻生子,世代相传,如吴姓、莫姓等。

泰兴道教相传始于唐代,有玄真、清真、太乙、伙居四派。宋金以后,道教分为全真派和正一派。1989 年,泰兴有 20 多名正一派散居道士开始恢复斋醮法事活动。到 1997 年,散居道士发展到 70 多人。2003 年 7 月,经省道教协会考核认定,泰兴市有 87 人获得正一派散居道士资格。至 2005 年底,泰兴市共有正一派散居道士 110 人,他们相对集中分布在大生、泰兴、宣堡、河失、曲霞等乡镇。

高港道教传入亦起于唐代,从明代起进入盛期,有全真道和正一道,以全真道龙门派为主流。

二、教徒与团体

泰州著名的道士、道姑,有所谓"海陵十仙":乐真人(乐子长)、王仙翁(王冶)、王鹿女(王妙行)、徐神翁(徐守信)、周处士(周恪)、唐先生(唐甘弼)、陈毯皮、陈悟真、风尚书、戚端公,均为宋代以前人,宋以后著名道士不多。明清以来,城区道士一直保持 50 人左右,民国三十八年为 42 人。解放以后,道士参加各项生产劳动,不再从事道教活动。1965 年,曾作道士者剩 19 人,1987 年不足 10 人。

泰州道士不少有专业技能,如:火星庙许继泉六代祖传引种牛症、三宫殿顾合马的小儿科、管王店徐海珊的内外科,皆受群众信任。在书画界，斗姥宫金野樵的山水、玉皇宫朱辉的墨龙、钱家殿耿少南的花卉领毛也有一定声誉。不少道士具有较高的音乐水平，其中以清末民初上真殿住持王蕴卿尤为突出。泰州的道教音乐，既重视继承宗教音乐的传统，又注意吸收苏北民间音乐的地方特色。解放前后，泰州城区尚可组成一二十人的道教乐队，遇有盛大集会参加活动。1952 年，泰州市文化馆曾将《将军令》、《忒忒令》、《哪吒令》、《雁儿落》等 14 首道教乐曲整理成册；玉皇宫道士胡耀西、管王庙道士徐源，也曾分别受聘于空政文工团与中央民族乐团。

泰县道教会于民国六年成立，是江苏省内第一家道教协会，会址设上真殿内，王蕴卿、洪复仍先后任会长。民国十六年停止活动，民国三十七年冬又在斗姥宫恢复，吴教龙为会长，至 1950 年停止活动。

靖江历史上无道教组织，现靖江市道教协会 2002 年成立，2007 年换届。徐灿华先生任第一届会长，黄少坤先生任第二届会长。

在北宋道教史上泰州海陵人徐守信是个赫赫有名的人物。北宋的皇帝基本上都崇道，宋太祖与道士陈抟就曾有输棋赠华山的故事，之后宋真宗、神宗、哲宗、徽宗更是有过之而无不及。徐守信出生宋仁宗时代，据其墓志所言："少孤，不治产。遂依本州天庆观道正冲寂法师唐日严出家"。少年时的徐守信生活穷困，衣食无着，看到当时道教由于皇帝的推崇而香火旺盛，十九岁那年，他来到泰州城中天庆观出家，在观中做些杂役。

天庆观在州治东面周桥畔，为宋大中祥符元年(1008)诏以乐真观为基础修建而成。乐真观是汉代泰州道士乐子长的故宅，《泰州志》记载："乐子长道成，白日飞升，当时号为乐真人，今乐真桥乃其遗迹。梁昭明太子与邵陵王伦游至海陵，即以子长故宅为观。"州人对乐真人素为崇敬追怀。在这座古老的道观中，徐守信虚心学习，谦恭待人，勤勉做事，同时钻研老子和庄子等道教经典。终于他的努力有了回报，有"至人"传授给他"神仙抱一之道”。传说是这样一个故事：徐守信在天庆观中终日无所为，惟执帚扫除，只是诵《度人经》不绝口。有一天，天台道士余元吉游至观中，突生重病，并有癞疮，观中众人都厌弃，就把余元吉赶到了观后的茅草房中，徐守信却始终没有离开他一步，诚心诚意地侍候在身旁。余元吉深受感动，临死之前传给徐守信“神仙抱一之道”。余元吉死后，徐守信在茅屋哭了三天三夜，出来后就有些发狂，并颇有异事，人们皆道其成了仙，称为神翁。徐守信从此练就了随机应变、能言善辩的本领，谈论人的死生祸福，滔滔不绝，似有先知，以至于达官贵人纷纷上门求教，辐辏鳞集。时苏东坡在扬州任上，闻之也遣人前来求字，询问平安。有大臣将这些事奏到皇帝那儿，笃信道教的哲宗皇帝亲赐紫服，授徐守信“圆通大师”的称号。

野史中，宋哲宗甚至派人至泰向徐守信密问储君大事。哲宗在皇子邓王夭折后，派宦官来到泰州天庆观，问嗣于徐守信。徐回答说：“上天已降嗣矣。”哲宗不解其意，再三遣使询问，徐守信大书“吉人”二字呈之。而哲宗之弟即以后的徽宗皇帝正好名“佶”，暗合“吉”和“人”的拆字。迫不及待的赵佶急于想知道自己的命运，“令人持生平密问之”，徐又断言此“大横之兆，且云事应在两月后。”所谓“大横之兆”，即“天子之命”。徽宗从此“时多征兆，心独自负”。事后，徽宗登基，论功行赏，徐守信犹得信任和礼遇，从泰州“召至都下”，徽宗“用太宗见陈抟故事，御绛褐，即便殿，以宾礼接之”，赐号“虚静冲和先生”，此后，三次被召入宫中，长期驻“上清储祥宫”，以备皇帝问道。

陶宗仪的《辍耕录》还记载着徐守信与宋高宗的一段故事：“初宋高宗在潜邸日，泰州人徐神翁云，能知前来事。群阉言于帝，召至以宾礼接之。一日，献诗于帝曰：‘牡蛎滩头一艇横，夕阳西去待潮生。与君不负登临约，同上金鳌背上行’。及两宫北狩，匹马南渡。建炎庚戌正月三日，帝航海次章安镇，滩浅搁舟，落帆于镇之福济寺前。以候潮顾问左右曰：‘此何山’；曰：‘金鳌山’。又问：‘此何所’；曰：‘牡蛎滩’。因默思神翁之诗，乃屏去警跸，易衣徒步登岸。见此诗在寺壁间，题墨若新，方信其为异人也”。在《宋宫十八朝演义》中，困于临海福济寺的高宗皇帝还见到了在空中飘然而现的徐守信，神翁为帝召来了潮水，指给了一条生路，拯救了一个飘摇的朝廷，小说家言，真神通也。

徐神翁为人颇为正直，传说中徐神翁讥讽蔡太师流传很广。有一次神翁受诏由海陵至京师，遇见了当朝太师蔡京。当时正值朝廷平定山东水浒一百零八英雄梁山反乱，蔡太师笑眯眯地对神翁说：“但愿天下太平！”徐神翁哭丧着脸说：“太平！上天遣许多魔君下生人间，作坏世界。”蔡太师急问：“仙翁如何得知其人？”神翁笑着说道：“太师就是。”骂得真痛快，梁山英雄泉下有知，当大饮三碗。

泰州城中的天庆观也因为神翁的直达天庭而改换新颜。崇宁年间，徽宗诏以展修，拓屋至五百间，大观元年(1107)赐名为“仙源万寿宫”，至此规模庞大，蔚为壮观。宋徽宗大观二年，徐守信在富丽堂皇的仙源万寿宫中飘然而逝，寿七十六岁，道君皇帝闻之大惊失色，深表伤痛，“赐大中大夫，给葬用四品礼”，赐钱帛治丧，令州官筑墓，依大中大夫四品官的礼仪给葬，备极哀荣，远非一般道士所比。守信墓址选在城正东三里的响林庄。响林者，州志记载，其地树木高幽深密，风过瑟瑟作声，故名响林。在这一片葱茏荫郁中，石人威严如生，石马奔状似飞，墓冢高高，这位能知人死生祸福之期的“神仙”千年长眠。

南渡以后，建炎年间墓地曾因兵革而有所毁坏，宝庆三年(1127)州守陈垓整治复建如初，并于其地修建升真观，广植松柏，放养仙鹤神鹿，青烟袅袅，很有一方神仙水土的气象。陈垓还在墓侧修建归鹤亭，每年二月在此召开劝耕会，延农村父老坐亭中，设置酒果，共商全年农事，且话宣和遗事。陈垓还在仙源万寿宫西庑修建徐神翁祠，匾其堂曰“守雌”。种竹成林，竖槐成荫，曾经仙家道场的宫观愈发清新明秀，也成为海陵城中一个园林胜地。到了明朝，州中名士林春、王相说还寄寓宫中读书，林春后中会元，王相说官至御史，可能也沾了神翁的光吧。王相说还在宫中修建读书台，并于台下植柏树一棵。清人夏荃在他的《退庵笔记》有载：“仙源万寿宫后西北数十步有古柏一株，大可合抱，挺然直上作偃盖，龙拿虬结，势趋西北，遥望之真奇物也。”古柏前些年才凋尽绿荫，如今只剩下虬枝向天了，枯木无春，只将这五六百年的历史凝固入年轮，任风雨摧残。

明代，身为“泰州学派”传人的大戏曲家汤显祖也曾身临泰州，在仙源万寿宫中参访神仙旧地，瞻仰神翁遗像，赋有《海陵观徐神翁像》诗二首。在明代，徐神翁的名号还被排进了“八仙”之列，我们熟悉的以铁拐李、吕洞宾为首的“八仙”在道教中被称为“上洞八仙”，在上洞八仙逐渐形成、定型后，人们还感到不够热闹，于是又衍化出下洞八仙。明代无名氏杂剧《贺升平群仙庆寿》排出的下洞八仙的名目是：陈抟、徐守信、刘海蟾、王乔、陈戚子、刘伶、毕卓、任风子。此八仙中，徐守信位列第二，道术很是玄通。其时泰州城中也就流传起神翁未死，而是骑着扫帚，白日飞升而去的逸闻。传说神翁飞升之地为一桥，是名为升仙桥，桥名至今仍用，只是河被填，斯桥已难觅。

既然神翁未死，墓之存在是纯属无稽了。明清以降，升真观颓败已久，徐神翁墓地也日渐湮没。二十世纪五十年代，响林庄农民在进行农田建设中，一把铁锹挖开了神仙的墓冢。当年墓葬的显赫早已灰飞烟灭，墓中只有一块墓碑、一件石砚台见证着北宋时期那一段辉煌的历史。

三、宫观

泰州最早的道观，为建于南朝梁代的乐真观。唐代有建在姜堰的兴安观和建在小纪的真武庙，五代有建在城区的仙翁祠。宋代建有上真殿、天庆观（后称仙源万寿宫）、玉皇宫、三官殿等。仙源万寿宫规模极大，殿宇屋舍超过 500 间，以致泰州有“骑马关山门”的俗谚。明代在城区兴建的有女冠子庙、泰山庙、乐真观（原址重建，董其昌书“古乐真观”门额）等。清代道教衰落，宫观多改为寺庵，仙源万寿宫亦渐坍废。晚清时泰州城乡有道观

40 多座，民国三十八年初，城区尚存 24 座，其中规模较大的有三四座。解放后道教宫观均陆续改作他用。

泰州城隍庙。泰州古城历史遗存下来规模最大的庙宇应该是城隍庙了，它也是江苏省保存最为完好的一座城隍庙，现为全国文物保护单位。古庙位于州治的东南方，与永宁宫、学政试院比邻，庙西原是半亩轩，庙北为泓园，这些园林小巧玲珑，曲水旖旎，花草荫浓，都是州之名园；由庙向东，是古城中种植蔬菜的东园，平沙一带，农人春耕，再远城河若带、凤墩葱茏，风景真正美丽。

城隍庙是祭祀城隍神的庙宇，历代帝王都以求雨祈晴、惩恶扬善而祀城隍。"城"者，城池；"隍"者，城河。千百年来，城隍作为传说中城池的守护之神，是神鬼世界中的一城之主，它的职权范围相当于人世间的县官老爷。道教把城隍当做"剪恶除凶，护国保邦"之神，说它能应人所请，旱时降雨，涝时放晴，保谷丰民。三国时期，东吴之地就出现了中国历史上第一座城隍庙。泰州旧属吴地，城隍信仰相沿已久。相传唐代，时海陵县就在今址修建了城隍庙，后战火中遭受破坏，只剩下四值功曹殿的四值功曹塑像幸免于难。北宋元符二年，州官予以重修，扩大规模，精塑神像，泰州通判蔡絪还撰写《城隍庙记》，详细记述了泰州城隍庙修建的经过。此后，历经南宋、元、明、清四代，几个朝代的演变，数次重修，建筑愈见宏伟，香火日益旺盛。

图 7－1　泰州城隍庙

明太祖朱元璋曾是土地庙里的小和尚，做了皇帝后，对与土地神有密切联系的城隍神极为尊崇，下旨命令京城和各府、州、县都建庙供奉本地的城隍神。泰州城内的这座城隍庙，也在明正统四年(1439)、万历二十七年(1599)两次得以翻新重建。今日之泰州城隍庙之规模设置，还是典型的明代建筑风格。临高纵观，庙的格局与州衙相似，殿宇巍峨，气势宏伟，以子午线为中轴，山门殿、四值功曹殿、审事厅、大殿及后宫五进，由南向北纵向铺开，左右厢房廊庑一一对称、层次分明，形成封闭式的一组建筑群，使人感到庞大而深邃。

山门殿面阔五间，中三间连通，开有三个方形大门。大门外八字墙分列两侧，迎面有旗杆与高大的影壁。殿中两侧塑有马神像，凶神恶煞，乍见令人毛骨悚然。殿东屋里有一个不知哪朝留下的大石龟，龟背驮一石碑，碑上常放着一碗清水。旧时州中的儿童常爱在这里爬上爬下，哼唱着一首顺口溜："城隍庙里有个龟，龟上有座碑，碑上放碗水。龟泼掉了鬼的水，鬼就抓住龟的尾，龟还了鬼的水，鬼就丢掉了龟的尾。"有时唱得正开心，突然瞥见外间那马神，立马就被吓得大哭，这神龟身上，不知多少次被这童子尿淋湿呢。

过山门殿，甬道两旁有地方庙、三班六房、福神祠、土地祠等二十二间廊庑建筑，祠庙中各祀其神。甬道尽头是一座砖砌牌坊，过牌坊，就是四值功曹殿了。殿中供奉着值年、值月、值日、值时四功曹神像，相传为唐代所塑，如果真是，倒可以真算得上国宝了。殿后是审事厅，是庙神对亡魂进行审问、赏罚的地方。厅中放置公案，两侧"肃静"、"回避"一一插立，如同旧时公堂一样。审事厅后是一座飞檐翘角的戏台，戏台面对大殿，与审事厅紧密相连。审事厅与大殿之间还有二十四司三十间，里面供奉着能判人生前之罪加以惩罚的十殿阎罗以及黑白无常，墙壁上是反映地域鬼境的壁画，未下黄泉，可先见奈何桥望乡台，难怪旧时迷信的香客们到了这里都胆战心惊，寒自心生。

大殿建于高大的月台之上，台前石阶两侧有一对汉白玉大石狮，张牙舞爪，威风凛凛。月台正中安置大香鼎，东西两边各建焚化炉，每逢香期，炉红鼎热。单檐歇山的大殿面阔五间，殿中立十四根金柱，颇为壮观。殿前悬联："雪逞风威，白尽田园能几日；云乘雨势，黑满天地没多时"。殿正中供奉城隍海陵忠佑侯坐像，像前大经桌上放置高大的香炉烛台。殿内东西两边塑文武判官像，东南角有钟、鼓。在大殿的东山墙上嵌有一块石碑，系咸同年间著名书法家吴熙载所书丹勒石，是为《重修城隍庙正殿记》。吴熙载以篆书闻名，但此碑却用寸楷写成，于丰腴中见秀润，结体端庄，笔画之间，回护照应，一气呵成。既有颜体的转折丰厚有力，也有欧字的出画险峻劲健，结体上还吸收魏碑扁平方正的特点，整幅碑文端庄沉着，用宗教的话讲，让之先生当时书写时一定非常虔诚。

咸丰四年(1854)重修城隍庙正殿，是在说来还是一段颇有意思的历史旧事。当时太平天国农民起义大举进军江北，咸丰三年攻入扬州，军力已到达距泰州只有十几公里的宜陵，几乎就要进军泰州。泰州地方上也有老百姓因为交不起租而奋起抗争。可是这几件事居然都因各种各样的原因而迅速平息，太平军回师江南，闹事的农人也被摆定，地方士绅和官府老爷自然不胜欣慰，感念之余，把平息事件的力量都归结于城隍神力。当时城隍庙正殿恰有破败之势，于是众人动议修葺。因为官府出面，士绅鼎力，重修后的大殿愈发庄严宏伟，时至今日，仍风貌巍然。

大殿后面是后宫，自成院落，两层楼屋。这里是城隍的寝宫，室内有城隍、娘娘及宫娥塑像，并陈设精致的生活用具。四壁悬挂着多副诗客州人题赠之对联："十恶淫为首；百行孝为先"、"静极却嫌流水闹；闲多反笑野云忙"等等。

后宫两侧还有炎帝宫、三元宫、痘神宫、太和宫等宫观，这些都是城隍庙的下院。整个城隍庙中神像数以万计，成为明清以来泰州最大的庙宇，有清一代的道正司就一直设在城隍庙内。泰州旧俗，人死后三天要上土地庙，第四天要上城隍庙进香拜神，因此城隍庙一直香火不断。而每逢城隍与娘娘生日，以及清明、七月半、十月朝的三巡会期，香客游人更是接踵摩肩，迎神赛会队伍延绵二三里，观众上万人。此时的城隍庙里以及庙观四围，成了娱乐场所与小商品贸易的天下，走江湖、卖艺人在庙内广场耍棒打拳，售药卖唱，花样繁多，令人目眩；摊贩行商们，大声叫卖着商品，布匹瓷货，玩具杂品，充实庭院；另外还有“打五音”、“掷骰子”、“摆花蛋”、“看洋画”等玩意儿，不一而足。

泰州城隍庙会已经渐渐淡忘在人们的记忆中了，但城隍庙在历经岁月洗礼后仍然得以保存，除了四值功曹殿与后宫在建国初期被拆除外，山门殿、审事厅、大殿及左右厢房等七十二间庙房仍得以保留，庙宇占地仍达五千多平方米。上世纪八十年代，我国著名的建筑专家陈从周教授在考察城隍庙后，赞不绝口，称如此完好的大体量庙宇建筑群，在国内城市中殊不多见。近年来，这座江苏省保存最完好的城隍庙被修缮一新，现已在申请国家文物保护单位。风霜曾历，国泰又来，唐宋元明清的千年香火，但愿能因此得以延绵。

斗姥宫。斗姥宫系王仙翁诞降之地，王仙翁名冶，《海陵志考》称：“王冶，泰州人，隐居天目山，修灵宝法炼丹存神，历宋齐梁百余年。”后周时即在其地建仙翁祠，此后屡有兴废，至南宋后期始称斗姥宫。清道光年间沈溹所撰《重修斗姥宫碑志》曾记其始末：“州治斗姥宫本王仙翁诞降之地，晋时在郊外，至后周团练使荆罕儒筑罗城增子城，宫始在城内，里人即其他建地仙翁祠。五季时，祠为兵燹所毁。宋建隆年间诏重修祀吕祖兼祀仙翁。金兵南来，其祠又毁。元泰定间始改为斗姥宫。”

古宫位于城中八字桥西南，始建于南宋绍兴年间的八字桥位于泰州城中东西市河与中市河的交叉处，两桥成八字形架设在南北大街和东西小街的交会口。过八字桥入东西小街往西，青石深巷，不一会儿就可到斗姥宫了。

斗姥宫座北朝南，临街宫门上嵌有白石门额“古斗姥宫”。正门东侧还设一小门，墙嵌石额“小有天园”，里面是过去道士们救贫放粥的地方，旧时那些衣食无着的贫民视这里如南海紫竹林，“斗姥宫善举为全邑最”，道士们的善举至今仍有州人提起。从正门进入斗姥宫，沿甬道折向西，就来到一个小院子。院南北各有一座三楹殿宇，西边是两楹的厢房。北面是吕祖殿，殿中供有吕洞宾金像，上悬有金字大匾：“调元翊运”，两侧又有“神之最灵”、“道德神仙”、“木笔回春”数块匾额，还悬有很多题联：“名隶玉虚称上相，道隆金阙列天仙”、“庐阜晴云迎鹤驾，洞庭秋水淬霜锋”、“领海上仙班、证仙籍何须丹药，醒人间幻境，破尘缘随处黄粱”，黄粱丹药，尽言道家真谛、吕祖风流。南室之上悬挂着清末邑中名士吴苇塘题写的篆字金匾“大音希声”，后还有跋语：“斗姥宫善举为全邑最，由乔中丞驻节于此，历六十年不稍衰。人亦莫道之，深合老氏‘大音希声’之旨。兹植退居，爰跋以志之。壬戌秋九月，愚弟吴同甲题。”室中两壁悬挂着十二幅《吕祖仙迹图》，画工颇为精致。

沿吕祖殿西侧甬道向北绕至殿后，过一圆门，便进入一个面积比较开阔的天井。院中两边栽有两棵梧桐和银杏，都高大如伞。院东西各有两楹厢房，直北为正殿三楹，是为玉皇殿。殿中玻璃龛中供玉皇大帝金像，像上悬大匾“万天帝主”，两侧联曰：“羽盖葳蕤、共识灵光高七曜，灵幢肃穆、长瞻瑞气映三台”。玉皇大帝龛顶有一小龛，内供老子像。殿东供斗姥多手金像一尊，上也悬一匾曰“含宏光大”。大殿两侧设钟鼓各一具，东西两面各供三牌绘各像，曰六十甲子；四周墙壁列有三百六十座小金像，曰管应天尊。

出大殿向东又有一角门，过角门即入一空院，院北有一圆门。门上有石额“清朗洞天”，两侧有门联，“经传七政，道贯三才”。圆门内是斗姥宫中历史最悠久的建筑：坛殿。殿檐下悬有四块金匾，“与天地参”、“木笔回春”、“道气长存”、“觉世牖民”。殿中原供奉老君，称老君殿。后徐守信于此修真，殿中有徐守信当年扶乩用的乩坛，故名坛殿。扶乩是封建时代道士们用以求卜问卦的一种方法，徐守信是宋代著名道士，位列“下洞八仙”之中，徽宗皇帝曾赐封“冲和虚静先生”，传其乩语极为灵验，苏东坡当年曾遣人来此求问平安。乩坛后有一龛，里面供奉着徐守信手绘像，道巾深衣，体态丰腴，双眼炯炯有神，栩栩如生，画像两侧有联："十七世果证天仙，日日望士子丹心赤胆；三千行功臻帝道，时时恤人间黄卷清灯"。据《退庵笔记》、《听鹂馆笔记》中记载，画像为徐守信亲手所画，原来供奉在仙源万寿宫内，后存大隐观，辗转归于斗姥宫。画像上方是顺治年间王中宪所撰写的画像得失流传始末。两旁题满名人像赞，从宋发运使蒋之奇、检讨郑谷、郑所南一直到乾隆嘉庆年间的康发祥、李龙川等诗人都予题跋，歌咏殆遍，其中有诗曰："回波一顾面如生，屡伴君王海上行。应是吾家老车客，相逢殊有故人情。"坛殿的四壁，悬挂着各种乩笔匾联："喝破天"、"海上瀛洲"、"化育群生"、"知机其神"、"道通天地，数极阴阳"、"流水今日，明月前舟"、"恩从天降，功在人参"，意虽源于道术，却也有些点到若许人生真谛。

坛殿西又有一门，匾曰"瑶岛晴云"，门联曰"景星迎太乙，仙景入终南"。门西小院，院中栽有几棵小树，院北四楹小轩中供各神位，牌位前设有经坛。西北耳室中悬挂有重阳帝君、妙淳真君、慈和真君的道装圣像。院西是福神祠，祠内供有"本宫司正福德尊神"的牌位，两侧联曰："土生万物栽培厚，地贯三才化育宏"。

坛殿东也为一圆门，石额"东华洞"，内额"聚奎合壁"，两侧对联曰"壶中日永，洞里春深"。入门而东，有南向的三楹精室——净业坛室，室门两侧悬灯，曰"周天大会"、"中净业坛"。室内供奉玉皇大帝位、北极紫薇大帝神位、斗姥位、二十八宿星君神位。两侧挂联："壁府光腾，看当前流水落花，总是大文开运会；香坛春净，羡几辈闲云野鹤，此中小住即神仙"。道光年间，道士们于院中挖凿小池，启径开轩，莳花艺竹，并于池两侧兴修游廊，此后常有士人诗客来此会文晤友，经过文人们的再一番洗礼，花竹渐茂，假山玲珑，碧水荷池，宛然如画，大有林泉之胜，即冠名"小有天园"了。咸丰、同治间，两淮盐运使乔公松年又修葺斗姥宫，殿宇更为辉煌，面貌一新。乔松年还在小有天园池东游廊墙壁上嵌入他所撰写的“新海陵八景”诗石刻，内悬“斗坛来鹤”匾额，以此为新海陵八景之冠。兵火之中，乔氏得以在此仙客往来，虽难说闲云野鹤，但小住即神仙，当时的情况也难得有如此清幽的所在。

沿游廊至小园的西南角，有小门通往粥厂，再往外就是宫正门之侧的“小有天园”偏门了。复原路而回，至八字桥而北，有乐真观，这是泰州有史可考中最早的道观，始建于南朝梁代，明代重修，著名书法家董其昌为其书门额“古乐真观”。乐真观中祀乐真人，真人为本方道长汉代乐子长，唐高宗曾赐誉他为“道家祖师”。除了斗姥宫、乐真观外，州中道观还有宋代修建的上真殿、天庆观、玉皇宫、三官殿以及明代女冠子庙、泰山庙等。古老的宫观虽然基本都已湮没于街巷民居之中，深沉入黄卷古籍之中，但漫步海陵，又多有遗踪可寻，昨日黄花，一朝春梦，泰州道教曾鼎盛一时，可见一斑。

第二节　泰州佛教

佛教于公元前6世纪在印度产生，传入中国大约是在东汉初期，最初的信奉者主要是帝王和上层贵族。东汉末年，社会动荡、战乱频仍、民不聊生所导致的悲观厌世思想使得佛教有了迅速传播和普及的土壤。信奉佛教的人不再仅仅是王室等社会上层，越来越多的下层百姓也开始礼佛，并形成了洛阳、彭城（徐州）、广陵（扬州）等几个传播中心。也正是在这一时期，佛教开始影响到泰州地区。在佛教向泰州一带流布的过程中，东汉末丹杨（今安徽宣城）人笮融起到了非常积极的作用。当时，泰州隶属广陵郡，为徐州刺史所管辖。时任徐州刺史的陶谦命笮融担任广陵、下邳、彭城三地的赋税运输之职，后又任命其为下邳（今宿迁）相。笮融经管三郡的钱粮，因其笃信佛教，于是花费巨资在下邳、广陵广造浮屠寺，大铸佛像，聚众诵经，吸引当地的百姓参观礼佛。同时，他还免除佛教徒的徭役赋税，逢浴佛会便在路边设数十里酒饭供佛教徒饮食。笮融的一系列活动，极大地促进了佛教在泰州民间的传播，泰州佛教的发展也始于此。

魏晋时期，佛教由于受到上层统治者的重视，得到迅速发展。三国时期，社会动荡的加剧使得出家的佛教徒人数激增。西晋时期佛教进一步发展。东晋时期，不仅北方十六国的佛教非常兴旺，南迁的士族也推动了佛教在江南的迅速扩展。据唐法琳《辨正论》记，东晋共有佛寺1768所，僧尼24000人。这一时期，泰州佛教也开始兴起。随着当地经济的繁荣和社会的稳定，东晋大兴年间，广陵地区已经有一些南迁的士族开始建寺立刹。到了义熙年间，僧人觉禅云游至泰州，开山结茅修行，有富商舍宅院供其建道场，这便是后来的光孝寺，觉禅也因此成为泰州首刹的开山祖师。泰州境内兴建于这一时期的寺庙还有姜堰镇东岳庙巷的净业寺，是姜堰有最早记载的寺庙。

南北朝时期是中国佛教持续高涨的时期，发展的速度也异常迅猛。刘宋王朝的开国皇帝刘裕曾于古海陵唐子镇（今兴化昌荣镇）敕建南朝第一古寺蒿坡庙。据说，刘裕年轻时曾于海陵贩运私盐，常寄宿于善良仁慈的老妪“好婆”家中，多蒙其照顾，又经其指点，决议为天下苍生计，遂投军，终成大事，建立了刘宋王朝。成为皇帝之后，刘裕为缅怀早逝的好婆，下诏建蒿坡庙，并派僧司祭。自蒿坡庙始，南朝历代帝王中多事佛虔诚者，王室成员争相修建佛寺，终成“南朝四百八十寺，多少楼台烟雨中”之势，盛况可见一斑。东魏末年（550），魏境“僧尼大众二百万矣，其寺三万有余”（《魏书·释老志》）。在统治阶级的大力扶植之下，佛教已经普及到中国南北各个民族中间。泰州佛教亦在这样的大背景之下逐渐兴盛，泰州籍名僧也开始出现并见于记载。梁武帝年间海陵的僧人道标就是其中之一。

到了隋唐五代，佛教虽然经过战乱、毁佛等种种磨难和破坏，但从总体上来说还是呈现出持续兴盛的大趋势。隋朝的统一，唐时的富强都是佛教繁荣的基础。这一历史阶段，佛教发展还表现出新的特点。这些特点对于历史悠久的泰州佛教亦颇有影响。

一是寺院经济在南北朝的基础上更加强盛稳定。更多的寺院被广泛建立，并且以某些名僧为领袖，形成了各自的势力范围及僧侣集团，影响社会和人民的心理。泰州地区的许多千年名刹都始建于隋唐时代，泰州佛教也在这一阶段趋于盛行。唐宝历元年（825），王屋禅师于泰州城北招贤桥东（今扬州路 68 号）创建了古开化院，又名独佛寺。此寺有百尺高塔及水井百口，后又于北宋嘉祐八年（1063）改名为北山开化禅寺，简称北山寺。因海陵城北地势低下，故名此寺“北山”以“阜地气，壮郡形”。唐乾符三年（876）铁心坚在泰州城区东南角（今鼓楼路 1 号）创建护国寺。此寺后来几经更名，甚至一度易为道观，最终因其所传为终南山白泉寺僧人道宣创立的南山宗教法，于南宋嘉定年间定名为“南山教寺”。泰州兴化也在唐代广建寺院：元和年间，邵严开创光福寺，德远开创罗汉寺；长庆年间，德信开创木塔寺；太和年间，德烟开创崇福寺；大顺年间，禳翁开创宝严寺等。其中，宝严寺又名西山寺，坐落于兴化城内西大街最西端，至清代已经成为江淮名刹，亦是文人喜爱的聚会之所。

二是佛教的各大宗派开始产生：创立于隋代的有天台宗、三论宗、三阶教；产生于唐代的有华严宗、法相宗、禅宗、律宗、净土宗、密宗和藏传佛教。其中，律宗便是在隋唐时代由扬州古石塔寺传入泰州，并成为泰州三大主要宗派之一。建于唐光化二年(899)的泰兴广福寺即属律宗，这也是泰兴境内最古老的佛教寺院。上文提到的南山教寺也属律宗。

泰州佛教在宋朝步入极盛时期，一方面与唐代的基础有关，另一方面也与当时国家对佛教的特别重视有关。宋朝的统治者给予佛教发展适度的条件，既不打压也不允许其过度膨胀，无论是僧尼的人数还是佛经的翻译直接由国家控制，佛教的发展趋于平稳。有了前朝的基础，加之宋王室的重视，又辅以当地盐业繁荣带来的经济繁荣，泰州佛教的发展呈现出方兴未艾之势。泰州在宋代建寺的规模之广堪比唐朝。北宋咸平二年(999)泰兴建造了占地一百余亩的庆云寺，又名圆悟禅寺。北宋天圣四年(1026)泰兴黄桥建造了福慧寺，又名东寺庙。同时，泰兴在宋时还建立了报恩寺、鹅湖寺、东方寺、分界寺、张王庙等寺庙。南宋时泰州城区西南角建有报国庵，后改名为西山报国禅寺。高港也于南宋淳熙年间兴建了口岸地区最大的古寿胜寺。南宋咸淳年间，姜堰修建了古寿圣寺。兴化在宋代也兴建了很多寺庙，如时思寺、乾明寺、定慈寺等。

同时，由于吸取了“忠孝节义”、“天下国家”、“忠君忧时”等思想进入佛教教义，宋代佛教和王权之间的联系也更为密切。宋朝的皇帝就曾经几度为泰州的寺庙赐名。北宋崇宁二年(1103)，宋徽宗赵佶为泰州城区的光孝寺赐名“崇宁万寿寺”，政和元年(1111)又赐名“天宁万寿寺”，同时赏赐寺田5000亩。南宋绍兴八年(1138)，高宗为纪念其父徽宗，敕改名“报恩光孝禅寺”。光孝寺后于绍兴三十一年(1161)毁于战火,经过德范等几代寺僧的努力,寺庙得以重建。宋宁宗亲笔御书“碧云”二字赐光孝寺主持觉深,此二字后来被用作重建的光孝寺的题额。

另外,泰州境内除律宗之外的其他两大佛教宗派——禅宗、净土宗,也是在宋朝时分别由浙江嘉兴和镇江焦山寺传入。

元朝时,忽必烈以降的元朝诸帝,一直恪守先朝的崇佛政策,他们广建寺院,刻印佛经,厚赐僧侣,创设僧官制度。统治者虽以藏传佛教为国教,但对汉地的佛教也采取了比较宽容的政策。然后由于藏传佛教喇嘛僧在元代拥有太多的政治、经济特权,很多人利用手中职权残害百姓、劫掠财物,各大寺院更是依仗官府的庇护兼并乃至强占民田。和全国各地一样,元朝统治下的泰州百姓可谓生活在水深火热之中。泰州佛教在这样的环境中较唐宋有所衰微,鲜有庙宇见于各类志史记载,亦无高僧见于史书,民间虽有佛事,终湮没无闻。

明朝中央政府吸取元代的教训,对佛教采取既利用又控制的方针政策,对各州县的寺院和僧尼数目都有所限制。但是尽管如此,民间宗教团体还是发展起来,寺院竞相兴建,僧尼人数剧增。为更好地管理佛教组织,明朝官府还设置了僧会司,掌管所有僧尼之事,处理一应佛教事务。泰兴的庆云寺就曾经作为僧会司之所。清代沿袭明朝旧制,在京设了僧官司,严密地控制了全国佛教。《大清律例》还规定,不许私建或增置寺院,不许私度僧尼,严格执行出家条件。但是和明朝一样,清朝的私建和私度现象都非常严重。据估算,清末各省大约有80万僧众。明清两朝,泰州地区兴建了很多新的寺庙,出家僧尼人数也有相当的规模,泰州佛教也因此走上了复兴之路。泰州八大丛林之一的雨声寺就始建于明代。明成化八年(1472)靖江也兴建了寺庙。明万历二十五年(1597),泰兴城西门外兴建了当时的巨刹水月寺,后来清朝康熙帝曾为其题“水月禅心”和“远清”二匾。明万历三十二年(1604)祖敏在泰州城东募建了觉正寺。明崇祯年间,兴化城北兴建了江淮名刹上方寺。清顺治初年,高港的刁铺镇兴建了东岳庙。清代中期，农村兴建庵堂小庙成风，泰州民间一度有“无庙不成庄”之说。清乾隆年间，姜堰娄庄兴建了净土寺。清道光年间，泰州城中内乌巷内义学街修建了福善庵。泰州境内许多唐宋时所建造的寺庙也在明清两代得到了修复。明万历四十八年(1620)南山寺重建三层砖塔。明崇祯四年(1631)天竺大讲寺僧人方志应聘到光孝寺主持了重修工作，此后光孝寺的正殿最吉祥殿就成为地方官员朝贺、庆典的祝禧道场。方志还在明崇祯五年(1632)重建了西山寺，该寺后在清朝咸丰年间由住持贤德扩建，改名西山白云寺。清顺治年间，住持冰怀禅师整修北山寺，重建了殿宇、方丈室、天王殿等。北山寺后来在康熙、嘉庆、咸丰、光绪年间又先后得到修缮，最后终于成为气势恢宏的泰州佛教八大丛林之一。清乾隆三十九年(1774)，住持圆能修复了颓败的光孝寺，恭亲王为之书“最吉祥殿”殿额。明清两代，泰州地区亦出现了不少高僧，如明代有能文善辩的达本和尚、热心家乡佛教事业的方志和尚等，清代有将律宗引入泰州

图 7-2　泰州光孝寺最吉祥殿

光孝寺的性慧律师、弘扬华严宗法的朗悦和尚等。

随着清王朝的衰落，清末的佛教处于全面的危机中。泰州地区的佛教发展也举步维艰，一方面文人不理解佛教，全城历来有轻视佛教蔑视僧众的风气；另一方面，地方士绅常因寺院丰厚的产业而与之发生诉讼官司。在这种艰难的处境下，泰州一些有远见的僧人决定自办教育事业，提高僧众的素质，依靠对佛学教育的重视，开辟一条振兴佛教的蹊径。泰州兴办了数所佛学院，涌现出许多著名的佛教教育家，培养了大批优秀的僧才。民国几十年间，觉海学院、光孝佛学院、石阳尼众佛学院、兴化佛学院等佛学院相继被创办，常惺、肇源、守培、智光、南亭、东初、震华、仁德、雪烦等名僧的出现也为泰州佛教界增光添彩。

泰州的佛学院在办学过程中，还经常延请中国佛教界的名僧前来讲学。民国十三年(1924)，常惺和尚请当时著名的太虚大师莅临泰州讲演维摩经。据太虚大师自传中回忆："开讲那一天，除僧尼信徒三四百人外，绅学界凝神静听者亦百人以上。既看讲义，并听口说，遂由了解而起信。二三日后，皆展转欢喜称叹……讲十余日将毕，绅学界二三十人，请受三皈。"太虚大师的讲经，对于摄化知识分子起到了重要的作用，泰州的居士佛也由是兴起。民国十四年(1925)，泰州念佛社成立，后更名为居士林，先后设址于泰州税东街海珊宅内和升仙桥南大街，钱斡庭、吴玉树、杨浣石等曾先后任林长。高鹤年、徐克明、韩同、景昌及、王光钺等都是泰州近代居士林中的杰出人物，其中亦不乏闻名全国的佛教学者。他们著书立说，创办杂志、劝募赈灾、为佛学院讲学、发起各种慈善义举，为现代泰州佛教文化事业作出了极大的贡献。民国二十年夏，泰州遇洪水，居士林设收容所接纳灾民，到灾区赈灾。另外，居士林每日设施粥点，常年施医赠药，为地方修路铺桥，给百姓做了很多善事。

除了创办佛学院和居士林之外，泰州僧人还在地方上兴办了很多小学。民国初年，光孝寺敏学于广惠庵创办僧立儒释初高等小学，智光任校长。据南亭和尚在《光孝寺志略》中述："学僧及在俗男生五十余人，食、宿、书籍费，一概免收，其学科与一般学校同，且多一门佛学，颇受县督学嘉许。”民国二十九年(1940)，净因寺住持希尧创办净因初小，该校在一年后即因校舍驻军而停办。民国三十二年(1943)，姜堰观音庵松樵创办泰县佛化小学，学制五年，学生为县内各庵庙保送，课程除佛学之外，设四书、习字，此外还有一般高小课程。学生毕业考试合格可以进入泰州光孝寺佛学院继续深造。民国三十三年(1944)，姜堰马庄乡法华庵与慈贞庵联合举办马庄佛教义务小学，所收二三十名学生多为附近的贫苦百姓子女，学费、书费全免。该校在三年后迁往港口观音庵，改名港口佛化小学，学生人数已达到三百人之多。民国三十四年(1945)，苏陈镇东石羊清净律院仁海创办泰东波阇学院，学生近百名，多为俗家子女，学校不收学费，分为三个复式班，用当时的教科书，不授佛学。民国三十六年(1947)，光孝寺妙然和广净创办光孝寺义务小学，有 120 名学生。近代泰州的佛学教育事业，不但使很多渴望受教育的贫苦民众的子女受惠，更造就了一大批僧才和弘法人才。很多僧人在泰州这方摇篮中成长，走向中国甚至世界，在各省乃至海外创办佛教团体和组织，在中国现代佛教史乃至海外华人佛教史上产生了重要的影响。

泰州的僧人在弘扬佛法的同时，也积极投身于爱国救国的活动中。抗日战争时期，泰州的僧人坚持佛教护国。1937 年抗日战争爆发，光孝寺方丈、时任中国佛教会秘书长的常惺和尚创办了佛教僧众救护班赴前线救死扶伤。1938 年，很多民众逃难到泰州，光孝寺积极创办收容所，收容难民达三千人之多。时任泰州佛教会长的南亭和尚任收容总干事，同时召集了泰州城内的青壮年僧侣组成了泰州佛教僧侣救护队。姜堰和兴化分别于 1943 年 5 月和 1944 年 9 月组织成立了“僧抗队”，他们捐献庙产、开办僧人织布厂为抗日部队筹集经费、提供装备，并且和当时的主力部队以及民间的青抗会、妇抗会等武装力量并肩作战、团结抗日。1944 年春，句容弥陀寺的法启和尚化名钢军来到姜堰下河一带宣传抗日，成立了叶甸区僧抗会并组建了僧抗武装大队，以仓场、坂仑、叶甸为中心，和敌人展开游击战。队伍发军装、吃公粮，从最初的三四十人发展到一百多人，多次成功地配合主力部队狙击敌寇。僧抗队英勇无畏的精神让日寇闻风丧胆，也使得一首民谣在当时广为流传："和尚兵，赛天兵，有菩萨，保佑兵。"

抗日战争爆发之后，泰州佛教日渐衰微，僧尼人数骤减，寺庙庵堂或年久失修，或经兵殃改作他用，或被拆除、焚毁。解放前夕，泰州城区僧尼人数已从清末民初的2000多人减少为500人左右，兴化境内民国年间的600多座庙宇也仅存76座。1949年，姜堰仅存寺院16座（乡村的大小庵堂仍有353处），僧尼336人。

新中国建立之后，泰州的僧尼大部分被动员还俗。他们在土改中分到田地，开始从事农业或工业生产。泰州光孝寺的肇源和尚曾经发动城区的佛教徒成立了学习班。但是到1951年，泰州城区僧尼学习班已经不到500人。1954年，肇源和尚组织成立了经忏接洽组，设址于月城关帝庙，为施主做经忏、放焰口，进行佛事活动。从50年代初期到60年代中期，肇源曾先后在泰州的福善庵、北山寺、准提庵等寺庵分别创办力生染织社、制鞋加工厂、麻纺厂，吸收20到60名不等的僧尼加入生产。虽然肇源和尚农禅并重的主张和举动为泰州佛教事业争取了更大的发展空间，但是经忏接洽组还是于1964年秋解散，一应佛事活动也都停止，僧尼多数转入竹尺组和制盒社，另有9人在三茅庵办砂纸组。到1965年，泰州城区已经有约300名僧人还俗务农，至1987年仅剩僧尼60余人，而且多为老弱者。泰兴境内解放初期有僧尼300多人，60年代减至200多人，至1987年剩下174人。

"大跃进"和"文革"期间，泰州寺庵被占、僧尼财物被查抄的现象极为普遍。1965年，泰兴境内各大小寺庙虽仍有156座，但一些主要的庙宇遭到严重破坏。泰兴的广福寺所藏的明版大藏经有部分在“文革”期间散失，庆云寺一度成为“文革接待站”，福慧寺则改为电影院。很多庙宇被改作政府机关、厂房、校舍使用，香火难以为继。1958 年，姜堰境内只剩下两处寺庙仍有佛教活动。至 1987 年，姜堰全境也只有五处寺庙还有佛事活动。国内佛教事业的寥落让一批志在弘法的僧人向外寻求发展。很多佛学院的青年僧人在 1949 年之后远赴香港、台湾等地区和新加坡、马来西亚、泰国、越南、菲律宾、美国等国家，他们或在当地定居，或四处云游，为国际佛教界贡献自己的一份力量。

“文革”结束以后，泰州佛教活动重新恢复。佛教协会及筹备工作组在各市县相继成立。1984 年 1 月，泰州佛教协会成立。1985 年 6 月，泰兴县佛教协会筹备小组成立。同年，兴化县佛教筹备委员会成立。1987 年，泰县(今姜堰)佛教协会筹备组建立。泰州的很多名寺重新修整并对外开放。其中泰州光孝寺、兴化楞严寺等获准作为江苏省重点寺庙开放。不少与泰州佛教有渊源的台湾、香港及一些海外的高僧也为泰州佛教的复兴捐资出力。80 年代末，台湾、香港等地的多位泰州籍高僧心系泰州祖庭光孝寺，多次率团回故乡；许多在国外弘法的高僧，如美国洛杉矶法印寺住持印海、美国德克萨斯州佛教会长兼佛光寺住持净海、美国纽约东禅寺住持浩霖、菲律宾隐秀寺住持乘如等，都曾先后来泰州参拜光孝寺。这些港台和海外的高僧捐款献物，为泰州佛教事业的复兴添柴加焰。

20 世纪 90 年代以后，泰州佛教事业继续得到党和政府的进一步重视和扶持。泰州城区、姜堰、泰兴、兴化、靖江等地的诸多寺庙经当地人民政府批准，或在原址上修复，或另择新址重建。作为全国佛教重镇，泰州境内寺庙众多，名刹林立。泰州城区有九大丛林，分别为光孝寺、北山寺、南山寺、西山寺、觉正寺、永宁寺、净因寺、东山寺、雨声寺等。除九大丛林外，城区还有福善庵、松林庵、陈庵等庙庵。兴化城区也有九大丛林，分别是广福寺、时思寺、龙珠寺、定慈寺、地藏寺、极乐寺、宝筏寺、般若寺等，城东有上方寺，戴南有护国寺，乡村也有乾明寺、木塔寺、罗汉寺、观音阁等。姜堰城区有岱岳寺、地藏教院、东岳庙、观音庵、净业寺、太平庵、吉祥庵，溱潼有寿圣寺，苏陈有大圣寺，大冯有竹隐寺，白马有白马寺，张甸有胜因教院，娄庄有净土寺等。泰兴城区有广福寺、庆云寺，城西有水月寺，古溪有东方寺，黄桥有福慧寺等。靖江有孤山寺等。以上所述寺庙除部分（如高港口岸的寿胜寺、泰州城内的雨声寺、觉正寺等）由于战火、改作他用等诸多原因未能恢复外，其余寺庙都在90年代以后得到修整、复建和开放。这些寺庙经过修缮后焕然一新，相继开门迎接八方施主，成就各项佛事。

1993年6月，靖江孤山寺在原址重建，无量光殿和观音殿先后落成，并从全国乃至世界各佛教胜地请回《大藏经》一部及菩萨像若干尊，其寺内的一座8米高的汉白玉观音像堪称江苏省汉白玉观音像之最。这一年，高港区东岳庵也在古稀之年的文经法师的主持下动工重修。十载努力不寻常，如今东岳庵已成气候，大雄宝殿、数十厢房、各类佛像让古庵重现了当年的辉煌。

90年代以来，泰兴的庆云禅寺在开放的同时亦在进行修缮，特别是1994年寺内的法轮塔得到了精心修葺。此塔完工后，除吸引了大批游客登高览胜之外，还常引来鸟雀云集于塔顶，成为庆云寺的一道风景线。

1994年，兴化古刹上方寺也获准在其遗址城北乌巾荡重建。兴化市政府为此专门成立了上方寺修复委员会，并聘请海内外名僧任职。历时十年，占地150余亩的上方寺终于建成。慈云桥、山门、大雄宝殿、藏经楼、戒台殿、东偏殿、东厢房、放生池、月台等建筑群颇具规模，尤其令人叹为观止的是大雄宝殿。此殿金碧辉煌、雄伟壮阔、构建精致，长、宽、高分别为41.4米、30米、25米，建筑面积达1242平方米，其体量之大堪称江苏第一、全国第二。大雄宝殿前的放生池中屹立着高达8米的观世音青石佛像。寺内小桥流水，塔影顾盼，花木掩映，游客至寺中烧香礼佛，不由驻足忘返、感叹上方寺不愧为著名的水上佛教胜地。

图 7-3　泰兴庆云禅寺法轮塔

图 7-4　兴化上方寺大雄宝殿

位于姜堰市娄庄镇东北角的净土寺在“文革”期间损毁严重，1997年，娄庄镇人民政府决定另择新址于镇中心烟墨公园旁重修净土寺。获得江苏省政府的批准后，净土寺的重建工作在社会各界人士的多方资助下很快开始。原净土寺住持悉明和尚、上海玉佛寺的泰州籍僧人学贤法师先后主持重建工作。短短的几年时间，寺院修复卓有成效。建成后的净土寺占地二十五亩，山门殿上是中国佛教协会会长赵朴初手书的“净土寺”三个镏金大字。寺内大雄宝殿、弘法楼、观音殿、地藏殿、药师殿、斋堂、寮房等各得其所。大雄宝殿内东侧悬挂吉祥钟一口，重达3吨。每逢吉时或遇寺中重要事务，洪钟响起，声传数里。若遇香客布施，亦有僧人敲响此钟，为布施者祈福。

进入21世纪，泰州又有诸多寺庵在多方共同努力之下开始修复或开放。姜堰境内最古老的寺庙、始建于东晋义熙年间的净业寺由于历史原因衰败失修，2000年4月在泰州市人民政府及省有关方面批准下开始重建工作。鉴于净业寺原址已经没有足够的复建空间，遂另择新址于姜堰南部姜黄河西侧高地。规划中重建后的净业寺占地将达四十亩，与人民公园、庙会广场等共同构成姜堰城区的风景区。迄今，山门殿、大雄宝殿、观音堂、斋堂等均已建成。在2005年4月该寺举办的大雄宝殿落成佛像开光仪式暨学贤和尚（姜堰佛教协会会长）担任住持的升座仪式上，来自全国各地的大和尚及长老参加了法会，为佛像开光并为学贤法师送座。

位于泰州城区海陵南路中段海陵大桥西侧的净因寺于2001年4月在原址上举行了奠基大典。落成后的净因寺南北、东西跨度分别为50米和29米，建筑面积达8000平方米，这种规模，在现代庙宇建筑中实属罕见。更难能可贵的是，净因寺还是一座融古代的雅致和现代的便捷于一体的寺庙。高达28米的五层楼房，既有大雄宝殿、僧人寮房、餐厅，也有业务用房、办公室、图书馆、阅览室、讲堂、展厅及休闲场所，仿古建筑和多媒体等现代技术相结合，是重修的佛教寺庙重视传统而又与时俱进的典范。

2003年,泰州鼓楼路西侧的南山寺的大雄宝殿也由政府专项拨款重修,这座历经千年风雨、在1957年就被列为江苏省重点文物保护单位的建筑终于得以旧貌换新颜。这一年年底,泰州市海陵区的福善庵也经区人民政府批准正式对外开放。

泰州城内首刹光孝寺从80年代末至2005年间重新修建了山门殿、天王殿、大雄宝殿、藏经楼、常惺南亭纪念堂等建筑。光孝寺的修复工作得到了赵朴初先生的殷切而无微不至的关心,他曾先后多次和泰州市政府领导见面,商谈光孝寺的修复情况,敦促修复进度。1993年2月7日,在江苏省视察工作的赵朴初专程到泰州视察修复工作,参观了天王殿、传汝楼、藏经楼等,并观赏了光孝寺珍藏的文物如元代王振鹏的《历代贤后图》、明代董其昌金粉抄录的《心经》、乾隆版《大藏经》、梵文书写的贝叶经等,还为光效寺的修复工作个人捐资15000元。赵朴初也多次亲手为光孝寺诸殿题写额匾。光孝寺的大雄宝殿即最吉祥殿内就有赵朴初手书的一副楹联:"慈光照三界庄严化导芸芸实相是禅行是道,大孝报四恩深厚护持恳恳虚空无尽愿无穷。"直至缠绵病榻,赵朴初还牵挂着光孝寺。1996年11月2日,光孝寺举行大雄宝殿落成暨佛像开光庆典,因病不能成行的赵朴初特意委托中国佛教协会副会长兼秘书长刀术仁来寺观礼。除了赵朴初外,港台及海外很多与光孝寺有因缘的高僧都给光孝寺题书送匾,支持光孝寺的修复工作。如今,光孝寺在住持弘法大和尚(江苏省佛教协会副会长兼秘书长)的带领下努力再现当年的辉煌。

传承泰州佛教高僧辈出的优良传统,当代泰州也涌现了一大批著名的僧人,如了中、成一、悟一、净海、松年、隆根、自立、超尘、性空、松纯、养熙等,他们都对当代泰州乃至全国佛教事业的复兴起到了极为重要的推动作用。如今,在这些前辈大师的熏陶下,泰州地区很多热衷佛教事业的青年人也纷纷步入佛门,他们或在本地出家,或去外地就读佛学院,逐渐成长为泰州佛教界的砥柱中流。泰州佛教可谓香火得延，代有传人。

泰州佛教的历史虽然已有1700多年，但其宗派并不复杂，主要有禅宗、律宗和净土宗，另外近现代华严宗也有一定的影响。禅宗讲求“静心、自悟”，僧尼均须修习禅功，每日必于饭前饭后盘膝打坐，双手施弥陀印，口中默诵“南无阿弥陀佛”，保持佛堂的宁静庄严。禅宗在唐宋时期分出五宗七派，后来流传下来的只有曹洞宗和临济宗。律宗平时主要修持“五戒”：戒杀、戒盗、戒淫、戒妄、戒酒。律宗认为凡守“五戒”者可“转生人天胜处，离鬼畜诸苦”，规定僧尼早晚诵经，勤于功课。净土宗相比禅宗和律宗简单易行，修学者无须有深厚的佛学功底，也无须坐禅，僧尼只要每天早中晚夜四次在佛堂点香念佛，每次盘膝坐念半柱香，走念半柱香即可。净土宗认为只要“念佛三昧”，就可以往生净土。泰州城区的九大丛林中的光孝寺、东山寺、南山寺及永宁寺属于律宗，而西山寺、北山寺、雨声寺、觉正寺及净因寺则为禅净双修。姜堰境内的小庙多为临济宗，也有一些寺庙奉曹洞宗，如蒋垛的观音庵。姜堰城区的岱岳寺则奉南山律宗为正宗。泰兴境内则以禅宗流传最广，如庆云寺即属禅宗。作为中国佛教八大宗派之一的华严宗则于近代方再兴于泰州。泰州一带经常举办华严法会，有些僧才即是从少时参加华严法会开始成长为著名的华严传人，如当代高僧成一法师即是其中一位。泰州光孝寺的第十八代传人贤度法师也是著名的华严行者，为华严宗在新世纪的弘扬贡献了力量。在华严宗中兴的过程中，泰州籍高僧智诚大师的事迹让人感佩至深。他在任潮州开元寺住持时曾每日自刺舌根血以书写《华严经》，历时三年(1937—1940)完成全部八十余万字的《华严经》。这部血经现已成为佛教文物珍品。

泰州佛教文化源远流长，历代亦不乏与泰州佛教有渊源的历史文化名人。南宋著名的爱国诗人陆游曾经应时任泰州光孝寺住持的德范和尚之邀，为光孝寺的修复写碑记。当时的陆游虽已到了耄耋之龄，但欣然应邀写下了著名的《泰州报恩光孝禅寺最吉祥殿碑记》,详尽介绍了光孝寺的修复情况和最吉祥殿的修复过程。陆游为光孝寺所写的碑记,气势不凡,后人屡有有诗词赞之:清代同治年间的泰州诗人康发祥诗曰“碑文光孝陆游工”;上个世纪 90 年代赵朴初来泰州视察光孝寺修复工作时也曾作词赞之:“重光殿宇古招题,放翁大笔今堪用。”

清代著名的戏剧家孔尚任也与泰州佛门颇有一段因缘。康熙二十五年(1686),孔尚任随刑部侍郎孙在丰到淮阳一带勘察河工,并设河署于泰州。然而治水工程却因官员们的意见分歧、贪污腐败而难以进行。孔尚任的同事们“或归田、或散、或亡”,只有他一人被迫留守在河署。势利的地方官施世纶看这位钦差已于自己的仕途没有任何帮助,于是一改先前的殷勤周到,将孔尚任赶出公廨。穷困潦倒的孔尚任只好拖家带口寄寓在泰州城东门大街一所破落的寺庙陈庵之中。也正是在借米下锅、靠接济度日的陈庵岁月中,孔尚任完成了千古传奇《桃花扇》的第二稿。而陈庵这座原本默默无闻的家庵也由于孔尚任及其戏剧杰作《桃花扇》在泰州文化史上占有了一席之地。

清代著名的诗人、书画家郑板桥一生之中也时常与其故乡泰州的许多高僧交游往来、过从甚密。兴化时思寺的莲峰和尚、上方寺的弘量和尚、龙珠寺的福国和尚、观音阁的昆熔和尚、泰州城内弥陀庵的梅鉴和尚等都和板桥有书信往来、诗文唱和,他们的德行情操、艺术修养也都在一定程度上影响了板桥的诗画。

近代中国最早“开眼看世界”的魏源在兴化任知县期间常往宝严寺阅读佛经,也常至天宁寺与高僧讲经论佛。据说他还曾经在宝严寺修改过他的代表作《海国图志》。另外,清朝泰州诗人康发祥也在其百首《海陵竹枝词》中多次饱含深情地描写了泰州的寺庙、殿宇、宝塔、佛像乃至香客,足可让人想见当年泰州佛教风行的盛况。

第三节 泰州的基督教

基督教可分为天主教、基督新教和东正教三大教派。基督教从唐朝开始就传入中国，鸦片战争以后正式地开始在中国传播。

天主教传入泰州是在清同治四年(1865)。这一年，扬州天主教会在泰州北门外西塘湾庄建草房5间，作为境内及下河一带教徒参加宗教活动的场所，由扬州主堂神父不定期前来巡堂。当时泰州教会属上海教区管辖。光绪十年(1884)法籍神父康治泰(Gandar Diminique)任扬州—高邮—泰州总铎司铎后，多次派人来泰州租屋设堂，但都未成功。光绪十四年徐洪神父来泰州，购买城内南门大街店房八九间作为传教场所。光绪十七年法籍神父明道源(Jules Crochet)负责泰州教务，光绪二十一年购得乌巷一处地皮兴建教堂，建后不久即被附近居民焚毁。明道源要求知州赵受璋严惩“凶犯”、保护堂宇，未获解决，遂向清廷交涉。清廷将赵受樟撤职，并责成继任知州翁廷年惩“凶”、赔款、修复教堂了结此案。这就是历史上的泰州教案。民国初期来泰州负责教务的有德籍神父彭安多(Albert Tschepe)、金品三、朱者赤、徐宗华，30年代以后有法籍神父双国英(Louis Hermand)以及周苹荪。民国三十五年泰州天主堂划属海州教区，民国三十六年春周苹荪调往上海，沈伯达神父继任。民国三十七年海州教区监牧法籍神父洛维水(Maurice de Lauzon)自东台移驻泰州，兼管泰州教务(另一种说法是洛维水于民国三十一年八月即任泰州总铎)，另由周迪峨神父负责办学。泰州解放后，周迪峨调往高邮，学校停办，教务亦停顿。1950年以后，城区教徒独立自主办教。1953年9月洛维水回法国。1962年春节前后，泰州天主教停止活动。天主教传入泰兴是清光绪十四年(1888)，通州天主教民李锡孚来泰兴传教，并于泰兴县城东门六角桥东侧设立教堂。解放前夕主持泰兴教务的是神父丁忠刚。1956年丁忠刚被召回南通，教徒即自发进行宗教活动。天主教传入兴化是1923年，法籍神父彭士宾受上海教区委派来兴化传教。1929年后，无锡人李继光神父主持兴化教务，购县城桥南地皮近千平方米，于1932年建成天主堂。同年，李继光调南京教区后，兴化天主教堂司铎先后有曹崇德、朱载泽等。1958年兴化天主教停止活动。

20世纪30年代初，泰州天主教堂共有5处：城内主堂、周庄公所、嵇庄公所、军铺公所、苏陈公所。城内主堂名耶稣圣心堂，面临南门大街(今海陵南路)，其中新圣堂建于民国二十三年，建筑形式仿西方教堂，面积近275平方米。1955年后教堂改归工厂使用。目前泰州市依法登记设立的天主教活动场所有两所。2006年泰州市海陵区在望海楼公园门口新建一天主教堂，属天主教南京教区管辖，目前还未投入使用。

图7-5　泰州海陵区新建的天主教堂

泰州的天主教会举办过一些教会事业。清光绪十七年创办天主堂义学，民国三十八年九月停办，并入荻柴巷小学；民国十六年创办天主堂施医施药局与天主堂诊所，次年夏停办。民国三十七年设天主堂诊所，不久停办。

20世纪30年代初，泰州天主教约有信徒400人。50年代初，泰州约有信徒100人，主要分布在农村，城区仅20多人，泰兴约有30人，兴化约有32人。1978年十一届三中全会后，天主教恢复了宗教活动。1987年泰州城区有信徒12人，泰兴有信徒5人，兴化有信徒5人。因泰州市天主教信徒人数不多，目前泰州市尚没有天主教神职人员。

基督新教，在中国常称为基督教，泰州人也习惯这样称呼，同时也称之为耶稣教。基督教于清光绪十三年(1887)开始传入泰州，先后传入5个教派，即：内地会、长老会、圣公会、基督徒聚会处、真耶稣教会。清光绪十三年内地会由英国传教士索行仁传入。长老会，又名中华泰县基督教，泰州中华基督教会，清光绪二十八年由美国传教士赛兆祥、高怀德传入。赛兆祥是来泰州的第一个美国人，是美国第一个获得诺贝尔文学奖的女作家赛珍珠的父亲，她的获奖作品《大地》即是以中国为题材的。圣公会是清宣统元年由英国传教士沈克等传入，不到3年即停止活动。基督徒聚会所，原称在泰州奉主名聚会处、泰州教会，民国二十三年由惠殿臣传入，后并堂至福音堂，与泰州中华基督教会一起过宗教生活。真耶稣教会1981年由张亚和传入，该派特点是星期六即安息日举行礼拜。基督教的内地会传入泰兴是20世纪初，由教民陈培章带引英国传教士索行仁来泰兴传教。民国七年，长老会由泰州教区传入，美国传教士何伯奎派丁某为传道师，1959年教务停顿。基督教传入兴化是光绪二十四年(1898)，基督教华仁义赈会上海总部委派英籍传教士胡德恩夫妇来兴化传教。宣统二年(1910)，在东门外玉带路建教堂。1925年又在东营建教堂，内设兴仁医院和慧德女子学校，主体建筑为3层西式楼房。1933年，泰州中华基督教长老会派传教士到戴南传教，至1945年，在戴南、唐刘、顾庄3乡镇十几个村庄发展教徒近百名。1946年冬兴仁医院被县政府改为县医院，慧德女子学校。解放后，基督教在兴化继续有活动。“文革”期间，境内基督教停止活动。1980年戴南家庭聚会恢复，1985年兴化县城教徒家庭聚会恢复。基督教传入姜堰是清光绪三十一年(1905),扬州浸礼派牧师张仲甫等来姜堰镇,租赁香店巷民居传教。民国十一年,泰州长老会派牧师田必等来姜堰镇传教。民国二十二年长老会租赁北后街丁姓瓦平房创建福音堂。次年两会教友合在福音堂做礼拜。1966 年后基督教活动停止。1978 年后逐步恢复正常宗教礼拜活动。

目前泰州市依法登记设立的基督教场所 87 处(教堂 7 处,固定处所 80 处)。其中迎春路的泰州基督教堂是 1992 年泰州市人民政府批准在美国原传教士兰士德的住宅处建的,同年 7 月教堂一期工程竣工,建筑面积近 900 平方米,同年 10 月举行了复堂感恩庆典。2005 年二期工程完成,教堂总建筑面积达到 2500 平方米,定名为“泰州基督教堂”。

图 7－6　泰州基督教堂

泰州基督教会还举办过一些医疗教育事业。民国六年(1917)美国基督教南长老会传教士何伯葵在八字桥东首购得王以根家土地建慈惠医院,后更名为福音医院,解放以后合并发展为现在的泰州市人民医院。南长老会在民国六年创办明德中学,1951 年暑假后,学校并入苏北泰州中学。民国十年创办美德女校,民国十六年停办。民国二十三年创办美德小学,1951 年后,学校并入荻柴巷小学。民国三十二年创办明明小学,次年停办。另外,教会曾开办工艺厂,孤儿院等,这些福利事业规模较小,延续时间也短。此外教会还开展了一些慈善事业。民国二十年发大水时,教会进行义赈,给灾民发放面粉,大米等。

20世纪20年代泰州市基督教各派共有信徒100多人，30年代至40年代信徒不足600人，40年代至50年代信徒大约有400人。自20世纪30年代以来，信徒均以长老会派的最多。20世纪60年代基督教信徒大约有300人。十一届三中全会后，江苏省基督教三自爱国运动委员会于1980年恢复工作后，协助政府全面贯彻落实宗教信仰自由政策，坚持自治、自养、自传原则，独立自主办好教会。泰州市成立了基督教协会和基督教三自爱国运动委员会。随着改革开放以及对外交流的增多，基督教在泰州也有一定的发展。目前泰州市基督新教神职人员共有7位，泰兴有1位，兴化有1位，姜堰市有2位，泰州市区有3位，信徒大约有三万多人。近年来，泰州市广大基督教界人士在党委、政府的正确领导下，坚持“独立自主自办教会”原则，开展正常有序的宗教活动，积极参与中国特色社会主义建设事业。

第四节　泰州的伊斯兰教

伊斯兰教，中国旧称“回教”、“清真教”、“天方教”等。伊斯兰教信徒通称穆斯林。逊尼派和什叶派是伊斯兰教的两大教派，其中逊尼派人数最多，中国穆斯林绝大多数属于这一派。

清咸丰三年(1853)太平军攻占南京后，六合一带数十家回民避兵迁来泰州，散居州城内外，伊斯兰教随之传入。泰州穆斯林属逊尼派。清同治元年(1862)，穆斯林伍承平等筹资购屋设清真义学公所。清光绪年间，清真义学公所改建为清真寺。清真寺位于城内税务桥东、明瓦巷附近(今税务桥东路 22 号)。20 世纪 60 年代清真寺陆续改为居民住所，寺中原藏古兰经抄本以及宗教用具，均在“文革”中散失。伊斯兰教于民国初年传入泰兴，信教者主要是从上海、扬州、镇江等地迁居来泰的贡、杨、蒋三姓回民。没有清真寺和教会组织，也不进行宗教活动。伊斯兰教传入兴化是清咸丰十年即 1860 年，回民马洪义全家自六合迁入兴化，因教徒不多，未建清真寺，一切宗教活动均在教徒家中进行。1948 年阿訇赵清泉离开兴化，从此宗教活动停止。据 1984 年统计，泰州回民共 71 户，146 人，其中大多数信奉伊斯兰教。改革开放后，随着外来人口的逐渐增多，穆斯林小规模的活动也日渐增多。

第八章　泰州的建筑和园林

第一节　泰州的建筑

建筑是时代的产物，是历史记忆的组成部分，也是城市传统文化的重要载体。泰州是一座有着二千一百多年历史的国家级历史文化名城，在城市发展的过程中，我们的先人在城池、寺庙、民居、园林等建筑领域，付出了辛勤劳动，表现出了无穷的智慧。一些与建筑相关的历史事件、人文故事、营造工艺、风俗民情等，构成了别具特色的泰州建筑文化。

一、城池

在岁月的长河中，泰州的城池，经历了服务于政治、军事转化为服务于盐运交通、商业经济的过程；城市形态从里坊制变成街巷制；城市的发展从城里走到城外，向着城北不断拓展，表现出特有的城市发展轨迹。

泰州最早的城在姜堰北郊的天目山，古长江水道与古海岸线进退变迁区域内，距今3100—2900年，处于我国西周末至春秋早期。城四面环水，形似一座小岛。包含河道在内的遗址范围东西长约170米，南北宽约200米。该城址分为外城与内城：外城平面略呈长圆形，东西长150米，南北宽160米；内城东西长约70米，南北宽约55米。“城墙为土筑，现存内城墙的下部断面为体心梯形，两侧坡度约为45度……解剖的东北侧城墙底部宽约 20 米，现存城墙高约 1 米，依底宽和坡度推测，始建时城墙当远远超过现存高度，上限不超过 10 米。”①天目山古城，是江苏省首次在长江以北发掘的西周末至春秋时的城址，也是目前江淮地区发现的最早城址。该城形制独特，与我国东南地区以往发现的同时期古城有着较大的差别，为中国古代城市模式的发展研究提供了珍贵资料。周敬王三十四年（前 486），吴王夫差开始在扬州蜀岗上筑邗城，今泰州地区，其国族归属及文化特征，过去因缺少文献和考古资料，不得而知。天目山古城的发现，表明在春秋早期，夫差在扬州筑邗城前，今泰州境内就曾建有一座古城，其出土文物反映了江南湖熟文化和中原龙山文化交融演进的文化概貌，对研究江淮地区西周与春秋史及黄海文明具有十分重要的价值。

西汉初年，吴王刘濞在黄海沿岸煮海为盐，又从广陵开邗沟支道（古运盐河）经海陵达海边盐场，一时间，以煮盐为主的海边

图 8-1　汉运盐河今日仍在泰州城内由西向东流过

① 天目山遗址考古队：《姜堰天目山遗址考古发掘情况汇报》，2003 年 8 月 16 日。

经济得到蓬勃发展。武帝元狩六年(前 117),我国东部黄海西岸第一个名为海陵的建置县诞生。从今泰州海陵区及姜堰区范围内出土的汉墓及汉代水井分析,汉初的海陵县与现在的海陵区一脉相承。建县之前,位于长江北岸连接淮水的运盐河已经开通,县城的选址不在长江与运盐河之间,也不在运盐河的两岸,而是在运盐河的北侧,远离了长江,并与运盐河的淮水有着数百米远的距离。我国古人选址筑城的原则是:“高毋近阜而水用足,下毋近水而沟防省”,与海水、淮水、江水相邻的泰州,从一开始选择县址时,就遵循了适应自然让地于水的原则,既有充足的水资源,满足城市生存发展的需要,又能避免水患给城市带来的危害。二千多年后的今天,不少泰州人都说,泰州泰州,太平之州,追根溯源,应当感激最初的城市创建者。

汉代的海陵城早已远离我们而去,只能从考古资料中探求。唐代的海陵城,多次出现在时人诗词中。诗人王维“海潮喷于乾坤,江城入于泱漭”,李嘉佑“万里边江次,孤城对海安”,张佑“古城连废地,规画自初心”等,都是对唐代海陵城的生动描述。在文人的笔下,那时的海陵是江城、孤城和古城,是屹立在我国黄海之滨、长江北岸、较为罕见的一座古城。新中国建立前后,泰州出土了 10 多方唐代墓志。墓志的记文中进一步向我们展示出唐代海陵城的具体情况。我国唐代的城市大多“是根据长安、洛阳城内十字街设计和洛阳方正的坊里制度而布置的。”[①]唐代海陵城也不例外,是一座里坊组成的城市。我们看到在出土的唐代墓志铭上,分别刻有墓主人终于常乐坊、社父坊、元履坊等坊名。我国唐代的县城一般只有 1 个坊,但海陵县城里加上县衙所在地的 1 个坊至少有 4 个坊,同时,在城外死者安葬的地名中,出现了大宁坊之原与祯实坊常乐里 2 个坊名。这 2 个坊不在城里而在城外,说明唐代海陵城已是规模较大、经济较为繁荣的县城。今泰州学院北侧出土的《唐故前守右卫吴郡朱府君墓

---

① 宿白:《隋唐长安城和洛阳城》,载《考古》,1978 年第 6 期。

志》中，说墓主人葬于郡之东北大宁坊，此处现在仍是泰州城的东北方向。今海光小区二期工程出土的《唐故北海郡傅府君墓志》中说墓主人葬于郡西宜陵乡，该墓志也就出土在现泰州城的西边。将这2方墓志所指唐海陵县东、西方位锁定，如果再与始建于唐代的南山寺、北山寺、东山寺相联系，就可以划定唐代海陵县城的大致方位，看出现存泰州古城与唐代海陵县城有着千丝万缕的联系。

唐亡后的五代十国时期，泰州先属吴，继归南唐。就在南唐立国的升元元年(937)海陵县升格为泰州，并划盐城、兴化及海陵南境5乡新设的泰兴县属泰州。随着城市的升格，辖地的扩大，首任知州褚仁规第一件大事就是带领州民重新构筑城池，用50天不到的时间，筑好了一座子城。子城竣工时，他亲自撰写了一篇名为《泰州重展筑子城记》的记文，刻在一块长46.5、宽46.2、厚8厘米的方形青石上，以垂久远。1955年子城记在泰州北城垣出土，由于历代地方文献都未见有该记文著录，加之又是泰州最早的筑城的第一手资料，极为珍贵，故将全文抄录如下：

泰州重展筑子城记 盖闻乾列星曦，斡运三皇之力；坤浮岳渎，镇流九禹之功。是知福地会时，神州有主，其为盛矣，可略言乎。窃以当州，即汉朝旧海陵制邑也，自丁酉岁仲冬月奉敕旨改为是郡。莫不天文焕举，光数百载之镃基；地利显分，富一千里之黔庶。咸鹾赡溢，职赋殷繁。可谓水陆要津，咽喉剧郡，以兹升建，为属勋贤。当今皇帝以仁规早事圣明，素怀廉洁，特飞鸾诏，委授鱼符。对五马而愧此叨荣，向六条而虑其疏失。岂敢以爱憎徇性，岂敢以富贵安身。但缘王事疚心，鼎彝系抱，欲将整齐士旅，是宜固护严城。今则上奉天书，旁遵王命，更改旧垒，别创新基。以时之务不劳民，量力而人无倦色。功徒蚁聚，畚插云屯，曾未五旬，俨全四面。其城高二丈三尺，环回四里有余。其濠深一丈已来，广阔六步不啻。中存旧址，便为隔城，上起新楼，这次是生以增壮贯。仰望而叠排雉翼，俯窥而细甃龙鳞。瑞气朝笼，祥烟暮集。虽此时之良画，尽合玄机，在千古之英声，愿标青史。辄刊翠琰，用纪厥功。时有唐升元二年龙集戊戌暮春月二十五日壬申记。知泰州军州事兼盐铁两监都院使、本州都指挥使、东都东南东北面都游弈使、金紫光禄大卿、检校司空、行右监门卫将军、充本州屯田使兼御史大宪、上柱国河南县开国男食邑三百户褚仁规。

图 8-2　泰州重展筑子城记拓本

《子城记》22 行，满行 24 字，计 429 字，内容丰富。包括海陵县何年何月升为泰州、凭什么会从县升格为州、知州的为政之道如何、为什么要筑城、筑城用了多长时间、城的规模形态怎样、记文时间、褚仁规有哪些官职等。在我国城市建筑史上，如此五代十国时的子城碑刻极为少见，具有很高的史料与学术价值。特别是围绕筑城记述了许多重要的历史往事，是研究南唐初海陵升为泰州及构筑城池的第一手资料。

后周显德四年(957)，泰州归属后周。次年泰州刺史荆罕儒营造州治，再次筑城。城周长 10 里 16 步，(约 5.8 公里)外用城砖包砌。此前泰州城的规模及方位虽已有记载，但并不十分准确，后周所筑的泰州城，清《道光泰州志・城池》中说“今城是也”。就是说后周时的泰州城与清道光时的泰州城是同一座城池。从道光之后，再到 1938 年拆毁泰州城，其间未有变迁。城墙拆除后，城外护城河依然围绕旧城直到今天，说明后周泰州城历经宋、元、明、清直到今天，越过一千多年的时空，屡有兴废，依然呈现在我们面前。基于此，我们认为，后周所筑的泰州城是泰州城建史上的一座里程碑。

北宋时的泰州，文化兴盛，境内较为平静，绍圣二年(1095)陆游的祖父陆佃出任泰州知州。他给我们留下了一篇到任时的《谢表》，内中说"(泰州)飞蚊渐少，迥无泽国之风；过客甚稀，至有道院之号。"苏东坡送刘攽(北宋史学家，字贡父，《资治通鉴》副主编，曾任泰州通判)的诗也说"海边无事日日醉，梦魂不到蓬莱宫。"在这样的时代背景下，泰州城池建设未曾引起人们重视，地方史书也无有记载。

南宋时宋金对峙，泰州成为抗金前线，淮南重镇，城池建设有了特别重大的建树。南宋开国不久，建炎三年(1129)，泰州通判马尚，在后周州城的基础上，修筑城池。城高 3 丈 2 尺，底宽 2 丈，上宽为底宽三分之一，城河宽 5 丈。第二年岳飞任通泰镇抚使兼知泰州。他在高邮三垛与金兵三战三捷回到泰州城后，审时度势，看到泰州只是 10 里小城，又居于平原地区，在敌我力量悬殊的情况下，难以抵御强大的金兵，在得到宋高宗的同意后，以"无险可恃"带领全城百姓及部队退出泰州城。绍兴三十一年(1161)金兵犯泰州，决运河水淹城，城破后又纵火毁城，遭此浩劫，泰州城成为一片废墟。此后二年，泰州境内盐业生产的利润，创造了惊人记录。《宋史·食货志》记载："隆兴元年(1163)以来，泰州海陵一监，支盐 30 万席，为钱六七百万缗，则一州之数，过唐举天下之数。"如此丰盛的盐赋，成了南宋王朝重要的经济来源，受到当权者高度重视，泰州的城池理所当然地引起了国家的关注，认为不宜久废，于是朝廷特命提举茶盐事的官员施宿，负责修筑泰州城。施宿申请免除一年耗盐袋本钱作为修城经费，设置了烧造城砖的砖窑上百座，动员了守城驻军并雇佣了大量民夫，并在镇江军的支持下，展开了泰州城建史上最大声势的修城工程，筑起了比旧城高与宽都超出五分之二的城墙，城墙的里里外外全都包砌了城砖。接着知州陈垓在城墙外开挖了东、西、北三面城河，浚深了南城河，形成了长14里、面宽24丈、深1丈5尺，紧紧围绕着州城的护城河，增加了一道对于北方金兵看来难以逾越的水上防线。

图8-3 泰州护城河

此后，针对金兵不习水性的弱点，又对护城河再次进行了扩建，使河的宽和深比原来又增加了一倍，并在城河四角加挖四角月河（城角的河弯如月亮，故名）。经过前后数十年，一代接一代州官与州民的艰苦努力，使得处于宋金对峙前沿的泰州城，成为一座城坚濠宽，攻取不易，铜墙铁壁般的堡垒，确保了一方平安，巩固了向国家提供丰硕盐税的的基地，在军事与经济上支持了南宋王朝的政权。如此气势磅礴包砖城墙与浩浩荡的护城河组成的城防体系，成为泰州城建史上最为壮丽的篇章，是冷兵器时代，平原地区有效防止来犯之敌构筑城池的成功范例。

元朝末年，天下大乱，群雄四起，泰州所属盐场的盐丁们赋税繁重，生活艰难，于是爆发了盐民张士诚的抗元起义。至正十四年(1354)正月，张士诚部“二次入城，公私房舍、寺观庙宇毁为瓦砾，官民溃散。”[①]距张士诚毁城仅11年的至正二十五年

① 《崇祯泰州志·卷二城池》。

(1365)十月，另一支农民起义的首领朱元璋为与张士诚争夺天下，命左相国徐达与平章政事常遇春，又分别从南面的江边与西面的扬州，水陆两路夹攻泰州，经过激烈交战，城被攻破，常遇春从西门入城，大肆焚杀。接踵而至的两次兵灾，彻底毁坏了泰州城，宋元以来繁华了数百年的西门大街，变成了一片焦土，从此一蹶不振。泰州城被毁了，可是泰州管辖着淮南10多个盐场，盐税在国家财政中有着举足轻重的地位，朱元璋对泰州城的战后重建，不得不特别的关注。就在泰州城被其部攻破的当年，他就命徐达与常遇春立即兴工修城。城周长二千零三丈二尺（约6.2公里），城门4座，东门名“海宁”，西门名“阜通”，南门名“迎恩”，北门名“迎淮”，城濠通长二千三百八十五丈，宽五十二丈，深一丈。城修好后，留部将孙兴祖屯兵驻守，巡抚军门和海防兵备道等官署均设在泰州城内。明代的成化、正德、嘉靖年间及万历十四年(1586)、万历二十五年，泰州城进行过多次修筑。万历二十五年在新修的4座月城城楼上，东门匾“镇海”，西门匾“控淮”，南门匾“襟江”北门匾“拱极”。

现存于泰州博物馆万历三十二年(1604)编写的《泰州志》上，绘有一幅《城池图》，第一次向我们揭示了明代泰州城池及城

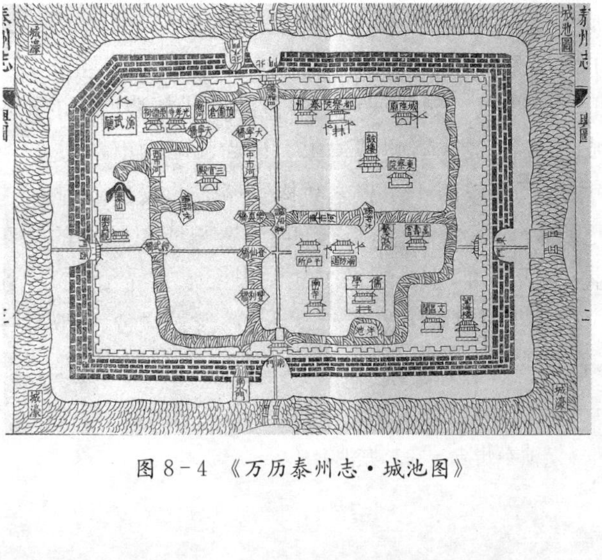

图8-4 《万历泰州志·城池图》

内主要建筑的真实情况。图上的泰州城城外是绕城一周的宽阔城濠。东西宽与南北长的比例约为 5∶4,符合阳数与阴数相合的阴阳之理。城西北裁去一小角,可能为避邪气、煞气、寒气由此入城,当系堪舆师做风水所致。四面城墙中心各开有 1 座城门,西门外面设渡船,东门、南门、北门城濠上,各架有越过城濠通往城外的桥梁。南门与北门西侧的城墙下,各有 1 座水门。西来的运河水,从南水门入城,由北水门出城。城内东门至西门,南门至北门分别有东西与南北 2 条大街,垂直相交于登仙桥东侧,将城内分成东南、东北、西南、西北 4 片。儒学、文昌阁、南山寺、望海楼、万寿宫、海防道、千户所等设在东南,处八卦上属于"巽"位,关乎文化兴旺。州衙、城隍庙、都察院、鼓楼位东北。泰山、光孝寺、崇儒祠、三官殿、乐真观及演武厅居于西北。西南为城内的一块空地,看不到任何建筑,元末发生的战争创伤在明万历时的城池图上仍然能清楚看到。明代泰州城南门至北门贯穿全城的南北大街,是城市中心的主轴线,整整齐齐地将泰城分为东西两半。在此后城市发展的进程中,这条中轴线出城南,向南延伸至运盐河上的高桥,越城北,沿坡子街再向北至北郊赵公桥,连绵十多里,号称十里长街。

清朝康熙七年至十一年间(1668—1672),淮南发生特大水灾,泰州城被洪水冲塌多处。康熙十五年,撤藩引起兵变,政局不稳,扬州知府认为泰州是扬州东面的屏障,又管辖淮南 10 多个盐场,亟需修城,于是下令泰州知州修筑城墙。乾隆三十二年(1767)泰州城因数十年未修,大部倒塌,申请修城,经两江总督与江苏巡抚会奏朝廷获准后,于当年九月开工至第二年年底修竣,计费银 98763 两。城周长 2148 丈(约 6.8 公里),高 2 丈 6 尺 6 寸(约 8.51 米),女墙 2812 座,月城 4 座,里外城门 8 座,南北水门各 1 座。顺天府尹、邑人程盛修为知州王镐撰《重修泰州城垣碑记》。此后的光绪、宣统及民国年间又相继进行过修补。民国二十六年(1937)抗日战争爆发,国民政府为防日寇据城作为据点,通令沿海地区各县拆城,至民国二十八年八月,泰州城全部拆除，城墙上包砌的城砖由参加拆城的全县272个乡镇运走，作当地修桥、铺路、建校舍所用，历史上数十代州民苦心经营的泰州城，至此结束了历史使命。

在泰州的城建史上，城的规模与位置，自后周所筑的城池始，至民国时拆除城墙，未曾发生过重大变化，反映出城池的延续性与长期性，展示出顽强的生命力。明初以来，随着商品经济的发展，交通水运条件的改变，泰州城市的形态发生了新的演变，表现为突破老城的限制，从城里走向城外。城市的发展不以人的意志为转移，而是顺应城市经济发展的空间向着更有利于经济发展的领域拓展。

元末战争过后，泰州的城墙与城河进行了重修和整治，恢复的城池比以前更加坚固，城楼上增加了匾额，更有气派。但在高耸的城墙里，城里街巷及民居建筑经过战火的毁坏，到处是一片废墟，城里人口急剧减少，一片萧条。两次残酷的战争相加，对泰州城市的破坏是致命的。

当年徐达兵至泰兴江边时，长江往泰州的水路不通，于是调拨军士自大江口挑河15里直抵泰州南门。就在徐达进攻泰州的水上通道打通之时，长江水便沿着这条通道（后称南官河）流到了泰州。让徐达及当时的人们未曾想到的是，这条由长江直达泰州的水路，后来成了苏北平原特别是里下河地区经过泰州入江的便捷通道，使泰州从此成了里下河的门户。泰州的水上交通及城市的布局形态，也因此发生了重大的改变。

南官河开通前，京杭大运河的水从扬州向泰州流来的，一部分继续向东至盐场，一部分经过城河，沿着城北的稻河、草河流向里下河。长江水流来泰州后，江水比原来泰州的水高出近1米的水头差，从江边奔腾而来，直冲里下河地区，造成大量农田与民众受灾。为阻止江水对里下河的威胁，明洪武十五年，在连接城河的草河与稻河上筑起了东西两座土坝。土坝筑成后，江水直接冲向里下河的灾情消失了，但是，里下河地区水上运输的船只与运盐的盐船，经过泰州时，再也不能穿城而过，必须将船上的货物在城北过坝。

图8-5　20世纪80年代的稻河

泰州的草河与稻河，是城北门外东西两侧由南向北大致平行的两条河流，南头过坝接连城河，北头通向里下河，两河之间为挖河泥土堆积而成的一条高坡，当河上分别筑起两座土坝以后，这里的人流逐渐增多，居民开始在这里聚集。从此，出泰州北城门，沿着这条高坡的街道便慢慢形成。坡子街的名字当由此诞生。

明朝初年，朱元璋为巩固边防，充实国库，采取了用粮食换盐票的措施，让商人将粮食运到边防部队，取得盐票到盐场支盐，将盐贩卖到指定地区，从中获取利润。所谓"召商输粮而与之盐，谓之开中"的盐法，在两淮地区施行。这大大刺激了盐的生产与运输。泰州是淮南盐的主要产地，又是淮南盐从盐场运出的必经之地。部分从泰州经过的盐船到达泰州时，需要在两坝处将船上盐包人工挑抬，翻过土坝，泰州城北过坝地区的发展进入了新的时期，旧城城内的建设逐渐淡出了人们的视线。

明永乐二年(1404)，泰州通往东台及附近盐场的泰东河开挖而成，大大缩短了泰州与盐场的距离。运盐的船只从盐场的串场河出发，经泰东河进入泰州，使淮盐运输增加了一条便捷通道。更多的盐船到达泰州后，依然要人工挑抬着盐包过坝，城北地区人流量更加增大，居民在这里聚集得越来越多，各种商铺在坡子街开办起来，街道不断地向北延伸。泰东河的开通，作为又一大动力，推动着泰州的前进，也使得泰州城市重心向着城北地区转移。

明朝末年，从盐场运盐经过泰州的盐船，挟带私盐的现象屡禁不止。清王朝以盐课为国家之根本，对盐运管理极为严格。盐船出场后，不得随意停泊，沿途严禁小舟依傍盐船行走，以防串通偷盗。泰属分司九场盐船出场后，必须押至青蒲角总汇后，再由青蒲角巡商和巡役负责催运至泰坝。每一纲船到泰州坝后，场商将写有盐引总数、银数、发场、出场、过坝、过桥日期的照单（又称皮票）送泰坝衙门，由泰坝监掣官将盐引抽称过坝，在照单上填写上过坝年月日，盖上大印，并将重新过秤的盐引填登马簿，过坝换装入运河中的大船。

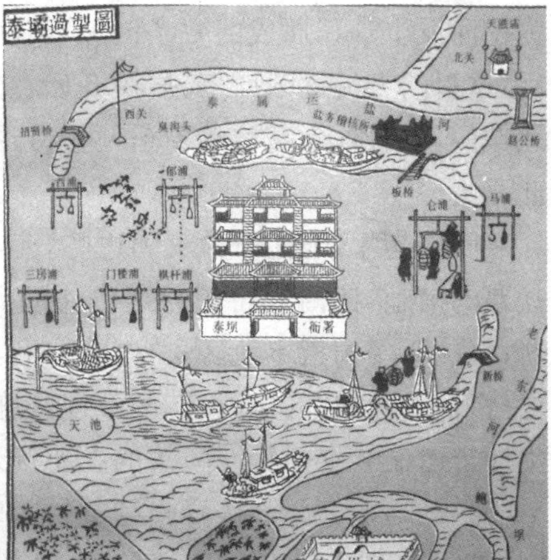

图 8-6　泰坝过掣图

清朝顺治年间，开始设置泰坝监掣官。泰坝监掣官初设时，官员船上办公，并无衙署。雍正十二年（1734）后来成为扬州八怪重要人物的高凤翰，接任泰坝监掣官，在泰州北门外西仓大街建造了泰州监掣署衙门（今大浦小学对面）。衙门内有房屋 51 间，规模宏大。乾隆三年（1793）两江总督正式请给泰坝监掣署“淮南监掣泰坝官”关防大印。“泰坝”后来就成了泰州淮盐运销途上的代名词。

在《两淮盐法志》的《泰坝监掣署图》上可以看到：泰坝大堂前，竖有一座架子，中间吊有一根横杆，一头下面垂着一个名为“校准”的石质砝码，另一头挂上盐包，以横杆持平为准，这样盐包所装的盐有没有超过规定就会被查出。起初只是泰坝大堂前掣验抽查，后来在泰坝附近增设了马浦、仓浦、郁浦 、西浦、旗杆浦、三房浦、门楼浦进行掣验，掣验的实施，比先前抬盐过坝多了一道程序，使得城北地区变得更加繁忙。加之随着当时商品经济的发展，里下河地区与江南物资交换的运输量增加，坡子街向北延伸越来越长，与此同时，东坝与西坝南面，向着东西两侧拓展的东大街与西仓街也接着形成。泰州的城北地区运输更加繁忙，客商云集，买卖兴隆，居民增多，商店鳞次栉比，城市商业中心在城北形成，坡子街更加繁华，“市廛百货灿成行，闽广川湖各擅场”。

泰州博物馆收藏了一幅《泰县城厢图》，是民国二年(1913)民国政府组织人员实测绘制而成的。图上的泰州城里建筑稀疏，尤其是从东门到西门的东西门大街以南的南半个城，竟然有不少农田，只有北半个城的建筑较为密集。但是从坡子街向北以及稻河与草河的两岸，还有东坝西坝两侧的东大街与西仓街，建筑密密麻麻，整个泰州城的建筑偏向了城北，作为城外的城北一带成为泰州城市的主体，其中的坡子街成了广大里下河的商业中心。由此可以看出，经济的发展、交通的便捷，是明清以来泰州城市形态发生变化的决定性因素。

在对泰州城池建筑作了一番梳理后，我们还得对泰州的水系进行简略论述。众所周知，水是城市的生命线。泰州城的水，自汉初至元末，一直是大运河的淮水，从扬州北郊茱萸湾向东沿运盐河流来，元末战争时，从长江挖河通泰州南门，江水又直接从口岸流到了泰州。淮水与江水在城南相会进入城外的南城濠中，再由南城濠经南水门穿过城墙进入城内。水入城后被分成三路，一路入中市河，沿着南北大街西侧的河道达北水门，河上架有丰利桥、登仙桥、乐真桥、大宁桥四座小桥；一路入东市河，绕东半个内城至北水门；一路往西市河，绕西半个内城也至北水门。在东门至西门大街北侧东市河接中市河间，还有一条东西向河流，后来有人称为玉带河，河上架有太和桥与嘉定桥。相对于玉带河的西市河向东也有一段小河从西向东，河上有座伏龙桥，传说宋太祖赵匡胤曾伏此桥下。在明万历泰州城池图上，城濠绕外城一周，濠宽水阔；城内市河三横三纵，绕内城一周，似“田”字形分布。

泰州城位居平原地区，以人均降雨量计算，属于缺水型城市。让人庆幸的是从泰州过境的水资源丰富。西汉初年开挖的运盐河从西向东引来了淮河水，元末为战争需要开南官河引来了长江水，淮水与江水取之不尽，用之不竭。泰州的城外南宋时开挖了护城河，城内开挖了绕内城一周的东西市河及中市河与玉带河，在不足4平方公里的城里，构筑成三纵三横的水网，街河并行，水城相依，水从门前过，家在市河边。值得赞赏的是，无论运盐河，还是南官河，以及围绕城内外的市河与城河，都不是自然形成的，全由是人工开挖的。一座原本是缺水的城市，经过一代代泰州先民不断开挖，营造成城在水中，水在城中，水城一体，双水绕城的水城特色。

泰州的城池与城河，在建筑文化领域延续时间长，影响大，生命力强，文化内涵丰富，是泰州建筑文化不可或缺的部分。

二、宗教建筑

《汉书·地理志》记载，武帝元狩六年(前117)置临淮郡，下辖29县，海陵县位于其中。在海陵县下，专门加注了“有江海会祠”五字。清王先谦《汉书补注》：“江海会者，谓江入海处也。”滚滚长江水，挟带着上游和中游的泥沙，汇入大海，形成肥沃的冲积平原。江海会祠的出现，标志着早期泰州先民，从对海的崇拜，变成对海与江的共同崇拜，祈求江水与海水为人们弭灾、赐福。江海会祠是海陵县最早的标志性建筑，也是泰州见于史书的第一座宗教建筑。

自汉代江海会祠之后，历经东晋、隋、唐、宋、元、明、清漫长的历史阶段，泰州的宗教建筑，屡有兴废，相沿不绝。今古城内外，尚有作为国家、省、市级文物保护单位的寺、庙、宫、祠等30多处宗教建筑。这些宗教建筑，历史悠久，有着很高的历史与文物价值，成为泰州建筑文化的重要载体。

西晋末年，北方战乱，长江下游的江淮之间相对稳定，大批中原流民向南方迁徙，推动了江淮地区的经济发展。此时北方僧人也络绎南渡，带来了佛教的信仰，寺院随之兴建起来。距东晋都城建康较近的海陵，盐业兴旺，农业发达，人口增加。就在东晋初年的义熙年间(405—418)，第一座佛教寺庙在海陵诞生。

光孝寺。建造泰州最早佛教寺院的僧人为觉禅大师，虽然建寺初期寺庙的名称已经失传，但寺院所在的海陵，从此便有了佛教建筑。这座始建于东晋的佛寺，至北宋崇宁二年(1103)，徽宗赐名崇宁万寿寺；绍兴八年，改名万寿报恩光孝禅寺，从此光孝寺寺名一直流传下来。绍兴三十一年(1161)，金主完颜亮部侵犯泰州，纵火登城，光孝寺未能幸免，整座寺庙被焚烧殆尽。30多年后，德范长老应邀来到光孝寺，看到战火中被烧毁的钟楼下，大钟坠地虽扁而不毁，就以“钟不坏寺将兴之符也”[①]，复建钟楼。用5个月的时间，首先将钟楼建成。新建的钟楼高百尺，约32.9米(宋木尺1尺等于0.329米)，相当于现在的8层住宅楼，体量之高大非同一般。钟楼内又重新铸造了大钟。接着以此为起点，恢复整座寺庙。至庆元六年(1200)建成大殿重屋8楹，东西宽136尺(约44.7米)，南北深96尺(约31.6米)，高110尺(约36.2米)；碧云阁6楹，内奉当时皇帝赵扩赐给前住持觉深的“碧云”2字；方丈、寝堂、厨库、水陆堂、两庑等一应俱全，同时塑造了殿中的佛、菩萨、阿罗汉像31尊，总计投入20万缗钱。大殿广袤雄丽，比现在光孝寺的最吉祥殿东西宽出17.7

① 陆游《报恩光孝禅寺最吉祥殿碑》见《道光泰州志·卷三十一·艺文·碑记》。

米，南北进深多8.6米，高过14米多。殿建成后，并未循常例称大雄宝殿，而是由继任常平使韩梃取《华严经》语，书殿之曰“最吉祥殿”。在全国佛教寺院中，将大雄宝殿称作“最吉祥殿”，似乎仅为泰州光孝寺。光孝寺复建竣工后，德范长老特派书记祖兴去请当时文化名人陆游题写修建碑文。陆游听了祖兴的介绍后，很为感动，专门撰写了《报恩光孝禅寺最吉祥殿碑》一文。其开头“天下无不可举之事，亦无不可成之功，始以果，终以不倦”极为精辟。接着详细记述了重建寺庙的经过，前文后铭，有叙有议。陆游的《报恩光孝禅寺最吉祥殿碑》为泰州宗教建筑文化留下了精彩的一笔，被载入其《渭南文集》和明清泰州地方志。光孝寺，自绍兴称光孝禅寺，是为禅宗。清乾隆九年(1744)，宝华山律宗传人炳一受泰州之邀，主持光孝寺，“改禅为律”，光孝寺从此成为律寺，寺内设戒台。戒台石用青石制作，上有莲花、祥云、海水如意、蝙蝠等浮雕花纹。斗转星移，新中国建立后，破除迷信，光孝寺主要建筑被拆，木作材料改作他用，仅剩下山门、西板堂、佛堂、方丈楼等少量建筑，寺址改建成工厂。1984年后，光孝寺又在党和政府及海外高僧的关心支持下，逐渐恢复重建。现光孝寺有山门殿、天王殿、最吉祥殿、东西配殿、藏经楼、钟楼、鼓楼、方丈楼、高僧纪念堂、僧人生活用房等，规模空前，尤其是中轴线上的4座大殿，全都金黄色琉璃瓦，一片皇家气象。最吉祥殿内两侧金柱上，挂原中国佛教协会主席赵朴初楹联一副：

图8-7　光孝寺戒台石刻图案

慈光照三界庄严化导芸芸实相是禅行是道，
大孝报四恩深深护持恳恳虚空无尽愿无穷。

唐代开成三年(838)七月，日本僧人圆仁一行入唐求法，进入我国后，沿海陵县境内的运盐河西行。在距县城二十多里的地方，首先看到了县城内的一座宝塔，当地人告诉他们，是西池寺的塔。据圆仁《入唐求法巡礼行记》记载："其塔是土塔，有九级，七所官寺中，其一也。"[①]从圆仁的书中，我们看到唐代海陵县有7所官建筑的寺庙。在泰州现存的地方文献里，我们看到唐代海陵先后在贞观年间(627—649)、宝历元年(825)、大中年间(847—859)、乾符三年(876)兴建过雨声寺、北山寺、东山寺、南山寺等寺庙，保存至今的尚有北山寺与南山寺。

北山寺。相传泰州城地势南高北低，古代官员来泰州上任，从南门进入城内，越走越低，与官员的升迁及地方文运兴旺有悖，堪舆家建议在城北堆土为山，在山上建筑寺庙，以抬高地势，壮观形胜，于是北山寺便由此而建。清顺治初年，泰州知州钱履吉《清泰州重修北山寺碑记》载"北山寺一名开化院，一名独佛寺，宋嘉祐八年始更今名，曰'北山寺'，以阜地气，壮郡形也。先是唐宝历元年(825)，王屋禅师始建此寺。寺基宏远，清化(桥)演化(桥)悉其地址。旧有浮图高百尺，有百井，今已无存，止名泉一即卓锡泉也。王屋蜀人思饮蜀水，令其徒卓锡，故以此名。"[②]钱知州的碑文中记载了寺庙的历史及清顺治五年(1648)冰怀任主持修庙的情况。康熙年间，在大雄宝殿后建大悲楼。楼基高4尺，悬康熙题"法律禅"青地金字匾，左右还建有阙楼。咸丰元年(1851)寺庙又进行过一次修葺，并请书法家吴熙载篆书"北山开化禅寺"6个大字，勒石嵌于山门殿门额。北山寺旧时规模很大，主要建筑有山门、二殿、大殿及大悲楼前后四进。山门殿内的弥勒佛特别高大，从前泰州有"北山寺的弥勒佛抬不进城"的佳话。1940年1月，日寇飞机轰炸泰州，北山寺二殿被

---

① ［日］圆仁著，顾承甫、何泉达点校：《入唐求法巡礼行记》卷一，上海古籍出版社，1986年。

② 《(民国)泰县志·金石志》。

炸坏。抗战胜利前，日寇驻军寺内，寺庙又一次遭到日军破坏。新中国成立后，寺庙改为工厂，接着一条公路从寺内第二进遗址处通过，将寺庙一分为二，第一进山门殿被分隔于路南，不久因兴建废品公司楼被拆除，大殿后的大悲楼随之被拆，仅剩下大雄宝殿及部分僧寮斋舍。现存北山寺大雄宝殿青砖黛瓦，重檐歇山，面阔 5 间 23.18 米，进深 17.17 米，脊檩高 12.3 米，是我市目前单体面积最大的一座古代殿宇。殿正脊上饰二龙戏珠图案，脊头安带剑把的龙形鸱吻，脊檩下用叉手，檩下枋有“皇明天启丙寅仲春吉旦知泰州事奉政大夫李学旻承务郎同知肖鸾翔将士郎判官鲁元凯等重新建立”的墨书题记，前金檩下的坊上有“皇清乾隆岁次辛亥仲春月吉旦十方护法功德无量住持弘法沙门际彰重建敬立”记文，梁坊间有一斗六升斗拱，上下层间的柱头、柱间及转角用五踩斗拱，柱头有卷杀，柱下用复盆式雕莲瓣纹青石石础，檐口为团龙和飞凤瓦当与滴水，戗脊用青砖砌筑，砖上印有缠枝莲花纹，主体建筑保留明代晚朝时代特征。殿戗脊老角梁与仔角梁夹角约为 35 度，较为平缓，但仔角内加长弯铁板，增加其起翘高度，留有清代重修时的时代特征。2010 年大殿进行过揭顶、局部落架大修。吴熙载篆“北山开化禅寺”6 字石门额现藏于泰州博物馆，原立于山门殿墙上的《清泰州重修北山寺碑记》石刻，放置于光孝寺中，而带有传奇色彩，说井里水通蜀僧家乡的唐代古井——卓锡泉，仍在殿后房屋里深藏不露。

南山寺。始建于唐代的南山寺，位于泰州古城南护城河的北岸，初建时赐额“护国寺”，宋政和七年(1117)改为“神霄玉清万寿宫”，嘉定年间立戒台，称“南山教寺”，建炎元年(1127)名“资福禅院”，明设祝圣道场。此寺由皇帝亲赐为佛寺，到改为道教宫观，从设立戒台为律宗，再到转为禅寺为禅宗，其间变化多多，表现出宗教文化随着时代信仰的不同而不断变更。在大多数当地人说来，南山寺因位于旧城的南方而得名。其实称南山寺还有另一层意义，是由于宋嘉定时传南山宗教法。唐初，终南山白泉寺僧道宣，提倡《四分律》，成立“律宗”，又称“南山宗”，影响遍及全国，泰州南山寺宋时曾传此律宗，故而以南山寺为名。南宋绍兴三十一年（1161），金兵攻破泰州城，但南山寺躲过了那场战火。宋地理学家王象之在《舆地纪胜》中记载了此事说："绍兴辛巳敌骑至资福院，住持僧觉如捧金刚经一卷，至塔下出揖。敌问僧'何恃而不恐？'觉如举手曰'恃此耳！'如且为数演其义，敌皆罗拜，遗白金而去，故此寺刹独免焚爇之祸。"①清光绪时编纂的《续纂泰州志舆图》上，有一幅《文峰塔》图，绘有南山寺全貌。当时的南山寺有二条轴线，东侧主轴线前后三进，第二进与第三进两侧建有东西厢房，第三进为楼屋，西侧二进，自成院落，为僧寮附房，计有房屋近50间。新中国建立后，南山寺改建为工厂，寺内建筑逐渐被拆除。仅剩下宝塔、大雄宝殿及殿东西少数僧寮用房。南山寺大雄宝殿重檐庑殿式屋面，上层1条正脊，4条戗脊，下层4条戗脊，计有9条屋脊，加上面阔5间，合成九五之数。我国古代以九五为尊，南山寺屋面9条脊，面阔5开间，成为古建筑中最高等级的建筑，和北京故宫的太和殿形式相似，当与始建时被皇帝赐为护国寺有关。九条脊的殿宇，明清以来，上面的正脊较长，而泰州南山寺的正脊较短，古建筑学上称为不推山，是宋元时期的建筑特色。殿上下层之间及底层檐下的柱头、柱间和转角处，安装明式斗拱。殿内的梁架结构也很特别，内外柱等高，内柱上安拱，拱上插柱，是为插柱造。立柱直径达60厘米，选用粗壮的优质楠木，柱下垫刻莲瓣纹青石柱础。蜀柱两侧三架梁上加有叉手。殿内有天花，其上梁架较粗糙，名为草架。脊檩下木坊上有"大明天顺癸未冬拾壹月吉旦"重修时的墨书题记。梁坊上有明清时期的包袱锦、如意云、唐僧师徒西天取经、八仙人物等彩绘。整座大殿外形端庄古朴，级别至高无上，梁架结构留有明以前风格，又有明代重建时纪年，是一座文物价值极高的明代大木作殿宇，在江淮地区位居第一。

殿东南角曾有过一座宝塔。塔始建年代无考，有人说塔上

---

① ［宋］王象之《舆地纪胜》卷四十《淮东南路·泰州》。

图 8-8　南山寺大雄宝殿

曾刻有“周公塔”3 字，推测为北宋泰州富室周孟阳建。明正统十四年(1449)，知州在文庙棂星门前开泮池，塔影如笔，倒映泮池水中，因而泰州从此有名胜“凤池笔颖”之说。过了 70 多年至嘉靖初年(1522)塔已不见，可能因失修而倒塌，仅留下塔的遗址。嘉靖末年僧人在塔基处掘地取砖，挖到金佛(可能是地宫中宝物)，后塔基湮为平地。万历四十八年(1620)知州命僧官寻找塔基，又掘地三尺，找到了塔的基址，重新在原址上建了新塔。新塔的基础与朝向与故址完全相同。清《道光泰州志》卷十九“古迹”中专门记载了“南山寺塔”。晚清诗人朱宝善(1820—1889)写有《海陵竹枝词》：“南山风起塔摇铃，佳节何妨任客登”，是说南山寺塔风起时塔铃摇响，认为不妨让游客登临其上。就在朱宝善去世不久的清朝末年至民国初年，南山寺宝塔遭到一次火灾而被烧毁。“某岁，仪征节妇借居其中，焚香遗火，出门去，火作塔毁，笔颖遂不复见。”[①]较之朱宝善稍晚的诗人程恩洋(1855—1924)在《海陵竹枝词》中，提到了火灾后重建的南山寺塔：“凤池笔颖喜重修，漫说文光射斗牛。”清宣统元年(1909)纂修的《续纂泰州志》的舆图上绘出了文峰塔图。图上的塔为砖砌

① 夏兆麐：《吴陵野纪》。

密檐式，高3层，游人无法登塔。此塔虽不高，但是泰州城内唯一保留的古塔，成了古城重要标志，可惜在“文革”期间的1968年，被人为的拆毁了。南山寺塔几度被毁，但塔基一直未变，居于寺庙的东南方。我国早期寺庙里佛塔多建在寺的东南方，南山寺塔与之相类似，其始建年代也当较早。加之在塔的地基处，出土了1只隋代安徽寿州窑3系半釉青瓷罐和1只唐代的陶罐，为塔的始建年代又增加了重要的考古资料。

图8-9 南山寺塔旧照

西山寺。寺始建年代不详，本名报国庵，在今迎春西路，原西门大街北侧，泰山东南方，靠老西门，明末改称西山寺。据民国十五年(1926)王冶山先生《吴陵纪游》中的《东岳庙华神庙西山寺游记》所载，西山寺南有东岳庙，东有华陀庙和地藏王殿。寺前后三进，第一进山门殿，联曰：“山高水流远，寺古白云深”，第二进弥勒韦驮殿，佛前联曰：“此如来大肚包容把世间事全化成无边佛法，是菩萨满腔欢喜将率兜宫尽做作毗卢道场”，第三进大雄宝殿，内供大佛像3尊。大雄宝殿东南曾有古井一口，传说住持德贤曾在一天夜里见到一团白雾，从井内冉冉升起，越升越高，渐成朵朵白云，直上云霄，第二天令僧徒到井里打捞出一尊石佛，以为是菩萨显灵，便将原报国庵更名为西山白云寺。寺第二进面阔三间，东边一间内旧有一座木塔，明弘治四年(1491)造，高7层，每层间有多个塔门，门内雕有佛像，其塔尖冲开檩下木枋，直抵脊檩。整座木塔都贴有金箔，华丽而庄严，在泰州寺庙中仅此一例，他处佛寺亦不多见。宋明以来，泰州号称凤凰城，西山寺的这座木塔曾被视作凤胆，是城市不可或缺的宝物，同时，在泰州还有“西山寺宝塔不露天”

的称谓。清道光时学者夏荃，曾询问过寺内和尚，殿内为何建塔？回说“邑有三山不出头，塔下山乃其一，恐长出，故以塔镇之。”话里藏有堪舆玄机，与城市的风水有关。大雄宝殿旧有大钟一只，用青铜铸造，内含金银成分，极为精美。钟身錾满了经文，有“辛卯吉旦”铸造的干支纪年，但无朝代年号。夏兆麐《吴陵野纪》中说“其为顺治辛卯无疑，顺治间当鼎革之初，天下大事犹未底定，止书辛卯，不书年号。”顺治辛卯时为清顺治八年(1651)，距明亡也已八年，可是对于泰州的僧侣们来说，仍然是天下未定，一种对明朝的眷念，让人刻骨铭心。西山寺由庵改成为寺，但其大雄宝殿的建筑等级标准仍然较低，没有飞檐翘角，只是一般单层、两面坡式的硬山屋面。然而，其面阔为 5 开间 21.8 米，进深达17.3 米，面积有 377 平方米，空间之大，令人惊奇。殿内有檐檩、步檩、外金檩、金檩、内金檩、脊檩，计 13 檩之多，更属少见。梁架结构不仅有单步梁、双步梁，还有三步梁，梁枋间有一斗六升和一斗九升两种斗拱，柱下安复盆式石础，有的石础上还加有木础。殿前有青石铺砌的月台。整个大殿，虽属硬山屋面，青砖黛瓦，但举折较陡，屋顶高大，远远望去，也让人觉得很不一般。二殿的殿内，旧时有明崇祯年间僧方志塑的三尊大佛，佛肚内各藏有楼阁式锡塔一座。塔高近 1 米，9 层 6 面，飞檐翘角，每面有精细的佛像造型，最上有多层塔刹，是明代佛塔的实物样本，文物价值很高，其中 2 座在市博物馆收藏。抗日战争期间，国民党鲁苏皖边区游击总指挥部设在寺内，在黄桥决战前夕，新四军陈毅司令员曾在寺内与国民党部李明扬谈判，

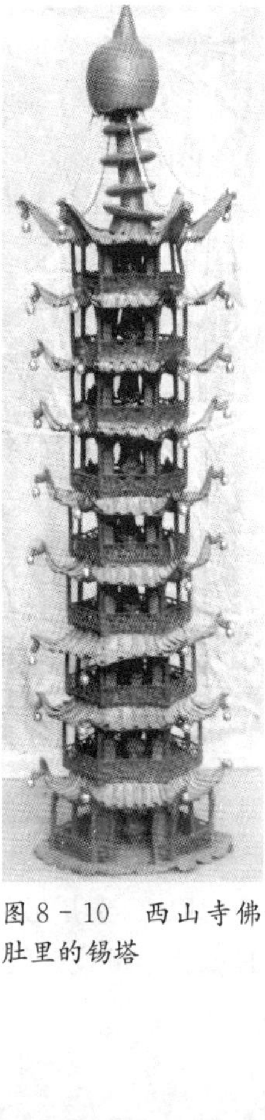

图 8－10　西山寺佛肚里的锡塔

共商抗日大计。新中国建立后，西山寺第一进被拆，第二进与第三进作学校图书馆。上世纪末拓宽迎春西路，经国家文物局批准，将第二进殿堂迁移至大雄宝殿东侧，形成二殿并列而置。2009年至2010年，省泰中恢复旧貌，西山寺再次进行了迁建，第二进与第三进还原成旧时布局，一条中轴线，一前一后，原"西山白云寺"石额仍嵌立在寺庙的墙上，寺内举办了"新四军东进与泰州谈判展览"，成为爱国主义教育基地，红色旅游的景点。

泰州的古代寺庵还有东山寺、永宁寺、雨声寺、觉正寺、净因寺、松林庵、陈庵等，经过新中国建国初期的破除迷信、发展生产，"文革"的破除四旧，改革开放以来的旧城改造，大多已被拆除，少数进行了重建与新建。

古代泰州的宗教建筑除了佛教寺庵外，还有供奉中国本土化人物和神灵的庙与祠，包括现存的城隍庙、关帝庙、管王庙、都土地庙等。

泰州城隍庙。始建年代没有明确记载，从州志上收录的北宋元符二年(1099)泰州蔡通判《城隍庙记》看，时在北宋初年或更早。庙建在古城东北，旧州衙的左侧，今海陵区政府东边的邑庙街路北。旧时城隍庙的城隍被称为阴间的地方官，城市的保护神。旧州衙是主管当时的地方行政机构，而旧城隍庙则是地下(阴间)的管理机构。明初朱元璋曾诏令天下府、州、县，都要建城隍庙，(其制)"高、广各视官署，正衙、几案皆同，置神主于座。"[1]州城隍为"公"，府城隍为"侯"，县城隍为"伯"，泰州城隍爷为"海陵忠佑侯"，庙内建筑亦与州衙类似，主次分明，部门齐全。庙的头门面阔5开间，两稍间边加有八字墙，有3个方形庙门，中门两侧各架有1面大鼓，和州衙门两侧鸣冤告状所击的鼓差不多，俨然一股威严之气。门前东西广场上各竖有1根旗杆，正对庙门是一座面阔5间的大照壁。进门第一个院落东侧5间

① 《续文献通考·群祀考三》转引自郑士有、王贤淼著《中国城隍信仰》，上海三联书店1994年版，第112页。

分别为快班房、男魂堂、福神祠、女魂堂、班房，西侧与其相对的是各班班房，迎面是第二进主体建筑，名四值功曹殿。功曹是考察记录功劳的差事，掌管功劳薄，同时还兼作守护神将与传令官，四值功曹则是值年、值月、值日、值时的四位值班官员。过四值功曹殿进入第二个院落，当中是一座3门4柱冲天式石牌坊，两侧各有3间厢房，东边有1间字纸炉，西边有1间地方庙，过牌坊就到审事厅。审事厅如同州衙内州官办公的大堂，面阔5间，前面是4檩卷棚式轩，后面是抬梁式5架梁加前后单步梁。卷棚轩与厅交接处设有排泄雨水的天沟，局部为双层屋面，结构较为特殊，古建筑上被称之为草架。此种草架屋面的形式，是古人为扩大内部空间，把前后两座建筑联在一起，同时使连接处屋面的雨水，从一面坡顺流而下的科学做法。如果从室内看，是两座相连的建筑结构，而在外面看，则是一座两面坡硬山屋面，泰州仅此一处，苏北地区亦为少见。厅内童柱与蜀柱处分别装有荷叶墩、瓜楞形斗及抱梁云、山雾云等雕刻构件。柱头有卷杀。柱下安2层柱础，上层为木质柱础，下层是复盆式石础。经综合鉴定，审事厅为晚明时期的遗物，有较高的文物价值。审事厅当心间的后面，连着一座戏台，坐南朝北，是从前在台上演戏给城隍看的建筑。戏台前是第三个更大的院落，迎面是城隍大殿。殿内前面也有4檩卷棚，后面是歇山梁架，其交接处安装天沟。天沟旧时用木板做成沟槽，内加锡皮做成的防水层，从两侧排出屋面雨水。殿内空间开阔，梁架高大，梁枋间有一斗六升斗拱，柱下安复盆式青石石础。大殿神台上旧时供奉海陵忠佑侯，当中一块拜石，选用珍贵虎皮石料。在整座庙内其他建筑全是硬山两面坡屋面的建筑群中，大殿屋面采用单檐歇山做法，翘角飞檐，特别增高了建筑等级，前面卷棚上筑有通长屋脊，远看屋面上下两条屋脊，形同双层重檐，檐间用斗拱出挑，檐下安装巨石阶沿，最显巍峨，檐前是宽大月台。月台用青石板铺设，东西各有一座“字纸炉”。殿前天井东西两侧分别各有10多间厢房，是为二十四司，内中从前有表现地狱的场景，有的青面獠牙，面目凶恶；有的身首异处，惨不忍睹，有的提自己脑袋，若有诉状；有的被锯两半，鲜血淋漓；有的石磨碾粉，动魄惊心；还有阎罗殿的十八层地狱，鬼门关、望乡台、刀山、火海、油锅、炮烙、剜眼、割舌，恐怖之极，看之直让人心惊肉跳，毛骨悚然。这种极其恐怖做法，与明太祖朱元璋的统治有着很大关系。朱元璋出身微寒，深知中国普通老百姓对神鬼敬畏心理，就利用鬼神的威力，震慑臣民，以维护其统治。他对大学士宋濂说“朕立城隍，使人知畏，人有所畏，则不敢妄为。”[①]城隍庙的鬼神设置，因此甚嚣尘上。庙大殿后有一段空地，再往后还有一个院落，前面有门楼，门左右是围墙，当中是天井，最里是面阔 5 间的 2 层楼屋，楼上为城隍娘娘的起居室与寝室。泰州城隍庙从前至后主轴线上有照壁、头门、牌坊、四值功曹殿、审事厅、戏台、大殿、后院门楼、后楼 9 进之深，庙貌崇宏，令人叹为观止。殿内旧有宋蔡絪《城隍庙记》：“城隍祀典无之，吴越有之风俗，水旱疾疫必祷焉。有唐乾兴（按：当为乾元）元年，秋七月不雨，缙云县令李阳冰躬祷于神约曰‘五日不雨，将焚其庙。’及期大雨合境告足，乃与具官耆老群吏自西谷迁庙于山巅，以畣神休。因为儿童时，以先君朝议好篆书，尤爱李阳冰此碑，朝夕在几上。今犹能诵之。由是知城隍神自唐以来庙食矣。今年春自大府丞出倅是州始至谒城隍庙祠，见其像塑坐破屋中，风雨不庇，有意完之，适岁旱未遑。经度其秋，进士陈诂与同郡王履中、耿端等请于州，欲因其旧制而新之。既毕工乃使刻阳冰碑文置之壁，因书其岁月云。”现碑已不存，文载《道光泰州志·艺文》。现城隍庙内尚有明清碑石 5 方，其中的清咸丰四年（1854）知州徐瀛《重修城隍庙正殿记》较为有趣，说咸丰初，太平军从扬州向东打到江都后，突然后退，未曾来泰州，州城得以平安，是城隍菩萨显灵，其实是太平军当时另有紧急军情。但此碑由时在泰州的大书法家吴熙载所书，字迹清

① 《续文献通考·群祀考三》转引自郑土有、王贤淼著《中国城隍信仰》，上海三联书店 1994 年版，第 115 页。

秀，镌刻精妙，不可多得。泰州城隍庙自宋至今，多有兴废，民国十八年（1929）国民党泰县县党部蒋某率学生到各庙捣毁神像，庙内城隍等神像被毁。新中国建立后，庙内先后作为医院、工厂、居民住宅，逐渐拆除了牌坊、四值功曹殿、戏台及后楼等，但大部分建筑未被拆毁，受到了保护，2006 年迁出庙内 94 户居民，进行了全面修缮，现为国家级文物保护单位。

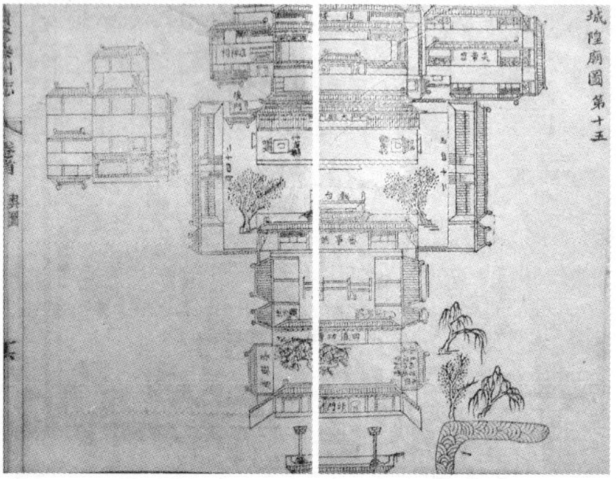

图 8－11　清《光绪续纂泰州志》城隍庙图

关帝庙。泰州从前最多的庙，是祭祀三国时期蜀汉大将关羽的关帝庙。关羽是我国古代忠义的化身，世人的典范，地位显赫，受到历代帝王的尊崇，又受到儒家、道家、佛家的顶礼膜拜，官民普遍祭祀，因而关羽祠庙的兴建最多。此外，明朝末年，全国兴建了不少魏忠贤生祠。魏倒台后，崇祯命令毁掉他的生祠，各地就将魏的生祠，纷纷改成关帝庙。泰州和全国一样，旧城内外，曾经有大校场关帝庙、小校场关帝庙、月城关帝庙、绿袍关帝庙、关帝庙墩关帝庙、南门外大街关帝庙、北山寺西关帝庙 7 座。绿袍关帝庙在城里关帝庙巷的西侧。夏荃在《退庵笔记》中说，他曾在庙内见到一方残存的古碑，“碑额篆书义勇武安王庙”。关羽是被宋徽宗封为“义勇武安王”的，因而绿袍关帝庙可能就是宋代所建。明万历四十三年（1614），在城北东城河北岸高墩上，由泰州宫氏出资，建了一座关帝庙，清嘉庆年间进行过修建。

这座关帝庙是泰州现存唯一的关帝庙，地势高耸，坐北朝南，南临城河，青砖小瓦，硬山屋面，前后两进，庙前两棵高大银杏，生长茂盛。第一进面阔3间，当中一间的上部是发券的半圆形庙门，门上嵌“古关帝庙”石额，并刻有嘉庆二年(1797)重修纪年，第二进是正殿，面阔3间，前有卷棚，脊檩下置斗拱。殿内高大木雕神龛内，祀戴冠冕抱玉笏金身关帝塑像，龛两边有黑地金字对联：“先武穆而神大宋千古大汉千古，后文宣而圣山东一人山西一人”，明间檐柱上挂红地嵌螺钿对联：“兄玄德弟翼德德兄德弟，师卧龙友子龙龙师龙友。”东侧廊壁间立民国十年二月十七日当局签发保护庙产布告的石碑1方，前后两进间是天井。原庙左侧是一些附属用房，北侧是民国十五年州人王幼丹倡建的西式砖楼一座，名为“文昌楼”，与城南原文昌阁在一条轴线上，前后呼应，传说为的是强化泰州城的风水，使泰州更加文化昌盛。楼前有棵比庙门外两棵银杏更为高大的银杏树，主干极粗壮，树根将天井及部分楼屋地面多处撑破。本世纪初，旧城改造，优化坡子街环境，拆除了城北原东大街南侧包括关帝庙附近数百户居民住宅，改建滨河广场，关帝庙因属市级文物保护单位，受到保护，但庙东侧的附属用房部分被拆，同时为保护庙后文昌楼前的古银杏，将文昌楼拆除，并在庙东北侧重建了一座前后2进的准提庵。庙前加筑了临河平台。平台南立面安有铜雕的泰州部分古城小景。现关帝庙成为原城北东大街南侧仅存的历史建筑，旧城的一段宝贵记忆，更是滨河广场唯一保存的名胜古迹。

管王庙。泰州城北旧时有座祭祀管仲的管王庙。管仲，春秋初期著名的政治家，提出由国家控制山海矿藏，实行盐铁专卖，创立食盐民产、官府统购、统运和统销的官营制度，为各朝统治者所重视，也为泰州人所尊重，被称之为管王，并且专门建庙供奉。管王庙始建年代无考，现存最早的泰州志——明《万历泰州志》上，有管王坊的记载。坊以庙为名，足见管王庙当在明代万历之前。明洪武元年(1368)，两淮都转运盐使司设在泰州。

永乐二年(1404),从泰州城北向东北方向的东台,开挖了一条专以运盐的泰东河,淮南中十场的盐船,从串场河经泰东河进入泰州城北的稻河与草河。船上的盐包,要靠人力抬过河上的东西两坝,进入城河外运,从此,泰州成了淮南盐转运的中心。明万历年间,泰州产盐20.98万引,以每引400斤计,约有8400万斤,每天要抬20多万斤盐过坝。抬盐的搬运工你来我往,熙熙攘攘,城北地区人流量猛增,热火朝天,各种商铺相继开设,从城里向城北延伸至稻河与草河之间的城市主要干道,逐渐形成。抬盐过坝成为当时泰州的重要的产业,搬运工人以抬盐为生,商人抓住了盐运带来的商机,城市发展也以盐运而兴起。无形之中,盐宗崇拜受到了特别的重视,祭祀的偶像选择了管仲,管王庙随之兴建起来。从此,泰州宗教建筑增加了与盐有关的庙宇。管王庙兴建后,从明朝至清朝,受到了一代又一代盐工们的尊崇,在建国后城市日新月异的情况下,管王庙主殿依然保留在原地。原管王庙为前后两进,前一进临街,街道拓宽被拆,后一进主殿便呈现在街面。从外表看去,面阔3间的管王庙主殿,青砖小瓦,硬山屋面,与左右相邻的店房并无多大差别,仔细观察,则与周围建筑有着许多不同之处。经实地测量,管王庙主殿建筑高度偏低,屋面坡度平缓。3开间面阔781厘米;进深724厘米;面阔比进深只多53厘米,平面几近方形。当心间立前檐柱、前步柱、中柱、后金柱、后檐柱5根立柱,采用了减前金柱,同时减后步柱的做法,立柱减少,空间开阔,能更好地满足祭祀功能。纵观管王庙主殿屋面不高、平面近方形、两稍间特别窄、用减柱法减去前金柱与后步柱、柱头卷杀明显、扁作梁、梁下加粗大攀间坊等做法,体现出较强的时代特征。其中的近似方形平面、中间大、稍间窄、减柱法、加攀间枋等做法,与姜堰叶甸仓场祖师殿有着较多相似。仓场祖师殿为元末张士诚时的建筑,泰州管王庙主殿与之相近,联系明永乐初开泰东河,泰州盐运兴起的背景,推测建筑时间在明永乐后不久。这样的建筑泰州仅此一处,在整个苏北地区也不多见,有较高的建筑文化价值。清同治元年(1862),时任两淮盐运使的乔松年,在泰州光孝寺东侧建“盐宗庙”,祀夙沙氏、胶鬲、管仲。可是在其亲撰《新建盐宗庙记》一文中,忽视了管王庙的存在,称他所建的盐宗庙是两淮盐区的第一座盐宗庙。其实泰州将管仲奉为管王与盐宗本是一回事,管王庙也就是盐宗庙,乔松年所建的盐宗庙比泰州明初所建的管王庙晚数百年,中国盐业史上两淮盐区的第一座盐宗庙,应是泰州明初的管王庙。

都土地庙。泰州旧时农村中最多的庙,是土地庙,几乎每个村庄都有,甚至不只一座,有的位于庄中,也有建在村外。其建筑规模很小,一般只相当于1间民房或者更小,尽管新中国建立后多次破除迷信,无数次地拆除土地庙,但至今在泰州附近乡村,仍随处可见小小土地庙,逢年过节或者农历的初一、月半(十五),乡村的老人,都要到土地庙里烧香,凡亡故的村民安葬后,家人都要至土地庙祷告,让土地神带领其一路走好。土地神崇拜,是以农业为主的乡村社会中最基层的宗教活动。在泰州城北新城的渔行大街上,至今保留着一座都土地庙。乡间传说,在土地庙的前面加个“都”字,表示都土地神与城隍级别相等。泰州都土地庙所在的新城,是宋金战争时为保护州城而新筑的一座堡城。元朝末年,泰州白驹场盐民张士诚起义,在新城内设义兵元帅府和州治衙门。后新城被朱元璋部攻下,守将夏思恭战死。泰州人为纪念夏思恭,但又害怕被明朝政府干预,就取了个“都土地庙”的名字。另据清道光年间泰州学者夏荃《退庵笔记》记载,明嘉靖三十八年(1559),倭寇百艘船只侵犯苏北,泰州守备刘景韶大败倭寇。传说在刘与敌大战时,有蒋侯从空中授以丈八长矛,为刘助战。蒋是汉末广陵(今扬州)人,名歆、字子文,他视泰州人为乡邻,当倭夷蹂躏泰州人民时,在天上协助泰州守备,打败来犯之敌,保障了泰州安宁,都土地庙是为他而建,庙内并塑有一匹他骑的白马。时过境迁,往事难分辨,都土地庙到底供奉的是谁,只得两说并存。

都土地庙坐东面西。进庙门,左侧为一匹白马,系乡村中匠人塑造，表情呆板，为的是告诉人此地供奉的主人是位武将。门内天井内有一只高大的铁香炉，炉内香烟缭绕。香炉东边正对庙门的是一座大殿，面阔3间，硬山屋面，梁架用材较大，结构有明末清初特色。檐下悬一把算盘，警示人们，为人要宽厚，少算计别人，任凭多么精灵，人算不如天算。殿内供一尊坐像，神态威严，豪气不减。两侧多名部将，好似时刻听候出征，坚守着脚下这方土地。殿外天井内，空间狭窄，安放佛龛，前供弥勒，后立韦驮。天进北侧是一座面阔5开间的后楼，硬山屋面，上下两层。在泰州宗教建筑中，面阔5间的楼屋为数不多。下层供佛像，两稍间为僧人寮房，上层有佛龛，内有娘娘坐像，身穿绣衣，头戴凤冠。原庙的南侧还有大量庙房，现有的已成民居，有的变为公房。这座都土地庙，在1986年以"夏思恭祠"名，公布为泰州市文物保护单位。

泰山行宫。泰州光孝寺东侧原来有一个名为泰山行宫的宗教建筑群。行宫是指古代供帝王出京后居住的宫殿或临时住所。泰山行宫是为泰山女神离开泰山时建造的行宫，民间俗称为奶奶庙。女神又称碧霞元君，在苏北一带，是镇旱、涝、疠、疫，拯救水涝灾民生命的神灵。古代泰州近江靠海，水患不断，特别是明代嘉靖和万历年间，洪水灾害几乎一年接着一年，常常是飓风霪雨，连旬不止，海水潮溢，河决堤毁，舟行城市，漂溺无算。为求诸于碧霞元君的保佑，明代的嘉靖年间，在泰州建造了规模很大的泰山行宫。建宫之初，选址特别慎重。在从前的泰州城里，建筑分布很有讲究，州衙的东边是城隍庙，西边是古刹光孝寺。泰山行宫建在光孝寺的东边，显得比光孝寺还突出。宫的前面与东侧是一条新河，从西向东再由南往北绕着行宫流过。泰山行宫的建筑，是严格参照中国古代佛教寺庙的布局构筑的，从前往后是宫门、二殿、大雄宝殿依次排列。宫门硬山屋面，面阔5开间，有3个发券的门洞。二殿单檐歇山，飞檐翘角。大雄宝殿重檐歇山，斗拱出挑为五铺作，梁架粗壮，柱头有卷杀，柱下垫木础，木础下为复盆式青石石础。墙壁用大青砖砌筑，三顺一丁，从下往上逐渐内收，有明显收分。屋脊采用实脊做法，层层垒筑，高高耸立，南北两面用铁索加以稳固，素面无纹，倍觉庄重巍峨。脊头龙鱼形鸱吻，为青灰色陶塑。屋面盖灰色筒瓦，用龙凤图案的瓦当与滴水。两山用磨方砖贴面，也是清水做法。殿前有青石铺设的月台。二殿和大雄宝殿之间的东西两侧，有配殿相接，此外还有不少附属用房。整座行宫，气势恢弘，是一组具有明代特色与地方风格的宗教建筑群。民国十七年(1928)，泰山行宫改称古淮堤庵，为尼姑所用。新中国建国初期，为建设泰山公园，将山门殿与大雄宝殿间的二殿，迁移至泰山公园之内，其余建筑变为工厂用房。上世纪末，拆除了第一进 5 间大门，接着工厂改制，进行房地产开发，仅留下一座大雄宝殿。有关单位找来外地工匠，对大雄宝殿进行了重新修建，由于未能注重保持时代特色与地方风格，失去了原有建筑的神韵，加之四周被商店重重包围，泰山行宫从此风光不再，空留下一座有形无神的大殿。

图 8－12　泰山行宫旧照

都天行宫。除泰山行宫外，泰州还有一座名为都天行宫的宗教建筑。都天行宫在西仓桥东引桥北侧，老廒新村 67 号，坐北朝南，南临护城河，北近泰州老船闸。该庙是“都天菩萨”出巡时居住在泰州的宫室，所以称为“都天行宫”，又称“都天庙”。庙中所供神像，为唐朝安史之乱时睢阳守将张巡，州人旧称为“都天菩萨”。由于张巡死守睢阳，使叛军不能越睢阳南下，保卫了江淮流域广大地区，免遭叛军的蹂躏，所以明清以来，江淮地区百姓纷纷建庙供奉，纪念这位英雄。清代王辅《都天庙》赞曰“祠宇巍巍表协忠，商丘千古吊英风。两家肉尽军犹饿，三日兵来壁已空。配享南雷同不死,回天李郭赖成功。行人载拜瞻遗像,鼠雀穿檐夕照红。”都天行宫系清康熙三四年间(1664—1665),就社稷坛旧址的西半改建而成,光绪二年(1876)、民国二十二年(1933)先后两次重修。这是一组以楼屋为主的古建筑群,一条中轴线串联起门楼、戏台、大殿、后楼前后四进主体建筑。门楼5间,中开券门,上嵌“都天行宫”石额,并饰有祥云图案的砖雕,门前两侧立狮子盘球的石鼓一对。门内后金柱下置屏门,平时开两侧小门,香期屏门打开。戏台与山门楼相连,坐南朝北,上下两层,下层是通道,上层为演戏台,单檐歇山屋面,翘角飞檐,小巧精构。戏台北为庭院,左右各有厢楼7间。台前大天井为观戏者留有很大空间。大殿抬梁结构,3开间。殿中佛龛内供木质贴金都天菩萨木塑像一尊,身穿袍服,气宇轩昂。龛旁有对联一副:“大德实生成,跻斯民於仁寿;慈心通造化,拯下土之灾殃。”殿上悬李鸿章题写的“江淮保障”匾。此外,还有“忧国忧民”、“圣寿无疆”等匾额。殿内两侧塑有张巡部将像,龛后有韦驮像一座,面目威武。东侧墙上嵌有清光绪二年(1876)《重修都天行宫记》石碑,由提举衔、两淮候补运判、管理泰坝监掣定远凌树模撰文。大殿后是5开间的后楼,楼上中间左供奉青面都天菩萨手执折扇的坐像,右有粉脸戴凤冠的都天娘娘坐像。还有20个宫娥彩女像侍立两侧。楼上东稍间是寝室,有两滴水雕刻海绵床、帐子、被褥等生活用品,还有4个宫娥彩女塑像,西稍间存放经书。整组建筑以楼房为主,体量高大,轴线对称,排列有序,在泰州地区仅

图8-13　都天行宫门楼

此一例。据原住庙僧洪学生前回忆，以前都天行宫前有广场，东西竖立旗杆各1根。庙门口有5级台阶，地势高耸，后因门前造桥，路面抬高而致庙前台阶消失。新中国建立后，庙内塑像等被毁，天井前铜质独角兽大香炉送市博物馆收藏。后其址改为存放物资的仓库，东厢楼被拆，天井处加盖库房。2005年初，市政府为整顿市容，改善环境，保护文物建筑，投资600多万元，对都天行宫进行了全面修复，又拆迁附近18户居民，因地制宜，择地造景，在宫东侧以树龄分别约600年和300多年的高大银杏树为主景，配以古朴的亭、廊等，建成了一块四千平方米的绿地广场。成了市民游憩、活动的好场所。

安定祠。泰州宗教建筑中，还有一类为祭祀先贤、名士、忠臣的建筑物，称为祠。今迎春西路江苏省泰州中学老校区内，就有一所安定祠堂。安定姓胡，名瑗(993—1059)，因祖籍陕西安定堡，人称安定先生，北宋泰州人，由范仲淹推荐，任秘书省校书郎，后长期从事业教育工作，执教二十余年，时名臣多是他的学生，王安石尊他是“天下豪杰魁”。南宋宝定二年(1226)，泰州安定书院内，就开始奉祀安定先生，但不是专门的祠堂。嘉靖十七年(1538)巡按御史杨瞻来到泰州，了解到安定先生讲学故址在泰山前面，就在书院里专门设立了祭祀安定的祠堂，并立《宋安定讲学故址碑》及《安定祠》碑。万历三十年(1602)兵备副使张云鄂对安定祠进行了修葺，并举行了奠祀。明末祠堂荒废，清代多次修缮，民国六年(1917)又作了一次修缮。新中国建立后，祠堂得以保存，一度被改作员工宿舍。祠建在泰山南麓，与山顶岳武穆祠在一条轴线上，硬山屋面，清砖小瓦，抬梁式结构，节点有清代早期特征，柱下用复青石复盆式石础，门前有三级台阶。2009年市城建部门对安定书院进行了重新修建，将旧安定祠堂落架大修，原有梁架结构做了校正，部分腐朽的构件作了修补与更换，选用旧城改造时拆除的旧砖，经挑选后按三顺一丁的传统做法砌筑墙体，并按原脊的式样，做成清水砖脊。同时在祠堂前，兴建了二进祠屋和东西两条长廊。现祠堂前后三进，第一进祠堂门安有方形石鼓，上悬“安定祠”金字匾，第二进内有安定先生文物史料展，第三进祠堂中立汉白玉安定先生坐像。三进之间有二个天井，连同两边长廊，成为一组规模较大且有地方传统特色的祠堂建筑。遗憾的是，近年来，在祠堂门前兴建了一座体量超大、唯我独尊的图书馆大楼，将祠堂紧紧夹在楼与泰山之间，实属无理之举。

图 8－14　重建的安定祠大门

崇儒祠。泰州光孝寺西侧，与寺庙相邻的，是一座崇祀儒学先师、泰州学派创始人王艮的祠堂。王艮(1483—1541)，明代泰州安丰(今属东台市)盐场的盐民，出身贫穷，仅读过三四年私塾，后勤奋自学，成为儒学大师、哲学学派的领袖。王艮是泰州人，他的学生中有许多是泰州籍，同时他在泰州讲学的影响较大，所以就称这一学派为“泰州学派”，王艮就是泰州学派的创始人。王艮逝世后，杭州府、应天府、宁国府、扬州府、姜堰、海安等地，先后都建起了祭祀他的祠堂。明万历四年(1576)泰州督学耿定向，奏请朝廷批准，建立了崇儒祠。祠内供奉王艮的塑像，后又从祀泰州学派的部分弟子。每年春秋两季，泰州的州官都要到祠堂来，举行隆重的祭祀活动。平时泰州学派的崇拜者和当地一些读书文人，来祠中顶礼膜拜更是络绎不绝。祠内有人专施管理，新中国成立之初，还有一位从姜堰来的老太太住在祠内看管。后祠堂成为纺机厂职工住宅。1986 年，为纪念王艮逝世 445 周年，动迁了居民，对崇儒祠进行了全面修缮。崇儒祠建成之初，当时的人绘制了一份《崇儒祠全图》，收录在《心斋王先生全集》里。祠原有东西两部分，主体建筑位于西边，前后四进，北边有花园，直至北城墙。西部原有 4 进，只剩后面三进，第一进已不存在。修缮时按照原图，恢复主要的西边部分，首先重建了第一进祠堂大门，面阔 3 间，中间黑漆大门，装青铜衔环铺首，左右安放一对从附近找来的白矾石石鼓（据说就是祠堂原物）。石鼓上雕刻狮子盘球图案。门檐下嵌"崇儒祠"石额。三间大门两侧加砌八字墙，显得较为气派。第二进仪门，面阔 3 间，原结构未变，一明二暗式，中间是将军门形式，安长方形石鼓，正反两面有狮子盘球与松鹿图案，门两边为门当户对式，使仪门更觉宽阔，上面新悬"立本堂"匾。第三进为厅屋，抬梁结构，节点做法有清代早中期风格，正桁枋下有"大清嘉庆拾陆年厅屋三间东山朝南厢房四间十六世孙开极建荷月日"墨书题记。柱下安复盆式青石石础。前檐格扇安在步柱间，形成走马廊檐。东檐墙上嵌明代都察院右副都御史凌儒《心斋先生祠堂记》古碑一方，字迹清晰，全文可读，碑额雕刻有四合云及仙鹤图案。西檐下有吏部尚书兴化李春芳《崇儒祠记》。李的石刻残存中间一段，经修复完善。堂后金柱间安屏门，前立王艮青铜全身像，金柱上挂"孔孟颜曾俱尚友，弟兄父子自相师"对联，上悬"海东夫子"匾。第四进为穿斗式建筑，内悬"贤人堂"匾，陈列泰州学派文物史料。重修后的崇儒祠，尊重历史原貌，做到了修旧如旧，站在祠堂门口，向祠里望去，前后四进祠屋，宁静而深远，进入祠内充满了庄严、典雅、朴素的气氛。同时又在祠堂主体建筑的西侧，建造了一座小花园。园内建长廊，砌半亭，挖水池，堆湖石，铺小径，栽修篁，种花木。所建半亭起名"乐学亭"，水池中立一块"乐学"湖石，西边砖墙一方白色大理石上，又刻王艮的《乐学歌》全文："人心本自乐，自将私欲缚。私欲一萌时，良知还自觉。一觉便消除，人心依旧乐。乐是乐此学，学是学此乐。不乐不是学，不学不是乐。乐便然后学，学便然后乐。乐是学，学是乐。于乎天下之乐，何如此学。天下之学，何如此乐。”通俗易懂，朗朗上口。整个小园体量不大，充满书卷之气，为祠堂增光添彩。古老崇儒祠经过修缮，在时代前进的步伐里，受到当代人的关爱，从此延年益寿，得以继续流芳于世。

图 8-15　崇儒祠

岳武穆祠。就在崇儒祠建成后，明万历十六年(1582)，泰州兵备武官舒大猷，在城西南的泰山顶上又建了一座祠屋，供奉南宋民族英雄、泰州知州岳飞，名为岳武穆祠。泰州的泰山是古城风景名胜，尽管高度只有 15 米左右，但却是从前城里最高的地方，每逢天高气爽，登山南眺，远在数十里之外的滚滚长江及镇江东部的二座青山，依稀可见，若朝东、朝北俯视，泰州城内一片青砖小瓦的街巷民居、古树名木尽收眼底。南宋建炎四年(1130)七月，朝廷任命岳飞为通泰镇抚使兼知泰州。岳飞不仅带领泰州军民英勇抗击了金兵，而且在敌我力量悬殊、州城无险可恃的不利条件下审时度势，护卫州民向南撤退到阴沙(今靖江生祠镇一带)，使人民避免了一场重大战祸。虽然岳飞任通泰镇抚使兼知泰州仅有短短的三四个月，但深受泰州人民的崇敬和爱戴。自从在山上兴建岳武穆祠之后，泰山就成了一方圣地，泰州人心目中的巍巍高山，昔日姜堰、东台、兴化、泰兴、江都等地广大民众，都对岳武穆祠中供奉的岳飞充满敬意，视岳飞为神灵，称岳武穆祠为岳庙。岳武穆祠初建时只有三间平房，清雍正十二年(1734)进行过一次重修，改建成单檐歇山的大殿。此后，又经多次维修，但由于地基属于人工堆积的泥土，加之用材较小，地面潮湿与白蚁蛀蚀，木构件严重腐烂，发生梁架歪斜及多处下沉，2009 年泰州市、区两级政府，决定对岳武穆祠进行一次大修。在原大殿基础处，构筑一座钢筋混凝土平台，将整座建筑安放在坚实的台基上，达到了百年大计的要求。鉴于岳武穆祠高居泰山之巅，古朴庄重，同时与泰州民居风格一样，清水砖墙，清水屋脊，清水博缝山墙，外墙上没有刷成庙宇常见的黄色，建筑特色非常明显，在重点解决基础问题后，修缮时保持了建筑旧貌，突出了地方风格。特别是歇山屋面翘角保持了原有尺度，既不能像南方建筑翘得那样高，也不得像北方建筑那样平。修缮后的岳武穆祠，从南侧整修过的台阶拾级而上，先达山门前平台。转身向东，攀登直陡台阶，进入山门。门上嵌“高山仰止”石额，沿石阶登上山巅，一座古色古香的殿宇呈现眼前。单檐歇山的屋面，四角起翘，清水砖筑屋脊，前面刻“精忠报国”，后面刻“还我河山”，脊头塑龙形鸱吻。室内殿堂结构，梁枋间有一斗六升斗拱，前带 4 檩卷棚，深邃宽敞。东南侧墙上立清雍正十二年(1734)《重修泰山岳忠武王祠碑文》古碑，东西两侧墙上将原来收藏与修缮时出土的《五岳真形图》与岳飞给《通判学士阁下》的墨迹石刻嵌立于其间。殿左有回廊，分别嵌原石额“朝晖”、“夕照”，后面回廊透空虚敞，视野如故。殿前月台用城砖铺地，台前围墙取青石压顶。置身月台，极目远望，风景这边独好。

图 8-16 重修后的岳武穆祠大门

三、民居建筑

民居是城市的重要组成部分,居民生活的必要条件,我国自古有就“安居乐业”的说法,安居才能乐业。泰州民居有许多可圈可点之处,在建筑文化中占有较为突出的位置。2010 年市政府公布了 105 处文物保护单位、66 处优秀历史建筑、33 处控制保护不可移动文物。在这些文物建筑里,分别有 57 处、56 处、17 处明清古民居,总数达 130 处,另外还有 5 处属于省级文物保护单位的古民居。这么多数量的明清民居,在目前全省同类城市中,几乎属于绝无仅有。上世纪末,曾有省内外古建专家到泰州考察后,认为泰州明清古民居很有特色,可命名为:“泰式民居”。

泰州明清民居,主要是明清以来一些大家望族的住宅,有进士府第,有地方豪富宅院。当年他们入仕或致富后,为改善生活条件,提高生活质量,也为显示身份与财富,选择最佳地点,购买最好建筑材料,请来经验最丰富的工匠,建造成代表不同年代最高水平的民居建筑。登高俯视,在现在古城区一排排和一座座高楼之中,仍井然有序地保存着一条又一条小巷。小巷两边就是一家连着一家的明清古民居。如按时代排列,则有明隆庆年间的蒋科宅第，万历年间的汪氏住宅，崇祯时的宫氏住宅，清康熙时的陈厚耀故居，雍正时的程盛修公馆，道光时的钱氏住宅，同治时的武举尤氏笔颖楼，晚清时的李氏建筑群和吴氏九十九间半，民国初年泰州军政司令张淦清住宅，直至抗战时期李明扬修建的李公馆等。走进这些明清古民居，一些住在老宅中的古稀的长者，还深藏着许多“昔日王谢堂前燕，飞入寻常百姓家”的故事，记忆着当年房屋主人的诸多往事。那些房屋中已经作古的先人，以及曾经发生过的往事，就像是一页页掀过的泰州明清史，更是一部真实、生动的民居建筑文化的教科书。下面我们以蒋科宅第为例，对泰州明清民居略作介绍。

蒋科宅第，位于泰州市海陵区税东街112号。始建于明隆庆年间。宅由东西两部分组成，青砖小瓦，硬山屋面，西侧是一组明代建筑，由厅屋、堂屋及后楼各3间组成，前后三进，在一条中轴线上。第一进楠木厅，桁、柱全用楠木制成，高贵典雅，5架梁园作抬梁式结构，前带卷棚后加单步梁。卷棚系两根弯曲带弧形的木椽对合成如意海棠形，椽上盖每块都依木椽的弧度精确加工而成的望砖，木椽与望砖相配，合缝合榫，客人进入大厅，抬头上望如此精致的卷棚，定能产生美好的第一印象。厅前装雕花长格扇，檐下安挑檐枋，出檐较远，两边用磨砖做成7道出挑的垛头，进门阶沿处用青色长条石。屋架的金柱较低，步柱稍高，盖成的屋面形成下弧形，不仅能缓和屋面雨水的下泄，又有较好的防大风功能，看上去更是流畅自如。两侧的山墙博缝和后檐出挑，全都用经过刨磨的砖细工艺。楠木柱的柱头做成带卷杀内收的弧形，下垫木础，木础下还有石础，地面铺大方砖。第二进穿堂，圆作穿斗式结构，脊桁上装饰山雾云和抱梁云雕刻构件。当心间立中柱，柱两侧装木隔板，柱下垫木础，前檐步柱处安长格扇，留有走廊。两边房间无走廊，檐柱间装半窗和木槛墙。后楼2层，梁枋和楼板用柏木制成，俗称柏木楼。圆作抬梁式结构，5架梁前后各加单步梁，脊桁处装饰山雾云雕刻构件，楼前檐用挑檐枋，出檐深远，檐下装斜纹窗心的短窗和木槛墙。

楼下小方格格扇装在步柱处，为通长走马廊檐。楼两边山墙及后墙，为明代大青砖加小量石灰拌粘土砌筑，从室外地坪起，每砌一层，上层砖均比下层砖内收3毫米左右，渐渐砌渐渐收，形成下部宽上面较窄的墙体，粗看并不明显，但有效地提高了楼房墙稳定性，此种墙体建造方法，为泰州明代建筑所少见。楼房的垛头、后檐、博风及屋脊全用磨砖精细加工制作，数百年过去，仍不减当年的气派。宅东侧由大门、方阁、厅屋和花园组成，始建年代似在清代中期。大门南向，临街而置，两侧安长方形狮子盘球纹石鼓，上有砖雕门楼，内侧安垂莲花柱。进门偏西是一座2层方阁，楼下南立面和东立面有长廊相连，北立面为砖墙，歇山屋面，东南和东北各有上、下两只翘角，楼上东、南两面置半窗，可登楼俯视或凭窗远眺。方阁东北正对大门是一排5间的厅屋，圆作抬梁式5架梁结构，前面仿楠木厅做成海棠如意形卷棚，步柱上安长格扇，形成从东到西长5间的走马廊檐，地面方砖，垛头、博风、屋脊也都用砖细砌筑。厅屋后有小花园一座，内有古银杏及湖石等，小巧玲珑，清静高雅。宅东、西两部分间有火巷相隔，虽建筑时代有早有晚，但风格较为一致。是江苏省级文物保护单位。此宅第原大门至厅屋处有砖细出挑仪门，门下安圆形雕刻狮子盘球花纹石鼓。上世纪末拓宽宅前大街时拆除仪门。厅屋前照壁墙上旧有砖雕三组，图案有海马奔腾、狮子盘球、兔衔灵芝、麒麟送子，凤凰、芦雁，亭台楼阁等，新中国成立初期筹建泰山公园时，拆卸至革命烈士祠(临湖禅院)大厅前围墙上，至今仍在异地保存。

图8-17　明蒋科宅第大门

泰州明清民居及民国民居比较有代表性的还有宫氏住宅，

位于泰州市海陵区税西街104号。俞梅故居，位于泰州市海陵区新华巷1号。陈厚耀故居，位于泰州城中陈家桥西街15号。钱桂森故居，位于泰州市海陵北路120弄6号。吴同甲故居，位于泰州海陵区城北南通路236号。李明扬故居，位于泰州市城中陈家桥西街。夏荃故居，位于泰州市海陵区城中五一路52号。单氏故居，位于泰州市海陵区西仓袁后街44、46号。周氏住宅，在泰州市海陵区涵西街17号。

图8-18　周氏(吴氏)住宅仪门前

泰州位于江淮之间，南北文化交汇处。明代以来，民风醇厚，事耕稼，尚儒雅，耻以浮、薄相夸。明清民居从建筑式样和结构来说，既有南方的清秀、典雅，又有北方的雄浑、简朴，颇有一些较为鲜明的地方特色。

第一，外观简单朴素。泰州明清民居与粉墙黛瓦的苏式民居不同，硬山屋面，盖灰色的蝴蝶瓦。屋脊用磨砖垒叠成一道又一道平行线，精工细作，俗称清水脊。做脊的望砖每块都要加工磨面，抬头望去，宽窄相间，有暗有明。脊头高高翘起，底座是个长方体，上面加两道弧形，然后最上面再加个圆，就像天空的太阳与圆月，用大方砖加工而成。早期的脊头，较为简洁，素面无花纹，后来雕刻有暗八仙、蝙蝠、寿桃等图案，再后来不断增高，用磨砖搭起双喜或多寿字型图案，很是气派。正脊当中，俗称龙口，大多数龙口用的是扇形方砖，起初为素面，后来也雕刻有吉祥图案。除大门外，房屋四周砌墙，不开窗子。砖墙用青砖，大多用三顺一丁格式包皮砌筑，俗称清水墙。砖墙很厚，厚厚的砖墙给人以稳固的感觉。泰州古建筑墙的里外全用整砖，中间用泥土与碎砖填充，不仅节省材料，而且隔热、保温、防潮，雨水从外墙渗入到填充的泥巴时会向下而不会向房内渗透。外墙细细的砖缝，很见功夫。山墙上部有磨砖博缝，呈人字型，从下到上不是笔直的两条线，而是柔和的曲线，与室内的梁架举折相呼应，形成“囊金叠步翘瓦头”的视觉效果。泰州古建筑的砖墙，很少看到用石灰粉刷的白粉墙，全是用小青砖砌筑，俗称“清水墙”，朴实无华，美观大方。砌墙用的砖要求较高，几何尺寸不能相差太多，表面色彩大致相同，最好的青砖呈青绿色，民间称“绿豆青”。这种用青砖砌成的清水墙，虽没有白粉墙美观，但材料与做工比粉墙要求高得多。一般的粉墙砌筑时，如果砖的大小不一，色彩不同，砌筑工艺稍差，只要粉白时下些工夫，都能遮盖掉。但清砖墙对砖的要求高，砌筑的工艺也不能差，表面看似不如白粉墙亮丽，但看上去比较朴素，特别是雨水过后，更是整洁、清爽，一种崇尚实在的建筑文化，将泰州人内在的审美情趣，表现得恰到好处，因而千百年来得到传承。

图 8 - 19　泰州民居清水脊

第二，结构科学合理。泰州明清民居采用穿斗或抬梁式框架木结构，厅屋多为抬梁式，当心间无中柱，空间较为宽大，便于布置陈设。堂屋多用穿斗式，当心间有中柱，两边是房间，中间用屏门或山板分隔。木作的梁架做法既简单又讲究，一般民居为面阔三间。先做好木作的4座山，山立起后搁檩条，檩条上钉木椽，构成木框架。山的制作用榫卯结构，要在柱头上开凹榫槽，梁头做成凸榫，插入柱头的凹榫槽内，又将梁头上部做成下凹的圆形，使圆形的檩条下部落入其内。早期的民居，檩条多落入梁头下凹的圆形内，使柱、梁、檩三者紧紧结合在一起。后期柱头升高，檩条直接搁在柱头上，不再与梁相结合。因为柱是圆的，梁也是圆的，梁与柱相交时，将靠近柱的梁下部做成鱼鳃的形状，民间工匠称为"剥鳃"，有学者说是"圆作扁做"，不仅符合结构的需要，同时看上去也觉得过渡比较自然。木结构的檩、梁、柱节点紧密，坚实牢固，形成一个整体，可以多人一起，将整个屋架抬起移动。民居房屋全靠柱子承重，柱间的墙体，只起挡风避雨和分隔空间的作用。又由于基础不深，柱下垫木础或石础，抗震性能特别好。当地震来临时，地面摇晃，震波传到房子基础，因基础不深，影响较小。有的地基用整砖干摆，砖基间有缝隙，震波来时就会分散。地基上摆放柱础，柱础与地基相接，但不紧密连接，震波传到柱础又减轻了一些。柱础上架柱子，柱子同样与柱础不是一体，震波从柱础传到柱子再减轻一次。柱子上的梁架，全用榫卯互相扣紧，一般的摇晃不会脱开。所以地震发生时，古建筑质量好的房屋，是比较安全的，最多是屋上瓦片掉些下来，周围墙体倒坍，但整座房子不会散架。我们看到泰州的一些优秀古民居，有的已历经三四百年之久，其间也曾有过不少地震，但木结构仍然完好如初，如无重大天灾人祸，每年进行一次小的维护，再过二三百年，大概是没有什么问题的。

第三，建筑材料考究。泰州明清民居所用的材料主要是砖瓦与木材。早期经济条件较差的家庭，砌墙用的材料，有土坯与和砖混合使用的。里墙用土坯，外面砌一层砖。土坯规格较大，用农田的土捣碎加水拌和，以牛或人工反复踩踏，放到一个长方形木框中成形，再置于田边或空地上风干，就可用来砌墙，不用放入窑中烧制。土墙墙体较厚，没有砖墙美观牢固，逐渐被淘汰。泰州民居砖瓦主要来源于里下河的溱潼。溱潼砖瓦的泥料，是就地取材的河心泥、荒草滩和荒闲的非耕地，为又细又粘的茨菇青原生泥土。窑工将取来的泥土混和、掺水，盘成泥团、踏紧，经一段时间的透泡闷捂，再篾上几回，造炼几遍，变成疏软、细腻、柔和的熟粘泥。造好的泥，用砖模制成六面光八角齐的砖坯。蝴蝶瓦坯的制作比小砖的制作要复杂得多，单工具就有轮桩、轮盘、瓦模（瓦骨）、瓦衣、木手、断板子、蘸水把、水盆、灰盆、推剔、刮垛子十多种。做瓦清明开始，到冬至收作。窑民说："砖到小雪瓦到冬"。民居屋面檐口部分盖瓦全用瓦头，底瓦都用滴水。瓦头、滴水往往都刻有吉祥纹饰图案。瓦头模子上有虎头、八卦、文昌化解、福、禄、寿等，滴水模上有鲤鱼跳龙门、凤凰、牡丹、蝙蝠、芦雁等。砖瓦坯做成后要入窑烧制。烧窑主要燃料是荒草、麦秸杆等。初升火时，火堂里的草不能过多、过快，否则会烧裂，要用慢火，慢慢蒸发掉窑里的冷空气、水蒸气。约过了一天以后，窑里所有的砖坯全部烘烤干了，于是就进入快烧阶段，让火堂里的火一阵顶一阵往上赶，经过一天一夜，窑里的砖基本被烧红了。接下来还要熬火（关色），让火堂里始终保持大量的草木碳与二氧化碳发生还原反应，生成一氧化碳的过程中。一氧化碳又在不断地释放出热能（蓝青的火焰），这种蓝青色持续不断地向砖体内逼进，经一天一夜熬火后，一窑砖基本上由红变青了。如此烧出砖瓦，色调一致，规格相

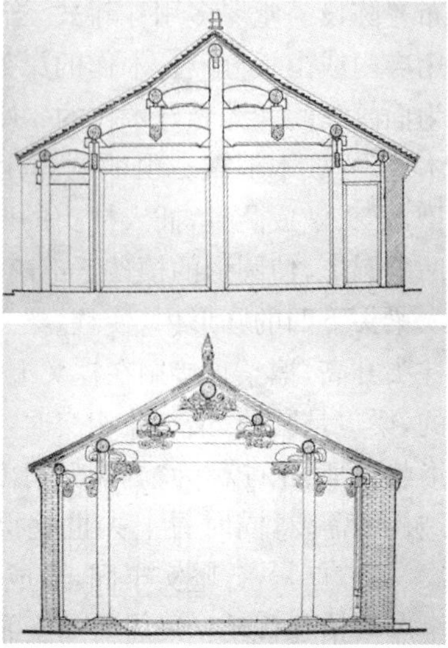

图 8－20　泰州民居梁架剖面图

同，强度高，耐腐蚀，是建房上等材料。过去大户人家建筑房，都要到下河溱潼、戴窑一带包下几座砖窑，专门定制砖瓦。建房用的木材都是从上江运来的杉木，以及楠木、柏木等优良木料，尤以贵州产的杉木为主。这些木材，先是由口岸的木商们，从湖北山区或汉阳、鹦鹉洲等地采购，后来又到湘西、常德、河伏镇等木材集散地采购。再往后，大多直接前往洪江木材市场。洪江木材来源于黔省镇远、靖州、锦屏各县山区林中，木材强度高，韧性大，抗腐蚀，拒虫蛀，质地香。由水路途经无数险阻运到口岸。今泰州明清民居木构材料中，那些三四百前的杉木梁架，仍然完好如初、不弯不裂、不蛀不腐、纹理清晰，让人佩服不已。一些人家还有选用楠木、柏木作梁架。税东街明清住宅就有一座楠木厅和一座柏木楼，升仙桥附近的汪氏住宅的厅屋全用柏木做梁架。如果不是选用这些优质的木材做梁架，泰州就不会有这么多的明清民居得以保存。

第四，装饰实用精巧。泰州明清民居的装饰崇尚实用。稍有社会地位的大户人家，大门外大多安装刻有花纹的长方形石鼓，仪门外安圆形石鼓。石鼓靠墙一面刻有简单花纹，外面则用剔地平起的雕法，雕出各种花纹。一副略有残缺的宋代方形石鼓上，刻的是六菱形锦地图案，明清石鼓上大多刻麒麟、凤凰、凤戏牡丹、狮子盘球等图案。石鼓上安门框，当中装可以卸下的高门槛，气派而又防盗。门前的屋檐下，全用封檐做法，不用经雨水容易腐烂的木椽，而用青砖磨成仿木椽的砖砌体，从墙上部一层一层往外出挑，一般为五至九层，每层砖的立面或半圆、或内弧，或外弧，均经人工刨磨，砖砖相依，层层相靠。大门两边的砖墙，选用同一色的青砖，将砖的 5 个面刨磨得一丝不差，用干摆的砌法，以糯米石灰粘合砌成，横平竖直，砖缝仅成条条极细丝线，最见工夫。门上至檐下，用方砖磨成宽窄相间的砖枋，枋间雕刻有四季花卉、梅兰竹菊、琴棋书画等图案。如此砖砌大门，全用青砖砌筑与雕刻，色彩雅静，不显豪华，仔细观赏，其砌筑的精度与考究令人叹为观止。

民居两侧山墙的垛头、博缝及后檐出跳，也都用砖磨成道道曲线，逐层挑出，干净利索。进入大厅，在前檐檐柱与步柱上，大多做成各种轩廊。轩廊有船棚形，有如意海棠形，都在弯椽上铺望砖。要把望砖刨磨三个面，一排排一行行，平平整整铺在弯椽上，望砖与弯椽配合得看不到一丝缝隙。泰州明清民居的梁架，不论是圆作还是扁作，都没有在梁上进行雕刻，全是木材原有的素面。但一些明末清初富有人家的厅屋，在五架梁的蜀柱处，不用圆木柱，而用大块木料雕刻成荷叶形状的木墩子，再在荷叶墩上，安抹角四方形或圆柱多瓣形栌斗，斗上承檩条。在三架梁上童柱处，也不用圆柱，也用荷叶墩，上安方斗或圆斗。斗两边开口，左右各安雕有如意云或香草纹图案的三角形构件，高高地架设在梁尖上，俗称山雾云。斗的正面又开口，安丁头拱，拱头装小升。升两边开口，安抱住檩条的雕刻花板，抱柱上面的檩条，称为抱梁云。这些荷叶墩、栌斗、山雾云、抱梁云、丁头拱等构件，不仅能满足结构上的要求，又恰到好处的进行了室内装饰，真可谓两全齐美，别具匠心。由于用料较大，雕刻费工，这种做法，入清之后，逐渐减少，因而成为鉴定古民居时代的重要标志。

图 8-21　宋代民居门前石鼓

第五，遵守封建定制。明洪武二十六年定制规定“凡庶民庐舍，不过三间五架，不许有斗拱，饰彩色”。现有泰州明清民居，最早建于明代中期，距颁布定制已 150 多年，但这里的居民建房仍然严格遵守定制，不论主人官阶多高，资财多富，一律三间一进，结构五架梁，为增大室内的进深，就在五架梁前后加一个轩廊或一个单步梁，没有一间是七架梁的实例。但五架梁的梁架粗壮惊人，远远超过结构需要的许多倍。这可能是由于制度只规定了房屋梁架的架数，没有限定用材的粗细，房屋的主人就以此来体现自己身份与富有。也正因为梁架用材粗大，几百年过去了，依然不歪不斜。明代初期民居建房的规定，一直影响到清代中晚期。到清代晚期，泰州民居住房还是五架梁、三间房。少数面阔五间的房屋，也不连在一起，而是做成在三间房的两边各接上一间套房的格局，俗称“明三暗五”。其屋面上的屋脊当中三间两个屋脊，两边的一间，有各自的两个脊。面阔三间的制度，一直被延续下来。又由于在限制建房面阔的同时，没有规定房屋前后几进，也没有规定一家只能建一处，所以一些人丁兴旺的大家望族，在不超过三间一进的前提下，增加前后进数。有的建成五进，有的七进，最多有九进。还有在多处造房，一户人家有几处房屋。泰州明清民居，除房屋的间数与架数遵循规定外，对不许用斗拱，不饰彩色的规定，也没有越雷池半步的现象，全城没有一处民居用大木作斗拱的做法，更没有装饰彩色的现象，梁架与门窗只有桐油涂抹，没有其他色彩。此外，泰州民居的脊头式样也不乱来，做过官的人家与平民百姓有所区分。做过官的人家，屋脊的脊头可以安鱼龙样的鸱吻，民间称“兽头”。其他人家，即便家财万贯、良田千亩，都不能在屋上用兽头。清代泰州诗人赵瑜写过一首竹枝词：“大凝（林）桥上向西行，华屋山邱百感生。谁是豪门谁旧族，上头鸱吻辨分明。”晚清光绪年间，草河头周家花钱买了个“江西补用道”的虚官，其房子厅屋正脊两头就安了两个鸱吻，很是张扬。后家境败落，要出卖房屋，一时间想购买此房的富人很多，但一看到厅屋上的兽头，都不敢买。后来一位在广东做盐官的人，位居七品，买下了此屋，至今在泰州民居中完好地保存着屋脊上安鸱吻的，仅此一例。

第六，适合自然环境。泰州民居建筑选址，以高敞为好，高

图 8-22　周氏(吴氏)住宅屋脊鸱吻

为吉,低为水,不可居,建房时都尽量使地面能高一些。泰州冬冷夏热,所有民居的主体建筑一律朝南而建,冬暖夏凉,通风受光。民间有"有钱要买朝南住"的俗语。三间一进,从前往后建在一条中轴线上。泰州民居,很少见到四合院的形式,也不在前后两进之间的东、西两侧建厢屋。东西向的厢房,通风采光不好,冬天冷夏天热,不适合居住。大多于前后两进之间,用两道围墙相连成小天井,构成一个又一个小院落,自成一体。天井小,占地少,但能够满足采光、通风、排水的各方需要。每进之间可分可合,前后相连而又各自独立,封闭中更显得分外宁静。民居的墙砌得很厚,大多在 45—60 厘米。墙厚隔热保温,夏天进入室内感到特别凉快,室内温度比室外低得多,冬天外面很冷,室内又比较暖和。泰州雨水充沛,地下水位较高,民居地面的防潮也做得比较科学。在旧城改造拆除古民居时,我们看到,方砖下面大多悬空。其做法是先地基紧土,砌三至四砖的砖垄,再将方形的簩底砖铺在砖垄上。这样,一部分方砖的下面就被架空,就能减少地下潮气上传。更为考究的是,不砌砖垄,而是购买江南宜兴的釉陶盆,一个靠着一个倒扣在地基上,再在陶盆的底上铺方形簩底砖,防潮保温效果更加好,而且人走在上面会发出轻微的共鸣音,民间称之为响厅,只是花的钱较多,铺起来也很费工。此外，泰州民居天井内不栽大树，大树阻扰阳气生机进入，屋内阴气不易驱出，又容易引起雷电，加之树木落枯叶会飘入室内，不便清扫，因而只有少数厅屋前长棵小黄杨树，传说黄杨避火，能保护房屋的安全，且生长缓慢，又四季常青，有些人家则在天井里摆几盆盆景，以美化环境，满足观赏喜好。

图 8-23　民居响厅下的陶盆

第七，注重以人为本。城市居民住房，自古以来用地面积一直都很紧张。泰州民居集中的小街小巷，一般都比较狭窄，过去推车的、挑担的、搬运货物的常常发生拥挤，特别在两个巷子相交的转角处，容易发生碰撞。在民居建造时，遇到转角处，大多主动将角裁去，以让出一些空间，方便了转弯的路人，也防止了房角被撞坏，这种以人为本、与己方便又与人方便的做法，在从前泰州城内外的大街小巷随处可见。泰州明清民居建筑的体量，更以人的尺度为最适宜，不张扬不奢华。经对十多处古民居进行实地测绘，得出泰州明清民居面阔在 11—14 米之间，进深为 6.4—9.6 米以内的数字。面阔与进深的比例约为 1:06—1:07，前檐高度在 3—3.6 米左右，脊檩高都在 4.2—5.8 米上下。这种规格的民居无论空间的大小和尺度的高矮，都与人体比例相贴切，人们生活其中，既不显空旷，也不觉局促，舒适自在，人是房屋的主人，房屋以人为本的理念，特别鲜明。

第八，形式封闭内藏。泰州民居大多自成一体，相邻两家各有各的山墙，俗称“各家归各家”，互不干扰。大门外面有的砌有

图 8-24 民居转角被抹去

照壁,对住自家的大门。有的门前巷子狭窄,就在自家大门对面人家的墙上砌出一个照壁,形成门前一个特有的空间,遮挡杂乱景物,阻挡邪气入侵。泰州民居的大门,只有 1 小间,看上去不起眼。进入大门后,迎面有四扇屏门,当中两扇常年关闭,平常一般人进出大门,只能从两边的一扇门通过。别人经过大门前,门虽然开着,因大门的屏门挡着里面,看不到大门内的情况。进入大门后便是天井,迎面大多砌有影壁,有的当中设个砖雕佛龛,有的当中安个砖雕的"福"字。影壁一侧又一道门,称作仪门,只有过了仪门,才能看到里面的厅屋。厅屋后是穿堂、堂屋,一进又一进从前往后,构成一个接一个院落,庭院深深。泰州民居南立面当中堂屋或穿堂设长格扇,两边房间开半窗,但山墙与北墙都没有窗户,房间光线较差。民间形成了"暗室聚宝"的习俗,一方面为了防盗,一方面也是封闭的理念所为。有些房屋较多的大家望族,居住集中一起,形成一组大型建筑群,在其四周就筑起高高的围墙,把整座建筑内部藏匿起来,不让别人知道里面的一切。这种封闭内藏的民居建筑,养成了城市居民的保守性,但从另一个角度看,也有利于保存祖先的人文教化,形成各自不同的文化传承。

图 8-25 府后街民居院落

如果我们把泰州明清民居的特点进行提炼，大致可以概括为：

黛瓦灰墙青砖地，前厅后堂轴线排；
屋面弧弯瓦头翘，举折平缓檐低矮；
抱梁荷墩巧雕刻，堂屋穿斗厅屋抬；
花格窗芯木柱础，落地屏门隔可开；
柱头卷杀方木椽，仿木砖雕饰门外；
楠柏松杉材质优，只油不漆色和谐；
门前石鼓八字墙，照壁嵌福显气派；
巷道转弯裁墙角，挑担推车少妨碍；
封闭宁静遵定制，典雅朴素讲实在。

四、其他建筑

在泰州城池、寺庙宫观、民居外，还有一些重要文物建筑，主要有试院、柱史坊、中山纪念塔、水井以及重建的文昌阁、望海楼等，这些建筑，都有着各具特色的建筑文化，兹归入“其他”类，作简单记述。

学政试院。位于府前路 2 号，为清初考秀才的场所。我国古代科举考试，每三年举行一次。考秀才之前，要经过两次预备考试，先是春季由知县主持的县试，再是夏季由知府主持的府试。府试通过后，才能参加由提学学政主持的院试，院试及格，称为“进学”，俗呼“秀才”，又叫“生员”。泰州学政试院就是由提学学政主持，对扬郡所属八县（泰州、高邮、江都、甘泉、仪征、宝应、兴化、东台）范围里，经过县、府两次考试合格后的童生院试的场所。试院设在泰州州治的东侧，南唐永宁宫遗址处，明初这里是凤阳军抚使院，万历年间改为都察院，清康熙时改为学政试院，又称扬郡试院。

图 8－26　重修后的学政试院

这座学政试院，历经几百年风雨洗礼，十几年前只剩下主体建筑头门和思补堂，全都是清初按《营造法式》建造的官式建筑，庄重威严。头门面阔 5 间，青砖小瓦，硬山屋面，体量高大，磨砖博缝，斗拱出挑，梁坊上有彩绘图案。思补堂硬山屋面两侧加有垂脊，前檐用五踩斜式斗拱，内檐枫拱上刻暗八仙图案。明间上悬清乾隆时“四教堂”蓝地金字匾额。檩下坊上有“光绪十七年知州张兆鹿重修”墨书题记。本世纪初，为建设文化泰州，对学政试院进行了大规模重修，复建了大门前照壁、东西吹鼓亭及牌楼、仪门、福神祠、考棚、大堂、后楼等等，基本恢复了旧貌，美中不足是原在思补堂后大堂，被错建在思补堂前，挤去

图 8－27　中国科举院试博物馆

了考棚的空间，使考棚变得很狭小。现试院被命名为中国科举院试博物馆，馆内举办中国科举院试展览，长年对外开放。现为国家级文物保护单位。

柱史坊。位于泰山公园东南隅。明隆庆年间，进士蒋科为其父蒋行请封而建。蒋科，泰州人，官至监察御史、南台兵备。蒋科任御史后，为感激父亲的培育之恩，就向皇上请封建牌坊。“柱史”为古代官名，御史的别称，因常侍立于宫殿柱下故名柱史。蒋科曾任过御史，所以就建了座柱史坊。坊初立于城中升仙桥附近，1951 年泰山公园扩建时移至公园泰山桥西，改作烈士塔前牌坊。坊 4 柱 3 门 3 楼式，高约 6 米、宽 7.8 米，顶面四阿式，宽脊，中安石宝瓶，抹角方柱。中门石柱前后两侧台基上，各置回民骑狮子石雕像 1 只。前面两座石雕像稍大，高 1.92 米、宽 0.7 米，上面的人像方面大耳，圆目浓眉，鼻梁高耸，张口露齿，胡须弯卷，身穿短袍，头戴圆椎形皮兜帽，脚蹬方口高靴，分别骑坐在半蹲着的牡牝两狮上；背面的石雕像较小，高 1.75 米、宽0.6米，人像与前面的相似，只是胡须长垂胸前，脚穿圆口高靴。石雕像背后开有凹槽，用于与柱子相连，并从两边斜撑柱子，其作用类似一般稳固柱子用的夹杆石，但比起普通的夹杆石要精致得多，而且所雕刻的塑像，形象生动逼真，神态威严，在我国古代牌坊中罕见，特别是人骑狮子雕刻更令人叫奇。因为狮子为兽中之王，多为菩萨的坐骑，少有人骑坐在狮子上的石雕作品。国家文物局原副局长庄敏来泰考察时，看到坊前人骑狮子石刻像，很为赞赏，认为全国少见，有很高的文物价值。骑在狮子上人像不像是普通的汉人模样，带有少数民族的风格，所以该坊过去被称为“回子牌坊”。建造牌坊的主人蒋科曾在回民聚集较多的甘肃出任过巡抚，回民的形象、生活习惯、建筑特色可能对他产生了较大影响，当他回到家乡泰州时，就别出心裁地建造了带有回民形象的石牌坊。泰州储树人有诗云：“巍巍官爵勒青珉，知是前朝御史臣。底是牌坊香火盛，保婴人只拜回神。”说因为此牌坊特殊，城里人家的婴儿出生后，都到牌坊下为婴儿记上名字，祈求保护，谓之“记名”。所以虽然是座牌坊，但香火颇为旺盛。“文革”期间，这些古代石刻被看做“四旧”，为了避免被人破坏，公园的工作人员，利用晚间无人的时候，悄悄将 4 个石刻雕像埋入坊附近的草地下，得以完好保存。2005 年泰山公园扩建时，柱史坊得以原地保护，4 只石刻雕像也移到了坊的附近，供游人观赏，现为省级文物保护单位。

图 8-28　柱史坊

中山纪念塔。位于海陵区政府广场前的府前路南侧。1928 年 4 月。当时的泰县行政会议做出决定，为纪念孙中山先生，在泰州建造一座中山纪念塔。为显示其重要，选址在旧州衙门前，拆除州衙仪门，在仪门位置处兴建中山纪念塔，以彰显孙中山先生反帝反封的丰功伟绩，教育泰州市民的子孙后代永远铭记这位中华伟人。1928 年 9 月 25 日泰州中山塔动工兴建，第二年初建成。建塔的经费来源还有一段故事，据说当时国民政府，在全国推行新的度量衡制，把斤、尺、斗的单位较以前缩小，便于和公制接轨。但泰州西乡张家坝地主收租时不愿少收，私下仍用旧法，被查罚款数千元。此项费用就被用作中山塔的兴建经费。塔正方形，高 5 层，边长 5.15 米，砖混结构，精巧又别致，典雅而庄严。第一层额书“泰县县政府”，两侧有“崇德报功宏兹建设，授时戒火警我邦人”对联。第二层挂中国国民党党徽。第三层额书孙先生提倡的“天下为公”，两旁是孙先生名言“革命尚未成功，同志仍须努力”。第四层额书蓝色“中山纪念塔”5 个大字，系海陵书法家肖然先生书写。四周安装圆形报时钟，钟声洪亮，响遍全城。第五层周围开大窗，安玻璃窗，供登高远望，置身其间，可俯瞰泰州全城。又在五层顶上建一小亭，为报警之用，名为“报警亭”。据当时参与建塔者回忆，为防止地基下沉，在不到30平方米的地基上，下了100多根杉木木桩。在水泥尚处在稀有、价高的当时，塔上就确到好处地用上了不少水泥。从建一座纪念性建筑的角度看，无论是规划选址、造型设计、建筑材料、施工质量等方面，都称得上是那个时代的一份佳作。新中国成立后，曾对塔进行过2次维修，将5层缩减成为4层。1986年，泰州市人民政府将中山纪念塔公布为第一批文物保护单位。至2002年，经过了74年的风风雨雨，塔底的木桩基础腐烂，塔身发生了不均匀下沉，四角砖柱与墙体分离，经海陵区建设管理部门鉴定，结论是一座“危塔”。文物部门按照文物保护的要求，建议原地进行修缮，海陵区为区府广场体现时代精神，则希望稍作南移重建。江苏省文物管理委员会对此专门组织了由东南大学建筑研究所刘先觉教授为组长的专家组，来泰州勘察，审定方案。后经请示江苏省文化厅批准，实施南移重建的方案，于1月24日拆除旧塔，同年10月10日，从原塔址向南位移60米，按原样重建新塔。为百年计，新塔吸取了旧塔基础打木桩不牢的教训，采用了整体钢筋混凝土基础。2003年春节前夕，新建的

图8-29 中山纪念塔

中山纪念塔落成。新塔高19.11米,意在纪念1911年的辛亥革命。由于置身较为宽阔绿地中,塔底层用3级台阶架起,提高了45厘米,又从旧塔的4层,恢复到初建时的5层,比旧塔体型更为匀称优美。为强化塔的外观效果,改外饰水刷石为花岗石贴面。新塔巍巍,端庄秀美,钟声悠悠,回响州城。在华灯和绿化的衬托下,新建的中山纪念塔,不仅形似旧塔,而且比旧塔更高、更美,更具观赏和纪念价值。

水井。井是先民为改善生活,利用地下水资源的构筑物。泰州汉代开始出现水井。汉井特色明显,都用陶井圈砌筑。井圈壁厚4厘米、直径60厘米、高40厘米左右。汉井最下面有木质井底,底上用一个接一个井圈垒至地面。井圈壁上有渗水小圆孔,壁外裹有芦席。西郊东夏庄一水塘边、东郊原石桥河东、青年桥南人寿保险楼下、鼓楼大桥两边河心、坡子街南头城河北岸等处,都先后发现过用陶井圈建的汉井,从清理过的汉井里,发现过"五铢"钱和绳纹陶器等汉代文物。泰州未发现汉井口上面的井栏。六朝时的井栏,泰州还有遗存,时代特色明显,用玄武岩石加工成圆筒状,上小下大,上面口部刻有一周凹槽,成为一周唇边。在市人民医院西海陵路东和斗姥宫北侧的街中,曾各有一口六朝时的古井,其玄武岩圆形石井栏,与省内其他地区六朝井的井栏相似。唐代水井井壁用砖砌成,市博物馆考古人员,在青年桥南的一处建筑工地上,清理过一口砖砌的唐井,井底出土有唐"开元通宝"和唐代常见的短流执壶。北山寺在唐代有位从四川来的王屋禅师任主持。他常年思念故乡,想喝家乡的水,就用他的禅杖,在北山寺大雄宝殿的西北处点了一地,请人掘地打成一井,取名"卓锡泉",水质清冽甘甜,并说井通蜀岗,他在泰州喝到了家乡水,过去泰州陈德兴药酒店酿酒用的水,就是取自这口井中,如果用其他水酿造出的酒则又酸又涩。此井至今仍在,与北山寺一起是江苏省文物保护单位。宋代的泰州水井几乎是遍布全城。宋井井栏有玄武岩和青石两种,大多为八角形,少数为圆筒形。其造井的砖,有个很容易辨认的特征,多为弧形带榫的砖。砖一头有凸榫，另一头有凹榫，8～10 块砖砌一圈。泰州城内外建筑工程挖基础时，经常发现用弧形砖砌的宋井。宋代泰州周辉，写了一部著名的《清波杂志》，内有："泰州雪醅(酒)著名，惟旧用州治客次井蟹黄水。"在周辉的笔下，泰州州治里客次井的水很特殊，是蟹黄水，酿成的酒醇厚清劲。宋代的地理学家王象之，写了一本地理学名著《舆地纪胜》，书中也写到泰州有 7 口井，像北斗的 7 颗星一样分布着，其中的一口就在歌舞巷中，现在已成为文物保护单位。今陈家桥西街原陈厚耀故居东侧，有一口八角形玄武岩井栏的宋井；钟楼巷西王氏住宅前也有一口同样井栏的宋井，井栏上还刻了个很大的"义"字；钟楼巷东头巷北还有一玄武岩井栏的宋井，井栏呈圆筒。到了明代，泰州一些名门望族，在营造住宅府第时，每家都挖有水井，有的还不只一口。旧城改造前，遍布于泰州城里和城外的无数个水井，多数是这时开挖的。今城中季家院省级文物保护单位汪氏住宅的柏木厅后，就有一口刻着明万历丁巳年(1617)的记年井，这是泰州唯一刻有年代的明代水井。明井栏有用青石，也有用大理石，有六边形，有八边形，有圆形，有鼓形，还有方形，多种多样，口内侧往往刻有一道道竖着的凹槽，有的井栏外壁还刻有包袱锦纹、云纹、芦雁、灵芝等图案。清代水井趋于简化，多数用较硬的花岗岩少数用砂石做井栏。井栏多为圆筒形，看上去圆乎乎的，耐磨，厚实。除一些家庭有自家独用水井外，公用水井增多。街头巷尾的公用井，是城市平民生活用水的主要来源。从清晨到夜晚，水井边男男女女、老老少少打水洗物。水桶落水时的打水声，上提时的金属链子声，人们相互间的问候声、还有说不完讲不尽的家长里短，欢声笑语，形成一道城市特有的风景线。民国的井，在新编《泰州志》上有载："民国时期，泰州仅福音医院与泰来面粉厂，各有深井一口，日出水量分别为 80 吨与 100 吨……这里的水井，系指带有自来水性质的水井，是古代水井与自来水的过渡形式。

文昌阁。我国古代祭祀文昌帝君的楼阁式建筑。史籍记

图 8-30　泰州水井

载，旧时文昌阁供奉的文昌帝君，是一位主宰功名、禄位之神，名叫张亚子。张是晋朝四川梓潼县人，仕晋战殁，人为立庙祀之。唐宋时屡封至英显王，道家谓帝命梓潼掌文昌府事及人间禄籍，故元加号为帝君。明清以来，我国各地纷纷建立文昌宫、文昌塔、文昌阁等祀文昌帝君的建筑。泰州古文昌阁，位于原文庙泮池之南，与南山寺塔相对，耸立城垣。据《道光泰州志》卷八“学校篇”记载，文昌阁系明万历十七年(1589)泰州儒学训导李香创建。后曾陆续修建。阁北有小院，内设戏楼及东西厢房。院南即为阁。阁方形，高三层，自下而上计 52 级。阁底层置佛龛，供关帝金像，上有乾隆二十三年知州李世杰所书匾额，曰“诞敷文德”。关帝像前设有文昌帝君的牌位。牌位上墨书“九天开化日月文昌梓潼帝君”。左右是“自有天地以来至三国而大义纯忠弥纶天地，是宜春秋以后同一圣而溯源根本享祀春秋”对联，墙壁上书“文光射斗”四个大字，东壁有一方石刻。从楼梯上到二楼。二层上供奉的是魁星金像，前后两尊，左右有对联两副，一为“千古奎光悬斗柄，九天宝气化文章”。另一副是“南北各分司此地文光应射斗，升沈虽有命斯人阴德可回天”。登三楼，中间供奉文昌神像。匾上书“开化文坛”。两旁对联是:“天上星辰司福禄,人间运数属文章”。旁边设有神马像。推开窗格远望,景色绝佳。清泰州王孙骧有《文昌阁看桃花》诗云:“城头高阁倚烟霞,挈伴登临春正赊。红雨引来新燕子,清渠开出旧桃花。人偕少长诗篇盛,地接宫墙气象华。醉罢不愁归路晚,隔溪灯火是贫家。”把春天的文昌阁描写得令人醉而忘返。光绪三十一年(1905)废科举,兴学堂,州郡不再举行祀礼文昌帝君,文昌阁遂成一方文化之古迹。抗战期间,汪伪军队将文昌阁拆除,只留下一块四方形的废墟,其确切位置在今国泰宾馆东南新世纪花园西南角。为继承和弘扬地方文化,新世纪初,市园林绿化部门,在国泰宾馆南侧辟建绿化园林,因近原文昌阁遗址又靠新建文昌桥,就在原文昌阁偏西处重建文昌阁,并在园西北角安巨石,题“文光射斗”4 字。重建的文昌阁为 3 层六边形楼阁式仿古建筑,通高 18.8 米,建筑面积 180 平方米,采用砖木与钢筋混凝土混合结构,6 根金柱从底层直达阁顶,18 根檐柱逐层内收,小青砖墙体,灰筒瓦屋面,上安圆形宝顶,檐下置明式斗栱,六面临窗,底层南、北南面开半圆拱门,门上嵌由清乾隆重修时所立“文昌阁”石额拓本翻刻而成的门额。新阁 2003 年 12 月 24 日开工兴,2004 年 9 月 1 日竣工。

图 8 - 31 泰州文昌阁

望海楼。原在古城东南隅的城墙转角处，东、南两面临护城河，西面近文昌阁、文峰塔与南山寺。楼始建于南宋绍定二年(1229)，初名海阳楼，系取面对大海与太阳之意。明嘉靖二十八年(1549)重修，时任保定知府的泰州人徐嵩作《重修望海楼记》。万历三十一年(1603)楼又毁坏，仅存遗址。清康熙年间知州施世纶再次组织重建，据传新楼落成的当天，先是电闪雷鸣，暴雨倾盆，不久天空放晴，有白鹤飞翔于楼上，众人视为祥瑞，更名为靖海楼。嘉庆初年，楼再次出现险情，几欲倒塌，再一次拆除重建新楼，并将楼基增高一丈二尺，使整座楼居于高台之上，又以"朝阳鸣凤"之意，更名鸣凤楼。古代泰州东临黄海，从汉至唐一直是长江北岸最东边的海滨城市，早期泰州的地名称海阳、海陵，都与海有关，可以说泰州原本就是从海里涨出来的一座海城，这里的人们对海有着特殊的眷恋之情，在城里建造一座高楼，取名"望海楼"，以登楼望海。明代徐嵩的《重修望海楼记》中说："望海楼在郡城东南隅，其西则佛刹与楼并峙，黉序巍乎在中，相去百余步，堪舆家谓龙盘虎踞，系科第盛衰。"意思是城东南建的这座望海楼，对泰州城的风水极为重要，关系到科举的兴盛。又说楼"为柱凡四十有四，基而上高三十六尺(约合11.5米)，横从广六十步，楼之前东西筑室各数十楹，其西别建一坊，颜曰'拱文龙光。'"告诉我们那时望海楼的规模与附属建筑。明万历进士刘万春题《登望海楼次徐岩泉韵诗》："落日凭栏望眼开，苍茫气色接蓬莱，千家井灶孤城合，万里帆樯一水回"生动描绘了登望海楼的情景。清邓汉仪亦有诗詠望海楼，："此地非同歌舞场，文星竟夜烛天閶，应增楼阁符形胜，忍见荆榛老夕阳，筑舍数年群议费，建楼一夕万户忙，会看百尺岧峣起，海赋新成压大荒。"对望海楼的性质与气势作了精彩的记述。望海楼在泰州民间还有一则广为流传的故事，说这座楼是因为储罐为登楼遥望海岛中的母亲而建，所以就被称为望海楼。故事的大意是：储罐父亲年轻时出海经商，一次来到一荒凉海岛，无法返回，就在岛上和野人生下一子一女，后来碰到有只商船经过，储父带着储罐匆匆离开了海岛，野人随后紧追，未能追上，就杀了女孩，储巏长大后思念母亲，只好来到城东望海楼上登楼遥望。储巏(1457—1513)，泰州人，殿试二甲第一，为传胪，官至南京吏部左侍郎，生母王氏，继母董氏，在储巏的墓志铭上有明确记载，说储巏母是野人纯属无稽之谈。据史料记载，储巏在世时，泰州的望海楼已在元末战火中消失，也尚未重建。之所以有这种故事传世，有父老们说，由于储巏面貌清癯瘦弱似猴，就附会他是猴子猩猩之类的人生的。再就是因为储巏任过考察官员的职，他疾恶如仇，刚正不阿，得罪了不少人，于是有人就怀恨在心，造谣中伤，说他不近人情，不是人养的，编造出荒唐故事毁伤他。清《光绪续纂泰州志》上有一幅“望海楼图”，市博物馆收藏的外国传教士留下的电影胶片中，也有望海楼的影像，从图和影像上看，望海楼为楼阁式建筑，主立面南向(有说面东)，楼前有小院，并有翘角飞檐的门楼，东、西两边各有厢房十多间，后为面阔 5 间，高 2 层主楼，十字形重檐抱厦式屋脊，古朴典雅，高高耸立，极为壮观。楼上供观音、文昌、关帝 3 像，楼下供地藏王菩萨，两边有“据榻然香即同供佛，今日数息便是修真”、“相亲相近，怎不满腔欢喜；自作自受，何妨大肚包容。”楹联二副。抗战初，国民政府通令沿海各州县拆除城墙，至 1938 年 8 月泰州城墙全部拆毁，与城墙为伴的望海楼同时也被拆除。

2007 年 9 月在望海楼旧址，一座高大仿宋式混凝土框架结构的新望海楼建成。新楼仍旧坐北朝南，面临城河，北依旧城。楼丁字型歇山抱厦式屋面，高 4 层，下有承台，总高 32 米，面阔进深皆为 7 间。楼前东西两侧临水处，分别建有一座阙楼，与主楼呼应，东南大学杜宝顺教授设计。楼建成后，《人民日报》原总编辑范敬宜先生作《重修望海楼记》。

第二节　泰州的园林

园林是城市建筑的一部分。泰州古代的州衙、寺庙内，都曾建过公共园林；一些达官贵人、封建士大夫的住宅内，也兴建过许多私家园林。时光流逝，很少的古代园林得以流存至今，个别重要名园有文字记载流传下来。

南园。北宋时，江浙荆淮制置发运使泰州许元，在南郊建园林。庆历八年(1048)，文学家欧阳修写了篇《海陵许氏南园记》：

高阳许君子春，治其海陵郊居之南为小园，作某亭某堂于其间。许君为江浙荆淮制置发运使，其所领六路七十六州之广，凡赋敛之多少，山川之远近，舟楫之往来，均节转徙，视江湖数千里之外如运诸其掌，能使人乐为而事集。当国家用兵之后，修前人久废之职，补京师匮乏之供，为之六年，厥绩大着，自国子博士迁主客员外郎，由判官为副使。夫理繁而得其要则简，简则易行而不违，惟简与易，然后其力不劳而有余。夫以制置七十六州之有余，治数亩之地为园，诚不足施其智；而于君之事，亦不足书。君之美众矣，予特书其一节可以示海陵之人者。君本歙人，世有孝德。其先君司封。丧其父母，事其兄如父，戒其妻事其嫂如姑。衣虽敝，兄未易衣不敢易；食虽具，兄未食不敢先食。司封之亡，一子当得官，其兄弟相让，久之，诸兄卒以让君，君今遂显于朝以大其门。君抚兄弟诸子犹己子，岁当上计京师，而弟之子病，君留不忍去，其子亦不忍舍君而留，遂以俱行。君素清贫，罄其家赀走四方以求医，而药必亲调，食饮必亲视，至其矢溲亦亲候其时，节颜色，所下，如可理则喜，或变动逆节，则忧戚之色不自胜。其子卒，君哭泣悲哀，行路之人皆嗟叹。　呜呼！予见许氏孝悌着于三世矣。凡海陵之人过其园者，望其竹树，登其台榭，思其宗族少长相从愉愉而乐于此也。爱其人，化其善，自一家而形一乡，由一乡而推之无远迩。使许氏之子孙世久而愈笃，则不独化及其人，将见其园间之草木，有骈枝而连理也，禽鸟之翔集于其间者，不争巢而栖，不择子而哺也。呜呼！事患不为与夫怠而止尔，惟力行而不怠以止，然后知予言之可信也。庆历八年十二月二十七日，庐陵欧阳修记。

这篇记文文字朴实精美，内容生动感人。文中的"人过其园者，望其竹树，登其台榭，思其宗族，少长相从，愉愉而乐于此也。""园间之草木，有骈枝而连理也，禽鸟之翔集于其间者，不争巢而栖，不择子而哺也。"最为经典。欧阳修笔下的园中竹树、台榭、草木、禽鸟等，既是园林的内容，更是许氏美德的象征，与其说写园林，不如说是赞美许氏和写文化。在泰州园林建筑文化的百花园里，许氏南园曾是一朵灿烂的奇葩。今泰州海陵南路靠近旧南门的西侧，中市河东岸，有一株高龄古柏，有人猜测是原许氏南园中的遗物，如果真是其时的古树，已有近千年的历史。

西园。南宋嘉定十年(1217)知泰州军事(知州)李骏，在州治西今泰山公园东南侧，建西园，又名李公园。园占地百亩，有水一泊，形如大瓢，水中有方洲。洲上建"水云乡"、"醒翁"、"小有洞天"、"六宜"、"知鱼"、"盟欧"、"公来游"、"一春佳趣"、"瓢庵"、"七一泉"等园林建筑。嘉定十四年，李离任后，故地重游，写了篇《方洲记》，说这里"旧为蓬蒿藜莠地，狐狸所嗥昏鼓，动辄无人迹，今万瓦鳞差，户挹清波，酒帘戏鼓，在在喧嚣……茂林修竹，崇山峻岭，虽出人事，见谓天成，三百年后，安知不指为永和修褉处也……以园池之胜，称于两淮。[①] 就当时而言，西园是江淮间园林的代表作。宝庆三年(1227)，知州陈垓在泰山东侧的

① 《道光泰州志》艺文·碑记。

西园内，增建“青龙庄”、“纯节”、“钓台”、“方洲外圃”四亭。同时又对泰山西的小西湖进行了一番整治。四百多年后，到了明末清初，泰州宫姓在小西湖建春雨草堂。身为明朝进士的宫伟镠，入清后不愿做官，常闲居春雨草堂，赋诗抒情，有《甲寅暮春二日集春雨草堂兼订禊日之约》诗：“十亩方塘跨两桥，桥边红杏恰相招。篮舆玩世山椒曲，画舫怀人水面骄。列坐流觞忘魏晋，停桡得径问渔樵。右军金谷徒优劣，应有豪吟慰寂廖。”写出了小西湖部分园林建筑 同时表现出退隐文人的当时心情。1951 年，新中国建立不久，人民政府以泰山及小西湖为主景，筹建公共园林，名泰山公园。全园占地面积 7.6 公顷，山水相依，景色宜人，又从城中迁来泰山行宫二殿和大林桥王氏明代民居，移来升仙桥牌坊，拔来日涉园石笋，搬来光孝寺戒台殿和石刻，拆来小香岩碑石、斗姆宫小有天园乔松年海陵八景石刻，找来大户人家园林里的假山湖石等，集泰州建筑精品于一园。又建亭廊小品，铺路架桥，植树造林。在泰山东侧兴建革命烈士纪念塔，西南角建革命烈士纪念亭，原宫氏所建的临湖禅院，改作泰州革命烈士纪念祠。2004 年，新组建的地级泰州市政府，再次将泰山公园改造列为十大重点工程，投入 1.59 亿元巨资，拆迁了附近民居，将公园面积增至 18.25 公顷。新扩了小西湖和元宝湖 1.5 公顷水域面积，建造了一条贯通整个公园长达 1100 多米长的环湖大道。又新建泵站控制调节水位，使河水四季常清，保持固定水位。增加绿地 4 公顷，使全园绿化面积达到 85%以上。并在北侧新建了花厅和古盆景展示厅，以水榭、回廊、小亭布置其间。搬出了革命烈士祠，恢复了“临湖禅院”。园西南广场前，竖立了身着盔甲的岳飞全身铜像，复建了仿古建筑——“春雨草堂”。扩建后的泰山公园，园林与广场融为一体，历史与未来互相结合，2005 年 5 月 1 日正式建成对游人开放。从南宋在泰山东南建西园，整治泰山西侧小西湖，到明末清初小西湖建春雨堂，再到新中国建立初，兴建泰山公园，最后至 2004 年扩建泰山公园，前后近八百年之久，泰州的泰山公园源远流长。

图 8-32 泰山公园

日涉园。日涉园是明代万历二年(1574)进士陈应芳所建。这位先后出任过金华县和龙泉县的县令、浙江提学佥事、八闽布政司参议、河南按察司副使、太仆寺少卿等职的文化人，年高以后，回到家乡泰州，在祖父建造房屋的基础上修建住宅，同时兴建了这座园林，取晋朝陶渊明《归去来辞》中“园日涉以成趣，门虽设而常开”的“日涉”之意而命名，带有封建文人年老以后，从政界退居下来，追求返璞归真，希望恢复生命起初时纯朴与自然的意思。日涉园在陈应芳去世 60 多年后，于清代康熙初年归于田氏。到雍正时又转为高凤翥所有。高氏在园内增立了三支奇异的石笋，故易名“三峰园”。清咸丰九年，吴文锡(莲芬)以三千六百缗买得。吴以“荒园藏身有所”，更名“蛰园”，意思是从此他可以像动物冬眠一样，长期躲藏在一个地方，不出头露面。几年后，两淮盐运使乔松年(鹤侪)从扬州来泰居住此园之中，园归乔氏，改称“乔园”至今。由于历经明清两代多位文化人苦心经营，日涉园中的文化品味和造园艺术皆属上乘。特别在清代嘉庆前后除园景外，尚拥有住宅数十间，规模宏大，盛极一时。园的平面布局是以山响草堂为主体，向四面拓展而构筑。山响草堂青砖黛瓦，飞檐翘角，具有泰州地方特色的黛瓦青砖清水墙，给人以朴素的印象。屋面四角的起翘既不像北方地区那样平缓，又不同于南方地区翘得那么高昂，一种南北方建筑在这里交汇的特点很为典型。堂的梁枋下悬挂了一块楠木刻成的《三峰园》匾额，是研究园林的历史的重要参考材料。堂前两边檐柱上一副对联。上联是“韩潮苏海”，下联是“陶菊周莲”。“韩潮”是指韩愈的诗笔力雄健，气势壮阔，有如波起潮涌；“苏海”是指苏东坡的诗如大海般气魄浩瀚；“陶菊”是写陶渊明脍炙人口的“采菊东篱下，悠然见南山”对菊的深情；“周莲”是写周敦颐“出污泥而不染，濯青莲而不妖”对莲花的颂扬。园林主人把中国文学史上韩、苏、陶、周四位有名高士的才智、喜好和操守，巧妙地组合成一副对联，表现了对他们的仰慕之情，折射出封建士大夫们清高志远，不趋炎附势的那种精神，尽得其风流神韵！山响草堂对面，是整座园林的精彩之处。这里凿池叠山，山下水池如带，池边湖石环抱，池中游鱼或隐或现。池西侧架一座单拱小桥，玲珑得体，小中见大。假山中的一条隧道造型奇特，下堆湖石，上砌砖墙，顶部用砖发券，曲折蜿蜒。壁间设置小龛，供游人稍作歇脚。沿着狭窄的隧道里几经转折，当好像是无路可走已到了隧道尽头时，来个急转弯，猛然间又豁然开朗，高大宽敞取名“囊云”的大山洞，像一只很大的皮囊呈现在人们的眼前，使人顿时有一种柳暗花明的新感觉，这种先抑后扬的做法，对比鲜明。园林中的山巅山上一株桧柏拔地参天，虬枝盘孥，瘿疣累累，像一位饱经苍桑的老人，见证着园林的古老历史。树干西边生出石笋三支，斑驳陆离，傲然耸立。古柏石笋，一反前人都是用竹林配石笋的旧例，颇具新鲜之意。山之西筑有半亭一座，亭倚壁东向，只有普通亭子的一半，故名。与半亭东西相望的是山麓东首的五角攒尖亭，亭上悬“数鱼亭”匾额。俯视山下水池，一条条游鱼来回游过，历历可数，因名“数鱼”。山麓间堆嵌许多太湖石，形态奇特，鬼斧神工，尤其是那下面的一块湖石，当年陈从周先生见到时高度赞赏，为它起了一个“美女照镜”的芳名。由山响草堂的西边再绕到它的北侧，砌了一座花墙，当中开了一个圆门。门内又辟一小的园林，使人有倦游之后而又复入佳境之感。小园里用黄石垒砌的台阶，与前面堆的湖石不同。沿石阶而上，达正中之高堂，清咸丰时堂名为“退一步想”，当时的园林主人吴氏宦游三十余年，因病归来，栖息园中命此堂名。这和清光绪时吴江同里镇“退思园”的主人退则思过非常相似。一个是退想，一个是退思，都是退下来以后他们心里活动的写照。也许是退一步想的园林主人居住时间不长，退一步想的堂名为时很短，只在《蛰园记》中有所记载，未能流传。堂屋左边是后园中最高的一座楼阁，阁高三层，距离地面二十尺有余。阁下原来有一棵高大的松树取名为松吹阁。阁二、三两层的前面有露天平台，可容数人小歇，是品茗、对弈、赋诗的佳处。过去这座松吹阁算是城内最高的建筑之一，每当烟消云散，登上第三层高台遥望江南诸山，隐约在有无之中。绠汲堂右边是一座名叫因巢亭的房子。亭旁原有一棵大树，树上常年有一个又圆又大的鸟窝，所以称亭叫因巢亭。先人用与鸟窝有关的名字来命名建筑，可见爱鸟之习惯，自古有之。1956 年春暖花开之际，我国著名京剧艺术表演家梅兰芳先生，应邀回家乡慰问演出，就下榻在此亭中。梅先生那倦鸟归林怀念祖籍的朴素乡情，至今仍在园林老一代员工中传为佳话，这因巢亭也由于当年梅先生的光临，而增光加彩。

小小日涉园，占地仅 1500 平方左右，但布局紧凑，层次分明。以山响草堂后花墙为界，分前后两园，前低后高，前显后隐，前大后小，互为借景。古人在造园构思时，充分运用了巧妙的空间组合。园内堂廊相依，亭阁呼应，有山、水、桥、泉、崖道、步石、幽谷，又有天竹 、芭蕉、牡丹、腊梅等四季花木错落其间，春夏秋冬光景常新。园内的古柏、砖拱隧道、湖石，又多系货真价实的明代遗物，还有园中的太湖石，具皱、透、漏、瘦兼备之特点，更不可多见。所有这些都体现了这座园林蕴含着较多的古代文人的思想与情感，是一份珍贵的历史文化遗产。新中国成立后，拆掉了与园林休戚与共的西侧及北侧的大片住宅，只留下孤零零的一个小园子。1990 年对日涉园进行了修缮，落架大修了山响草堂，重建了因巢亭与松吹阁，堆砌了水池前假山，从泰山公园找回拔去的石笋，使东部园林重现旧貌。2006 年拆除了园林附近所有楼宇，按照史料恢复了西部景区，重建了来青阁、莱庆堂、二分竹屋、皆绿山房、蕉雨轩、文桂舫、午韵轩、石林别径等景观建筑，并增设一水池一黄石假山，只是建筑体量过大，山石过多，空间过挤，与东边园林风格有相悖之处，留下一些遗憾。

图 8－33　清道光日涉园图

芦洲。芦洲位于海陵区鼓楼大桥南头的鼓楼北路西侧。从前这里北靠城墙根，南近积谷仓。东市河从东边流来，稍作停留，又向西从东虹桥、西虹桥、且乐桥下流入北水关与中市河、西市河汇合。芦洲有一大片水域，当中是一块较大的陆地，就像一座半岛。水中陆地古人称之为洲。加上这水里的小岛上长满了野生芦苇，一些文人就给起了个雅名，称之为“芦洲”。清道光时泰州姜桐轩撰有一篇《芦洲记》云：“宋宝庆间（1225—1227）州守陈垓勤心民事，开市河、小西湖，芦洲皆其遗迹。”与姜桐轩同时的夏荃在《退庵笔记》里也记到了芦洲。夏说:"城内东麓有水一方,广数亩,湛然而清净不可唾。每当秋水弥漫,芦苇丛杂,树木阴翳,浴波之鸟亲人,唼藻之鱼可掬,是谓芦洲。水次有老屋数椽,宜饮酒,宜赋诗,宜奕棋。其地不减城西小西湖春雨草堂诸胜。","惟国朝孔东塘博士有与杜于皇,黄仙裳、交三,俞陈芳《芦洲宴集诗》"。在夏荃先生笔下,芦洲水清,鸟多,鱼多,树木多;芦洲水面中间也有房屋建筑,是饮酒、赋诗、弈棋的好地方;夏荃还说到孔尚任当年治水住泰州时,与泰州的一些文人作《芦洲宴集同人俞陈芳、杜于皇、黄交三、黄仙裳》诗于芦洲,诗云:"城东小林壑,抱堞数楹架。仆仆川上回,稍稍公事暇。所幸离居人,素手握以忽。鬓带楚江云,衣上秦关月。倦言季子裘,或云须贾袍。凉秋亦已凛,落叶飞庭皋。相期保岁暮,可惜盘飧微。天高下征雁,水阔芦花肥。"诗中的"天高下征雁,水阔芦花肥。"把天上的雁和洲中芦花融为一体,一片诗情画意。从此"雁宿芦洲"成了泰州的一处名胜。后来泰州画家马呈图买下了芦洲其地,在洲上建小屋数间,取名"芦洲书屋",用作他的书房与画室,独享其乐,不与人交。再后来芦洲又曾改设茶园,名"不浪舟"。上世纪的八十年代,拓宽鼓楼路,在芦洲与积谷仓附近进行房屋开发,填去了芦洲的不少水面。现水面小了,芦苇不长了,大雁久违了,连名字也很少有人知道了,但还有一池清水,水中建有一座黄色琉璃瓦小亭,亭东有曲桥通向鼓楼路,成为城市街头的一处小品。

小香嵒。宋元之际,两淮盐务转运使署曾设于泰州,其时运使署内有亭,曰"香嵒"。明中期以后两淮盐务转运使署迁至扬州,清咸丰年间又从扬州返回泰州。同治元年,淮南总栈盐商,用600缗钱买到画家顾坚的"芥堂"作为盐务公所,并在其间兴建园林,两淮盐运使乔松年将其命名为"小香嵒"。清朝的咸同之际,太平军占领扬州,随着两淮盐政机构从扬州迁来泰州,大批盐官和盐商同时涌向泰州城,使得泰州城变得异常繁荣,一时冠盖之盛,商贾之多酷似扬州。诗人朱宝善在《海陵竹枝词》中称"眼底烟花太寥落，淮南赖有小扬州"。两淮盐官和盐商来到泰州后，为了议事与休闲的需要，于是就兴建了小香邑花园。自古官商多勾结，官视商为利薮，索价徇情；商借官为护符，短斤营私。那些从扬州来泰的盐官和盐商们，在他们兴建的小香邑内，继续从事着他们的盐政事务，日了公事，夜接词人。《续纂泰州志》舆图中，有一幅小香邑图。图上的小香邑与盐宗庙建在一起，前面是前后两进的盐宗庙，后边紧挨着就是小香邑。小香邑有东西两部分，东侧前后五进，组成四个院落。从园门进去，迎面是前院和花墙，过花墙，入堆有湖石假山并植有桂树和松柏的第二个院落，院内拾阶而上是一高敞的堂屋，檐下悬乔松年题《海春堂》匾，取宋代范仲淹"海角亦逢春"诗意，堂内屏风上刻有张廷桂书游记一篇，字类郑板桥，还有顾于观书"凤以桐为宅，鹤将松比年"楹联，时人称乔额、张屏、顾联为海春三绝，名噪一时。海春堂后的第三院落，由弯曲长廊围合而成，中有古树一棵，廊壁间嵌"径入幽竹"刻石。越廊内圆门到最后的院落，满院翠竹一片生机盎然，院北有房屋五楹，幽雅宁静。院西侧在海春堂之右又辟一小园，内筑六角攒尖亭，水池假山，花木修篁，小巧玲珑。清光绪进士朱彭寿，在其所著《安乐康平室随笔》中，有一篇记泰州小香邑的文章，文中写道："泰州西门内有小香邑，中供先贤管子塑像，为淮鹾官商宴集之所，拓地约十余亩，亭馆池树，位置井然……当芍药盛开，红白灿烂。而院中前后修竹数百竿，皆高出檐际，绿荫蔽窗。新笋方生，遍地皆是。出门数十步，浅水平田，一望无际，声声布谷，时飞鸣田野间。邑之左则为某某禅林，古寺疏钟，颇闻清响。园居旬日，尘念都消。"情景交融，读来朗朗上口。民国年间，江苏省省长韩国钧，利用小香邑创办泰县县立图书馆，收藏大量善本图书，并将泰州附近地区的碑石，包括宋米芾"露筋祠碑"、清史可法"得知千载上，正赖古人书"碑等，嵌于园内廊壁间。再后来，小香邑逐渐破败，新中国成立初期，筹建泰山公园时，泰州的有识之士，将小香邑内的一些重要碑石，运到泰山岳武穆祠，嵌入祠后的回廊矮墙上，上世纪末，修缮岳武穆祠时，将石刻运到了市博物馆收藏。如今，小香嵓旧址已新建成大酒店，相关的往事，零星地记入在地方文史资料中。

梅兰芳公园。梅兰芳是我国著名京剧艺术大师，祖籍在泰州。梅兰芳生前访问日本，在看到鉴真大和尚像时，也曾感慨地说，鉴真是扬州人，我是泰州人。1956 年 3 月，梅兰芳携家人回乡祭祖，并演出了《宇宙锋》、《贵妃醉酒》、《霸王别姬》等多部代表性剧作，轰动乡里，盛况空前。1984 年为纪念梅兰芳先生诞生 90 周年，泰州市人民政府决定建一座纪念性建筑。限于当时条件，开始时决定先建一座亭子。几经商量，最后选址在城东门外东城河畔的凤凰墩上。泰州城东护城河，自南宋以来，一直最为宽阔，当年开挖城东南角月河和后来城河疏浚时，将所挖的泥土，全都堆到河岸的东南角，致使在城外东南角形成了一座高高的土墩。这土墩与城河西南角的同样原因形成的高墩一东一西，遥相呼应，增添了古城的气势。在后来关于凤凰城的传说中，就被州人说成是凤凰城的二只翅膀，二座高墩就被称为凤凰墩。城东凤凰墩地势高敞，周围环水，东南边连着迎春桥，西边接着东门外城河里的土坝。墩起初全是堆土，一层一层的河泥堆积，后来慢慢成为鲍坝村农民种植蔬菜的菜园，一年四季，蔬菜前收后种，成了一方良田。梅兰芳纪念亭确定建在凤凰墩上后，就由我国园林大师陈从周先生进行设计，选择浙江东阳木雕工匠精心制作，建成了一座形似梅花的 5 角攒尖亭。亭里的吴王靠、飞罩、雀替、天花、宫灯及亭顶，或是梅花形状，或是梅花图案雕刻，更为巧妙的是，将梅先生生前演出的贵妃醉酒、霸王别姬、洛神、宇宙锋、天女散花的精彩场面，雕刻在内檐宽枋上，人物形象传神，雕刻刀工细腻，有很高的艺术价值。亭额上赵朴初先生题“梅兰芳纪念亭”，更为梅亭增光添彩。

梅兰芳纪念亭建成后，市政府又决定建造一座梅兰芳史料陈列馆(简称梅史馆)。梅史馆草图，初是陈从周教授所绘，后来由时任市规划办公室负责人袁慰侪副主任深化设计。根据所在的地形，结合梅先生生前听老人所说，家住泰州东门外的史实，巧妙地将馆区设计成富有地方建筑特色的泰州民居群，将民居与园林融为一体，让人觉得不但与周围环境风格一致，而且还可以将梅先生与祖籍联系得更加自然，更加紧密。恰好，在此前的泰州旧城改造中，有一批现成的优秀古民居材料，拆卸后完好地保存着。经过精心设计，巧妙组合，依照原样布置在馆区中，不仅保存全部拆卸的古建筑，而且建造出一处体现地方风格的文化景点。

图 8 - 34　梅兰芳公园

梅史馆所用的旧建筑，不是泰州城内一般的民房，而是时代较早、特色较强、质量较高、具有文物价值的历史遗存，来源于上世纪 80 年代中期，泰州开始拓宽东大街（现名东进东路），同时在街南侧原杨柳巷北边建造东街菜场，而拆除的民房，主要是原王七房的故居。王氏房子自成一体，从东边的巷子里开门，门进去是一座 2 层小楼，南面有花厅，北边是厅屋与堂屋。花厅 4 个翘角，年久失修，只剩下西南一角，梁架尚好；厅屋与堂屋保存很好。厅屋上面是多道磨砖筑成的清水屋脊，盖蝴蝶小瓦屋面，坡度平缓，梁架抬梁式，用材粗大，童柱与蜀柱处用雕刻构件，柱头下用复盆式石础，具有泰州地区明式建筑的时代特征。堂屋体量稍小，用穿斗式结构，当心间有中柱，柱间也有雕刻，与厅屋特征类似，也属于明式建筑。文物管理委员会工作人员，对花厅、厅屋与堂屋，进行了认真测量、绘图，然后由木工师傅将木构件逐一拆卸，集中保管在淮剧团后院。这些采用科学记录方式拆除的古建筑，是梅兰芳纪念馆建筑的主要部分。王氏住宅拆除不久，西仓工贸大楼（后称银河滨馆）开始兴建，附近又得拆迁。

其间涉及到一座用扁作梁并带有雕花的堂屋，也是用材较大，结构特色与东街王氏住宅的建筑相似，拆卸后也运到淮剧团后院。再后来，东街工农兵医院后面的一座旧药品仓库，因医院扩建门诊大楼要拆除。该药库原为乡贤祠祠堂的大殿，体量较大，面阔3间，祠内前面有轩，祠的室外还筑有月台，两侧前墙东西两边各嵌有1块石碑。医院没有将旧祠堂随意拆除，而是由文物部门将所有木构材料及碑石，仔细拆卸后，集中到上述堆放地方一起保管起来。市规划办袁副主任对拆卸古建筑的测绘图，进行了认真分析研究，将从3处拆来的5座古单体民居进行组合、设计，按照各自的原样，把原东街杨柳巷王氏的花厅，置于最前面的居中位置，将厅屋与堂屋和西仓拆卸的堂屋，共3座单体建筑，安排在花厅后的西侧，从前向后一座接着一座，稍有错落地一条边排开，为打破立面形式的单调，在第一与第二座建筑之间，加了一道在古典园林中常用的圆形门洞。在西侧3座建筑的东北方向，即大致正对前面花厅的地方，堆土为台，加高地势，体量较大的乡贤祠祠堂就建在高台上，为增加气氛，在主体梁架不变的情况下，加建了东西两侧的边廊和屋面的4只翘角，变硬山屋面平房为歇山式殿堂。同时在殿的东侧与西边3座建筑相对的位置，设计了长廊与半亭。形成了西、北、东3面是建筑，中间是花木绿地半相围合一的大院落。绿地前面与花厅后面挖出一个水池，池的南面与西面建成水榭平台。花厅前面兴建与之相配、带有江南园林风格并与花厅翘角相呼应的仿古大门，门柱下安装狮子盘球石鼓，那是在觉正寺前殿拆迁时收集来的。大门稍北的东、西两边各建一座录顶耳房，外面看似围墙，里面看是小而巧的古建筑，就这样梅史馆第一期工程初步建成。

梅史馆初期兴建工程，由文化部门负责，市文化局的一位副局长现场指挥，参加过国家文物局古建筑培训班的市博物馆考古部负责人，全程跟踪了旧民居的测绘、拆卸与复建过程，在兴建梅史馆时担任施工技术指导，严格按古建筑原样，原尺度，原工艺，不增一分，不减一分，重新复建。常熟古典建筑公司中标承建，由于只有测绘图，没有全套设计施工图，采取了边施工边研究的办法，选择最佳方案。建成的梅史馆整个馆区，达到了朴素典雅，古色古香的设计要求，呈现出青砖黛瓦、梁架粗大、复盆石础、方格格扇等泰州古民居群的建筑形态，是民居院落的寻常人家，也是怡情养性的古典小园林。馆区占地 3500 平方米，建筑面积 850 平方米，耗资不足 100 万元，工期 286 天，1988 年元旦建成开放。梅史馆的一期工程，是从前老泰州房屋的样子，与梅先生祖籍生活年代相吻合，受到市民好评。而将在城市建设中零散的、实在无法原地保护的古民居精华集中在一起，重新组合充分利用的做法，既保留了古代的一些建筑文化遗产，又增加了城市新的文化设施，还节省了不少建设费用，是泰州城市建设中一种新的创造。位于梅史馆歇山屋面正殿东西两侧廊的墙上，各有 1 块旧石碑，是在拆迁乡贤祠时，连着祠堂旧房子一起运来的。当年建祠堂时，石碑与祠堂同时竖起，见证着祠堂创建的历史；祠堂拆迁后，建造梅史馆，又随着祠堂来到馆内，仍然互相守望，依偎在祠堂边。梅兰芳史料馆的主体建筑，以前只知道从东街杨柳巷北移来的房子，为王氏旧宅，经过近年的调查，发现那是王七房的旧宅；西仓拆来的民居原来不知是谁家房子，现在知道是为王氏六房或八房的旧宅，而东街原工农兵医院药库的旧王家祠堂，现在也清楚了，原来就是此王氏的家祠。如此看来，梅史馆始建时拆迁移建的古建筑，全都是泰州王氏一家的古民居。难怪当初重建时发现几处旧房子建筑风格那么的一致，时代特色那样的明显。王氏是泰州的名门望族，梅兰芳的祖籍与泰州王氏生活的时代相近。王氏旧居拆迁移建，成为梅兰芳史料陈列馆，是时代的产物，是机遇，是巧合，也是泰州文化建设的一段佳话。

自泰州组建地级市后，梅史馆与其西边的梅园合并，成为梅兰芳公园。2008 年梅兰芳公园进行了扩建，新增了馆前大门。门后挖河架桥，过桥登石阶而上，有一宽大的平台，中间竖立刘开渠先生创作的梅兰芳全身汉白玉雕像。又在梅亭东南草坪上新建了一座仿古戏台，公园西南角增建了一批亭台楼阁，使公园内容更加丰富，面积更加扩大，成为外地游客来泰州参观的重要景点。

图 8-35　刘开渠先生雕刻的梅兰芳像

第九章 泰州的民俗文化

民俗是人们在物质生产和日常生活中长期形成的习惯，渗透于生活的各个方面，文化内涵丰富，地方特色明显，影响广泛深远。泰州是历史文化名城，富有特色的民俗体现着古城泰州的文化品位和人文魅力。编撰于南宋的《吴陵志》记载：“海陵幽邃而地肥美，故民惟事耕渔，情多朴野，耻以浮落相夸，鲜出机巧。茅茨陋巷弦诵相闻，蔚然有文雅之风。”今天泰州人朴实厚道、文明重教的风气，正是美好习俗传承不衰的结果，亦是泰州这座城市的文化传统和品位之所在。

第一节 四时风俗

元旦拜年

元旦是新年的第一天[①]，旧时代为了除旧布新，很为重视。有些人家，除夕通宵不睡，或是进夜香，俗称“长寿香”，或是有财目上的讨还结算。由元旦起的这几天遇到熟人，要互道恭喜，有的还赘上一句“发财”、“诸事如意”。晚辈初见到长辈请叫一声后，接着就要口祝“恭喜，恭喜”。绝大多数人家都供奉家神菩萨轴子和祖先牌位，每逢新年，大多数人家还张挂祖先的容像。元

① 元旦原指农历正月初一，现在一般指公历一月一日，而把农历正月初一称为春节。

旦第一件大仪注，先要在家神和祖先牌位（或容像）面前焚香掌烛行礼，还供几碗元宵，取事事圆满的意思。堂中央升座旺盆（用木炭燃着），取丁财两旺，合家兴旺之意。接着晚辈向长辈磕头拜年。次开财门，进十庙香。然后开始走向亲戚家去拜年。凡是有伯叔兄长、长辈亲故，一定要先去拜的。到了人家，先要向祖先牌或容像磕头，然后再向长辈磕头，口称恭喜恭喜某某（称呼），主人进以元宝茶，说是捧元宝，茶内泡有红果儿，还拿桌盒，内装几色糖果茶点，这时候总要抓一把给小孩子大啖。亲戚故旧多的要拜到四节年，已亲已故例要留饭，横竖家家备有年菜，容易办得很。如是本人年长班辈高，就叫家人持名片相送，也算做拜年，这名片叫做“拜年片子”。受拜多的人家，门口置一张茶儿，上面放本红纸簿和笔砚，浅交的人来拜年时，不需进门实行地拜，只在红纸簿上登个名字，就算是亲自来过了。遇到生客来拜年，男主人外出，女主人或是家里人可向来人说声“挡驾”，拜者也可不进门了，但是遇到拘执的人，一定要拜，确也有的事，不过一拜就走罢了。

拜年除四节年大拜而特拜外，普通在落灯前（正月十八日），凡是新年未曾见过的熟人，一见面总得要拜年的，不过有时候简略些，口里说声“恭喜，恭喜”就行了。当时俗语有：“有心拜节，寒食不迟”，直顶到清明，才把拜年这一回事终止。新年后亲友以酒食宴会叫做“春盘”，又叫“春卮”，也是互请到清明为止。

抢财神。正月初五日，俗说是财神菩萨生日，想发财的人们，尤其是商家，例在前一天午夜，携带香烛纸马前往和合财神庙，向财神菩萨借元宝（纸箔糊的）。借到几吊纸元宝，携回家时，沿路不能和人说话，一说话，说是财气就破掉了。借到家，挂在家神柜上，点烛烧香，鸣放鞭炮和高升，恭恭敬敬地行个跪拜礼，举家才开口互道恭喜，就算是财神抢到了，预卜当年可能发财。经过一年，到了除夕，仍要到庙去还元宝，借一串要还十串，等于百分之千的利息。

初五一交子时，耳边就听到满城爆竹声，尤其是双响高升，此响彼应，震耳欲聋，一直闹到天亮，响声才渐渐地稀疏。这天除向财神借元宝外，还有结合一二十人做财神会，弟兄轮流为头，办理当天的请神牌、香烟、纸马、金花、寿桃和供应三餐饮食。寿桃供过神后每人带一只回去，取其不空手，个个都挪到一把“财”了。是日早面、中饭、晚酒，每人出会份数角，余由头家包足，总要贴得三五元。这一天会弟兄永日谈天道地，大吃大乐，还团几桌牌局消磨时光。旧社会每人辛苦一年到头，没有什么娱乐的机会，借祀神集体来寻求一天的娱乐。是日商店皆治筵席宴伙友，并确定本年伙友的进退。一年生意上的经营，也算由此确定，对外营业，就从是日开市。

看穿星

正月初七、初八看穿星，星即昴星，附在月的背后，七穿八定，到了初八晚，就定在月的上角或下角。俗谚有：“上角仓仓满，下角损低田，月口刀兵动，闭口是荒年。”穿到那一方，预卜年岁的丰歉、治乱。星的运行是有一定轨道的，用来测人事，如何有验呢？迷信而已矣。

灯节

正月十三到十八，俗称灯节。从初二起，坡子街上就有卖灯的把灯陈设出来卖了，各式各样的篾扎纸糊的灯，供人选购。亲戚中有小孩子人家，都争先恐后地去买几盏互相馈赠。灯的花样繁多，有手抓的龙凤灯，鱼虾虫儿灯，有提的花篮灯，骑的马灯，拉的兔子灯，壁上挂的走马灯，梁上系的鱼灯。孩子们晚间点起蜡烛来，在街头巷尾，互相观玩，还可迎到熟人家要求换烛，主人家亦乐于欢迎这玩意儿。姑娘新出嫁，到了灯节，娘家除送红枣元宵聚节外，还要送两盏包灯和小铃儿灯，包灯是糊扎的脚踏榴开见子的人儿，预兆当年产生儿郎，取其吉利。还有好搞热闹的人们，集体舞龙灯，或是扎架大兔子灯，大电灯，配以锣鼓，游行通衢，经过处，如有燃放爆竹表示欢迎的，就停下来，把龙灯舞起，拉灯的或唱支小曲儿，算是答谢过人家欢迎了。有些大庙里上着屏灯，灯上画的庙里所祀神的经过事迹，如关帝庙、岳王庙，表扬关岳的威武忠义，丰功伟绩；财神庙画的财神送元宝给一些做好事的人家，寓意行善有功能发财，迎合一般人的心理；城隍庙画的彰善惩恶、善恶分明、果报不爽，庙里还有个土地祠，画的二十四孝，百行孝为先，孝能感动天和地，行孝终有益等，王家祠堂画的王世丰、王广业的一生事迹。画的这些屏灯，都具有浓厚的封建色彩和神权迷信，殊不足为今人道，因此，解放后都已禁止张挂了。

灯节第三天十五日为元宵节，元宵闹花灯，自古已然。是夜街坊上锣鼓喧阗，是玩灯最热闹的一天，逛热闹的途为之塞。俗例还有送桩之举，送给多年未生养的夫妇，预兆今年可生儿郎。好事者们偷只系渔船的木桩，俗说“渔家夫妇子孙多”，连系船的桩也视为有促进生儿的灵验。桩上裹以红布，系着红绳，插对金花，由一男孩捧着，灯烛辉煌，敲锣打鼓，游行街市一周，直送到预先约好的接受人家，把桩安放在床铺上，捧桩的男孩，还在床上撒一点尿，来发个兆。接受的人家，便以酒席款待。此类事沿成风尚，用意无非是提高夫妇爱儿的观念，大张旗鼓地热闹一番，以助长夫妇的兴趣罢了。为了满足育儿观念，什么事都做得出来，送桩止其一端。

上灯圆子落灯面，十三上灯，家家晚上吃元宵，和元旦、元宵节一样，取其生活过得圆满，不致受磨折的意思。十八落灯，是新年娱乐最后的一天，吃面象征绵长不断，能年年娱乐不断，接着过好日子的意思。一年辛苦到头，新年娱乐，应吃些好食品，兴奋一下，劳逸结合，苦乐相匀，习以为常，互相仿效，沿成风尚，千百年不能移。各地出产不同，吃的品种也不一样。总之，提高生活兴趣，寻求快乐，人性使然，心理常同。

清明

是日俗说“鬼过年”，无稽的迷信话，算此日为最多。家家祭祖先，有“早烧清明晚烧冬，七月半的亡人等不到中”的俗谚。郊外扫墓，男女且有联袂去踏青的。用柳叶摊荞面饼吃，说可治头风。又有“清明不戴花，死去变丫杈，清明不戴柳，死去变黄狗”的俗谚。祀祖时，秉烛遍照室中，口祝：“清明照百虫，一照影无踪。”天气渐暖，冬眠的百虫苏醒过来，室内照照，把它捉掉，免再滋生，也算应时搞卫生，打扫清洁的意思。

清明前一天为寒食节，家家禁烟火，为纪念春秋时的孝子介之推，有不忍举火之说。是日门前插杨柳，为招介之推也。

立夏

时交夏令，天气渐暖，百虫孳生，人们更要注意卫生了。是日禁止儿童坐门槛，无非因为地下虫子已出土，爬上身，不卫生。又说坐门槛就要疰夏，吃油煎灶饭锅巴就不疰夏。大概夏季天气暖湿，年锅巴易发霉，过年剩物，应搜寻出来吃掉。头戴皂角树叶子不打瞌睡，也不知何由，或许瞌睡时用皂角之类的物件来刺激一下，就不瞌睡了。至于经过夏天，体重上一定要有增减，为验身体强弱轻重，是日用秤来称一下，记个斤两下来，到秋后再验，这还倒有意义的。

时霉天

芒种后入霉，夏至后交时，先霉后时，但是“当霉不霉，当时不时”，大概霉天阴雨少，不致上霉，时天阴雨多，容易上霉。又谚语：“霉里西风时里雨，时里西风即时雨。”多验。交时日，人们煮吃豌豆泥，叫做吃时果儿。

龙舟竞渡

阴历五月初五日叫端阳节（端午节），古代爱国诗人屈原，在这天投汨罗江而死。他爱楚国，爱人民，人民哀痛他，拯救他，后来又纪念他，作出一种龙舟竞渡，专为抢救溺水的活动。泰州直至民国初年，仍年年举行。用一只木船，扎上龙头龙尾，中舱架起彩棚，插上旌旗，两旁列坐数十个划桨手，边划边唱，并敲锣打鼓以助兴。龙头上站立一个长于游泳的抢标夫，观众有用银元活鸭等作标物掷投水中，标夫要随即跳下水把标物捞到，这叫做“抢标”。象征着有人溺水，马上就能去救起。屈原溺水了，当时不曾能够把他抢救出水，认为是一件遗憾的事，为了补救将来，一面练习抢救的技能，一面来纪念他。端阳令节，还用芦箬裹以糯米，名曰“角黍”，俗叫粽子。说是屈原溺水，当时人们恐怕他的尸首被水中蛟龙吃掉，投以角黍，把蛟龙喂饱，可以捞到他的全尸，不致被蛟龙吃坏，后来每逢端午节，人们家家裹粽子，一面纪念屈原，一面做成应时食品，点缀令节。

端午节还张挂钟馗的画像，叫做“挂判官”。判官有文武之分，武的腰挂宝剑，文的则否。钟馗是唐朝的进士，传说喜捉鬼吃，事属无稽，大概是提醒大家夏天到了，气候炎热，百虫孳生，疫疠流行，须讲卫生。还有用菖蒲海艾插瓶，说菖蒲似剑，可吓邪鬼，大概这两种草能杀菌，再加些雄黄蒜头生姜浸泡白酒，能杀肠胃中滞留的菌虫，如皮肤被百虫咬伤，搽上可能消毒。

从五月初一起，家家在堂前或房门口贴张“符”，说是能挡恶邪。符上画得不像判官不像鬼，一听道士随便挥上几笔，就能祛除恶邪了。

是日家家户户大办酒肴聚餐，叫做“赏午”。菜肴须撞成“五红”，如咸蛋、咸肉、虾、蟹、鱼、肉、萝卜、苋菜之类，饮雄黄酒，吃枇杷等应时食品，饱啖一顿。吃五红说是不疰夏，未必有验，午后洗百草汤，可去皮肤湿气病，事实上止用菖蒲海艾也就可以了。

青苗会

迷信的青苗会，在五六月间，上熟田事已毕，乡民尤其是园圃间菜农最盛行，用以禳疫祛虫，又叫“童子会”。一巫者俗称“香伙”，手敲锣鼓，口唱七字段儿书，夜以继日地在所谓疫神台前津津有味地唱着，会头也在夜以继日地烧香跪拜，对疫神冀以无穷的哀求似的。会毕，巫者遍走与会各户门前，用一支竹筷担在门槛上，一刀斫成两段，随将臂上预先破出的红血涂一点门槛上，说是把疫鬼斩掉了，害虫算是祛除了，溅血以征信。说是做过会，百虫尤其是蝗蝻就不为害青苗了，所以称“青苗会”。园圃间都是种的蔬菜，最怕虫害，科学未昌明，没有杀虫的药剂，而迷行巫觋祛邪，《论语》有“乡人傩”之句，也是古人用以祛四季疫气，多神教的迷信遗风使然。还有一种“邵伯童子”，穿袍化装，如演戏剧，但腔调别具一格，名曰“童子腔”。

七夕乞巧

传说七月七日夜晚，天上牛郎织女二星，一年一度地在银河相会，妇女常于是晚陈设瓜果于中庭，向双星乞巧。尤其是初事学习绣花的姑娘，对乞巧一事格外重视，希望能乞得一双巧妙手，绣出朵朵好花样。可是天上的双星，每年并不相逢，不知如何传说下来的，大概是以人间夫妇会少离多来比拟双星的憾事吧。

敬月宫

八月十五中秋节，月上东山，家家户户具备香烛纸马，水果供品，并粘饼团圆饼，设案中庭进月宫，中秋月正圆，敬以团圆饼，取其一家团圆之意，粘饼取其联络年年团圆之意，藕取藕断丝连，一家人经常连系不断之意。家族观念，一家人贵在长久地团结在一处，对于生活斗争，互相照顾，力量才能雄厚。

月到中秋分外明，家家户户大办酒肴，对月开宴，团聚取乐，叫做“赏月”。也有邀请亲朋共聚，欢度佳节的。还有对月吟诗，弹琴歌唱，纵情取乐，不让良宵虚度，但非富厚等闲阶级不办，贫困人家，不过点缀而已。

重阳旗子、糕

九月初九叫重阳节，俗蒸米粉方糕，上插三角五色小旗叫

“重阳旗”，用以祀神，祀后分享家人。俗语有：“吃了重阳糕，就把晚茶抛。”九月日晷趋短，无须吃晚茶了。寒潮频起，山高风急，古人有帽落龙山的故事，足见山高风是急的了。过去泰州人传说：九月里有三次芦花讯，说明寒潮到来，草木先送个信。重阳左右一次的寒潮叫重阳暴，十九左右的一次叫观音暴（迷信传说十九是观音菩萨的生日），二十八左右的一次叫颜塔暴（二十八是颜塔庙里瘟神的生日）。到了秋天，暑气已消，寒风渐烈，重九应节的糕、旗，也意味着旗飘高处，显示寒冬将届，准备越冬的生活吧！又谚：“吃了重阳糕，夏衣才打包，吃了重阳酒，夜作不离手。”季节更换，生活布局，适应时节而改变，农谚：“重阳无雨望十三，十三无雨一冬干。”往往有验。

交冬数九

冬至俗叫“大冬”。谚语有：“大冬大似年，小冬不值钱。”说明大冬是正常的节令，小冬是俗称。大冬当做新年过，家家祀神吃元宵，新亲新故还互相拜节。冬至前一天叫“小冬”，家家祀祖先。由冬至日起，每隔九天为一个“九”，共数到九个“九”，八十一天，这叫做“交冬数九”。谚云：“头九至二九，相逢不出手，”说明天气渐渐地寒冷，不用出手打招呼了。“三九连四九，厢房不出首，”表示天气严寒，只能蹲在屋里，缩手缩脚的。“五九到六九，行人路上走，”表示路多行人，冽风稍杀了。“七九六十三，行人路上把衣单，”说明天气转趋和暖了。“七九冻鹭鹚，八九冻神仙，”说明寒潮当未全弱，天气还有时要冷的。“九九南风都不怕；送九南风一场空，”预占天气不正常、旱涝就无定，农事也不可能顺利的。“九九赛春天，家家哭少年，”说明九天里气候和暖，百种细菌不能冻死，春来疫病流行，少年人血气正旺，易传染而病又易于发展，医药未昌明，多有不能诊治而致死亡的。

腊八　数夜　送灶　辞先

腊月初八日，各僧庙大做腊八粥分施众人。粥里佐以色果蔬菜，系佛教遗风。居民也有仿效的，无非对饮食来个调剂罢了。

腊月二十起，直到除夕，数数残年日子不多了，叫做“数夜数”。二十夜晚上，开始在街巷中打“小心火烛”，一边敲梆，一边喊“小心火烛，锅门口扫扫”、“屋上瓦响，不是猫狗”，无非对于防火防贼方面，提醒居民的警惕性。

二十三或者二十四夜送灶神，晚餐吃和糖糯米饭，佐以芹菜豆腐汤，迷信说：是夜灶老爷上天朝奏玉皇，报告人间善恶事，于是乎家家先来一次贿嘱，同时也给它明了人间的生活情况，希望它说好话。吃芹菜表示这一人家勤力劳动，豆腐有富厚多福的意思。敬时具备香烛纸马灶疏置在灶柜上，磕头后将纸马等件焚化在锅膛里。同时在家神柜上终年供奉的灶神牌位前也点燃烧香，还供一碗糯米饭，嵌上红豆七粒，一碟子麦芽糖和豆腐，说是奉神佐饭的；一碟子稻草和酒糟，是给灶马上料的。总认为这样敬灶神，给它些甜头吃吃，上天庭总可传些好事，下地界准定能保平安。不过人们一年忙到头，借祀神而忙些好食物，人同此心，便沿成风尚吧。

二十六夜辞先，也有二十八或是除夕举行的。一年过下来了，转瞬间又过新年，追念祖先，为安慰英灵，来行个纪念仪式。纪念最实惠的莫若吃饭，于是乎具办些应时饭菜来供供，还又迷信到阴曹地府跟阳间一样，过生活非钱莫办，便烧些纸锞，说是送压岁钱。总之，慎终追远本是旧时代出于孝顺上人的一片诚心，但是有些人，对于上人在世，淡漠视之，及到死时或死后，在追念仪式上，反而来得隆重，所以俗说有：“生前不把亲来敬，死后空把材头祭。”语真道实，确能讽世。过去有些人对于祭祀祖先仪式繁复，反失其真诚。

酬神、除夕

二十八夜谢神，迷信认为是一件大事，商店里供奉的赵公明玄坛菩萨，终年保佑他们生意兴隆，财源茂盛。商业目的在营利，这一年赚头大，固然算是神的帮忙，一定要谢谢神。如果赚头小，或是赔本，更要求求神，希望来年多多帮忙。谢的仪式，除烧香点烛焚化纸马，还特备三牲（猪头、鸡、鱼）和三盅红酒，一若神喜欢饮酒吃荤腥。多数富厚人家，这一夜里也行祀神的仪式，贫困人家，亦不例外。但各人家不知谢的那一种神，不过供品从缺，烧香点烛还是有的。

除夕日，家家户户用红朱笺纸书吉利语对联，粘贴在门框竖柱，这叫"春联"。大门口贴的一副，大都切合这人家的远祖显著事迹，一望而知其姓氏，抑犹古桃符的遗风。

接近除夕几天，家家大办而特办佳肴盛馔，准备吃年夜饭，泰州人叫"守岁酒"。家人团聚共餐，古语有："夫妇畅饮屠苏酒，儿女欢争压岁钱。"足够形容吃守岁酒之快乐兴趣了。人人都要吃得酒醉肴饱，上人还给下人些压岁钱。一年辛苦，从此过去了，新年快乐，隔夜便到来，人生能历几多朝，苦去甘来兴致豪，所以恭喜声、欢乐声，整天整夜交响着，无分男女老幼，几天中舍业以嬉，同心一意地欢度着。

迷信者，认为这一夜诸神下界，查勘人间善恶，未及黄昏，室内室外，打扫清洁，庭中进柱斗香（用绿竿扎成节节高，下承以蕃，一层一层地像宝塔堆上，直堆到顶，仅用一棵坛条）。有些人家，还用长香贡香，进上一夜的露天长寿香，祀过往神灵。夜晚大街小巷，香烟缭绕，香气透天。守过岁后，就准备一夜的祀神仪注了。首先进除夕香，除在家神柜上、地上满堂香烛，有些人，还到各庙去进十庙香。是年正月初五，如曾向财神庙借过元宝的，一定要去进香还元宝，以全信用，不过借一还十，利息惊人，庙祝借神力大肆敛财。次则接灶神，一如送灶时的仪注，把灶神接回来。

夜交五鼓，天尚未明，先接天地神祇，说天神天将下凡，迎接回来，朝拜一番，这时满城的爆竹声，此响彼应，双响高升，放得震耳欲聋，家家户户，在恭喜声中，迎接天亮来临，欢度大年初一，准备敬新年元旦第一次神香了。

第二节　婚嫁习俗

父母之命，媒妁之言，男女婚嫁一律由父母作主，他人从中撮合，这本是旧中国包办婚姻的基本形式。而旧时泰州婚嫁，在谨守上述原则的前提下又颇具地方特色。这又包含两种情况：一为双方原有亲戚关系，一为双方无亲戚关系。前者称为“老亲做亲”或“亲上加亲”，后者称做“生亲”或“结新亲”。但不论哪种情况，在整个婚嫁过程中，不仅手续烦琐，浪费人力财力，而且还带有若干迷信色彩。现将旧时婚俗分述如下。

做媒

不管老亲新亲，都有媒人介绍，并从事双方的联系和意见要求的传达。媒人往往是双方相识者，认为双方家世、品学、年龄、相貌大致可相匹配，主动向一方提出，谓之“讨喜酒吃”。也有一方父母在戚友中邀请做媒者。

访亲

媒人介绍后，双方家长要调查对方的家庭、资产、品貌、健康状况，称为“访亲”。访亲过程中，也时有媒人夸大男方资产、女方相貌等情况，如果轻言，可能导致婚后双方不睦。

发帖子

双方有意结亲，男家择定吉日，先用红纸写好生辰八字，请媒人送至女家，再由女家用红纸条写出姑娘生辰八字交给男家。此谓之“发帖子”或“说口谕”。

算命、合婚

男家接到帖子后，压在家神柜香炉下，看三天内如未发生什么不吉祥的意外，就请算命先生推算能否配合（也有求神问签取决者）。然算命先生往往施弄狡技，说是稍有不利，但可以花钱代为禳解求得无碍。俗语“十合九不成”，故开明人士主张爱亲做亲，不搞合婚这一手续。

回好

男家认为能够配合，请媒人回复女家，并征询聘礼条件，称为“回好”。男家得到女家答复后，择定吉日与女家商定举行聘定礼日期。如男家认为不合，则在一个月内请媒人退回女方帖子，并附赠绒花糕点，表示歉意。

拜亲

拜亲即举行聘定礼，又称“过礼”，亦称“传简”。男家备拜帖和写有“求”字的鸳鸯扣（大红简帖），上写男方年庚，连同红枣、桂圆、花生、荔枝（取早生贵子之意）、衣料首饰、聘金及大鹅一对，放置拜盒内送至女家。女家在空白喜帖上写一“允”字，在鸳鸯扣上填入女方年庚，与拜帖一并装入原拜盒送至男家，并回赠小件绣品、文具鞋帽等物，称为“回记夫”，是说赠送表记的意思。拜亲时有亲友到男家祝贺，款待酒食时，媒人必居上座，尊称“大宾”。女家受聘后，以所收圆枣糕茶等分赠亲邻，表示女儿已经受聘，这叫“送喜果子”，又叫“散喜茶”。

新女婿上门、送节礼

两家结亲后，女家有婚丧喜庆之事，未婚女婿至岳家应酬，谓之“上门”，也有新亲家同时上门者。未婚婿上门时必须叩拜诸尊长，尊长受拜赠给拜钱，拜钱不拘多少，但必双数。拜亲后，双方已是姻亲关系，每逢农历端午、中秋、新年三节，男家必送节礼予女家，礼品大都为糕馒鱼肉及时令物品，如中秋必有月饼，端午必有粽子等。

通信、送日子

男家准备何时迎娶，大都在一年前就请媒人先期通知女家、这叫"通信"。女家同意后，男家乃择定确切日期用红纸详细写明，并按原约定将礼金衣物请媒人送至女家，以便早备陪奁，这叫"送日子"。日期大都选两个，如某月上旬某日、某月下旬某日，任女家决定选其一。

暖房、暖轿

男家于迎娶前一日，邀请亲朋盛筵款待，名曰"吃暖房酒"。暖房之夕，新郎之兄伴新郎宿新房中。新郎之兄俗称"大伯子"，请他先期伴宿，取日后可得百子之吉兆。结婚前一天，男家从轿子店租来灯轿或花轿，抬置庭院内，点灯系彩，新郎焚香拜神，名为"暖轿"。

铺房

在婚嫁期前一两天，男家将新娘穿戴的衣饰花粉送至女家，称"送上头盒子"，其中必须包括两端裹扎红绸子的席子一条。女家则运送妆奁至男家，妆奁包括新房内应用的铺盖帐幔、箱橱盆桶，一应俱全，在新房预为陈设，谓之"铺房"。讲求场面人家，往往不顾自身财力，陪奁奢靡，车载人抬，招摇过市，以显示其富而且阔。女方亲友也有赠给新娘财物者，称为"奁仪"，或称"添箱"。

迎娶、拜堂

清代有少数人家行亲迎礼，新郎或骑马或坐轿在中前或午后率迎亲队伍至女家迎娶。民国时期，绝大多数人家已不亲迎。通常是傍晚由媒人持家长具名的帖子，率领花轿及吹手掌灯等人前往女家迎娶。新娘轿子抬至女家时，女家闭门不纳，索要"开门封儿"才得开门。开门封儿所包钱数，常是事先商定：六百、六百六十或六十六等……，意谓六六大顺，否则女家不满，易起冲突。这时新娘故作卧床休息，必须三次催妆，每次皆进红柬，上写“请整云妆”，“请辞绣阁”、“请登彩舆”等词语。女家在堂屋中桌子上放椅子，椅子上放新娘鞋子一双，点烛焚香。新娘在嫁前两三天，即开始减少饮食，称为“饿嫁”，以预防便溺。在鸣炮奏乐声中，请福太太上头，梳妆打扮，戴上凤冠袍裙，披上红头巾，由父亲或弟兄抱上花轿。

新娘上轿直到男家下轿第二天分朝，都必须闭眼，俗间认为，如有偷看则眼光所及之地或物将来必致变卖，所谓“看到哪里穷到哪里”。花轿起身时，新娘之母亲或尊长要放声啼哭，新娘也要嘤嘤啜泣，相传不哭会不吉利。女家派人高举红灯笼送亲，直至遇到男家迎亲队伍方回。花轿还要绕道经过百子桥、万子街、多儿巷，到男家停在堂前。此时新郎一手捧三官经，一手持点着的浸过豆油的红纸捻，在庭中仰首，得到母亲同意后方可迎接。

花轿在堂前停数分钟，方开轿门，叫做“闷轿”，又叫“压性子”。相传闷轿时间愈长，则新娘性情愈可收敛，不致有欺压丈夫、打公骂婆之举。新娘由有福的老太太搀扶下轿，跨过马鞍，搀到堂屋中央，与新郎双双跪拜，称为“拜堂”。然后送至洞房，饮交杯酒，坐富贵。“坐富贵”者一指新人并坐床边，也指新房内红烛高烧，通宵不灭，由伴娘坐而照看，以防火烛。伴娘俗呼“亲家嫂”，有专职其业者，类似古大家闺秀之贴身婢女，随新娘而来，照应新娘，听候使唤。与伴娘一样，还有专业媒婆的女性，往来男女两家司仪，喉音清脆，语言流利，类近戏剧中的丑角。

坐富贵后，由媒婆请男方家族中的有福有寿的太爷太太看新娘，接着无论长幼亲疏，皆来看新娘，但时间不得超过吉日时辰。最后由有福的夫妇帮新人脱卸衣冠，让其上床入睡。

看朝、做朝与分朝

结婚之次日晨，女家遣人赠送礼物、食品至新婿处，谓之“看朝”,并具红帖请姑娘姑爷三朝回门。女家之戚友中交谊较厚者,亦于看朝时向新人赠送财物,谓之“做朝”。参加做朝也就意味着承认女家所结这门新亲,今后男家凡有婚丧喜庆,愿意交往。与女家只一般交谊,不愿今后与男家交往的则不参加做朝。

在男家,则由媒婆引导新娘至堂前,戚族与新娘相见,谓之“分朝”。媒婆高呼“姑太太登堂受拜、舅太太登堂受拜……”新夫妇随声行拜见礼,往往一拜再拜,疲惫不堪。是日由公婆设宴款待新娘,选由年轻貌美的女性相陪,谓之“待新娘子”。

民国后期,有些人家为减少人力、物力耗费,免除新娘饿嫁、闭眼诸痛苦,男家迎娶花轿提早在午后就到女家,新娘到男家与新郎拜亲坐富贵后,即设宴款待新娘,分朝仪节不须待至次日,皆在婚夕为之,这称之为“一天圆”,较旧俗已见进步。

三朝回门

早期新妇回门必待七朝,后改为三朝。是日,女家备轿至男家迎新夫妇返回,称为“回门”。回门时,女轿在前,男轿在后。到得女家,新婿叩见岳父母及女方尊长亲戚,与分朝仪式相同。待太阳未落,男家备轿接回,此时男轿在前,女娇在后,女家并有盛宴随赠。

会亲、谢媒

结婚数日或一个月后,男家设宴邀请女方家长、眷属,谓之“会亲”。结婚之后,男家购备礼物赠送媒人,感谢大宾成人之美的操劳,情意至隆,谓之“谢媒”。而俗间所说“新娘娶进房,媒人丢过墙”者实属借喻,实际决无如此浇薄之事。

送夏、交生与催生

结婚后,夏季将到时,女家制备新夫妇夏令服装及蚊帐凉席,择期送至婿家,谓之“送夏”。及至新娘出嫁后第一次生日,女家备面馒鱼肉送往婿家,为女祝寿,名曰“交生”,即把女儿生日向男家交待。女儿婚后初次怀孕后，母家购办小儿衣帽、金银锁及摇篮之类，于生养之前送至男家，谓之“催生”，这已是婚嫁习俗方面最后一道手续了。

第三节 丧葬习俗

丧与其奢也宁俭。人一死亡，神消骸废，后人不忍睹其废而无神，殓以埋之，结束其一生，于事完毕。

大去

旧时年尊的家长亡故，称“西逝”（指男）、“仙游”（指女），俗称“大去”。下人要飞帖向亲友送死信，帖子叫“传事禀”，一称“信单子”，专门有常业的走事飞送。亲友接信后，纷纷前来向死者行礼，俗叫“讨信”。交游不广的仅开个已亲已故的姓名账儿，口头送送信罢了。如死的是男尊长，孝子要亲自向死者的伯叔兄弟磕头报丧，如果死的是女尊长，要向外公外舅家磕头报丧。不如是不称其有礼仪。尊亲之丧，为子者自己认为罪孽深重，不自殒灭，以致祸及尊亲，因此自称“不孝”。

死人的穿戴，清时用清官员制服，男的身穿袍罩，头戴红缨台帽，脚蹬皂靴，女的凤冠袍裙，停放堂屋中央春凳上，头南脚北。多数人家，还焚化千张纸，请星家批亮方。当入殓时，忌“的呼煞”，应忌的生属须避开。光复后入民国，男的寿衣改着长袍，女的改着衣登裙，不复用清代制服了。棺材考究用三墙三底盖（每边三段大木头拼的），清缝满漆，富厚仕宦人家，还用珠宝作殉物，说是能保持尸首年久不朽。

入殓后搁于堂屋中央高凳上，俗叫“登高”。至亲好友都要来候殓，以寄哀思和永别之意。孝子这时候就要着孝服了，叫做“成服”。盖棺时把孝子披的麻和少许头发挽在子钉上，这叫做“披挽”。男的须要族间年长的，女的须要娘家的人来执斧钉钉，习俗上凡是经过有执斧的，可证明不是凶死，而是善终，没有冤屈的了。不过娘家人也有争妆殓斋醮、纸箔等等致有过分苛求，死者家属，往往不愿或不胜负担，因此吵闹也常有的。亲戚间平素如相处不善，尤其是少年妇女，被虐待而死的，娘家人借此机会报复，来出出气，俗叫“闹丧”。甚至涉讼公庭，逞一时的气愤，结果两败俱伤，殊不值得。真有死于虐待的，生前何不作一番斗争，当不至于死，死后闹丧，对死者来说，有何好处？

登高后在旧社会里，中产以上人家，闹的迷信花样很多。死后第三天上土地庙起解，说是人死后，先关在土地庙内，在断气时已把纸糊的床铺送进当方土地庙内，三朝那天上土地庙化床铺。次上东狱庙行文，说东狱大帝掌管文书，下人要拜求它一番，然后解到城隍菩萨面前审理，更要去哀求，希望从轻发落，俗叫“上庙”。晚上还要延道士打醮，说是唱的花台戏，专为酬谢公差的。俗说“三分老爷，七分衙里”，阳间县衙门差人作威作福，阴世差人，好像也是令人可畏的！上庙这一天，须要把“丧报牌”挂出来，显达之家用“门状”，上面详列死者生卒年月日时，以及子嗣和五服之内的各人服制。凡在服者须另送孝布，这叫“送孝”。已出门的女儿带上女婿，也不例外。从死者死的日期起算，每隔七天为一“七”，共经过七个“七”，叫做“七数里”。“三七”、“六七”算是正七，要做斋醮，化纸锞，热闹一天。俗有“请二七、掗六七”，“二七”要着人请亲友吃斋饭，“六七”亲友要主动地来进吊。“六七”死者不吃家乡饭，有姑娘的要办饭菜来供死者，叫做“换饭”。“五七”说是午阎王临殿，午阎王喜爱女儿，这一天做女儿的要延道士打醮，死者在殿上才不受苦。有钱的人家“七七”做斋醮，没钱的仅仅烧烧“七把子”。在“七”里还化“冥宅”，俗叫“化家堂”，用纸篾糊扎像阳宅似的，内贮许多纸质的金锞银锞，付之一炬。还糊上许多冥衣和生前应用的零星物件，应有尽有，活像是真的，愚不可及。每个“七”的第六天晚上叫做“暗七”，第七天叫做“明七”，暗七、明七都要烧些纸锞，俗说“烧纸塌化人心”。过了几十天，下人的哀思日渐淡薄，闹了一些斋醮，幻想死者或许免去生前一切罪过，脱离苦海，超升天庭，去过极乐生活。钱花去了，下人的心愿才算了结，千百年来，不知浪费多少人力物力。

人死后，说是若干日后魂灵还要回来，这叫做“回煞”。迷信星家推定死者生前若干日落魂，死后经过若干日回煞。又说煞是一种煞神，甚凶恶，举家须这天在与死者死的同一时间回避，否则撞了煞神就要生大病，不吉利，这无非是星家道士为敛钱妖言吓人，迷信者落其圈套罢了。

带孝

上人入殓，下人即时成服，俗称“带孝”。孝子头戴麻布帽，身着麻衣或白布衣，斩衰，即衣的边缘不拾缀，脚蹬草鞋，在“七”里，平日穿麻布裹鞋头的鞋子。

亲丧数年中，孝子的哀思时刻不能忘怀，亦缘子生三年然后免于父母之怀，所以要到三年后，孝子的哀思才有时而既，孝服也才除去，俗称“脱孝”。成服后，孝子寝苫枕块，伴守灵帏，但中产以下人家，不可能语此。孝子居常，布帽白顶，带头父尖母方，取天圆地方之意。满身素服，不穿丝绸，腰束白布带。室内外如有张贴须免红，连大门都用白纸糊起，出殡后才洗除。如服官外地，须辞职回家，奔丧守制，叫做“丁忧”。除服后才能复职，叫做“起复”。政府方面，除对重要人士一时人选为难外，例不作夺情之举，光复后入民国，此制取消了。

孙男孙女的孝服，头戴白布帽，身着白布衣，齐衰，即衣的边缘缀好，不像孝子的毛边了，如是承重孙(即长子之子，长子已死后的称呼)，孝服与孝子同，因为有代表长子的意思。

重孙即曾孙，孝服戴红布帽着红布衣了，迷信的说法，有了重孙儿，死者的年纪老了，把重孙的红布毛衫儿带在身边，见到阎王可免跪，并且可免罪。

开吊

中产以上的人家，丧事仪节，闹得繁复些，到了“六七”、“百日”、或是“安葬”，总得要开丧祭吊。先向亲友送讣闻，上面详叙死者的生死年月日时，以及孝子和在服的儿孙名字和服制等等。

如死者生前有功名职衔，更叙得铺张虚砌，以示炫耀。开吊日，从清晨到中午，亲友纷纷不断地前来进吊，午后请祭客排祭上供，简单的排个老三献或新三献，繁复的排全徽祭，要祭到深夜才止。清代考究的人家，须请功名在秀才以上的祭客，全体蓝衫金顶，整齐严肃，主人家认为无上的哀荣。后来科举停止，进入民国，秀才渐少，社会上有些惯活动的少年，专好事此，常被丧家请去排祭。主人家对于祭客的饮食招待特别丰盛，礼节也很恭敬，与祭者大悦。

安葬

旧时代棺柩久停的风气很普遍，由于下人不忍骤然离绝，且多数误信堪舆，不是方向不行，就是年庚有冲，或是期待牛眠佳穴，因此愆期。但是，入土为安，社会上一般人也都以为然。先期选择吉日，要这一天的日干，和家里人口的生辰不相冲尅。中产以上人家，少不了又要开吊排祭，发送讣闻，帖上题曰“告窆”，或“葬祭启”。出殡之日，凡是至亲好友，都要来送，俗说：“请上庙，掗送殡”。送时灵幡前引，吹鼓喇叭和讽经僧道，以及执绋挽软，鱼贯前进。仕宦人家，还排开职事，贫乏之家，仅仅舁棺一扛罢了。

仕宦富厚人家安葬时，大多立一块墓志铭碑，碑文要请当代文学家着笔撰述，书家书写。内容无非夸耀死者生前的事迹功勋，遇到无耻的文人，更烘托得不可一世，丧家便视为无上哀荣。

葬时普通先以柴草暖坑，次用纸锭灰和石灰布穴中，以防潮湿，仕宦人家，还具一块铭旌盖盖柩上，覆土后即把坟做好，为免野生动物穿穴藏身。三天后，孝子登墓祭扫，叫做“复三”，盖有招魂之意。还有因故权厝田间的，则是由于开穴时，遇有古旧棺木存在，或是有待于寻找佳穴，而绝不肯将就一点。对于风水迷信得要死，当时亦干例禁，社会风尚也多不以为然，算是入土为安。

总之，封建礼教之于丧葬一事，迷信的表现格外浓厚，中产之家，此仿彼效，忙得不可开交，风尚所及，虽是中产以下之家，也要拉些排场，丧事甫完，已债台高筑。

纪念

上人入葬后，下人纪念行的礼节繁多，首先春秋二季，下人要到坟墓上去祭扫，头三年叫做“上新坟”。春祭须在春社日（春分前两天）前去上，说是坟才不漏水，秋季在秋社前，仅有少数人家举行。“祭”，通常供些饭菜，烧些纸锞，“扫”，把坟上添些土，做整齐些。说是坟犹如生人住的屋一样，每年都要整理一下子。非新坟的祭扫，大多在清明前或后去举行。每逢清明、七月半、十月朝、小冬、年关辞先和周期冥寿，家家户户，都要在家举行纪念仪节。过去周期追祭到三十年，冥寿追祭到百岁为止。时至今日，才把烧纸锞的这一迷信，渐渐免除，连供饭的仪式也逐渐地稀少了。

第四节 特色风俗——都天会和溱潼会船

特色风俗各地有之，都天会和溱潼会船在泰州最具特色。

都天会在泰州是迎神赛会中规模最大的，旧时每年两次，上半年是五月十五，下半年是九月初九。进入民国，破除迷信，但都天会因所祀为张巡，他的事迹在新、旧《唐书》中均列入《忠义传》，故都天会尚断续举行。

泰州都天会，由从事盐业运输、装卸行业的劳动者牵头，其他如修船匠、瓦匠、木匠、漆匠、裁缝、鱼行、肉案等行业从业人员参加结合而成，相互间没有领导关系。社会地位较高的钱庄、当典、绸布、南货等行业放不下架子扛牌打伞，不参与。参加行业最多时有三十余家，称为“三十六家胜会”，统一以“福”字排行，各选一字组合而成，如：过载行叫“载福胜会”、裁缝行叫“广福胜会”、屠宰行叫“武福胜会”等，经常参加的为二十余家。迎会各家的排列次序，除了首尾两组由驳船和脚班（装卸）两行业固定不变外，其余各家都是每届迎会的前一天，由各会负责人齐集在都天庙神像前拈阄排定。拈阄前按参加行业预制成三角形黄布旗，上写“第□会□福胜会”字样，拈一家填一家，全部拈完填齐装上短竿，成为迎会时排列次序的标记。至于各会的事务，因各行业都有公所（后改称同业公会），由公所具体操办。

一个行业要参加迎会，必须具备一套执事（仪仗），也就是牌、伞、抬阁等硬件。

牌分木牌和亮牌。木牌有粉漆白堂黑字虎头牌，上写“肃静”、“回避”字样；有朱漆红堂金字官衔牌，上写张巡生前任职和死后追封的官衔“开元进士”、“真源县令”、“睢阳太守”、“御史中丞”、“追谥协忠”、“都天大帝”、“代天巡狩”等。每衔一对，由二人分扛成一列，列左者扛于左肩，列右者扛于右肩，并肩前进，牌面分对两侧，左右行人一目了然。亮牌与木牌大小相仿，但为双层，中有间距，框为四周雕花，中嵌玻璃，上漆红字官衔与木牌所写一样。晚上，中间插上蜡烛点齐，扛在肩上，两边可以看清字迹。木牌每会十对以上，亮牌六对以上。

伞分布伞和亮伞。布伞为日照伞、万各伞，一般排在尾会内。亮伞木质，六角形，对径约一米许。上下两层，上层狭长，为楣，对径比伞身要大；下层方形为伞身，中空，边框四周都镶镂空花板，嵌上玻璃，楣上玻璃彩绘花卉，伞体玻璃绘《三国》、《水浒》等名著为内容的连环故事，都出名家之手。伞中悬纱灯笼两盏，入夜燃烛，剔透玲珑，每会都在六至八把。

抬阁为细木料制成，每会一座。驳船业是木雕的一只大帆船，船上悬小型宫灯，陈设微型执事牌，船边有木雕水手作撑船状，中仓设都天牌位，称驾船；成衣业的抬阁中陈设神冠、蟒袍，称衣冠亭；其余各会所备的抬阁，都争奇斗艳，形状各不相同。抬阁精工雕饰，四角方形空心立柱，四边上楣下槛相联，均分若干档，层层可以燃烛。阁顶饰有多盏琉璃荷花碗灯。阁中摆设除香炉、风灯、神牌外，并有鼎彝、古玩、名磁、盆景、灯彩、金鱼等等，各具特色。阁略大于轿，一般方形或长方形，四人抬；也有大的，如有座模拟扬州五亭桥型雕成的抬阁，就是八人抬。

以上是各个行业所具备的基本设备，另有不属那一行业的设备，如：青铜吼炉（不是铁炉）、印架（架上放有黄布包裹的印箱，内藏都天的官印）等，这些都是抬阁，除印架两人抬外，其余都为四人抬。这些都不形成单独的会，而是排在各会之后，神轿之前。

其他仪仗有手提琉璃宫灯、手提薰炉、銮驾、遮阳等，均模拟帝王出巡的形式，也排列在神轿之前。

神轿精工雕制而成。五月份用敞轿，无遮拦，从轿外可以看到轿内全部状况。轿底盘四角竖立四根方柱，上盖有顶，用整琉璃制成，绘有龙凤图案，顶中央插“五岳朝天”琉璃灯。底盘上安放大椅，为千年老树根雕制，盘根错节，状似百龙捧日，周围需三四人合抱。此为艺术珍品，迎会以后在庙中珍藏。九月份用暖轿，体积比敞轿略小。左、右、后均悬黄缎彩绣云龙图案的轿帷，帷中有大窗，从外可以看清轿内神像。神椅为普通大椅；轿顶插有数十盏琉璃碗灯，顶心为“五岳朝天”琉璃灯。两种神轿，均在迎面神像前设有案几，几上置古铜香炉，玻璃风灯、盖碗茶，几前悬黄缎彩盘龙桌帏，轿门楣上悬黄缎彩绣双龙阖幔，庄严肃穆。

以上硬件均需预先制好，按零件装箱保管，迎会前数日，由木工组装完成待用，迎会后仍分别装箱收藏。

各会需要的人手有四种：

负责出会的指挥联络人员，这是少数。

紧随亮伞、抬阁旁的照料人员，这视抬阁的大小和亮伞的多寡而定。随伞员一般手执一只高竿纱灯笼，一面粘有“×福胜会”，一面粘有“请驾回宫”红字，跟在伞旁前进。

乐队。各会都有一班乐队，至少要配乐工八名，其中锣、鼓、铴锣、小钹各一名，唢呐、笛子各二名；抬锣架鼓架工各二名。如为清音，则丝弦琵琶、笙箫管笛人数更多。各业都排练不同的乐曲，如脚班《打围》、成衣《昭君和番》、烧饼店《宏阵》、鱼行《水斗》、裁缝《歌姬》等，各有特色。这些人平常练习，每次出会前集中两个月训练，会前几天每晚上街边行边试奏，称为“锣鼓踩街”。至于轿前乐队，则是专业乐工和理发业乐工中的好手联合组成，义务服务，不给报酬。

扛牌、打伞、抬阁的脚夫，多为本行业人员，也有部分雇工。轿夫则由搬运行的充任，具备娴熟的技术经验。两班轮换需十六人。

迎会经费由参会的行业从每天营业额和职工工资中提成，收取厘金，交同业公所集中保管，各自维持本行业出会的开支，且都是自觉自愿，无需强迫摊派。庙中所收香火钱，则为庙中住持收入，不承担迎会开支。

迎会可分为“升座”、“北狩”、“南巡”、“回銮”四个阶段。

升座。张巡神像平时安放在庙殿中央的神龛内，出会前三天的深夜升座，即把神像请出神龛，坐到大轿的底盘上，轿的四周框架和帷幕这时不安装。因神像是木雕的行像，它和一般坐像和站像的菩萨由一块整体雕成不同，上、下肢各分三节，用活榫联结而成，可任人曲折，整体着灰色厚棉袄棉裤，把身体衬得饱和与真人一样，外加龙袍，坐在椅上。升座前，由两人进入龛内，除下神像帽子，脱下神像龙袍，扶头托背，龛外另两人抬膀扶背，又两人扛腿搭背，徐步抬到龛外轿盘上。搭上坐椅，将身段和椅背用绳绑牢，然后着上新袍新帽。神袍用黄缎彩绣盘龙制成，但和真人所穿长袍不同，前长后短，神像穿好后，坐在椅上，双膝向前弯曲，前摆垂地，后摆下垂齐地。升座后，神像双手伏在轿前案几上，左手持巾，右手执扇，宛若活人。座几上置香炉、风灯，香炉后供盖碗茶，座几前悬桌帷，轿门楣上悬阖幔让人瞻仰。轿四周帐幕出迎前上好，轿底盘座椅下，放大石一块，这样抬在肩上行走才显得沉稳。升座由庙内和尚、庙祝和少数会的领队参加，关门进行，不让外人观看。

北狩。迎会日上午十时，各会分别集中出发到臭沟头，沿稻河边向北，按拈得的序号排队。神像约在中午十二时从都天庙起驾，由"当当轿"开路。"当当轿"是二人抬的小轿（小椅加篷），内置开路神像两尊，即方弼、方相，轿前有两名男孩，手持小堂锣（又称"晃子"），一放一摁地敲击，其声"当当，笃笃"。当当轿后，由两面巨锣（亦称"筛锣"）在神轿前鸣锣开道，其声匡匡，其音低沉，闻之肃穆。后为肃静回避牌、官衔牌、亮牌。神轿由八名轿夫肩抬，八名轿夫扶措，称为"八抬八措"，另有十六人换班，共三十六人。神像轿帘前有一人双臂张开，把扶轿扛，以保神像安全，称为"把轿"，其人胸前悬小型观音像，以免被人跪拜"折福"。迎会队伍由头会执事率领，以西仓大街，抵西浦左转向北，到袁后街右转向东，达臭沟头。头会继续向前，神轿打住暂停，等候整个队伍挨次排列就绪，才随尾会继续前进，沿着稻河西街（今稻河路）直抵演化桥，右转过桥，左转进入演化桥大街，这时各会即开始由南向北，靠路边停息。神轿随尾会直达赵公桥口北坛场，将轿抬入庙殿供人进香礼拜，参迎人员休息加餐，约一小时许。

南巡。下午四五点钟，由北坛发“当当桥”，接着头会即行起步，各会紧跟向南迎，神轿接尾会后动身。从演化桥北大街（今海陵北路北端），直线向南，经彩衣街、坡子街（海陵北路全段），进北门至大林桥东口，左转进考棚街（今府前街），经州衙（今海陵区政府）、察院（扬郡试院）门前，右转入鼓楼街，过周桥到牌楼口，右转进东门大街（今迎春东路），抵升仙桥东口，左转进南门内外大街（今海陵南路）。出南门，过高桥，右转向西约一百步，左转进入通江街。各会过高桥后即开始停息，神轿直至宝带桥口南坛场（蚂蚱庙），将轿抬进殿内，让人进香礼拜，参迎者休息加餐，这时已到深夜十一二时。

回銮，也叫请驾回宫。约在半夜后，从南坛迎回都天庙。实际上南门外的会不进南门，城里的会不出北门。只有北门外的各会才有始有终。回銮路线与南巡稍异，即从高桥沿南北大街（海陵南北路）直走，不再绕鼓楼街，大队人马穿过八字桥出北门抵严家巷，左转进巷过新桥，再左转由西仓大街回都天庙。这时已近黎明。

整个迎会的精彩在南巡，而看会的最佳地点是周桥。

北狩刚出发，队伍边行边排列次序，你等他停，整体不能贯通一气。回銮时城南、城中的会都在中途撤走，队伍断断续续。只有南巡排列齐整，循序前进，秩序井然。进入彩衣街已近黄昏，各会开始点灯，乐队出劲地吹奏拿手乐曲，各显神通，花担、花船、舞龙、高跷等节目也表演不停。此时，灯火、音乐、表演三者全面出色，是南巡段中的最精彩之处。彩衣街、坡子街、北门内，这三条街是全市的中心闹区，沿街两侧的商店都在店堂内搭起临时看台，让市民登台观看。都天菩萨驾到时满街肃静，大人小孩善男信女都向着神驾唱喏，商家在店堂摆设香案，店主点烛焚香三叩首。站在周桥顶上看夜会，抬头北望，从察院向南，犹如一条从天而降的火龙，闪耀着万点金鳞蜿蜒而来；转身南望，则是无数的灯火滚滚下桥，好像万斛明珠直向牌楼口撒去，壮观至极。

都天会抬轿有三绝，最高潮是回銮的穿轿。

由于神轿体积较大，抬行时要求绝对平稳，神轿案几上所供碗茶不能泼出一滴，因此遇到险要，必须有特殊技能才能胜任。最惊险处有三：

踩肩越险。从臭沟头到通仓桥的稻河北侧和通仓桥到演化桥的稻河西侧，都是半边靠房脚、半边临河坎的狭窄道路，有好几处缺口，路的宽度窄于神轿宽度。过缺口时，由换班下来随轿前进的轿夫跳下河坎，脚踩河中，肩扛木杠，贴岸而立，抬桥右侧的四名轿夫，从人肩杠上飞步而过。一根木杠当大路，人的肩头作路基，抬着重轿如履平地，脚下没有功夫是无法稳步越险的。

托杠过桥。迎会全程，要过演化桥、周桥、高桥、八字桥、新桥，其中高桥需往返两次。这些桥都是高弧度拱桥，肩抬不能保持平衡。上桥时，轿前四人中前两人将轿杠头躬身握在手中，后两人将杠尾直身夹在腋下，轿后四人中前两人把轿杠挺身抬在肩上，后两人把杠尾双手托过头顶，下桥则相反。只有如此才能保持神轿上下桥绝对平衡。

飞步穿轿。即以赛跑的速度，抬着神轿飞奔。其形式有二：一是神像面朝前。这是经过州衙和察院门前，由西向东飞奔前进，说是要“回避现任官”。二是神像面朝后，这是神轿进入北坛、南坛和回宫的做法，因神像面不能朝北，要像汽车倒车一样，轿夫抬轿过门档，转身反抬神像，飞奔进入庙殿，歇下后，神像脸朝外。这样既便于让人朝拜，再起轿时也不需打转。其中回宫的穿轿仪式最为隆重。当回宫路上，轿子到达新桥，神轿前的乐队即开始更换曲牌，齐奏《将军令》，两支唢呐，一面大鼓，配以锡锣、小钹等其他打击乐器，一气吹打到都天庙。沿途观众无不为威武雄壮的音乐所震撼，沉浸在浓烈的音响高潮中。这时已经到深夜，气氛为全会的最高潮。殿中撞钟擂鼓，灯火通明，天井中所焚香堆火舌冲天，把整个都天庙照得如同白昼。参观者从门外一直排到大殿的两旁，人山人海。神轿抬近西浦，马弁即入庙跳进跳出，在人群中冲开一条大道。当神轿进至庙东 50 公尺的华陀庙门前，轿夫打住换班，抬至庙门前偏西约 5 步，轿夫转身换肩，把神像背向前、面朝后，反抬进庙门，然后飞奔直抬上大殿，不偏不倚将神像放置原处。这时庙中钟鼓齐鸣，乐器合奏，观众齐喊"威武"，钟声、鼓乐声、喊声震天动地，令人肃然起敬。

出会主要活动以每个行业为单位参加，但也有不少的群众以不同的形式参与到迎会行列中来。

跳马弁。这是为神轿开路喝道，但并不是迎会队伍的组成部分，而是各个马弁单独参加，只在迎会队伍之前，沿着游行路线独自前进。马弁虽然不止一个，但马弁之间没有组织联系，先后快慢，都自行掌握，好像是舞台上单独扮演的开锣戏。马弁多为浴室或搬运工人承担，他们因自己或父母生病，曾到神前许愿。迎会的头一天，须邀请身强力壮的亲友数人在家吃一顿素菜饭，请他们到期帮忙。出会之前二三小时，由帮忙的亲友陪同到都天庙神像前，脱去上衣赤膊，腰系一根结实的布带，焚香烛行礼磕头，由老马弁沙得标上"嚼口"(俗称锥子)，嚼口一头磨尖、一头圈一孔，上系红绸长约四五寸，嚼口从左颊穿进直抵右颊，这时马弁就发起威风来了。马弁有两种，一种叫武马弁，一上锥就蹦冲窜跳，近似疯狂。马弁是闭着眼睛不许张开的，这时，帮忙亲友随时一手紧抓住其膀子，一手紧抓住其腰带，控制住身体，一路跳蹦出门上路。另外有两个男孩子手持"黄元"在前面开道，高呼："朝里站！朝里站！站下来看！站下来看！"偶遇行人拥挤，难以前进时，措住的人紧抓不让前进，马弁则在原地跳个不停，尽管汗流浃背，喘息不止，仍照跳不怠，甚至抡拳伸腿，状甚吓人。这时看的人就说："马弁'呼'起来了，赶快让开！"措住的人也喊："稳住点！驾到了！驾到了！"马弁则稍敛凶像，继续前跳。另一种叫文马弁，也是许愿当差的，亦有亲友帮助照应，只是照应人数比武马弁少。文马弁上锥后神志清醒，不武岔，措不措住无所谓，只是一路前进罢了。

老马弁沙得标实为马弁的总头头，所有马弁上“嚼口”都由沙得标负责，所用铁锥也都由沙得标供给。至于沙得标是他自己的姓名，还是这个行当从业人员的名字，众说纷纭，难以弄清。他本人使用一根铁棍，一头弯有一个空圈，串上若干只大小铁圈，抓在手中拖在路上走发出当啷、当啷的声响。这根长约三尺，粗如手指的铁棍，沙得标走进都天庙门就把它插进天井里烧得旺盛的大香堆中。等所有马弁“嚼口”上完，沙本人也磕头衔着“嚼口”，跑到香堆旁，右手抽出烧得通红的铁棍，在左手掌中一抹，只见一股青烟喷出并伴有吱吱作响，而他的手掌一点也没有烫坏，然后就大摇大摆地拖着铁棍，向北坛进发。据说他事先用鱼膘涂在掌心，当烧红的铁棍在手掌上抹过时，碰着膘胶既看到一道青烟直冒，又听到吱吱的响声，让观者误以为得到神灵庇护。

马弁跳完，神轿才动身，沿稻河路前进。神轿北狩，马弁又开始从北坛跳向南坛，从南坛回銮也是如此，只有回宫抵都天庙穿轿时，还剩一两个武马弁往返窜跳不息，其余的则已下锥回家休息。

烧肉香。形式有二：一种表演者两臂伸开，双手握园木棍撑于腰间，棍头各悬小铜香炉一只，上身赤膊，用若干绣花针，孔穿红绿绒，排列戳在胸、背、臂的肌肉上，香炉内不断加添檀香末，香烟缭绕，徐步前进。扮演者大都为年青人，人数不多，每次出会只一、二人，参加在神轿前的捧香队伍中前进，两旁也有人照应。另一种表演者右臂伸出，臂上用鱼钩系线悬铜鼎一排三只，右手握圆木棍撑在腰间，左手从背包不断掏出香头添进炉内焚点，一路香烟不断。这不是泰州土产，而是请自外地，一组数人，列队在迎会队伍中前进，不属会的组成部分，也不是每次都有。

捧香。手捧“禅定线香”一棵，从旁抽出三支点燃，在神轿前缓步前行，服长袍，穿布履。此辈多为一般知识群众。

拜香。发辫系红绿绳，盘绕顶额，腿缠红布，足登草履，手捧特制的木质香凳，上钉有铜管，插香、燃点后在神轿前列队前进。

每行三人，每走十多步，引路人击手磬一声，回身扶凳屈单腿一拜。此辈大部为个体劳动者。

捧香盘。预制小木盘，前悬绣花帷，迎面钉有两盏琉璃制荷花灯，中插蜡烛，盘内放小形铜香炉，内燃檀香或芸香末。捧香人长袍马褂，两人一行，排在神轿前，列队前进。此辈多为上流社会中人，如各同业分所的头头。

红衣犯。扮演者多为本人因生重病在神前许过愿，病愈后出会时身着红布罩衫裤，手上捧香，随队前进。有的还身悬铁索、木枷、木铐，背插长标，上书“斩犯×××一名”。此称红衣犯，男女兼有。

站高肩。皆是小孩，扮作唐僧或目莲尊者，或作武松、哪吒的形状，直立他人肩上，在神轿前随队前进。

挑茶担。预制方或圆形玻璃盒担，借钟鼎彝器、玩具、根木雕刻等放在担内，小巧玲珑，大多为及冠的男子肩挑，缓步随队前进。

挑花担。用鲜花或纸绢花扎成，挑花担者多为年轻女郎，绸衣、花鞋、长辫插花拖彩带、持锦帕，一步三摇，扭走自如(有如秧歌舞)，随会前进。茶担、花担常有乐队配合，所到之处如燃放鞭炮，则稍缓行进，就地转旋数转，乐队配乐，谓之“打招”。

甩流星。制铁丝笼如蟋蟀罩，内置燃红的木炭或炭基，封口系长绳，且行且舞，一般列在会的队前，既可引人观望，又有开道作用。

每到迎会，不仅全城居民参观，四乡八镇的人乃至外地亲友，都前来览胜，经过之处无不人山人海。从彩衣街到大林桥，各商店都自动在店堂内搭起临时看台，容群众登台观看，密切了店主与商民的关系，扩大了市场业务。

都天会原来出会的神像只有张巡像，民国后期有几次都天会，茶庵的观音像和西来庵的龙王像也乘轿随在都天轿之后，一个实有的英雄人物与佛教所宣扬的菩萨和传说中的龙王拉扯在一起，就有点不伦不类了。

溱潼会船。会船是姜堰里下河地区的特色风俗，旧时主要流行在溱潼、兴泰、俞垛、淤溪、叶甸、港口、罡扬、桥头、苏陈、洪林等乡镇。这些地区由于地势低洼，水网纵横，人们往往撑船出门劳作、办事。逢每年春耕之前、清明左右，各地均举行撑船比赛，即为会船。

会船的来历，各地说法不一。溱潼等地认为会船源于南宋年间。相传南宋绍兴元年(1131)，山东义民张荣、贾虎曾于溱湖一带抗击金兵，双方恶战缩头湖(今兴化东)，金兵败逃楚州，然义民伤亡亦众。溱潼百姓为其安葬，且于清明当日撑船前往祭之，久之遂成会船节。溱潼镇湖西庄则盛行另一传说：明太祖朱元璋登基之初欲于清明祭祖，然因久经战乱，祖坟无处可寻，心下甚焦。军师刘基献策，可于清明第二天在无人添土祭祀的孤坟之中寻找。朱元璋依言乘船前往江淮一带，因寻祖坟心切，又命人添船加篙。此事传到泰县(今姜堰)里下河地区，百姓为皇帝之诚心所感，遂于清明节第二天撑船祭祀无主孤坟。会船的习俗由此形成。俞垛当地的传说却认为会船与抗倭斗争有关。明朝嘉靖年间，倭寇侵入里下河神童关(今姜堰俞垛)一带，驻守大将侯必大发动当地百姓一起抗倭。很多青壮年组织船队上阵杀敌。一船之上，十数余人，人执一篙，齐心撑船，行至战场，便以篙为武器，与敌厮杀。倭寇既退，然快船之风留存，后渐成会船。港口地区关于会船的由来与俞垛颇似，民国年间的《港口竹枝词》中有相关记载："清初，下河多海匪。各处组织民团，守望相助，均以快船报告匪警或剿匪之用。迨后匪踪消灭，而团体未散，即改为东岳会戏。"由此可见，港口会船也是在抵御外侮的过程中逐渐发展起来的，只是形成的时间是在清朝。桥头一带的民众则认为会船源于祭祀真武大帝，时间可远溯至唐代。传说唐代有一年农历二月二十五日，水灾泛滥。人们在肆虐的洪水中打捞起一只神柜，经一白发老者指点，拆柜取出其中的真武大帝神像供奉，遂得真武大帝庇护而免受水患。民间即传说每年此日为真武大帝上第一柱香者能得最多庇护，百姓便争相撑船前往敬头香祈福禳灾，后沿习而成会船。

传说各异，但会船的实质是相同的——都是在祭祀鬼神、共御外敌的过程中逐渐形成的一种水上争先竞赛活动。在其近千年的延续过程中，虽然不可避免带上了一些迷信色彩，但是人民群众借此娱乐、祈福的心愿是共同的。

在封建社会，会船常受部分乡董控制，殴斗乃至伤人事件时有发生，往往违背了会船举办的初衷。新中国成立后，会船在人民政府的引导下，逐渐演变成一种健康有益、积极向上的文体活动。20 世纪 50 年代，会船一度成为欢送新兵的一种热闹喜庆的形式。"文革"期间，会船备受冷遇。1978 年以后会船再度兴盛，里下河地区的群众自发地组织起来，让这种流传千年的习俗又重获生命力。各地会船的地点原先较分散，会船的时间也不尽相同(如溱潼为清明第二日，港口为农历三月二十八日，桥头为农历二月二十五日，洪林为农历二月十三日)，后来因溱潼在里下河诸乡镇中地处交通要道，其境内的喜鹊湖四通八达，水面开阔，便于赛船，故各乡镇的会船基本都到溱潼聚会。极盛时，不但里下河四乡八镇的百姓踊跃参与，连邻近的东台、兴化等县市的船只也赶来赴会，参赛的会船逾 500 条，观众超过 10 万人次。随着溱潼会船规模的逐年壮大，人们就把姜堰地区的会船统称为"溱潼会船"。

溱潼会船所用的船主要有篙船、划船、花船、供船、拐妇船等五种类型。篙船和划船是溱潼古已有之，花船和供船于 20 世纪 40 年代传入溱潼，后又增添了拐妇船。

篙船。篙船又称"丫梢子"，是会船的主体，有领圣、护圣、赴会及参加比赛等职能。这种船长约 12 米，宽 3 米，可载 30 名篙手。篙手人执一篙，篙尾以红布系之。篙手们往往头扎毛巾，身着白衫青裤，腰系红绸，小腿肚以白布缠之。近年来篙手们的服饰渐趋多样化，如着古代士兵装、新四军装、戏剧人物装的，丰富多彩，不过一船之上篙手的服饰是统一的。30 名篙手，也有各自不同的职责分工。站在船头的叫"头篙"，又叫"站浪头"，是本船的主要指挥者。篙手中还有一人负责敲锣，名曰"扬锣"，以锣声随"头篙"传达号令。现代亦有以口哨代锣者。篙手又分男篙和女篙，但绝不混赛，只相同性别互赛，以示公正。

图 9-1　篙船

划船。划船又称"小划子"，是除了篙船之外另一种主要的船型。船体较小，形似树叶，可载 9 人，水手为女性。她们人手一桨，桨柄系上红布。年长女性头裹粉红毛巾，身穿白衣蓝裤，腰扎红绸，甚为清爽。年轻女性则头戴红花，身着红衣蓝裤，辅以红腰带、红绑腿，极为明艳。其中，扬锣者还着红披风，煞是威武。船上的头篙须跪着划或两腿挂水，余者则坐着划。

花船。花船以演唱为主，不参加比赛。其形式是将两条船固定在一起，提供充足的空间，在船上搭台唱戏。演员们粉墨登场、载歌载舞，乐队则端坐台后、倾情伴奏，非常热闹。花船起先只供唱戏用，但后来一些民间文艺节目也从陆上搬来，如荡湖船、龙灯、狮灯、打莲厢、唱道情、扭秧歌等，演出范围被极大地拓宽。

供船。供船也不参加比赛，乃作供奉菩萨和祭祀亡人之用。与花船类似，供船也是先以两船相并，再行搭台。只是搭的台子为两层，故船体最大，状若旗舰，飞檐翘脊。船上张灯结彩，同时悬挂横幅楹联，内有僧人诵经，祈求消灾降幅。现代的供船仍有横幅楹联，只是内容已从原先的祈福迎神变成了宣传党的方针政策、展示乡镇的魅力风采了，真可谓与时俱进。

拐妇船。拐妇船亦不参赛，而是表演少女私奔、父母追赶的节目，以此取笑逗乐。相传溱潼当地的一农家少女与古寺中一少年僧人相爱，遭父母极力反对，二人于是相约私奔。少女与僧人乘船出逃，父母则紧随其后追赶，而接到报案的官老爷则于船上坐堂为其调解。这种船由三只小片儿船组成，又称"小片儿船"，因船体较小，极是轻巧灵便，表演时在水上的会船之间来回穿梭、东躲西藏，将老夫妻追赶私奔女儿的情形演绎得非常幽默滑稽。现代的拐妇船则旧瓶装新酒，仍沿用滑稽剧目的形式，只是宣扬的是新时代的主题罢了。

作为"国内惟一的、保存最完整、最具原生态特质的水上庙会"，溱潼会船一直保持着其特有的程序。具体而言，可分为赛前的选船、试水、铺船，赛事当天的祭祀、赴会、赛船，赛事后的演戏、酒会、送头篙等。

选船。选船包括选择船只和撑篙。清明节前 10 天，参加会船的村子由会头（本村的行政负责人）在村里竖起旗杆，上面插上青苗或旗幡。一根旗杆象征一条会船。所选的船均须新而轻。若船只有幸被选中，即预示着好兆头，船主会倍感荣耀。很多人甚至自愿出资购买新船供会船备选。选中的船只须连续参加 3 年，如半途而废即为不详。选篙也叫"抱篙"，由专人前往竹器厂选购。所有撑篙也都要精挑细选，除了必备的新、轻之外，还须齐整、有韧性。为增加赛船时的行船速度，篙头易拔泥的铁篙钻常被卸去。撑篙若在试水时损坏，厂家会无偿予以调换。

试水。试水也即正式比赛前的集中练习。篙手们为了保证比赛时动作的整齐划一，行船速度的迅速，每天下午四时即上船认真训练，熟悉水性，增强体力，彼此间相互磨合，练习齐号（按照锣声的指挥，同时扬篙、下篙）。篙手多为 18 岁以上的青壮年，也有少数雄心未已的老人和不让须眉的女性。大家自愿报名参赛。但是一旦参加，就要坚持3年，否则于己不利。因此备赛期间，篙手们会注意保持体力，加强营养，以期用最佳状态投入比赛。

铺船。铺船是指对各种会船进行清洗和装饰。清明将近的前几日，竞赛用的会船如篙船、划船等，须在冲刷干净之后在船舱里铺上稻草，搁上跳板，再用毛竹加固船帮。这样选手们在比赛时才能保持最好的平衡，从而加快会船的行走速度。用于表演的会船如花船、供船，也会在冲洗之后开始搭台，并做一番精心装饰。一应费用，由大家自愿交纳。于此同时，各类表演节目也紧锣密鼓地排练起来。

祭祀。祭祀是会船活动的重要组成部分。各家各户在清明当天祭拜过祖宗之后，还要在赛事当天(清明第二天)的凌晨去祭奠无主孤坟。这天凌晨子时一到，会船便载着装有各种祭品和贡品的箩筐出发了。这些箩筐在清明节前由各村的会头放在村里的土地庙、码头等处，清明节当晚再行收齐。会头从中取出村民们主动放入的米和草纸，将米煮成饭，用冷水泡散后再放入箩筐，置于会船之上。同时，人们也在船舱里放上供品"六只眼"——猪头、花鱼、雄鸡。为了表示诚心，众多的会船一路鸣着低沉的锣声，争先恐后地赶往本村河旁塘边的乱坟地。一到岸边，大家就动手给那些无主坟孤坟添土、插柳，然后在坟前烧纸、撒饭。众人鸣锣的鸣锣、吆喝的吆喝，意为唤醒阵亡将士们的孤魂野鬼起来吃饭、收钱。

赴会。赴会是会船活动的主体部分。凌晨，祭祀完毕的会船一路扬锣赶赴溱潼。若在途中遇到其他村庄的会船，往往会加快船速，竞赛一番，分出高下。有时也为了表示友好，互放爆竹。驶入赛区之后，每个村庄的会船都以供船先行，篙船、划船、拐妇船列队紧随其后。每只会船上都插着绣有自己村庄名称的彩色会旗。一时间，各类会船云集湖面。赶集的人们也从四面八方涌来，大家带来斗篷、蓑衣、镰刀、铁锹、板凳等，进行物资交流。两岸更是人声鼎沸，聚集着前来观看会船的乡民。鞭炮声、锣鼓声、叫卖声，此起彼伏，汇成一片，热闹非凡。

赛船。赛船是会船活动的高潮。晌午时分，当结对比赛的两只篙船对齐之后，扬锣开始发出竞赛号令。“噹！噹！噹！”随着三声锣响，篙手们也齐声高喊：“下！下！下！”声落篙舞，浪花四溅。众人齐心协力挥动竹篙，只见“扬篙如长矛列阵，下篙如巨蟒入水。”篙船如离弦之箭般从水面腾起，在紧密的锣声的催送下，飞一般地冲向终点。划船上的巾帼们也不甘示弱，只见她们前俯后仰，在密集的鼓点声中个个争先，桨桨恐后。宽阔的水面，顷刻间掠过条条白练，开出朵朵银花。俄而终点在望，胜者扬锣复响，负者即停篙住桨。观众阵阵的欢呼喝彩声中，又一轮比赛开始，把活动不断推向高潮。盛况如斯，无怪乎民国时姜堰画家陈二指写诗赞曰：“专练会船架竹篙，一声锣响滚银涛；各争胜负分前后，不亚金焦训水操。”

酒会。赛船虽已在午后渐次散去，但还有颇热闹的庆祝活动。赛事当晚，选手们在返回各村之后照例要聚餐，这就是酒会。酒用碗盏，菜用盆装，尽显村民的淳朴豪爽。一村之中的乡民往往也会赶来给助兴。人们把酒言欢，畅谈赛事，商议“送头篙”的事宜。酒会的费用由大家共同承担。餐毕，即将散席的篙手们每人都会装上一碗饭，好带回去让家人们都吃上几口，以保平安、吉祥。邻里如家中又无篙手，也可来要一碗饭给家中的小孩吃，图个顺遂、喜庆。

送头篙。送头篙又名“送红”，据说得主可生儿子。酒会上，每船各推出一名公认的“头篙”，送给那些久婚未育的夫妇或者新婚夫妇。一旦议定头篙送给谁家，立马会有热心人前往报喜。于是主人家赶紧准备好茶水、香烟、糖果，迎接头篙的到来。头篙一进院门，主人家就点起红烛，燃放爆竹。送篙者满口祝福，愿主人家早生贵子；主人家则连声致谢，承诺届时请客。若凑巧头篙得主在这一年喜得贵子，那么这家人还得买篙还愿，给一船之上的所有篙手每人添一根新篙。家境殷实的还得置办宴席，答谢所有篙手。一村之中,会船若干,头篙若干,篙手欢欣,得主鼓舞,委实热闹祥和。

演戏。赛后要唱戏谢神,祈求风调雨顺,五谷丰登。露天的戏台早在赛船之前就由各村的头面人物张罗着搭占好了。赛船结束的当晚,由各村出钱请来戏班子演出。原先撑满三年会船才唱一台戏,但现在早已改成一年一度了。扬剧、淮剧、京戏、杂耍,在各村流动演出,唱古道今,引人入胜。也有的村子不请戏班子,文艺爱好者们自己组织起来,为本村的乡亲们奉上一台韵味十足的好戏。唱完了本村,还到其他村里继续演。还有的村庄放电影或是放焰口以示庆祝的。如此流动互访,赛后的戏会一直演很多天,甚至持续到农忙。水乡可谓夜夜唱戏、处处歌舞,直让乡民们过足了瘾。

20 世纪 90 年代,政府加大了对溱潼会船这一特色民俗的引导和扶持。1991 年,时泰县(今姜堰)人民政府正式将此项活动定名为“溱潼会船节”,节日时间定为清明第二天,地点在溱潼的喜鹊湖。从 1991 年至今,姜堰市政府已成功举办二十余届“溱潼会船节”。溱潼会船也从水乡单一的文体活动发展成为内涵丰富的特色民俗,其声势之浩大,日益引起海内外的关注。1992 年,溱潼会船节被列入江浙沪旅游节的旅游项目。1993 年,溱潼会船节正式启用节徽和吉祥物。1995 年,溱潼会船节被列为江苏省民俗风情游首游式项目。1998 年,“中国姜堰·溱潼会船节”被国家旅游局列入中国十大传统民俗风情游旅游节,与“云南泼水

图 9-2　2005 年溱潼会船节

节”齐名。进入 21 世纪，溱潼会船节更是蜚声海内外。2008 年，溱潼会船节在国家级非物质文化遗产扩展项目中榜上有名。2009 年，上海大世界吉尼斯总部认定其为“大世界吉尼斯之最——规模最大的船会活动”。随着溱潼会船节影响的不断扩大，这项民俗盛典也被誉为“民俗文化之大观，水乡风情之博览”，专家更是盛赞：“天下会船数溱潼，溱潼会船甲天下。”

第十章　泰州文化名城发展战略

文化一词的意义首先来源于人类社会的生产活动，体现一种人与自然的生产性过程，它包括生产、创造、教化和交流等等具体历史性观念化或物质化的内涵。荷兰哲学家冯·皮尔森，在其《文化战略》一书中，将文化视作动态的人类生存战略，第一次真正将文化提升到哲学高度来提出战略。文化发展战略是基于人类经济与政治文化、物质与精神、身与心、不同传统民族国家发展等的失衡，以及这种失衡让人类从内向外的堕落，提出的一种新战略。文化同时又是软实力，这种软实力主要是指文化的影响力，是一种影响别人选择的能力，如有吸引力的文化、意识形态和制度。正像美国著名战略学家J·S·奈所说："软实力和硬实力具有同等的重要性，如果一国的文化和意识形态更有吸引力，那么其他国家将更愿意跟随它；如果它能够建立一种机制，并且其他国家愿意按照它希望的方式限制自己的行为，那么将减少使用硬实力而带来的代价。"[①]文化可以凝聚人心、集中智慧，产生巨大的凝聚力、感召力；可以提升环境、激励创新，增强城市发展的吸引力、竞争力；同时，文化本身就是重要的生产力，文化产业可以直接创造财富、产生效益。富于时代气息和风格的文化，是一个地区的魅力所在，潜力所在，也是一个地区文明程度的集中体现。在很大程度上讲，发展以文化论输赢。

泰州是历史文化名城，泰州的历史文化是泰州重要的战略资源之一。胡锦涛总书记多次嘱托要"把泰州建设得更加美

---

① J·S·奈《仍是竞争中的强者》，载《世界箴言》1990年3月号。

好”。泰州市委书记张雷同志也说:“泰州要在日趋激烈的区域竞争中脱颖而出、后来居上,成为长三角地区一颗耀眼的明珠,不仅要迅速提升经济硬实力,更要倍加重视提升文化软实力。”①目前,泰州文化正处于发展最佳机遇期,从中央到地方都高度重视文化建设事业,为推动文化建设大发展大繁荣提供了千载难逢的历史机遇。这既是历史的机遇,更是历史的责任。泰州必须尽快落实文化名城发展战略,解放思想,开拓创新,扎实工作,奋起直追,迅速兴起文化建设新高潮,奋力开创泰州文化又好又快发展的新局面。

第一节 泰州文化名城发展战略的指导思想和基本原则

一、泰州文化名城建设的背景和现状

泰州至今已有2100多年的建制史,文化底蕴非常深厚。州建南唐、文昌北宋,兼融吴楚越之韵,汇聚江淮海之风,历代名贤辈出,有独具特色的历史文化和人文景观。既有远古氏族遗址文化、海陵麋鹿文化、双水绕城水文化、独树一帜的盐税文化、源远流长的戏剧曲艺文化、品味独特的明代服饰文化,也有独具韵味的里下河民俗文化、影响广泛的佛教文化、兼有南北风格的泰式明清建筑文化、历经千年的海陵盆景文化,更有教育内容丰富的革命文化、享誉中外的名人文化以及脍炙人口的美食文化等。组建于1996年的地级泰州市,经过十多年的努力发生了令人瞩目的巨变,经济社会发展站到了新的起点上。

伴随着城市发展,泰州的文化建设同样经历了起步、平缓和

① 张雷《坚持以科学发展观为指导 奋力开创文化泰州建设新局面——在文化泰州建设工作会议上的讲话》,2009年2月28日。

加速的循序渐进过程。2005 年 12 月,泰州市委二届十次全会把“加快建设文化名城,塑造文化名城新形象”作为“十一五”时期的重要任务之一,列入了全市“十一五”发展规划。2006 年市第三次党代会明确提出:建设文化中心、图书馆、体育中心二期工程等一批重点文化体育设施,完善公共文体服务体系。2008 年 7 月市委三届五次全会明确要求:“抓紧规划建设市博物馆、体育馆、图书馆等标志性文化设施,充分发挥重大公共文化设施的辐射和服务功能。”2009 年 2 月 28 日,市委、市政府专门召开会议,对文化泰州建设作出全面部署,张雷书记指出:“面对人民群众精神文化生活的新需求新期待,我们必须比以往任何时候都更加重视文化建设,更加自觉、更加主动地担负起文化名城建设的时代责任。”①会上通过了《关于加快推进文化名城建设的意见》和《2009—2010 年文化建设行动计划》。2009 年,市政府将文化名城建设的相关内容列入政府“411”工程目标和市区改善民生 10 件实事工程,把文化名城建设列入市政府对各市(区)2009 年工作目标考评内容,把文化名城建设摆上与经济建设同等重要的位置,确保文化建设与经济社会发展一起规划部署,一起推进落实,一起检查考核。

图 10-1　2009 年文化泰州建设工作会议

“十一五”期间,泰州紧紧“围绕建设区域性文化中心”这一目标,积极推进《泰州市 2004—2010 年文化建设规划纲要》和

① 张雷《坚持以科学发展观为指导　奋力开创文化泰州建设新局面——在文化泰州建设工作会议上的讲话》,2009 年 2 月 28 日。

《关于加快文化事业建设若干经济政策的意见》的实施，在艺术创作与生产、文化惠民活动组织与开展、基层文化建设与管理、文化遗产保护与利用、文化产业培育与发展、文化市场管理与繁荣、文化人才引进与培养、扩大对外文化交流及体制改革等方面成就显著，文化地位明显提高，文化发展明显加快，文化成果明显增多，文化名城建设迈出了实质性步伐。

但是，从所处区域来看，泰州处于东部沿海开放地区中的欠发达地区，是发达地区中的“中西部地区”，整体上属于追赶型城市。相比左邻右舍及苏南、浙江的一些城市，泰州文化还没有得到充分发掘，还没有形成优势。泰州市文化软实力的吸引力明显不足：公共文化基础设施建设还不够完善，财政投入与人民群众的精神需求相比仍很不足；文化产业数量少、规模小，整体发展水平还不高；文化产品生产和文化服务能力不够强，不能满足人民群众的文化生活需求；文化活动档次和质量都有待提高；文化人才特别是高端文化人才严重匮乏。

目前，泰州已进入了“十二五”加速发展时期，处在开启基本实现现代化的和争创全省转型升级示范区的关键时期，文化的提振和支撑显得尤为需要，在文化建设上必须敢于示范、勇于领先。泰州根据中央实施文化战略和省委文化强省建设的新部署、新要求，结合泰州实际，制定《文化名城建设行动计划(2012年—2015年)》和《2012—2015年泰州市文化产业发展规划》、《关于促进文化事业和产业发展的政策意见》等三个文件，审时度势地确立了从“文化泰州”到“文化名城”的提升战略，为泰州文化名城建设指明了新方向。“这是泰州加快建成全省转型升级示范区作出的重大的战略转变，是泰州文化建设的高点定位，也是泰州自我加压的高标要求。”[①]只有这样，泰州才能与江苏新的经济增长相适应，成为名符其实的中心城市之一，才能建设

① 张雷《坚持以科学发展观为指导　奋力开创文化泰州建设新局面——在文化泰州建设工作会议上的讲话》，2009年2月28日。

成文化大市、文化强市，最终打造成既有历史厚重感又有时代高品位的文化名城。

二、泰州文化名城发展战略的指导思想

以邓小平理论和“三个代表”重要思想为指导，深入贯彻落实科学发展观，坚持社会主义先进文化前进方向，紧紧围绕文化名城建设的总目标和在全省以及长三角地区争先进位的要求，坚持以繁荣社会主义文化为主题，以提高建设先进文化能力为导向，以多出优秀作品为主线，以改革创新为主动力，坚持文化事业和文化产业协调发展，确立和落实先进文化发展理念，推动文化创新和体制创新，着力构建与时俱进、特色鲜明的新型城市文化体系。以新的理念和思路破解泰州文化发展中的难题，激发文化创造活力，提升文化竞争力、影响力，不断提升城市形象和综合实力，充分发挥文化对经济社会发展的支撑、引领和促进作用，为“推进富民强市、建设美好泰州”提供强大的思想保证、精神动力和文化条件。

三、泰州文化名城发展战略的基本原则

先进性和时代性相结合的原则。牢牢把握先进文化前进方向，坚持“二为”方向和“双百方针”，始终建设与先进文化发展方向一致的泰州文化，以人文关怀作为文化发展和改革的核心，切实尊重、保障人民的公共文化权益，大力弘扬中华民族的优秀文化传统，创造具有泰州特色和时代风采的先进文化、现代文化，不断增强泰州文化的吸引力和感召力。

传承和创新相结合的原则。根据社会主义精神文明建设的特点和规律，适应社会主义市场经济的要求，努力做到在领导方式上有新转变，在发展思路上有新谋划，在实现途径上有新手段，在破解难题上有新举措，以创业的勇气开拓思路，以创新的锐气破解难题，以创优的志气提升水平，充分发挥政府的推动作用和市场机制的作用，形成政府引导，市场运作，多元投入的文

化发展新机制。

全面协调和可持续发展相结合的原则。牢牢把握改革、发展、稳定的大局，坚持“两手抓，两手都要硬”的方针，着力于社会效益与经济效益相统一，在经济与文化协调发展的基础上，促进城市文化与农村文化、传统文化与现代文化、专业文化与群众文化的相协调，努力做到文化事业与文化产业共同发展。以文化建设的新成果，为泰州经济建设注入活力，推动泰州的经济与文化同步、协调发展。

夯实基础和打造特色相结合的原则。坚持一切从泰州实际出发，充分挖掘泰州的历史文化、革命文化和当代文化资源，以深厚的文化底蕴，鲜明的文化精神、浓厚的文化氛围、大批的文化人才、健全而又有特色的文化载体和扎实的文化创业基地，全力打造富有泰州地域特色、体现时代精神的文化产品，努力建设具有鲜明区域特色和时代特征的泰州文化。

放大优势和打造品牌相结合的原则。坚持从泰州的文化优势出发，强化品牌意识，实施品牌战略。培育独具地方特色的品牌文化团队和品牌文化活动，重点打造泰州的古都历史文化品牌、历史名人品牌、文化旅游品牌、文化景观品牌、民俗文化品牌和爱国主义教育等文化品牌，带动文化事业的全面繁荣。

提升对内文化凝聚力和扩大对外文化影响力相结合的原则。充分发挥泰州历史文化名城的优势，提升泰州文化的综合竞争力，加强对外文化交流，扩大泰州文化市场的国内份额和国际份额，推动泰州文化建设与世界接轨，扩展泰州文化在国内外的知名度和影响力。

第二节　泰州文化名城发展的战略目标

一、泰州文化名城发展的总体和阶段性目标

近期目标(2011－2015):“十二五”期间,实现泰州市委三届十次全会提出的文化建设目标任务,使文化发展与泰州经济社会发展水平相适应,努力在建设社会主义核心价值体系、公共文化服务体系、文化传播体系、文化遗产保护体系以及文化市场体系等方面走在全省及长江三角洲地区的前列。加大政府对文化事业和文化产业的引领力度,文化惠民能力显著增强,公共文化产品和服务更加丰富,群众性文化体育活动蓬勃开展,城乡居民的基本文化权益得到更好保障;文化创新能力显著增强,文化体制改革全面推进,有利于出精品、出人才、出效益的文化发展环境日益完善;文化产业竞争力增强,文化及相关产业增加值的年均增长速度逐年提高,在国内生产总值中的比重明显增加。到2015年,基本形成富有泰州地域特色,融优秀传统文化和现代文明于一体,具有较强文化竞争力、亲和力和辐射力的历史文化名城。

中期目标(2016－2020):着力加快推进文化名城建设,努力把泰州建成长三角城市群中文化底蕴深厚、文化特色鲜明、文化事业繁荣、文化产业有竞争力、文化软实力较强的后起之秀。

长期目标(远景):全面提高泰州市民文化生活质量,切实提高泰州文化软实力,将泰州建成人才荟萃,创意发达,地域文化特色鲜明的中国著名历史文化旅游城市和具备先进的文化设施、发达的文化产业、一流的文化精品以及拔尖文化人才的文化大市。

二、泰州文化名城建设“十二五”期间的分项目标[①]

完善公共文化服务体系。按照高起点、高标准的要求，重点建设一批现代化标志性文化设施，加快城乡群众性文化设施建设。全市公共图书馆、文化馆全面达到国家等级馆要求。实现市有综合文化中心、县有两馆、镇有宣传文化中心、村有文化室的“四有”全覆盖。“十二五”期间，全市要有4—5个市(区)创建成为省级文化先进市(区)，其中3—4个市(区)创建成为全国文化先进市(区)。2015年，基本形成布局合理、服务网络化的公共文化服务体系，打造1—2个省级公共文化服务体系建设示范项目，力争1—2家入选省级公共文化服务体系建设示范区。

加强文化遗产科学保护和合理利用。挖掘利用历史文化特色资源，实施“名地名街名居名遗”工程，争取早日获批国家历史文化名城，推进稻河历史文化街区、涵东历史文化街区、城中历史文化街区、兴化金东门街区建设，进一步打造天目山遗址、泰州古城南门水关遗址、南山寺佛教博物馆、光孝寺、崇儒祠、红十字会、吴同甲故居、单声珍藏博物馆、泰州扬派盆景、中国老行当等历史文化遗存。建立全市博物馆服务体系，大力推进非物质文化遗产记忆、传习、传播、保护等工程。

积极推进文化产品创作。树立精品意识，围绕文艺创作规划，以“群星奖”、“五星工程奖”、“五个一工程”和国家舞台艺术精品工程为龙头，创作一批融思想性、艺术性、观赏性为一体的、广大人民群众喜闻乐见的舞台精品剧目和优秀文学艺术作品。

大力开展群众文化活动。实施文化惠民工程，充分发挥市(区)优势和积极性，依托社区、面向广大群众，把社会文化活动做出特色，做出品牌，做出影响。充分发挥各级各类文化阵地作用，大力开展社区文化、校园文化、广场文化、企业文化等群众性

① 参见泰州市政府：《“文化泰州”建设“十二五”发展规划》，2011年11月21日。

文化活动，不断丰富群众精神文化生活。

做大做强文化产业。2015 年，建成比较完善的文化产业生产、服务、销售网络体系，形成国有文化企业和多种所有制共同发展的文化产业发展格局。力争全市文化产业主要经济指标在全省的位次稳中有升，全市文化产业增加值占全市国内生产总值的份额明显提升，"十二五"末达到 5%以上。

推进广播影视有效覆盖。以实施广播影视的有效覆盖、安全播出、数字化发展"三大工程"为抓手，着力建设城乡一体、面向农村的公共服务体系，让全市广大人民群众更好地收听、收看多种形式的广播影视节目。

繁荣发展文化市场。培育文化商品市场、文化服务市场和文化要素市场，进一步完善市场中介组织，充分发挥市场机制在文化资源配置中的基础性作用，在交易种类、交易方式、服务规范等方面与国际接轨，市场管理逐步走上法制化轨道，形成统一、开放、竞争、有序的文化市场体系。

大力推进新闻出版事业发展。实施"农家书屋"惠民工程，积极探索以政府为主导、农民为主体、社会广泛参与、符合实际、建管用并举的长效工作机制。继续深入开展全民阅读活动，提高全民阅读率和人均消费出版物水平，普及城乡公共阅报栏(屏)，推进经营性新闻出版单位基本建立现代企业制度，提升公益性新闻出版单位服务能力。

深化文化管理体制和运行机制。转变政府管理部门的职能，政事分开，政企分开，加快政府由"办文化"向"管文化"的转变，"十二五"期间，逐步形成与社会主义市场经济体制相适应、以法律法规和产业政策为主要调控手段的文化行政管理体制。

形成合理的人才引进和培养机制。逐步完善育人、用人、留人和引人的机制，努力形成一支政治素质好、业务水平高、结构合理的文化人才队伍。实施文化人才"百千工程"，充分利用相关院校和培训机构的教学条件，针对不同领域、不同岗位，分期分批培训全市文化业务骨干。到 2015 年，引进培养文化领军人才 100 名、基层文化人才 1000 名。

不断加强对外文化交流。进一步开发对外文化交流项目，积极拓展国内外文化市场，努力实现对外文化交流的“倍增计划”。“十二五”期间，出访团组达到 5 批(次)以上，引进团组达到 5 批(次)以上，互办文化周达 2 次以上。

第三节　泰州文化名城发展战略的实施

一、主要任务

（一）以高度的文化自觉和文化自信推进文化名城建设

一个城市或地区文化能不能发展，能不能快速发展，与政府和整个社会能不能形成强烈的文化自觉意识有着极为重要的关系。建设文化名城，首先必须解决好文化意识问题，切实增强全社会的文化自觉。如果没有与泰州发展要求相适应、与文化发展规律相符合的文化意识、文化自觉，文化名城建设不可能有一个大的推进。“实现文化名城建设目标，需要付出长期艰苦的努力，既要有高度的文化自觉，也要有高度的文化自信，最终实现文化自强。文化自觉，就是要真正把文化建设放到事关全局、事关长远的重要战略位置来抓。文化自信，就是要对未来的文化发展前景充满信心、坚定不移。”①

1.“以文化人”，培养市民高度的文化自觉和文化自信

文化对泰州的全局和长远发展至关重要，各级领导干部、人民群众都必须有这样的文化意识和文化自觉，大力提振文化建设的信心，深刻认识文化名城建设的重要战略意义，切实担负起文化建设的责任。“文化名城建设不仅仅是文化部门和文化工作者的事情，更是事关泰州全局的一项重要工作，与每一个泰州人都息息相关。各地各部门和社会各界都是建设者和责任者，都身在其中，肩负重任。各行各业都应把文化建设作为自己的分内事，大力支持文化建设，主动参与文化建设，多为文化名城

---

① 张雷：《加快建设形神兼备的文化名城——在文化名城建设推进大会暨宣传思想工作会议上的讲话》，2012 年 2 月 22 日。

建设作贡献。”[①]文化名城建设的根基在基层，力量在人民群众之中。要充分调动广大人民群众参与文化名城建设的积极性和主动性，激发全社会的创造活力，努力形成全社会办文化的生动局面。泰州人民有责任将厚重多元的优秀文化发扬光大。泰州人民的一言一行，都是文化环境，都是城市形象。因此，提升城市文化品位，必须从每个人做起，从点点滴滴做起，自觉在参与和实践中更新观念、提高修养、规范行为、贡献智慧，展示出泰州的文化性格和时代风貌。“特别是各级领导干部必须真正把文化名城建设摆上重要的战略位置，真正重视文化建设，真正静下心来研究文化建设，更加务实地推进文化建设。各级部门、干部要以泰州改革开放取得的巨大成就和生动实践为教材，加强理想信念教育，引导广大干部群众进一步坚定马克思主义信仰，增强群众对泰州发展和现代化建设的信心，增强人民对党和政府的信任。”[②]全社会应大力挖掘文化记忆，彰显文化魅力，增强对泰州文化的了解、认同和自信，焕发泰州文化的生命力、吸引力和凝聚力。

2. 深入开展群众性精神文明创建活动，提高市民文明素质

泰州创建文化名城，必须以《社会主义核心价值体系实施纲要》的制定和颁布为契机，深入实施“全民素质提升工程”，全面加强公民科学文化知识教育和思想道德建设，引导广大市民树立文明健康生活方式。深入推进文明城市、文明村镇、文明单位、文明社区、文明行业等精神文明创建活动，健全完善长效机制，加快城乡一体文明建设，提高全社会文明程度。广泛开展“做文明有礼的泰州人”的主题实践活动，积极组织各项文明评选活动，激发市民群众争创文明的积极性。加大道德模范、身边好人等先进典型选树和宣传，充分发挥道德模范的示范带动作

---

① 张雷:《坚持以科学发展观为指导　奋力开创文化泰州建设新局面——在文化泰州建设工作会议上的讲话》,2009 年 2 月 28 日。

② 同上。

用。实施“文明泰州人形象塑造计划”，提升城市的文明形象。评选表彰精神文明“十佳”新人新事、“感动泰州”十大人物。提升“开心宝贝”、“爱心奶奶”、慈善救助等爱心品牌活动的影响力，丰富拓展“爱心”系列品牌的形式和内涵，打造“爱心之城”。大力推进未成年人思想道德建设，组织开展“做一个有道德的人”、“建设美好家园、争做美好少年”、“我们的节日”等主题活动，建成未成年人社会实践基地。做好企业、社区等基层思想政治工作，加强大学生思想政治教育。放大“百姓大学堂”、“百姓名嘴”、形势政策教育志愿宣讲等特色工作效应，继续创造在全省、全国有影响的工作品牌和工作经验。以建设社会主义新农村为目标，围绕“弘扬新风尚、建设新文化、培育新农民”，大力推进农村精神文明创建。加强进城务工人员的宣传培训工作，以企业、市民广场、城乡结合部为重点，依托贴牌告示、广播电视、新市民教育课堂等多种手段，宣传城市文明理念、文明规范，帮助进城务工人员尽快完成身份转变。

3. 加强和弘扬人文精神建设，提升精气神

文化名城建设归根到底是人的建设，不能见物不见人，不能只靠高标准的硬件设施，更要造就高素质的人，不断提高全社会的文明程度。“人是发展之本，文化名城建设的成效，最终要体现在泰州人的精气神上，体现在泰州干部群众鲜明的精神特质上，从而构筑起泰州持续发展的强劲动力源。”[①]文化名城建设必须大力弘扬以“团结拼搏、艰苦创业、务实高效、自强争先”的为主题的新时期泰州精神，凝聚人心，激励斗志。应该向全社会广泛宣传推广“泰州精神”，不断发现和塑造体现“泰州精神”的代表人物，推动泰州精神与时俱进，使“泰州精神”成为市民的自觉行动、现代化建设的强劲动力。

---

① 张雷:《加快形神兼备的文化名城——在文化名城建设推进大会暨宣传思想工作会议上的讲话》,2012 年 2 月 22 日。

(二) 营造文化环境，提升文化品位

城市的文化环境是一个城市最根本、最具代表性的文化主流与核心价值的外在体现。加快文化名城建设，很重要的任务就是要大力营造具有泰州特色和优势的文化环境，把泰州最优秀的文化内核展现出来，把泰州人最优秀的文化品格展示出来，把泰州人改革创新的生动实践反映出来，不断提升城市的文化品位。

1. 围绕“祥泰之州”，打造文化主题

一个城市应该有自己的文化主题。富有鲜明文化主题的城市，对外具有影响力，对内产生凝聚力、创造力。泰州之所以取名泰州，是因为泰州历史上的种种文化流派，追求和体现的都是祥和安泰之意，而范仲淹的“忧乐观”和以泰州学派王艮为代表的朴素的民本思想，可以追溯为以人为本和谐理论的历史渊源。要打造“祥泰之州”的品牌，必须进一步提炼、深化和升华“祥泰之州”这一文化主题，突出改善民生、服务百姓、提高幸福指数的工作追求，共建共享和谐社会，真正让老百姓品味到“祥泰之州”的内涵，增强泰州文化的归属感和吸引力。要完善“祥泰之州”城市文化主题形象识别体系，进一步丰富、提升、拓展城市文化形象展示内容，设计、创作、确定市徽、市歌、吉祥物等各种城市形象要素。同时，还要以此为城市名片，广泛运用于城市的对外宣传推介和各项重大活动之中，不断提高泰州的知名度和影响力。

2. 传承优秀文化，塑造城市性格

泰州文化源远流长、精彩纷呈，在泰州大地上世代相传、青蓝相继，已经显现出强盛的历史穿透力和时代感召力。许多优秀的文化基因值得传承和发扬：一是开放包容。深厚的传统文化是创造个性化城市、塑造城市文化品格的宝贵资源。泰州历史上就是一座移民城市，一座通江达海、兼容并蓄的开放城市，一座多元文化和谐共生的城市。开放包容成就了泰州的昨天，也必将成就泰州的今天和明天。泰州历代名贤在传承中创新，

在创新中发展。施耐庵创作《水浒传》,郑板桥“领异标新二月花”,梅兰芳的“梅派”京剧艺术独树一帜等,无不闪耀着创新的光芒。二是崇文尚德。自古以来,泰州“儒风之盛、夙冠淮南”。崇尚文化、敬重道德、以德化民、以文化人,一直是泰州的良好传统和人文风尚。正是有着这一文化传统,三泰教育声名远播,德善之举层出不穷,成为今天建设教育强市、诚信泰州和“爱心城市”的文化支撑。三是经世致用。出生于泰州的宋代著名理学先驱、思想家和教育家胡瑗首开中国教育史上分科教学先河,大力主张明体达用;泰州学派的创始人王艮提出“百姓日用即道”的民本思想,提出“即事是学,即事是道”的实学观点;太谷学派的主要宗旨之一就是一生为民众做有益的事,以达到“祈天永命”之目的。贯穿历史始终的历代名贤的经世致用思想,已深深融入进泰州人的生活中,并被发挥到淋漓尽致,铸就了泰州文化的另一主要特征。

基于泰州文化的三大特征,泰州应把这些特质和要素融入城市文化建设中,大力彰显城市的文化性格。要通过古为今用,推陈出新,努力把本土文化的优秀基因融入到现代文化之中,着力彰显泰州人开放创新、敏行奋进的性格特征,彰显与时俱进、昂扬向上的文化个性,成为激励和引领泰州人民奋勇前进的时

图 10-2　兴化水乡的千亩油菜花

代号角，推动泰州在新一轮发展中奋发有为、后来居上。要研究区域历史文化，整合历史文化研究机构和人才力量，邀请国内外知名专家学者加盟，重点开展以泰州学派为重点的民本思想发展研究，围绕泰州特色传统文化，精心策划组织在全国有影响的文化论坛，编撰出版《泰州历史文化丛书》，整理编辑《泰州地方文献典籍》。要加大历史文化名城的保护力度。进一步修编完善并严格实施《泰州历史文化名城保护规划》。

3. 提升文化品位，展示良好形象

文化不仅需要浓郁的氛围，更需要健康向上的品位。一个城市的精神文化健康向上，城市形象富有格调，文化品牌有特色有品质，广大市民具有较高的文明素养，这个城市就有了文化品位，就有了知名度和美誉度。泰州应与兄弟城市比秀气、比大气、比文气、比特色、比内涵。要把城市建设作为重要的文化创造来抓，不仅追求现代气派，更要追求文化传承。同时，必须坚持严格保护、合理开发、永续利用的原则，以更宽的视野、更大的力度保护古建筑风貌、保护古宅名园、保护历史街巷体系，让古城古得经典，让城市文脉永续。要彰显城市建设文化元素。在城市主入口和重点建筑群、文化街区等处设置显著的城市文化标识。完善城市图书市场布局，以城市主题公园、游园、新建小区为依托，建设百座读书亭或读书长廊。着力展示城市特色文化，建设3—5个泰州历代名人雕像广场。在城区建设5座以上永久性百姓大舞台，免费向群众及演艺团队开放。对安定书院、泰州学派、佛教文化、盐税文化、红色文化、名人文化等重点历史文化资源，要进一步加大发掘力度，尽快做成有影响力的泰州文化品牌。同时，还要高度重视群众文化、企业文化、网络文化等现代文化建设。要引导群众在文化建设中自我创造、自我服务、自我发展，充分发挥企业文化在凝聚力量、激励创新等方面的积极作用，正确引导和加快繁荣网络文化。

（三）完善公共文化服务体系，扎实推进文化惠民工作

坚持以科学发展观统领文化名城建设，中心环节就是以人为本，通过文化来引导、激励和提升人的精神境界，实现人的全面发展。泰州不仅要重视解决老百姓物质层面的需求，也要重视解决老百姓精神文化层面的需求。必须着眼于满足人民群众的精神文化需求，加快建立完善政府主导、社会参与、全民共享、覆盖城乡的公共文化服务体系，保障人民群众的基本文化权益，努力让文化名城建设的成果惠及千家万户。

1. 扎实推进文化惠民工作

文化惠民作为民生工作的一项重要内容，是文化名城建设的出发点和落脚点。必须围绕设施更加完善、队伍更加健全、活动更加新颖、内容更加丰富的目标，着力解决文化惠民的具体问题，做到年年有计划、月月有活动，努力实现文化惠民的实事化、项目化、公共化、社会化。要积极鼓励、支持群众自娱自乐，经常性举办各类文艺演出、报告讲座和群众性读书活动，真正把城市文化活动搞得丰富多彩。同时，要建立健全以城带乡、城乡一体的体制机制，经常组织开展送文化下乡活动，加快建成覆盖城市社区、农村乡镇的文化信息资源共享工程，让广大群众能够就近、方便和廉价地利用公共文化资源。在“送文化”的同时，更要注重“种文化”，通过引导、辅导、激励等方式，激发群众办文化的积极性、创造性，建设一支群众自己的文化队伍，提高基层文化的自我发展能力。泰州市的百姓大学堂、百姓议事园、百姓大舞台等“百姓”系列已经成为百姓学、百姓演、百姓乐的重要载体和舞台，要进一步改进形式、丰富内容、拓展规模、提升档次，在生动性、贴近性、参与性、实效性上实现新提高，办成文化惠民的重要品牌。要开展丰富多彩的群众文化活动。以文化馆、图书馆、体育馆、学校、企业为平台，建立群众文化阵地网络、活动网络、队伍网络和服务网络，形成市、区、街道、社区四级文化服务体系，开展多种形式的文化活动，努力“让文化成为市民生活的重要内容”。以提高市民文化生活质量为主要目标，大力发展社区文化、校园文化、企业文化等基层群众文化活动，进一步巩固城乡基层文化阵地和基本队伍，组织参加特色文化品牌、特色文化广场等评选命名活动。

2. 完善公共文化服务网络

公共文化设施是人民群众开展文化活动、享受文化服务的基本阵地。编制全市公共文化设施建设规划，并纳入新一轮城市建设规划，合理布局，突出重点，加大投入，强力推进。按照体现公益性、基本性、均等性、便利性的要求，坚持政府主导，加大投入力度，推进重点文化惠民工程，加强公共文化基础设施建设，促进基本公共文化服务均等化。重点建设一批具有泰州文化个性特色的标志性文化设施，加强现有文化设施的更新改造。加快建成泰州博物馆、图书馆、文化馆等文化项目，进一步完善中心城市的文化功能。要同步推进市、县、乡三级文化基础设施建设。各市（区）建成数字影院，建立农村数字电影放映监控平台。继续推进广播电视"村村通"、"户户通"工程、乡镇宣传文化中心建设、流动综合文化服务车等农村文化建设重点工程的建设，创新农村文化建设措施。加强城乡文物、非物质文化遗产、历史文化名镇名村的保护工作，逐步形成以标志性城市文化设施为龙头、社区和乡镇基层文化设施为基础、覆盖全市城乡的公共文化基础设施网络。

3. 提高公共文化服务能力

实现博物馆、纪念馆、图书馆、美术馆免费开放，推进公共图书馆网络化建设，市、县、乡镇（街道）三级图书馆实行"总分馆（室）"制，市、区、街道（乡镇）三级图书馆（室）实行通借通还的"一卡通"服务。创新图书馆、博物馆、美术馆等公共文化服务机构服务方式，加快信息化、数字化、网络化进程，建成特色资源库，提升各类文化场馆的基本陈列和展示手段的现代化水平，增强公共文化服务的活力和效能。优化城乡社区公共文化资源配置，凡有条件的机关、学校、企事业单位的内部文化设施，可采取多种方式向社会开放，实现全市文化设施的综合利用和共享；有效发挥基层文化阵地尤其是农村文化设施的作用，积极实施送书、送戏、送电影、送展览工程，扩大群众文化共享面；建立全市文化信息集中处理机制,拓展互联网文化服务功能,开发网上服务业务,进一步拓宽传输渠道。

(四)加强文化领导,强化组织保障体系

文化名城建设事关全市发展大局,是一项全局工作、系统工程和长期任务,需要大手笔、大投入,更需要大推进、大合唱。必须建立健全党委统一领导、宣传思想文化部门主要负责、党政各部门齐抓共管、社会各方面共同参与的领导体制和工作格局,形成加快推进文化名城建设的强大合力。

1. 切实提高文化名城建设的组织程度

建立文化名城建设领导小组,统一研究部署、协调推进、督查考核文化名城建设工作。把文化名城建设摆上重要议事日程,切实加强和改善党对文化工作的政治领导、思想领导和组织领导,把文化名城建设纳入经济社会发展规划、纳入财政支出预算安排、纳入部门重点工作、纳入考核奖惩范围,作为评价地区发展水平、衡量发展质量和领导干部实绩的重要内容,作为深化"践行科学发展观,我为泰州作贡献"主题教育活动的实际行动,确保文化建设与经济社会发展一起决策规划、一起部署实施、一起检查考核。尤其是宣传思想文化部门要抓住机遇、开拓进取、奋发作为,真正发挥主力军作用。要配好配强文化部门的领导班子,选派一些思想作风正派、改革思路清晰、工作有魄力、有文化素养、懂经营管理的干部充实到文化系统的各级领导班子中去。

2. 切实加大文化名城建设的推进力度

文化名城建设关键在于求真务实,必须有良好的领导作风和工作作风作保证。在工作指导上,要着眼长远,立足当前,把握轻重缓急,重点突破,从最迫切、最关键、对全局工作带动最大的事情抓起,抓一件、成一件、见效一件。在工作推进上,要采取项目化、工程化的办法来组织实施,建立项目责任制,分解任务,落实责任,严格考核,奖罚分明。在工作执行上,要强调立说立行、紧抓快干。要以时不我待、只争朝夕的精神抓落实、抓推进,决不能因为工作拖拉、办事效率低下而错失良机。

3. 切实提升领导干部的文化素养

领导干部的文化素养是文化名城建设的重要内容和重要保证。各级领导干部都要十分注重加强自身的文化素养、思想素养、作风素养、道德素养、品格素养等；做事要多一点锐气、少一点浮躁，做人要多一点高雅、少一点低俗；做"官"要多一点才气、少一点功利心，虚心学习、潜心思考、真心干事、诚心做人，做倡导文明新风、建设先进文化、引领社会进步的带头人和示范者。

二、文化名城重点发展战略

（一）重点推进和实施"四六八"和"1210"工程：绘就文化名城建设路线图

1. 紧扣"四个重要突破"，实现"六个显著提升"，着力推进八大重点工程，组织实施 26 项文化行动。

泰州市政府围绕第四次党代会提出的到 2015 年基本建成"形神兼备的文化名城"的奋斗目标，制定了《文化名城建设行动计划(2012 年—2015 年)》。这是泰州五年的文化建设的路线图和任务书，目标思路和重点清晰。《计划》提出泰州建设文化名城的重点任务是：紧扣"四个重要突破"，实现"六个显著提升"，着力推进八大重点工程，组织实施 26 项文化行动。按照此路线图坚持不懈地抓下去，泰州有基础、有条件、有能力在新时期谱写泰州文化的新篇章。

"四个重要突破"是：在硬件建设方面，建成一批名馆、名街、名景观；在精品生产方面，推出一批名作、名剧、名流派；在产业发展方面，涌现一批名品、名企、名园区；在人才培育方面，造就一批名人、名家、名团队。"六个显著提升"是：文化凝聚力显著提升、文化幸福指数显著提升、文化产业竞争力显著提升、文艺精品生产能力显著提升、文化人才支撑力显著提升、文化改革创新水平显著提升。八大重点工程包括：文化名城建设基础工程、历史文化保护开发工程、城市文化形象塑造工程、重大文化载体创新工程、文化产业发展倍增工程、公共文化服务惠民工程、文艺创作生产精品工程、优秀文化人才培育工程。

八大重点工程分解为26项文化行动，主要包括：社会主义核心价值体系教育行动、历史文化名城保护行动、城市建设文化元素彰显行动、老行当历史文化街区建设行动、海军舰艇主题公园建设行动、文化创意产业推进行动、四级公共文化服务体系完善行动、重点作品创作扶持行动、泰州籍文化名人回馈故乡行动、本土文化人才培育行动等。

2. 实施“1210”工程，力争形成“一核”、“两带”、“十大园区”的产业空间布局。

围绕“加快发展文化产业，推动文化产业成为国民经济支柱性产业”的目标，明确以发展文化创意和文化旅游为主攻方向，组织实施“1210”工程，力争形成“一核”、“两带”、“十大园区”的产业空间布局。

一核：主城区复合型文化创意产业发展核心区。两带：沿江地区制造型文化用品产业带、里下河地区消费型文化旅游产业带。十大园区：泰州文化创意产业园、凤城河文商创意产业园、泰州五巷—涵西、涵东历史文化街区、高港装饰壁纸产业基地、海军舰艇博览园、泰兴古银杏群落森林风景区、乐器制造产业园区、靖江游艇娱乐园、姜堰湿地温泉旅游区、兴化文化旅游集聚区。

（二）品牌打造战略：繁荣文艺创造，打造城市文化品牌，培育文化发展的“增长极”

“一个地区具有标志性的文化品牌，承载着历史记忆，体现了时代风貌，是区域文化实力和特色的集中体现。文化品牌不是关起门来自我认识，而是要得到共同的认可和赞叹。泰州现在的文化种类较多，要选择其中最具价值、最具特色、最具影响潜力的历史文化，集中精力、重点打造，真正形成泰州标志性的文化品牌。”[①]一本好书、一首好歌、一部优秀的电视剧、一座具有艺术价值的城市雕塑等，都可以成为一个城市的文化品牌，成为提高城市知名度、美誉度的重要载体。泰州文化生产必须弘扬主旋律、鼓励多样化，树立强烈的品牌意识，着力在反映地方特色、营造文化氛围、展示城市形象上下功夫。

1. 认真组织文化生产，实施精品战略

充分发挥文化精品的示范作用，创新合作方式，拓宽投融资渠道。善于广借外力，加强与著名文化人和文化机构的交流合作。以各艺术创作单位为主体，积极发展业余文艺创作团体，重点扶持具有民间特色的团体和艺术家，紧扣现实题材，推出一批弘扬主旋律、体现多样化、具有泰州特色的优秀电影、电视剧、戏剧、歌曲和文艺类图书。邀请国内优秀编剧、导演、演员加盟，依托淮剧、锡剧等特色表现形式，推出一批原创性、地域性的文艺精品创作品牌和在全省、全国有重大影响的舞台精品剧目。组织精品剧目惠民巡演活动，让群众共享先进文化成果。文化生产离不开现实的生活和群众的实践。广大文化工作者要善于从泰州改革开放和现代化建设的实践中发现题材、触发灵感、汲取养分，熔铸于文化创造、贯穿于文化生产、转化为文化成果，努力打造更多更好的具有泰州特色、泰州风格的文化精品力作。

2. 促进艺术繁荣，实现协调发展

在促进文化艺术全面协调发展的基础上，着力推进传统艺术和现代精神的结合，创造新的艺术形式，实现传统艺术和现代艺术的共同繁荣，形成具有崭新时代精神和泰州特色的文化艺术。当前，应“着重加强对泰州以人为本的民本思想的系统研究，凸现泰州在中国思想哲学史中的地位；加强海军诞生地的文化打造，凸现泰州在中国革命史中的地位；加强水城水乡的文化提升，凸现泰州在中国城市发展史中的地位；加强对泰州佛教历

---

① 张雷：《加快形神兼备的文化名城——在文化名城建设推进大会暨宣传思想工作会议上的讲话》，2012 年 2 月 22 日。

史文化的研究，凸现泰州在中国佛教发展史中的地位。”[①]提升“中国泰州梅兰芳艺术节”、“水城水乡国际旅游节”、“中国溱潼会船节”等节庆活动的规模和档次，提高泰州知名度和影响力。积极创造条件，承办“小梅花奖”等活动。宣传推介泰州书法艺术的丰厚积淀，继续组织“板桥杯”、“高二适杯”全国书法大赛、中国百家泰州书展、泰州书画作品进京展等活动。改进形式、丰富内容、拓展规模、提升档次，增强百姓大学堂、百姓议事园、百姓大舞台等“百姓”系列品牌的影响力。

图 10-3　2008 年中国泰州梅兰芳艺术节演出

（三）人才兴文战略：实施优秀人才培育工程，打造文化核心竞争力

高素质的人才，是建设文化名城的第一资源；推动文化名城建设，队伍是基础，人才是关键。建设文化名城，必须有一支高素质的文化管理干部队伍、文化经营人才队伍、文化专业人才队伍、文化科技队伍作保证。

1. 加强文化人才培养力度，努力形成文化人才高地

以人才资源能力建设为核心，抓住培养、引进、使用三个环节，增加人才总量，优化人才结构，提高人才素质。坚持按需引进的原则，重点引进紧缺的高层次人才和创意产业人才。拓宽

① 张雷：《加快形神兼备的文化名城——在文化名城建设推进大会暨宣传思想工作会议上的讲话》，2012 年 2 月 22 日。

干部教育培训渠道，创新人才培养方式，不断壮大规模、优化结构、提升素质，加快形成与事业发展要求相适应的人才队伍保障。按照“素质好、业务精、造诣深”的要求，造就在全省和全国有一定影响的名理论家、名艺术家、名作家、名记者、名编辑、名主持人、名播音员等文化艺术专业人才队伍，培养在发展文化产业方面经营有方的文化经纪人、制作人和文化企业管理人才，注意培养懂技术、善管理、会经营的复合型文化人才建立健全在职人员业务培训和继续教育制度，鼓励在职人员自学成才。充分利用相关院校和培训机构的教学条件，针对不同领域、不同岗位，分期分批培训全市文化业务骨干。通过院校培养、在职培训、专题讲座等形式，培养一批群众文化的管理干部、专业骨干和积极分子。

2. 建立文化人才激励机制，完善文化人才激励政策

“加强优秀文化人才选拔培养，制定优秀文化人才奖励办法，积极实施“四个一批”人才培养工程，突出领军型、复合型人才队伍建设。加强高端文化人才、重点专业人才的引进，成立文化名城建设专家咨询委员会，为文化名城建设提供智力支持。”[①]深化分配制度改革，确立以业绩为取向、以创新能力和创作成果及经营实绩为主要衡量标准的人才价值观，探索艺术、学术、技术、管理等各类要素参与收益分配的办法，鼓励企事业单位对有突出贡献的高层次人才进行重奖。同时，改革人才管理体制，探索文化人才的行业管理办法，促进人才合理流动。

（四）文化产业发展倍增战略：大力发展文化产业，提高市民的文化消费力和城市影响力

文化产业是市场经济条件下繁荣发展社会主义文化的重要载体，是满足人民群众多样化、多层次、多方面精神文化需求的重要途径，也是推动产业结构调整、转变经济发展方式的重要着

① 倪斌：《树立高度文化自觉 努力建设文化名城——在文化名城建设推进大会暨宣传思想工作会议上的讲话》，2012 年 2 月 22 日。

力点。文化产业作为资源消耗少、环境污染少、附加价值高、发展潜力大的“绿色产业”，相对于传统产业具有较强的拉动性和“溢出效应”，是当今世界公认的“朝阳产业”。要抓住机遇积极推进文化产业发展，提高市民文化消费力，扩大城市影响力，充分发挥文化产业在调整结构、扩大内需、增加就业、推动发展中的重要作用。

1. 培育和繁荣多元文化产业主体

积极促进文化产业快速发展，促进文化产业规模、效益和竞争力显著提升，尽快推动文化产业成为全市国民经济支柱性产业。重点加快发展文化创意、文化旅游、传媒出版、文化用品制造、广告会展、娱乐休闲、文化演艺、文化培训等八大文化产业，支持优势产业发展。一是优先发展文化旅游业。“加快推进泰州古城旅游区、红色文化旅游区等开发建设，加强新兴文化旅游景区建设指导与市场开发，举办中国泰州水城水乡国际旅游节，到2015年，泰州市实现文化旅游总收入300亿元以上。整合泰山公园、岳武穆祠、西山寺、华佗庙、安定书院区域，崇儒祠、光孝律寺、泰山行宫、学政试院、城隍庙区域和蒋科进士第、乔园区域，扩大泰州文化古城旅游区域规模，加快实现资源向产品的转化。策划建设中国评书评话博物馆、中国盐税文化博物馆、中国佛教文化博物馆等项目。加快实施“名地名人名街名居”工程，积极推进海陵五巷一涵西、涵东，高港柴墟等古民居、古街区的建设与开发，着力打造具有市场竞争力的文化旅游产品。”①二是积极发展现代传媒业：做大做强泰州报业传媒、广播电视传媒等文化产业集团，充分发挥文化产业集团在泰州文化产业发展中的引领作用。倾力培植品牌节庆业：按照“弘扬传统、高端策划、可持续发展”的原则，充分挖掘历史、文化资源，以节庆带动产业，以产业丰富节庆，实现节庆文化和产业效益的良性互补。“充分调动和利用市场资源，做大做强泰州报业传媒集团、广电

---

① 泰州市政府:《文化名城建设行动计划》，2012年2月22日。

传媒集团等文化产业集团，进一步发挥文化产业集团在全市文化产业发展中的引领作用。到2015年，泰州报业传媒集团、泰州广电传媒集团的经营收入在现有基础上翻一番，综合竞争力在全省地级市媒体的排名不断前移。”①三是进一步发展会展业：结合泰州产业特色和文化特色，策划、举办医药、机电等全国性博览会以及世界建筑风水环境主题论坛、中国城河论坛、长三角创意产业发展论坛等活动，逐步形成以会展活动为核心的经济群体高峰论坛。普及提高娱乐休闲业：提升娱乐生活方式，推进传统娱乐行业实现个性化发展；顺应行业发展趋势，积极拓展新兴娱乐行业，培育娱乐品牌，增强行业竞争力，做大产业规模。“培育1—2家大型专业广告集团、广告媒体集团，到2015年全市广告营业额达到10亿元以上。创新梅兰芳艺术节办节模式，承办全国各剧种优秀剧目展演交易博览会，积极发展戏剧配套产业，努力将泰州打造成中国戏剧特色文化城市。”②四是努力繁荣文化演艺业：指导和监督改制后的剧团搞好生产、经营、管理，促进歌舞娱乐场所健康发展，扩大群众娱乐消费。“以‘凤城河记忆’、‘水韵兴化’等为主题，运用现代科技手段，举办大型实景演出，打造富有特色的演艺项目，扩大群众娱乐消费需求。进一步开放演出市场，吸引国内外知名演艺集团合作开发泰州演艺市场，提升泰州演艺产业档次和实力。积极培育新的具有一定行业和社会影响的，集演出团体、演出经纪、演出市场于一体的综合性演出经营单位。”③五是鼓励发展文化培训业：依托泰州教育、艺术资源，按照“谁投资、谁受益”的产业化运作机制，建立以市场需求为导向的艺术教育培训体系，培育一批专业化、社会化的艺术教育培训机构，多渠道、多层次培养符合社会需求、能够参与市场竞争的文化艺术人才。“以文化馆、美术馆、青少

① 泰州市政府：《文化名城建设行动计划》，2012年2月22日。
② 同上。
③ 同上。

年活动中心、少年宫等各类公共文化设施为平台，广泛开展书画、音乐、戏曲、舞蹈等艺术教育培训；以骨干文化企业为主体，大力开展创意设计、3D影视制作、数码图片制作、工艺品制作、乐器演奏等专业技能培训和文化产品普及教育。”[①]抓好少儿学艺、青年就业、中老年健美健身及其他相关社会培训教育活动。引导扶持盆景制造业：有效保护和传承泰州扬派盆景技艺，扩大泰州扬派盆景生产规模。六是大力发展娱乐休闲业。“以主城区为主体，构建凤城河风景区水城慢生活娱乐休闲板块和中国医药城康体保健休闲板块，深度开发古城慢生活游、湿地游、乡村游等休闲度假产品，打造市区娱乐休闲特色。放大‘泰州华侨城’品牌效应，大力建设和深度开发温泉资源，精心培育温泉休闲产品。依靠中国医药城和银杏、湿地、温泉等养生资源，通过组织专题论坛、休闲体验和产品展览交易，推介养生保健理念，打造养生保健休闲品牌，拉伸康体娱乐产业链。”[②]

2. 加快文化产业园区（基地）建设

按照“优先发展、创新发展、集聚发展”的原则，通过调整和优化园区整体规划、强化激励措施和政策引导力度，加快建设泰州文化产业园，扶持三水湾创意产业园、海陵文化创意产业园、泰兴提琴文化产业园等园区建设，培育老行当、绿色传媒等一批特色文化创意产业园。通过文化产业园区的发展空间，吸引市内外、省内外和国内外一流的文化人才加盟，把文化产业园区建设成为泰州市集聚人才、策划创作、制作生产、宣传发行、经营销售服务的平台，成为新兴文化产业发展的策源地、孵化器和示范区。为此，应着力从以下两方面加快文化产业的建设：一是着力发展文化创意产业：不断拓展文化创意产业发展空间，促进泰州文化创意产业跨越发展。“以泰州文化创意产业园为主体，重点发展3D立体影视产业，着力打造国内一流、国际领先的立体影

① 泰州市政府：《文化名城建设行动计划》，2012年2月22日。

② 同上。

像制作、播出、交易基地和技术创新与文化创意相结合的生态型产业园区，力争3—5年内形成500亿元以上的工贸总收入，力争1—2年内进入省级文化产业园区行列。加快实施三水湾（二期）文化商业街区项目，推进老行当等重点项目建设和产业转化，加快构建集文化观光、休闲体验、博览展示、创意创作等为一体的产业集聚区。到2015年，园区进驻企业300家，销售额10亿元以上。分别以泰来面粉厂和航海电气厂旧厂房等为载体，创立泰来文创园，建设一批名人工作室、创作室。加快建设秋雪湖生态休闲景区，设立文化创意街。”①二是大力发展文化用品制造业。依托高端企业，用文化产业力促经济发展，用经济发展推进文化产业壮大，实现文化和经济双轮驱动。“加快推进高港高新技术产业园区装饰壁纸生产企业集中、产业集聚和产品集合，进一步做大中国壁纸产业基地，力争到2015年有50家以上规模壁纸企业、150条生产线落户园区，实现销售总收入100亿元以上。依托凤灵乐器集团这一国家文化产业示范基地，加快形成以提琴为主体的乐器制造业，力争到2015年，提琴及配套企业实现销售收入20亿元以上，力争拿到中国‘乐器之都’的牌子。积极培育工艺木雕、印刷油墨、盆景栽植等成长型产业，推动产业转型升级，形成规模优势和市场竞争力，培育一批超亿元企业，到2015年，力争实现销售总收入20亿元以上。”②

3. 提升文化产业的科技含量

文化与科技相互结合是当代全球文化产业发展的重要趋势。它一方面将极大地提高文化产业的科技含量，创新文化业态和形式，提高文化产品的附加值；另一方面也将使高科技找到新的应用领域，提升科技产品的文化内涵，拓展产品的市场空间。将文化和科技结合起来，将会推动文化产业的创意和创新，推动数字内容产业的发展，对于提高文化自主创新能力和核心

① 泰州市政府:《文化名城建设行动计划》，2012年2月22日。

② 同上。

竞争力有重大作用。要以科技为先导，充分利用高教资源，培养文化产业专门、高级人才；要积极推动理论和实践相结合，技术改造与科技进步的有机结合，提高文化产品的科技含量。

（五）体制创新战略：深化文化体制改革，提升文化创新力

文化本身需要创新，文化创新引领时代变革风气之先，推动思想解放和社会各个层面的创新。泰州在文化建设上存在的诸多问题，主要就是由于习惯于用计划经济的办法办文化，依靠政府统包统揽办文化，只讲投入不讲产出办文化。一些文化单位也因为体制机制改革滞后而陷入困境，文化人才的积极性、创造性得不到充分发挥，文化生产力得不到充分解放。因此，要按照科学发展观的要求，以创新的思维和举措，进一步深化文化领域的各项改革，切实增强文化名城建设的动力和活力。

1. 创新文化管理体制

转变政府职能，实行政企分开、政资分开、政事分开、政府与市场中介组织分开，使政府部门实现从办文化逐步向管文化转变，从行政管理为主向综合运用经济、行政、法律手段管理转变。按照中央和省关于文化体制改革的意见和要求，积极稳妥推进文化、广电、新闻出版等管理体制改革。加快探索历史文化名城保护、文化旅游景点景区市场化运作机制。加强国有文化资产监督管理工作，确保国有文化资产保值增值。

2. 深化文化事业单位改革

全面推进公益性文化事业单位的内部人事、收入分配和社会保障制度改革，积极推进经营性文化事业单位转企改制工作。新闻单位实行宣传、经营"两分离"改革，将新闻媒体中的改革、印刷、发行等职能，节目制作、销售等产业经营部门，逐步剥离出来，进行市场运作，为业主服务。组建泰州报业传媒集团，全面推进运行、管理机制创新。整合演艺团体、场馆资源，打造充满活力、多出精品的艺术表演院团。积极引导和鼓励民营企业参与社会文化建设，探索公共文化设施委托经营、承包经营、租赁经营等国有民营的新路子。

（六）法制保障战略：规范市场，健全法制，构筑文化事业和产业发展的市场运行和保障体系

市场经济属于法制经济，文化事业和产业的发展只有在法制的轨道上运行，才能保证其发展的持续、高效和繁荣。为文化事业和产业的发展立法，是规范市场，使文化企业、文化事业有序运行的根本保证。

1. 完善经济政策，健全文化市场体系

制定和完善《泰州市公共文化设施管理条例》、《泰州市文化市场管理条例》、《泰州市文物市场管理办法》等地方性法规，出台一系列促进区域文化经济协调发展的政策特别是加快文化产业发展的配套法规。大力培育各类文化产品市场、文化要素市场和文化中介市场，促进文化产品和文化要素合理流动，充分发挥市场在文化资源配置过程中的基础性作用。扶持有实力的企业或单位从事动漫和网络游戏产业，填补泰州市动漫产业空白，并以此带动动漫和网络游戏产业的发展。发展演出市场，积极培育具有一定行业和社会影响的、集演出团体、演出经纪、演出市场于一体的综合性演出经营单位。发展娱乐市场，鼓励和支持发展科技含量高、内容形式新以及具有企业特色、地区特色的综合性娱乐场所，不断推动演出、娱乐等市场的繁荣发展。

2. 建立健全文化市场法治体系

在文化法制建设中，文化立法是基础，文化执法是关键。在执法中要加强执法的合法性，依照法律程序办事，反对以罚代法；也要强调执法的合理性，执法人员要正确行使权力，排除非理性干扰。进一步完善文化市场执法体系，加强对文化市场的宏观调控和长效管理，加大执法力度，维护合法经营，保护知识产权。加强行政执法监督。完善内部法制监督制度，实行行政许可、行政执法行为与行政监督相分离制度，从机制上防止违法行政。加强对下级行政许可、行政执法行为的监督指导检查，及时纠正违法或不当行政行为。要依据 WTO 规则，充分重视和运用有关文化例外条款，制定文化安全策略，完善知识产权法律体系，以更好地促进文化产业的发展。

（七）开放提升战略：全面对外进行合作交流，扩大文化影响力

世界著名城市学者芒德福认为："城市是文化的空间，城市的首要功能是文化的传承和教化。"与有形的经济力量相比，无形的文化力量与城市国际影响力具有更高的相关度。文化是现代城市的灵魂，文化软实力虽然无影无形，却具有超强的渗透性和传导性，能够穿越时空、超越民族与国界，产生具有乘数效应的国际影响力。泰州在国际上的知名度极低，城市国际影响力十分微弱。泰州要提高国际知名度，扩大影响力，唯一路径就是实施追赶型文化发展战略。

1. 实施文化"走出去"战略

依托泰州丰厚的历史文化资源和独具特色的地域文化优势，精心创作具有泰州特色的文艺精品，打造具有鲜明地域色彩的对外文化交流项目。组织开展艺术表演、文化博览等活动，加强对外文化交流与合作，使泰州优秀的文化艺术不断走向长三角、走向全国，乃至走向世界。积极实施"引进来"工程，创造条件，开展和承办全国性的文化活动，引进国内外艺术精品展览和著名艺术团体演出，邀请国内外名家来泰交流、演出、讲学，不断提升城市文化品味。培育外向型骨干文化企业和对外文化交流经纪人队伍，支持他们"走出去"，扩大对外文化交流途径。

2. 扩大城市国际影响力

要整合外事、侨务、外经贸、文化、旅游等资源，与外国友城互设文化交流窗口，探索友城文化交流新机制。每年选择1至2个友城或地区举办泰州文化展演活动。认真研究泰州文化旅游市场规律，在重点友城举办有特色，有影响的文化旅游营销活动。通过开展文化交流活动，不断提升泰州城市的国际认知度，提高泰州的国际亲和力和影响力。

参考文献

《万历泰州志》。

《崇祯泰州志》。

《雍正泰州志》。

《道光泰州志》。

《民国续纂泰州志》。

《民国泰县志稿》。

《泰州志》,泰州市地方编纂委员会编著,江苏古籍出版社,1998 年。

《泰县志》,泰县志编纂委员会编著,江苏古籍出版社,1993 年。

《泰兴县志》,泰兴县志编纂委员会编著,江苏人民出版社,1993 年。

《兴化市志》,兴化市地方志编纂委员会编著,上海社会科学院出版社,1995 年。

《靖江县志》,靖江县志编纂办公室图书出版社:江苏人民出版社,1992 年。

《关于大力推进文化泰州建设的决议》,泰州市第三届人民代表大会常务委员会第八次会议通过,2009 年 3 月 31 日。

安宇 、沈山:《和谐社会的区域文化战略——江苏建设文化大省与发展文化产业研究》,中国社会科学出版社,2005 年。

卞孝萱编:《郑板桥全集》,齐鲁书社,1985 年。

陈社等:《泰州文化丛书》,江苏文艺出版社,2007 年。

范观澜:《泰州佛教》,江苏文艺出版社,2007 年。

冯友兰:《中国哲学史》,中华书局,1961年。
顾黔:《通泰方言音韵研究》,南京大学出版社,2001年。
何心隐:《何心隐集》,中华书局,1960年。
侯外庐:《中国思想通史》,人民出版社,1960年。
胡士莹:《话本小说概论》(全二册),中华书局,1980年。
黄继林:《略述扬州方言的历史演变》,《扬州史志》,1989年。
黄宗羲:《明儒学案》,中华书局,1985年。
嵇文甫:《晚明思想史论》、《左派王学》,上海书店,《民国丛书本》。
季芳桐:《泰州学派新论》,巴蜀书社,2005年。
金学智:《书概评注》,上海书画出版社,2007年。
李斗:《扬州画舫录》,中华书局,1960年。
李贽:《藏书》、《续藏书》、《焚书》、《续焚书》,中华书局,1974年。
刘钢:《靖江老岸话的由来及声韵调辩证》,《吴语研究——第四届吴方言学术研讨会论文集》,上海教育出版社,2008年。
刘水云:《明清家乐研究》,上海古籍出版社,2005年。
刘叶秋:《中国字典史略》,中华书局,2003年。
鲁国尧:《鲁国尧语言学论文集》,江苏教育出版社,2003年。
陆萼庭,赵景深校:《昆剧演出史稿》,上海文艺出版社,1980年。
陆永峰、车锡伦:《靖江宝卷研究》,社会科学出版社2008年。
马锡纯:《泰州乡土志》,光绪三十四年锦章书局石印本。
马宗霍辑:《书林藻鉴·书林纪事》,文物出版社,1984年。
么书仪:《晚清戏曲的变革》,人民文学出版社,2006年。
彭立勋:《改革开放与城市文化发展——2009年深圳文化蓝皮书》,中国社会科学出版社。

钱穆:《国史大纲》,商务印书馆,1994年影印。

任继愈:《中国佛教史》,中国社会科学出版社,1988年。

任钰:《泰州新志刊谬》,道光十年刻本。

苏增耀主编:《靖江方言词典》,江苏人民出版社,2009年。

孙建国、钱成编著:《泰州文化丛书·泰州戏曲》,江苏文艺出版社,2007年。

泰州地方志编著委员会办公室:《泰州地方志资料选辑》,1987、1989年编印。

泰州市政协编著:《泰州历代名人》,江苏人民出版社,2002年。

汪蔚林编:《孔尚任诗文集》(全三册),中华书局,1962年。

王艮:《心斋先生全集》,万历刻本。

王艮等:《王心斋先生遗集》,袁承业辑本。

吴必虎:《历史时期苏北平原地理系统研究》,华东师范大学出版社,1996年。

徐建平主编,《胡瑗》,中国文史出版社,2000年。

薛宝琨著:《中国的曲艺》,中国国际广播出版社,2010年。

颜钧:《颜钧集》,中国社会科学出版社,1996年版。

杨天石:《泰州学派》,中华书局,1980年。

俞扬:《"洪武赶散"与泰州方言》,《泰州日报》,2006年1月6日。

俞扬辑:《泰州旧事摭拾》,江苏古籍出版社,1999年。

原中华书局上海编辑所编:《郑板桥集》,上海古籍出版社,1979年。

袁行霈等:《中国文学史》,高等教育出版社,2005年。

张建民、吴必虎:《历史移民对苏北地区方言景观形成的影响》,《汉语研究论集》第一辑,语文出版社,1992年。

张建民:《泰县方言志》,华东师范大学出版社,1991年。

张雷:《坚持以科学发展观为指导　奋力开创文化泰州建设新局面——在文化泰州建设工作会议上的讲话》,2009年2月

28日。

张树俊:《上儒胡子与他的教育思想》,中国文史出版社,2002年。

张廷玉等:《明史》,中华书局,1974年。

中国人民政治协商会议泰州市委员会编:《泰州历代名人》,江苏人民出版社,2002年。

中国戏剧出版社编:《周信芳文集》,中国戏剧出版社,1982年。

中国戏剧家协会编:《梅兰芳文集》,中国戏剧出版社,1962年。

中国语言学会《中国现代语言学家传略》编写组:《中国现代语言学家传略》,河北教育出版社,2004年。

中华人民共和国文化部政策法规司,《文化建设"十一五"规划汇编》,文化艺术出版社,2008年。

中华书局上海编辑所编:《郑板桥集》,上海古籍出版社,1979年。

周积寅、王凤珠:《郑板桥年谱》,山东美术出版社,1991年。

周振鹤、游汝杰:《方言与中国文化》,上海人民出版社,2001年。

《高二适纪念馆》,高二适纪念馆《舒凫》编辑部。

《历代书法论文选》,上海书画出版社编,1979年10月。

《中国大百科全书·戏曲曲艺卷》,中国大百科全书出版社,1983年。

后　记

泰州是历史悠久的文化古城。南京师范大学泰州学院为了更好地为地方经济文化服务，于 2010 年成立了泰州历史文化研究院。我们编写的这本《泰州文化》是研究院的首批研究项目之一。本书由李晏墅教授和郭宁生教授任主编，卢佩民先生、潘百齐教授任名誉主编，许海燕教授任分卷主编。具体章节的撰写分工如下：

第一章　李春强

第二章　徐小兵

第三章　罗丽

第四章　第一节　雷婷婷　　第二节　吴祥军

第五章　第一节　吴祥军　　第二节　戴亚琴

第六章　第一节　林明、吴胜　第二节　王星琦

第七章　第一节　徐同华　　第二节　黄中梅

　　　　第三节、第四节　刘洋风

第八章　黄炳煜、戚睿

第九章　第一节、第二节、第三节　朱学纯、徐同华

　　　　第四节　朱学纯、徐同华、黄中梅

第十章　王芳

由于我们的才学和经验不足，书中肯定有错误疏漏，恳请读者不吝指出。

编者

2013 年 5 月